U0601343

抗日战争档案汇编

抗战时期中山陵档案汇编

2

南京市档案馆 编

中華書局

五、各项损失调查与赔偿

陵園新村戰前領租地段户名一覽表

地段號	户名	備註	地段號	户名	備註
1	郵政局	仍 62	24	公用地段	
2	譚延闓 陳調元		25 26	朱岳明	仍
3 4	唐海安	葛敬恩	27	陳谷聲	付卅元 54号
5	孫璞	仍	28 29	孔庸之	仍
6 7	梁子祥	李叔明	30 31	林森	保留
8 9	吳鐵城	8 許靜芝 9 蕭吉珊	32 33	邵元冲	保留
10	盧漢	仍	34	黃秉衡	仍
11	劉允衡	仍	35	劉福朗	付卅元 55

陵园新村战前领租地段户名一览表（一九三一年七月）

號	姓名	備註
12	朱秉中	劉道
13	王惜寸	仍
14 15	楊光兆	15号何世光 52
16	公用地段	
17	周雍能	仍
18	居正	曾紀華
19	許崇智	保留
20	黃琴	余超英
21	陳辭修	曾化英
22 23	譚慈雅堂	保留

號	姓名	備註
36 37	陸福廷	仍
38	張文心	仍
39 40	張治中	仍
41 50	李培夫	保留
42	鄭寶照	吳天鶴
43	戴傀生	仍
44 45	張元祜	保留
46 47	蔣作賓	保留
48	葉石生	傅煥光
49	鄭韶覺	狄膺

南京[illegible]印刷文具紙號承印

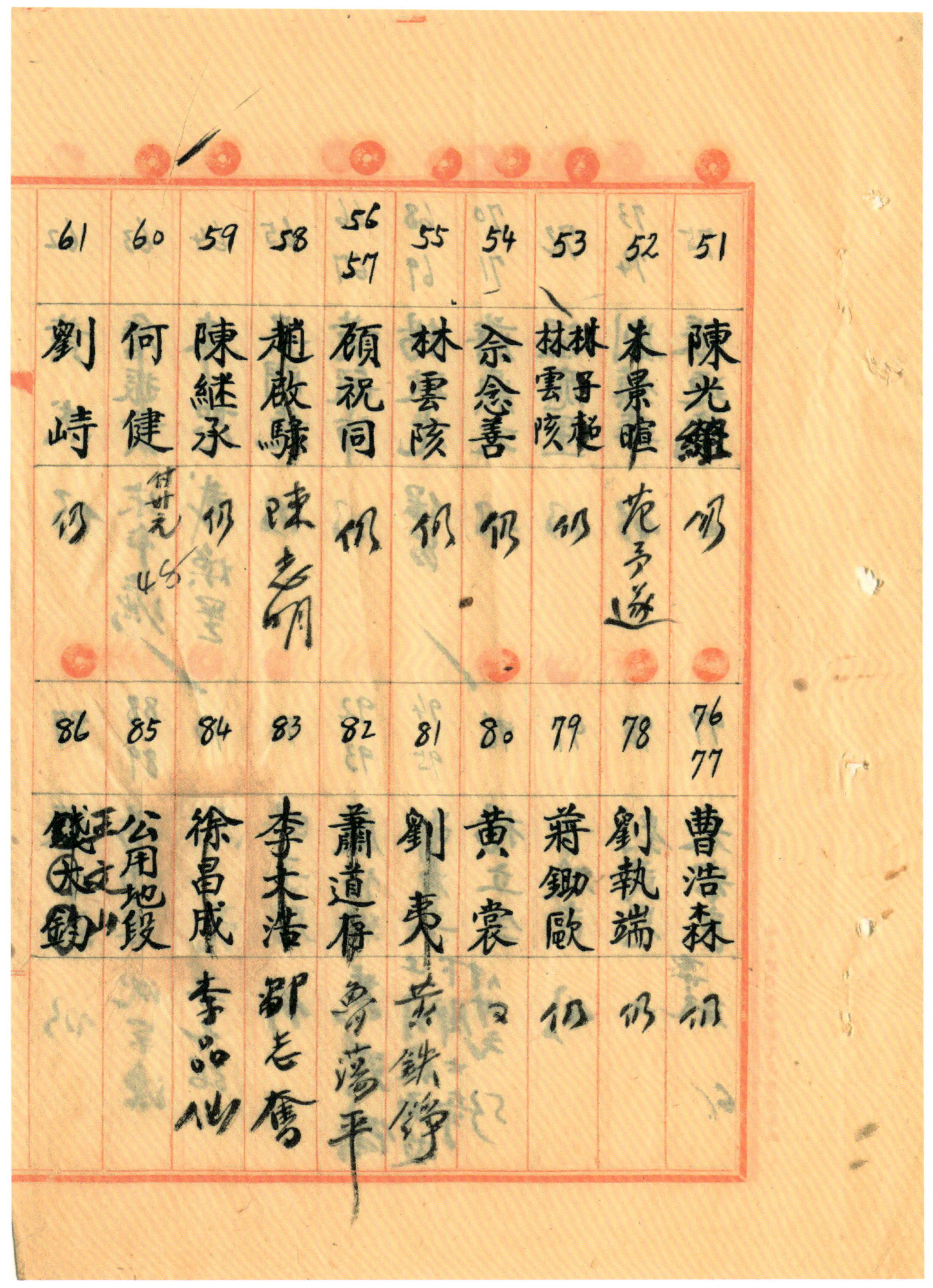

61	60	59	58	56 57	55	54	53	52	51
劉峙	何健	陳繼承	趙啟騄	顧祝同	林雲陔	佘念善	林子超 林雲陔	朱景暄	陳光耀
仍	付廿元 45	仍	陳志明	仍	仍	仍	仍	范予遂	仍

86	85	84	83	82	81	80	79	78	76 77
錢大鈞 王文山	公用地段	徐昌成	李大浩	蕭道存	劉秉	黃裳	蔣鋤歐	劉執端	曹浩森
		李品仙	鄧志奮	魯蕩平	黃鐵錚	又	仍	仍	仍

62	黃杰	仍
63	詹振棠	宋希濂
64	李恕	戴煥星
65	吳開先	仍
66 67	黃毓沛	仍
68 69	楊耿光	保留
70 71	蔣鼎文	仍
72	溫應星	仍
73 74	劉鎮華	仍
75	張廼藏	又

87	張于潯	仍
88 89	楊師謙	沈宗濂
90	馬亮	付卅元 56
91	時子周	仍
92 93	嚴仁珊	范漢傑
94 95	邵力子	上 [illegible]炳璇 下 [illegible]士奇
96	楊立生	付卅元 53
97	于焌吉	仍
98	劉茂恩	又
99	朱宗良	付卅元 又 61

編號	姓名	備註
100	陳懋解	伍智梅
101	王敬久	保留
102	歐陽豪	趙棣華
103 104	陳濟棠	仍
105 106	林翼中	又
107 108	宋子良	上 陳劍如 下 張劍鳴
109 110	戴季陶	仍
111 125	馬超俊	又
112	馬沈慧蓮	又
113 114	楊虎城	保留
130	馬鴻逵	仍
131	譚紹華	鄧悔吾
132	陳公洽	保留
133	楊少炯	夏光宇
135 136	梅哲之	保
137 A B	唐生智	仍
138	何犖賢	蕭贊育
139 140	陳士博	（參加僞組織）
141	陳果夫	仍
142	陳立夫	改卅 双 63

编号	姓名	备注
115	蔡廷鍇	保
116	戴戟	又
117 120	陳銘樞	仍
118 119	馮玉祥	仍 胡宗南
121	蔣光鼐	保
122 123	陳壽石	仍
124	馬吉堂	又
126 127	李烈鈞	保
128	陳文學	仍
129 134	徐象樞	又
143 172	陳其采	仍
144 145	朱家驊	付想六十九 50
146 147	黎照寰	保
148	陳君樸	仍
149 150	何應欽	又
151 168	王伯羣	保
152	傅汝霖	仍
153	劉蘆隱	保
154 155	魏道明	仍
156 166	余[illegible]	梁寒操

編號	姓名	備註
157 158	劉紀文	仍
159 160	朱培德	係
161	許兆賢	仍
162 163	陳公哲	又
164 165	孫哲生	又
167	葉譽虎	又
169	班禪額德尼	係
170	何軼氏	仍
171	姚琮	係
173 174	張繼	上譚楠南 下余錦榮

編號	姓名	備註
192	冉柏齡	彭学沛
193	孫連仲	柯遠芬
194	程天放	仍
195	蕭錚	又
196	王昉	96 廿三 又 67
197 199	曾養甫	又
198	王家楨	又
200	公用地	
201 202	楊德昭	陳慶云
203	温菊朋	付卅元 51

191	189 190	187 188	186	185	182 183	180 181	179 184	177 178	175 176
高凌百	歐陽駒	鄭文	桂崇基	公用地	黃春素	鄧鑑生	唐襄	韓復棻	程天固
劉斐		黃旭初			馬鳳嶂	白崇禧	馬鳴逵		保
221 222	219 220	217 218	215 216	213 214	211 212	209 210	207 208	205 206	204
陳樹人	顧孟餘		方君壁	朱時	曾仲鳴	屈翁山 陳辟君 陳辤修	陳璧君	銜月朗 王元壽	周啓剛

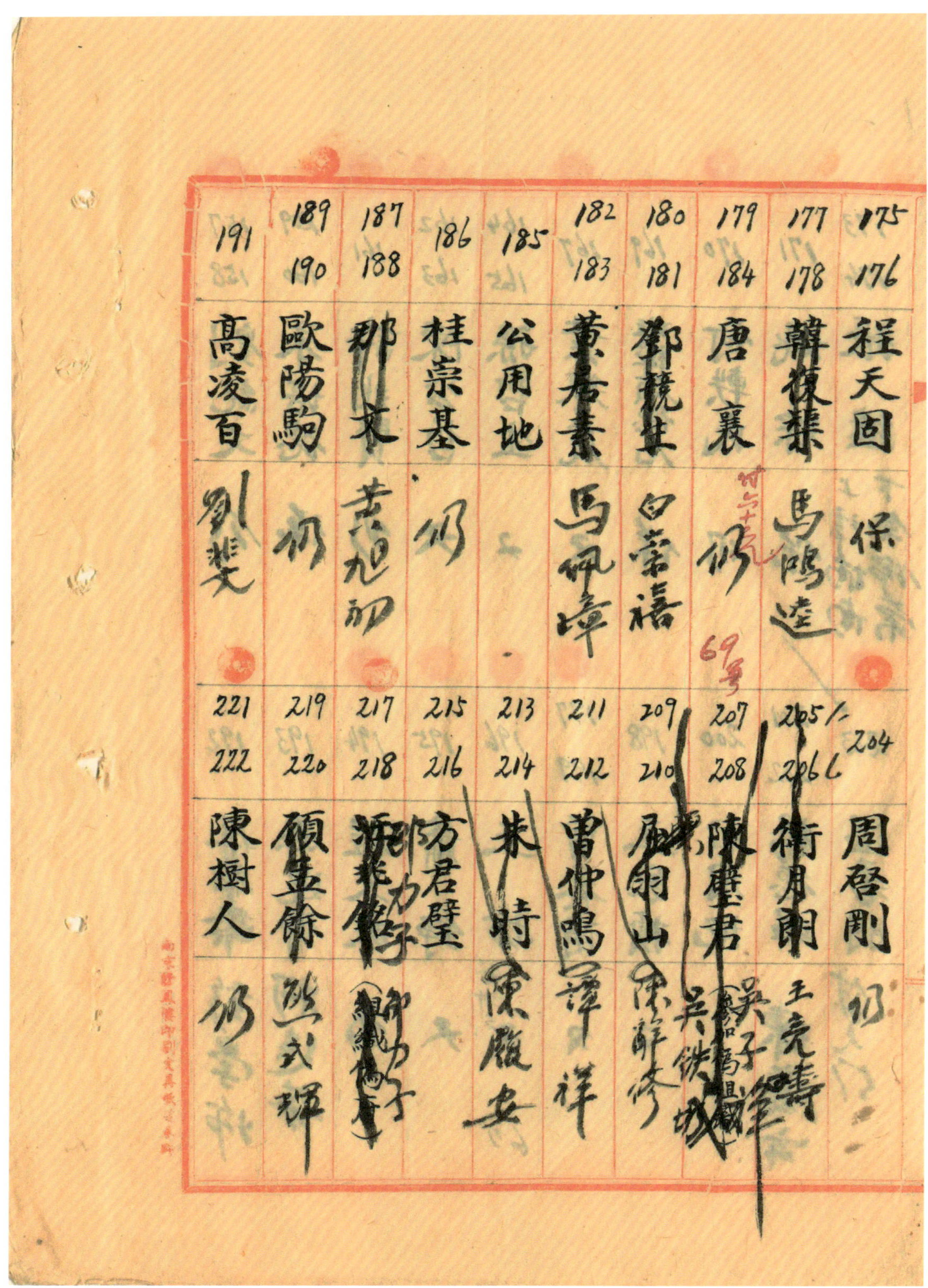

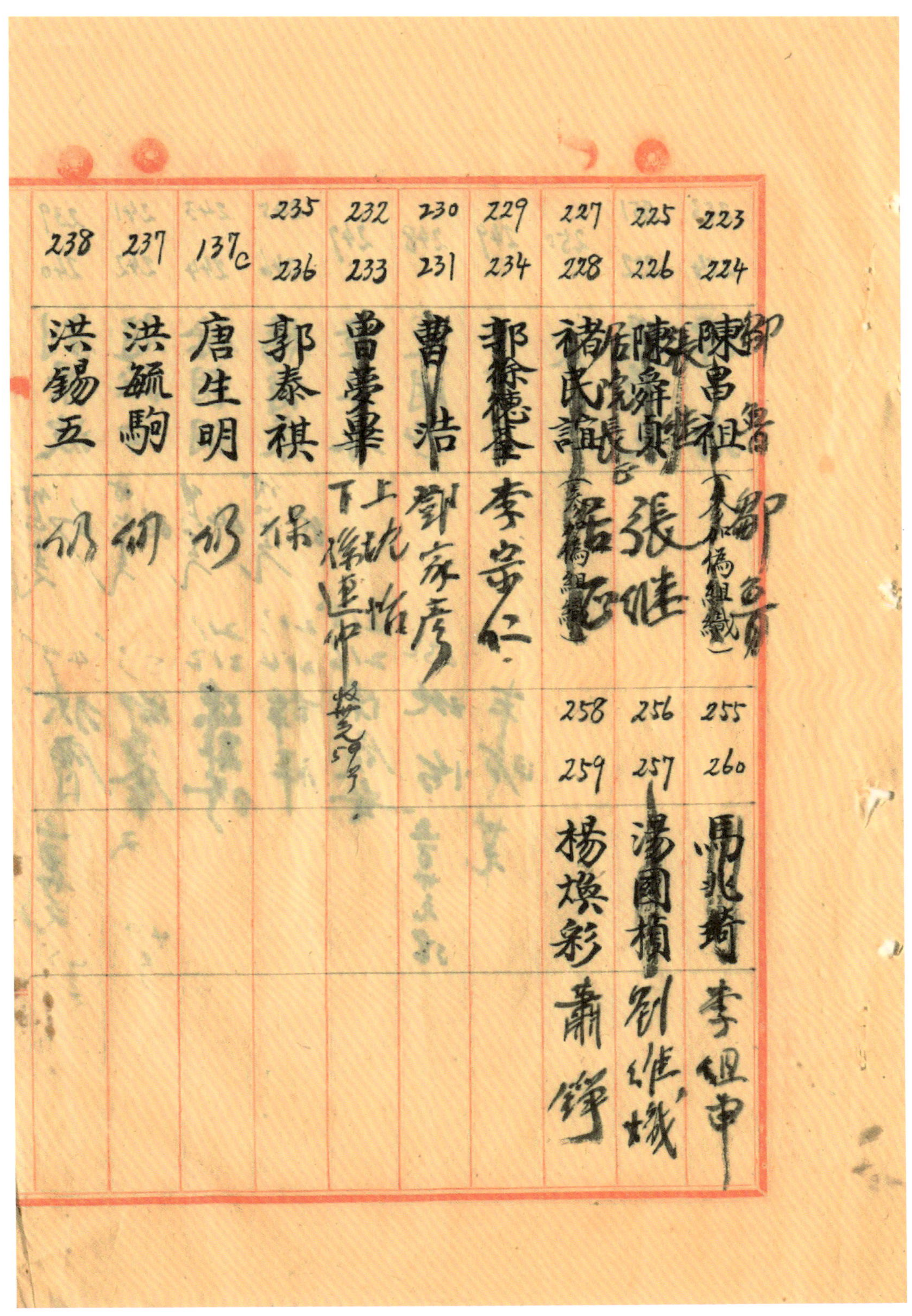

223 224	225 226	227 228	229 234	230 231	232 233	235 236	137c	237	238
陳昌祖	陳舜貞	褚民誼	郭徐德奎	曹浩	曹夢華	郭泰祺	唐生明	洪毓駒	洪錫五
鄒魯	張雄	石	李安仁	鄧家彥	上沈怡 下孫運仲	保	仍	仍	仍
255 260	256 257	258 259							
馬兆騏	湯國楨	楊煥彩							
李俎申	劉維熾	蕭錚							

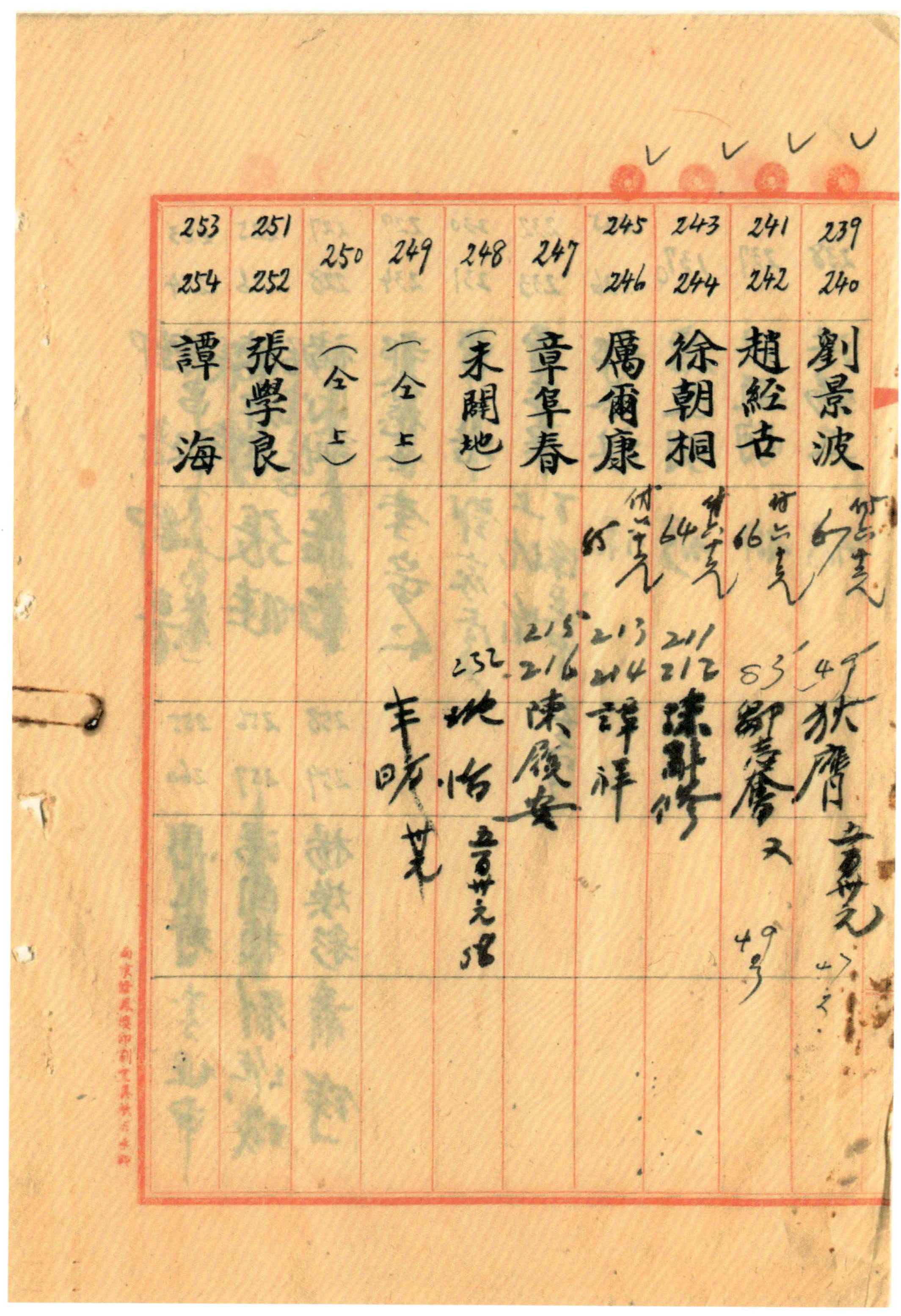

239 240 劉景波
241 242 趙紀㐫
243 244 徐朝桐
245 246 厲爾康
247 章阜春
248 （未關地）
249 （仝上）
250 （仝上）
251 252 張學良
253 254 譚海

为送总理灵榇奉移纪念品的往来文件

中央研究院致总理陵园管理委员会的公函（一九三三年四月二十八日）

附：清单一份

1019.16

國立中央研究院公函

1372

事由	擬辦	批示	備考
函送總理靈櫬奉移紀念品清單一紙希查照點收見復爲荷	紀念物品統交事務課附送奉安紀念館陳列		
附件：清單一			

公函 字第 號

二二年四月二九日時到

收文 字第 2206 號

國立中央研究院 公函

箇字第六〇六號

本月二十四日，以本院北平歷史博物館所藏之 總理靈櫬奉移紀念品，已恭運南下，曾函請 貴會派員會同本院職員渡江接收，並荷 照辦。此項紀念品，恭裝大小木箱四隻，麻袋包拾弍包，又白布白紙包各壹個，於昨二十七日運抵浦口，今日由 貴會專員會同本院職員前往敬謹領取，押運至 貴會點收。相應鈔錄紀念品清單一紙，隨函送達，即希 查照見復為荷。

此致

總理陵園管理委員會

附送清單一紙

院長　蔡元培

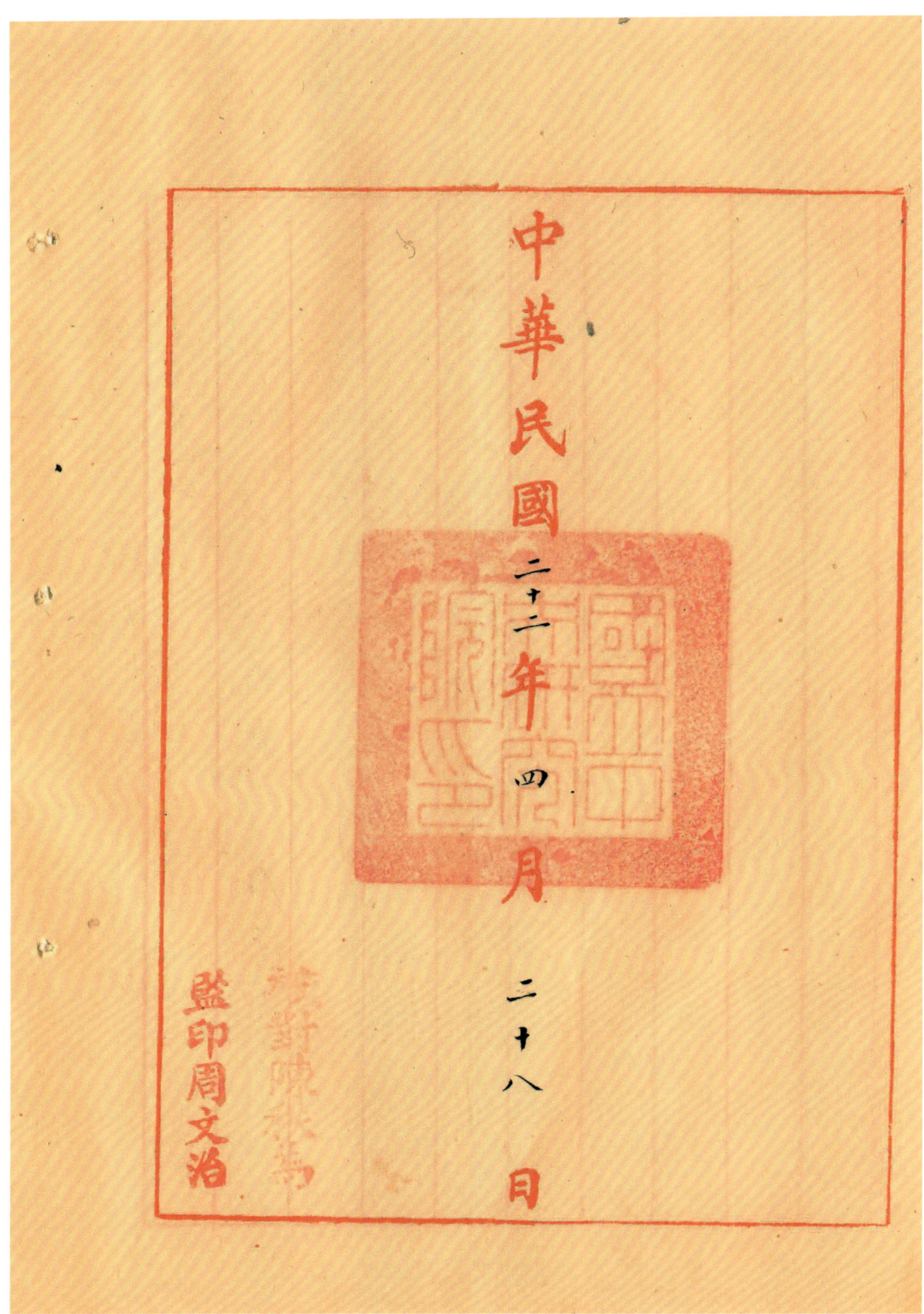

中華民國二十二年四月二十八日

校對陳永萬

監印周文治

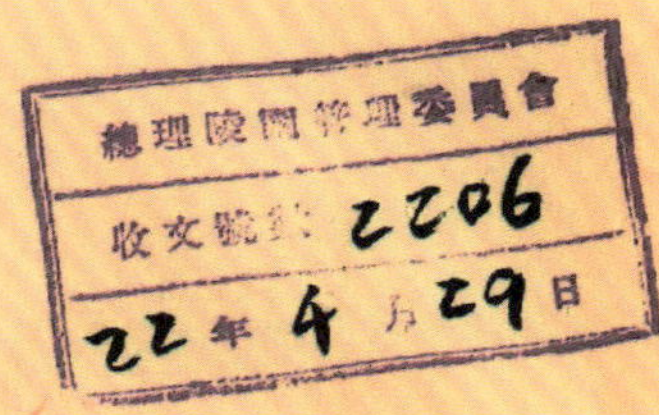

總理在北平醫院入殮木棺　壹具

總理手製國旗　入第二九箱　壹面

祭堂桌幃　仝上　壹件

奉移開道旗　仝上　壹面

奉移圓鐵印　仝上　壹件

藍緞靈幃　仝上（原單以外之件）　壹件

遺像亭台執　仝上（原單以外之件）　壹件

奉移小燈籠　仝上、壹對　貳隻

奉移燈籠　叁對　陸隻

奉移行列牌　貳拾肆面

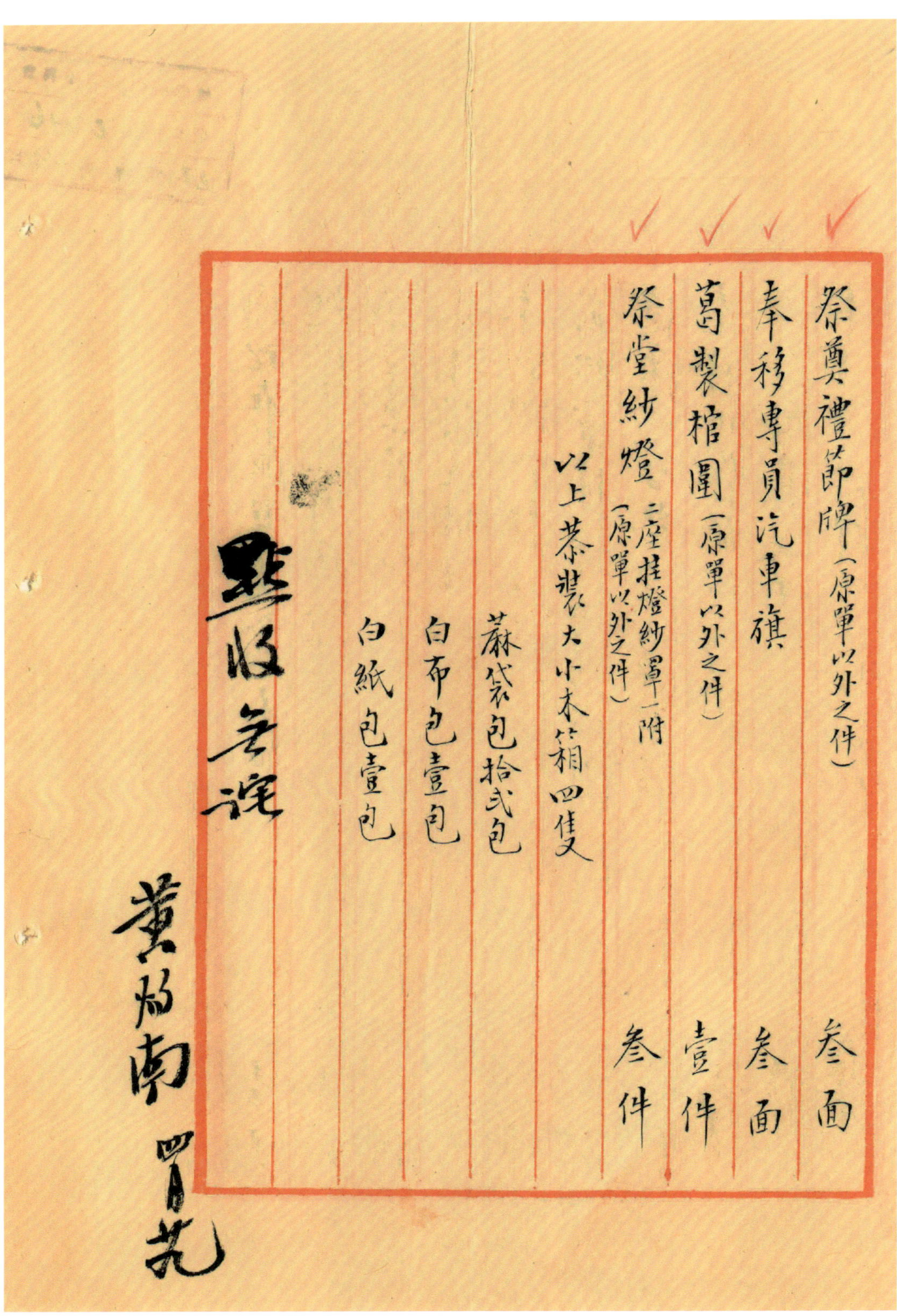

祭奠禮節牌（原單以外之件） 叁面
奉移專員汽車旗 叁面
葛製棺圍（原單以外之件） 壹件
祭堂紗燈 二座挂燈紗罩一附（原單以外之件） 叁件
以上恭裝大小木箱四隻
蔴袋包拾弍包
白布包壹包
白紙包壹包

照收無訛
黄爲南 四月廿九

总理陵园管理委员会致中央研究院公函（一九三三年五月一日）

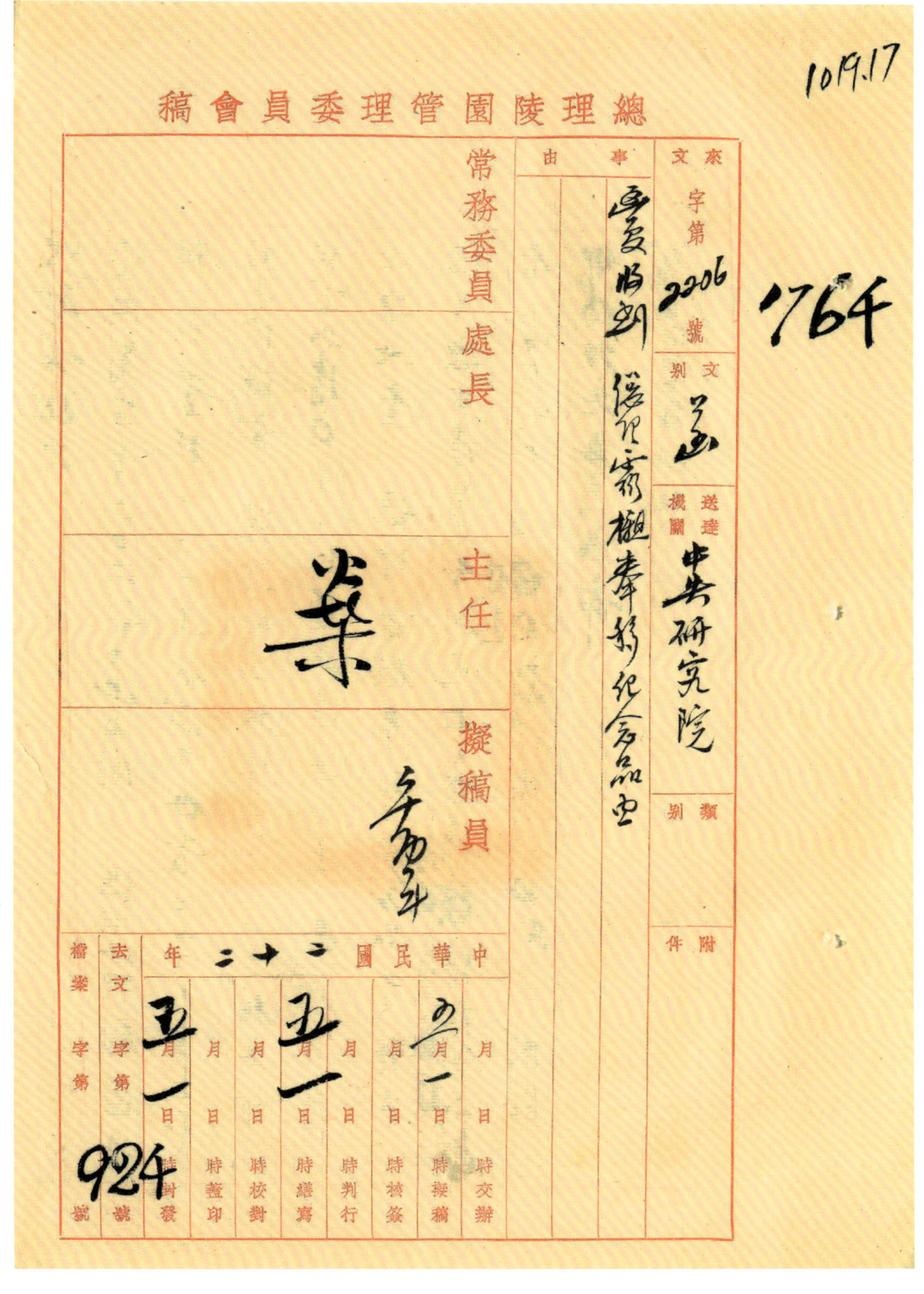

1019.17

總理陵園管理委員會稿

來文字第2206號

文別 函

送達機關 中央研究院

事由 函复收到总理家族奉赠纪念品由

常務委員

處長

主任

擬稿員

中華民國二十二年 五月一日擬稿 五月一日封發

逕啓者：案准

貴院箋字第六〇六號函內開："總理陵園奉移紀念品業於七月二十七日運抵渝，曾由貴會書記金同本院職員前往機場領取，押運至貴會點收，相應抄錄紀念品清單一紙隨函送達，即希查照見復"等由。准此，查總理陵園奉移紀念品業經本會派員按照清單分別點收無誤，除將陳列特紀念品在奉安紀念館敬謹陳列，俾民眾瞻仰外，相應函復，即希

查照為荷。此致

中央研究院

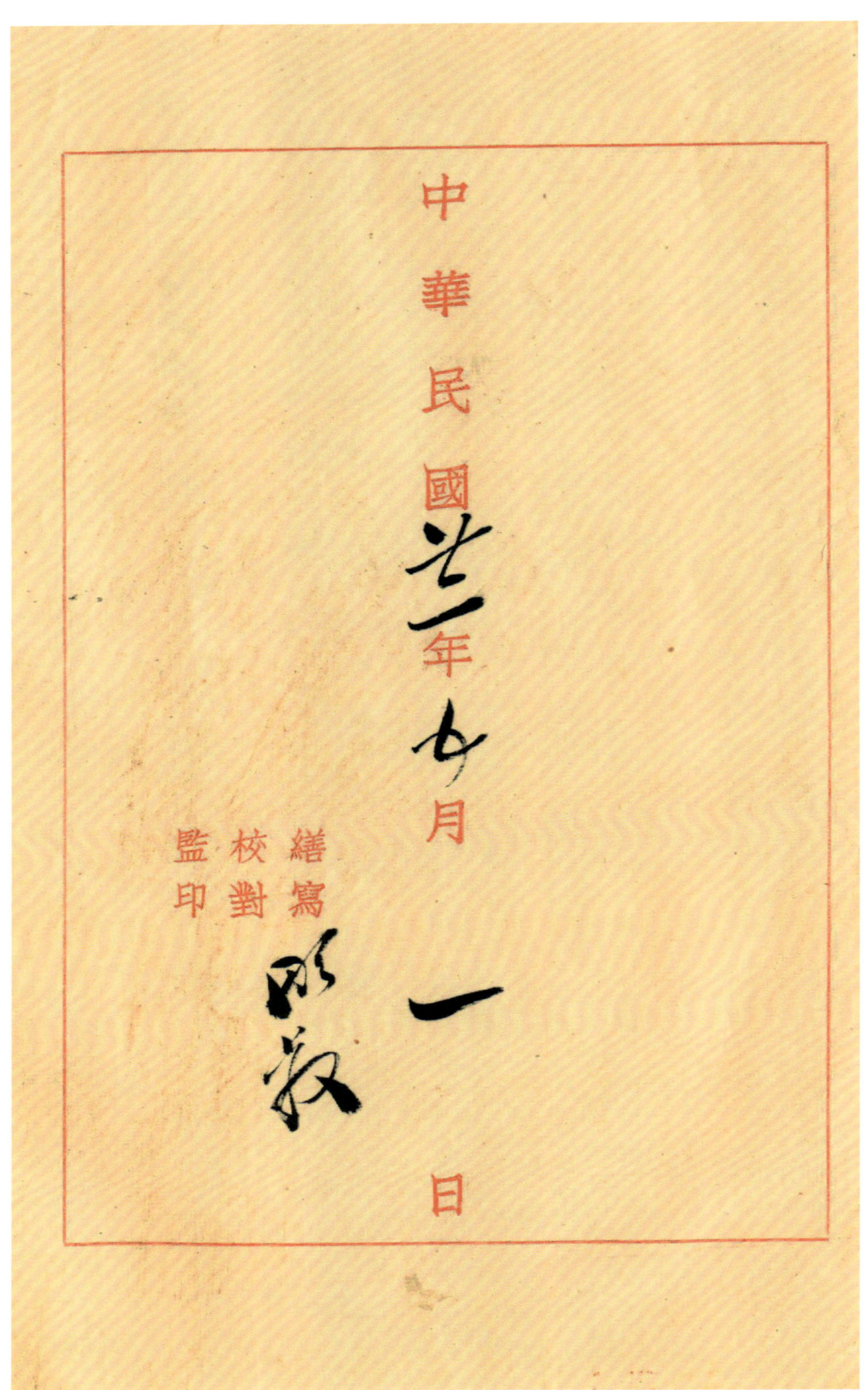

中華民國廿一年七月一日

繕寫 [illegible]
校對
監印

总理陵园管理委员会警卫处警卫大队中山门派出所交接枪弹、家具清册（一九三五年二月六日）

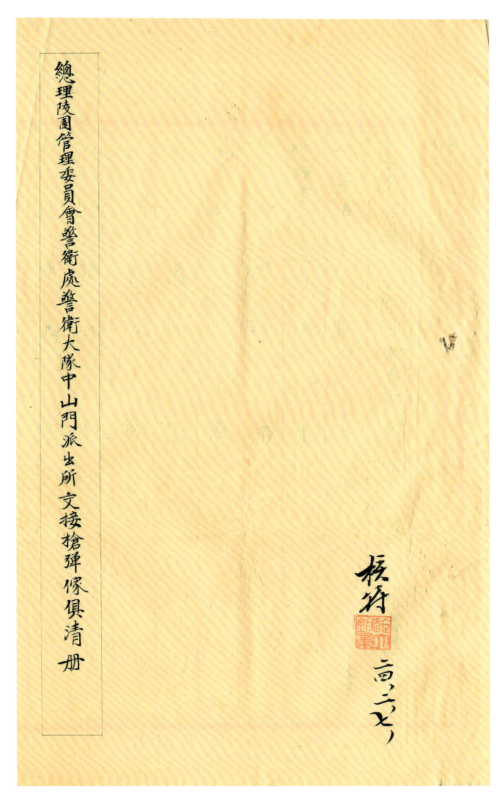

總理陵園管理委員會警衛處警衛大隊中山門派出所交接槍彈傢俱清册

核符

二，二，七

總理陵園管理委員會警衛處警衛大隊中山門派出所傢俱清册

物品名稱	數目	備考
總理遺像遺囑	各一座	
黨國旗	大小二面	
雙架床	二張	
單架床	九張	
鉄床	二張	破一張
八仙桌	二張	
大小抽桌	二張	

長板橙四條

方橙三張

椅子一張

面盆架二個

時鐘一座破坏不能用

孔明燈二盞不能用

美孚燈一盞破

槍架一座

茶壺茶籮各一個破

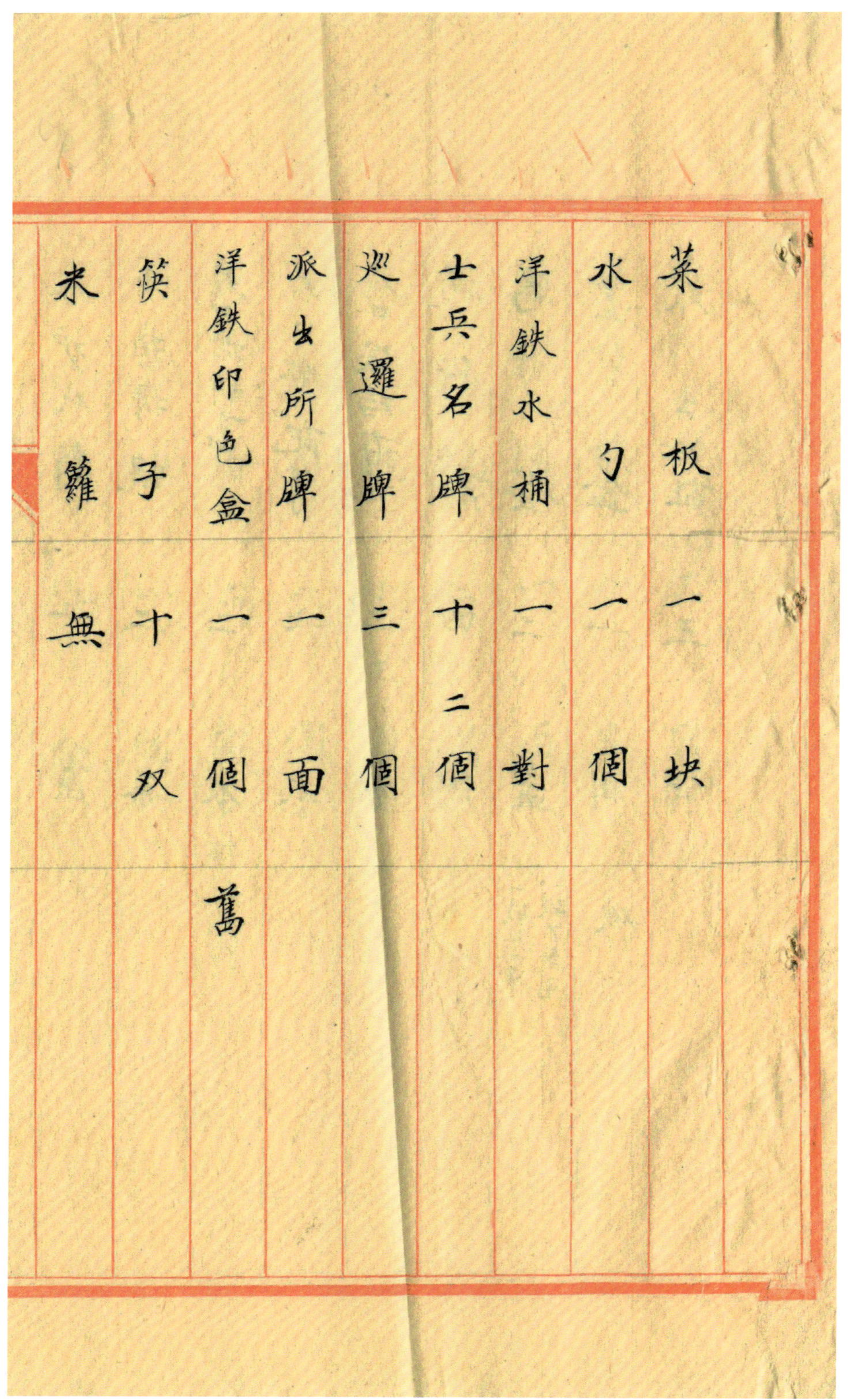
菜板　一块
水勺　一個
洋鉄水桶　一對
士兵名牌　十二個
巡邏牌　三個
派出所牌　一面
洋鉄印色盒　一個　舊
筷子　十双
米籮　無

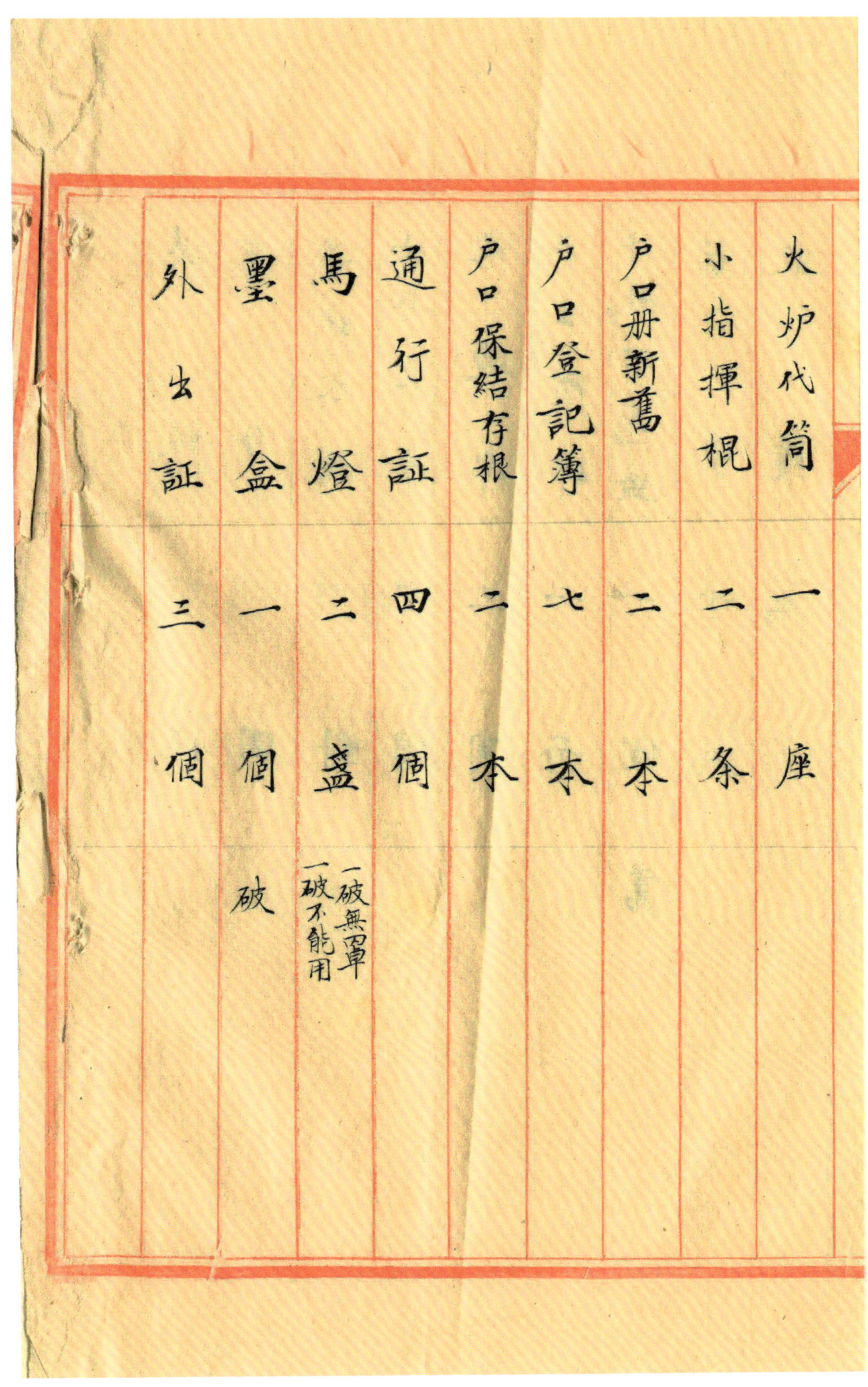

火炉代筒　一　座
小指揮棍　二　条
户口册新舊　二　本
户口登記簿　七　本
户口保結存根　二　本
通行証　四　個
馬燈　二　盞　一破無罩　一破不能用
墨盒　一　個　破
外出証　三　個

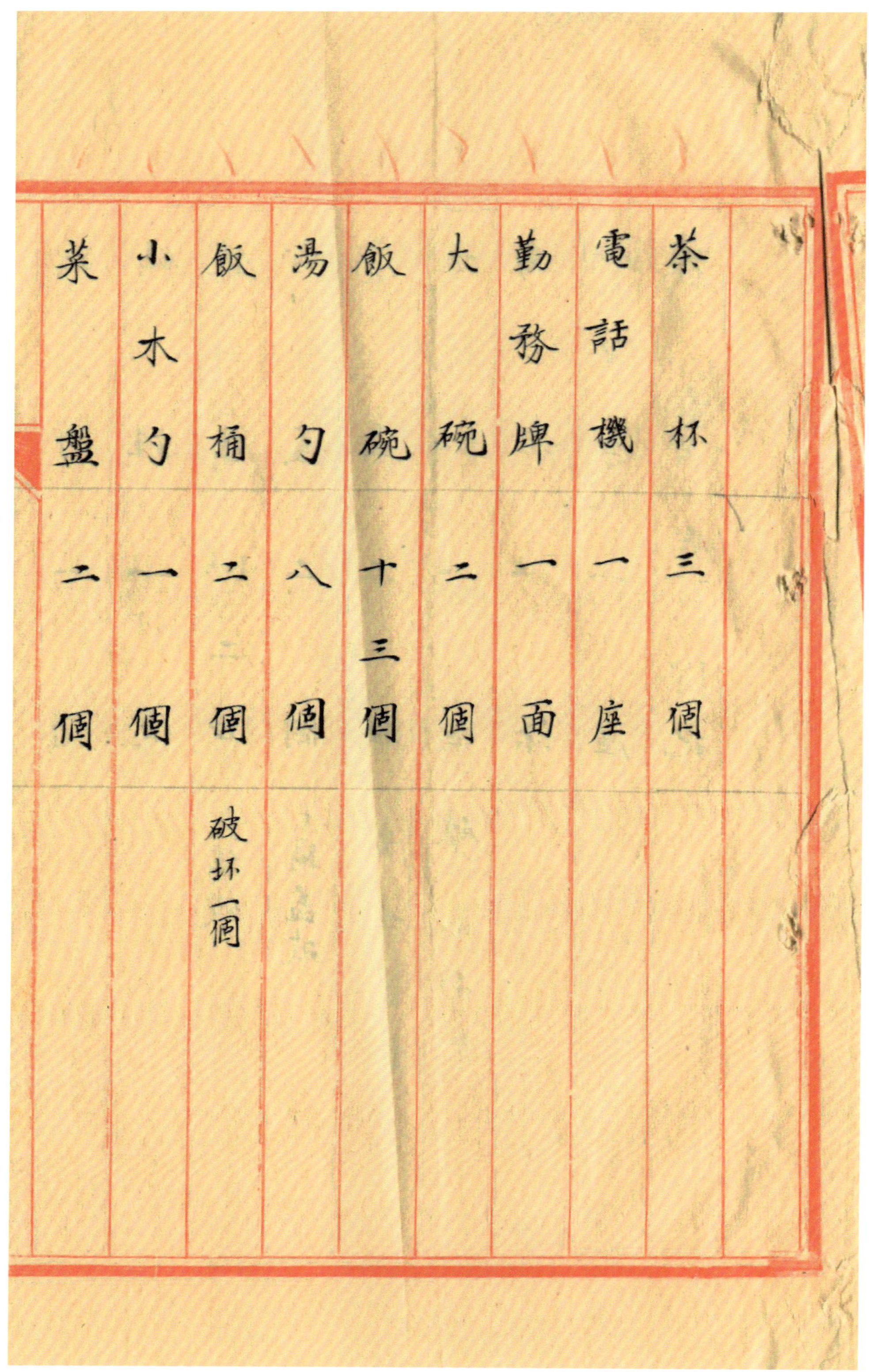

茶杯	三個		
電話機	一座		
勤務牌	一面		
大碗	二個		
飯碗	十三個		
湯勺	八個		
飯桶	二個	破坏一個	
小木勺	一個		
菜盤	二個		

鈌勺一個

鍋鏟一個

鈌鍋大小二口 大鍋破

鍋蓋二個 大鍋蓋破

痰盂二個

水缸一個 破

扁担一條

銅筆架一座

菜刀一把

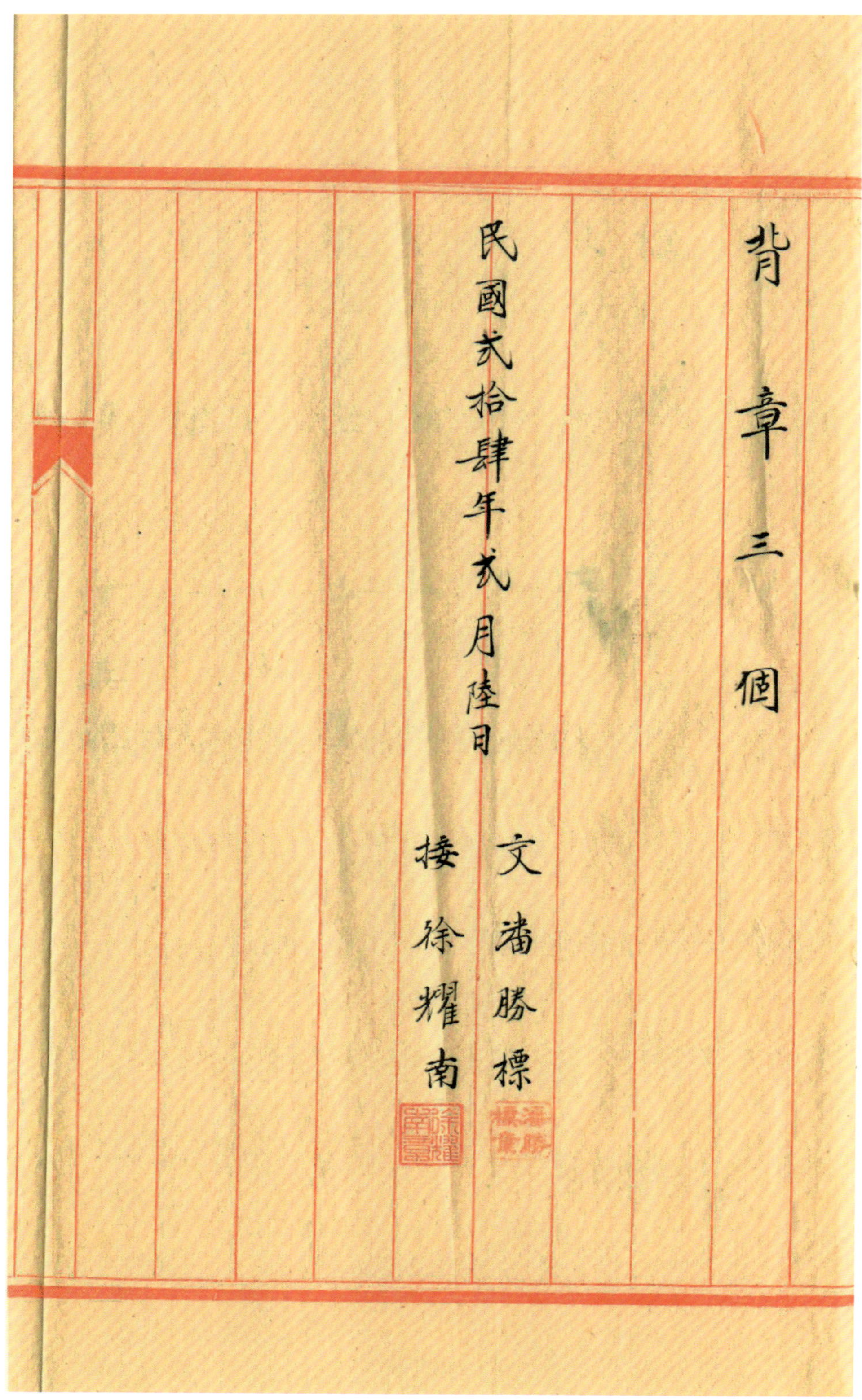

背章三個

民國弍拾肆年弍月陸日

文潘勝標

接徐耀南

槍械子彈清册

駁殼槍二枝

駁殼子彈七十粒

駁殼木盒二個

駁殼皮彈盒二套

七九步槍十五枝

套筒槍一枝

刺刀十五把

七九子彈六百四十粒

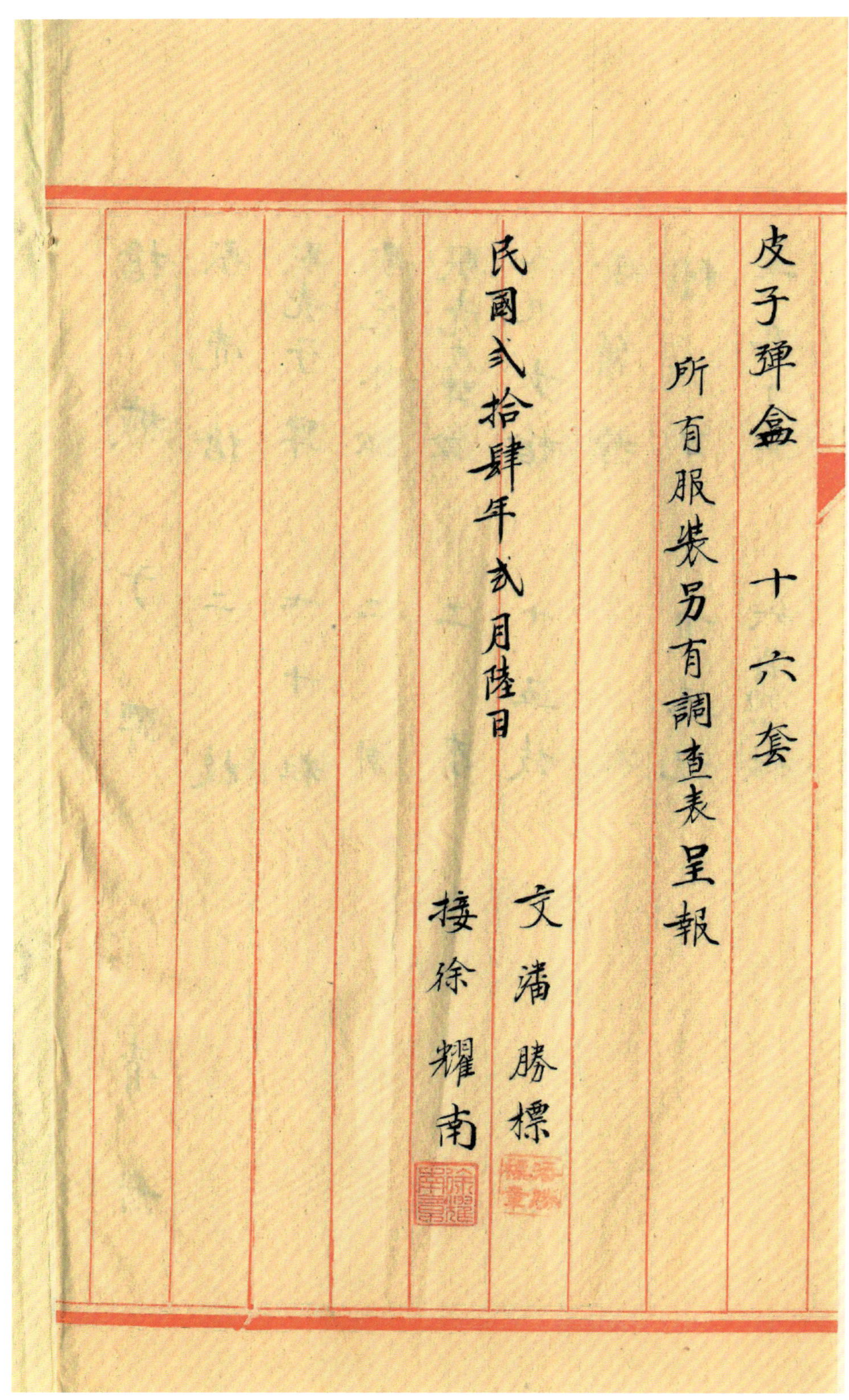
皮子彈盒　十六套
所有服装另有調查表呈報
民國貳拾肆年貳月陸日
文　潘勝標
接　徐耀南

总理陵园管理委员会警卫处警卫大队太平门派出所家具清册（一九三五年二月二十五日）

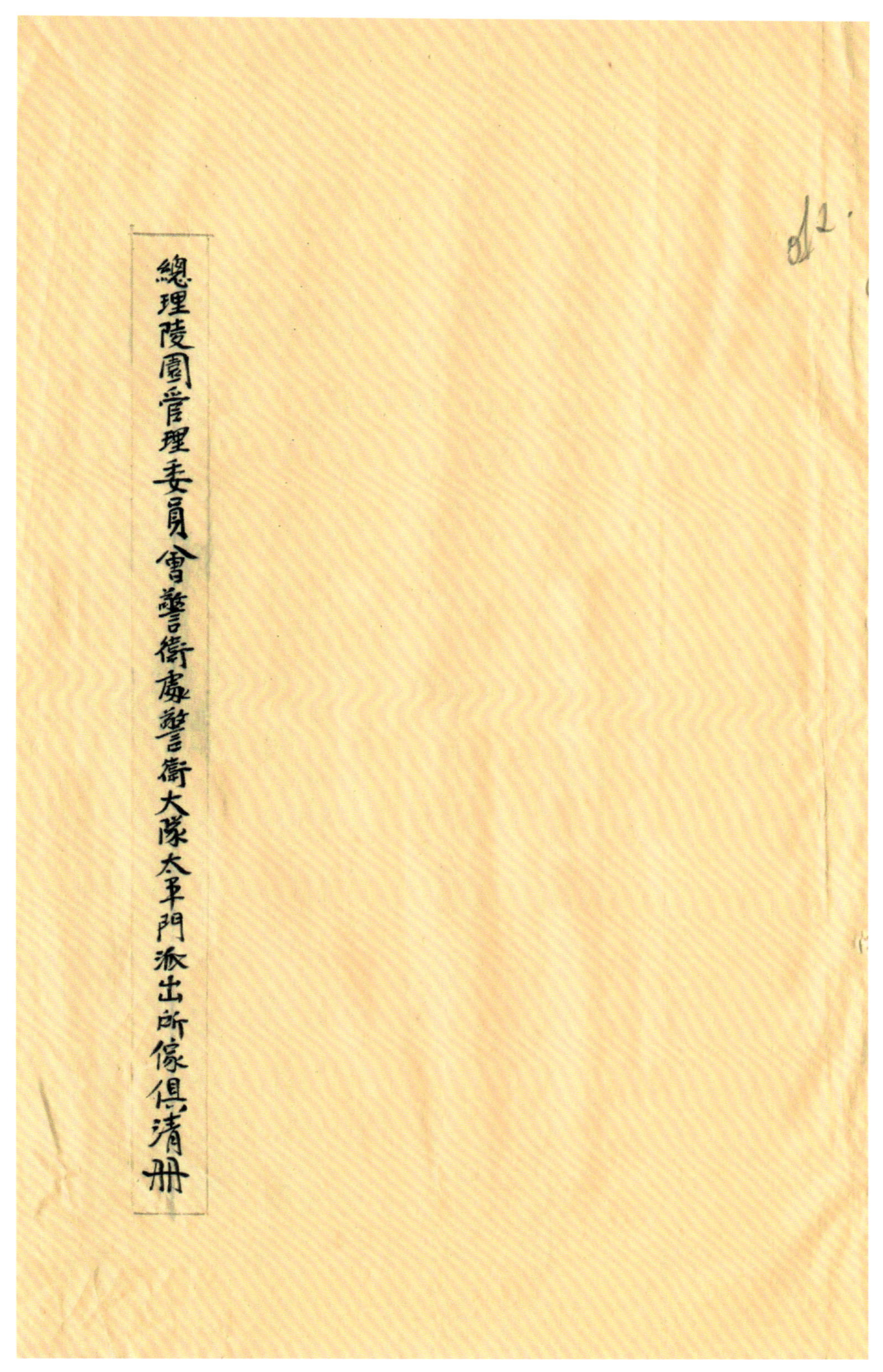
總理陵園管理委員會警衛處警衛大隊太平門派出所傢俱清册

總理陵園管理委員會警衛處警衛大隊太平門派出所傢俱清册

名稱	數目	備考
總理遺像	一張	
總理遺囑	一張	
總理對聯	一付	
黨國旗	二付	
本所機關標幟牌	一塊	
方櫈	四張	坏一
長櫈	四張	坏二
椅子	一張	坏一

方桌一張

式柚桌二張

單架床七張 坯一

雙架床一張 坯

鉄床一張

面盆架二個

槍架一個

電話機一座

墨盒一個

銅筆架一座

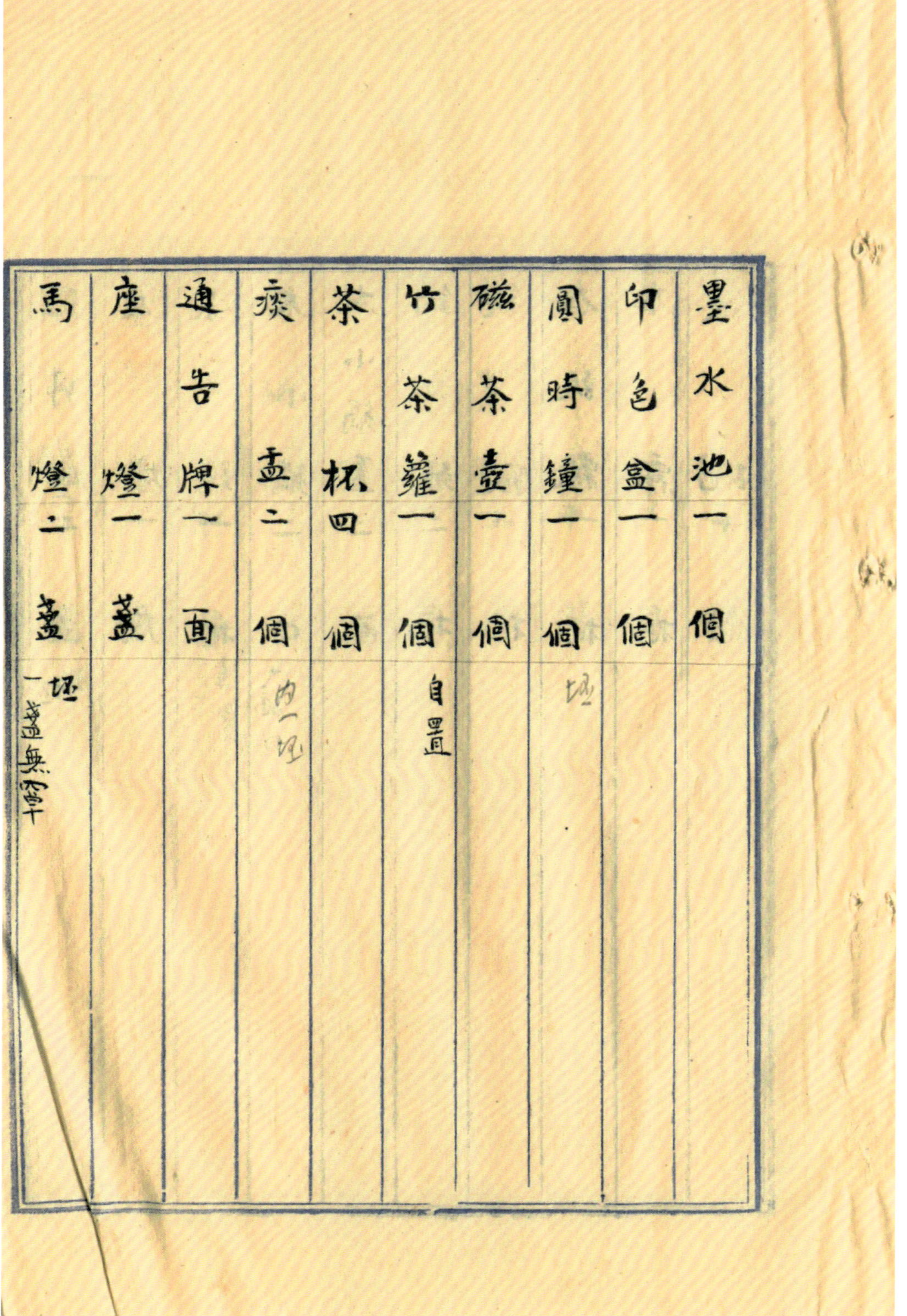

墨水池一個

印色盒一個

圓時鐘一個　壞

磁茶壺一個

竹茶罐一個　自置

茶杯四個

痰盂二個　內一壞

通告牌一面

座燈一盞

馬燈二盞　一壞　一盞無罩

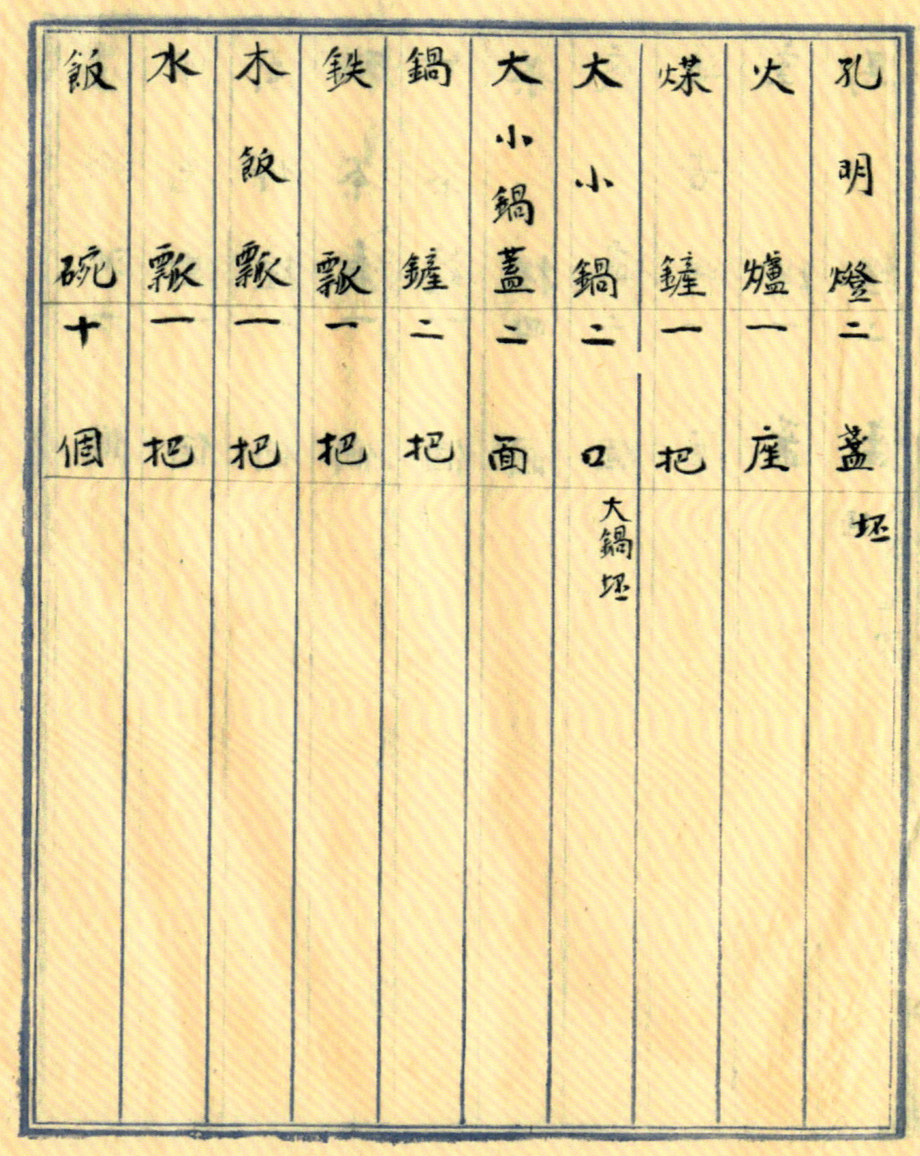

孔明燈二盞　坏
火爐一座
煤鏟一把
大小鍋二口　大鍋坏
大小鍋蓋二面
鍋鏟二把
鉄瓢一把
木飯瓢一把
水瓢一把
飯碗十個

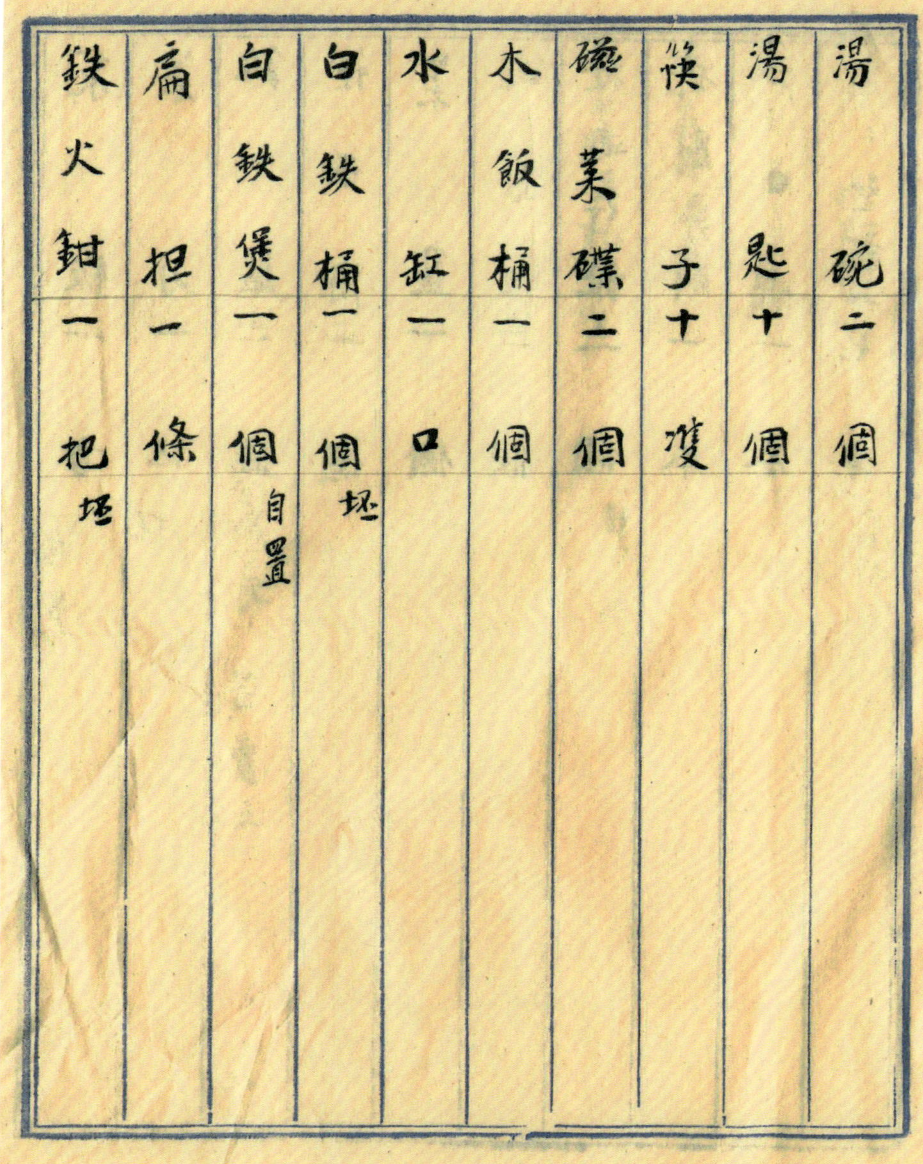

湯碗二個

湯匙十個

筷子十雙

磁菜碟二個

木飯桶一個

水缸一口

白鉄桶一個 壞

白鉄煲一個 自置

扁担一條

鉄火鉗一把 壞

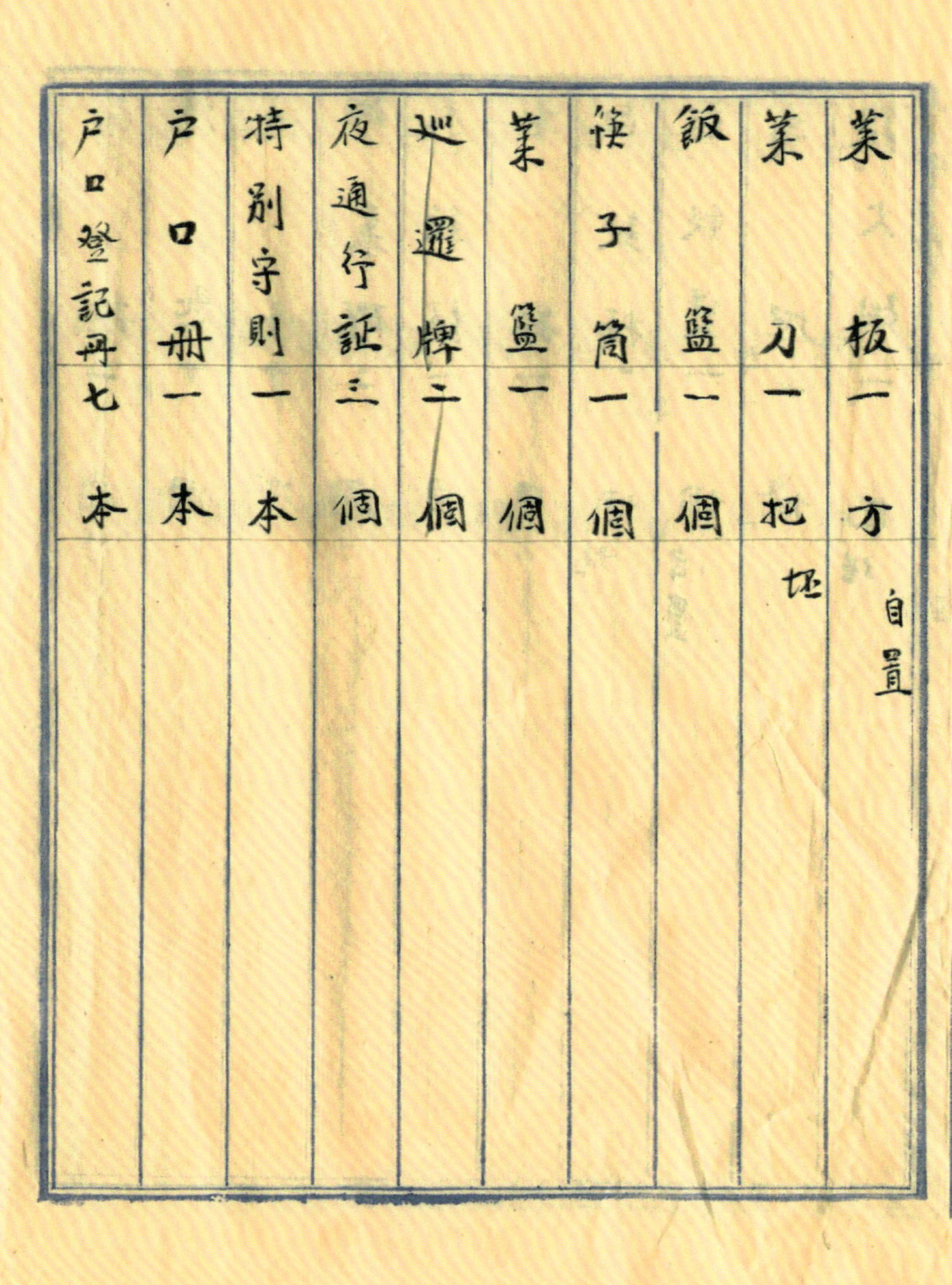

菜板一方　自置

菜刀一把　坵

飯籃一個

筷子筒一個

菜籃一個

巡邏牌二個

夜通行証三個

特别守則一本

户口册一本

户口登記册七本

總理陵園全圖一面 反玻璃匣

巡查手臂章三面

蔣委員長訓示工作條理二付

五家聯保證丹二本 計旧一本

鉄水捅二個

警笛四個 坏

外出証三個

火車表一個

分隊長 黄惠三 呈

中華民國二十四年二月廿五日

总理陵园管理委员会警卫处警卫大队龙脖子派出所武器弹药清册（一九三五年二月二十三日）

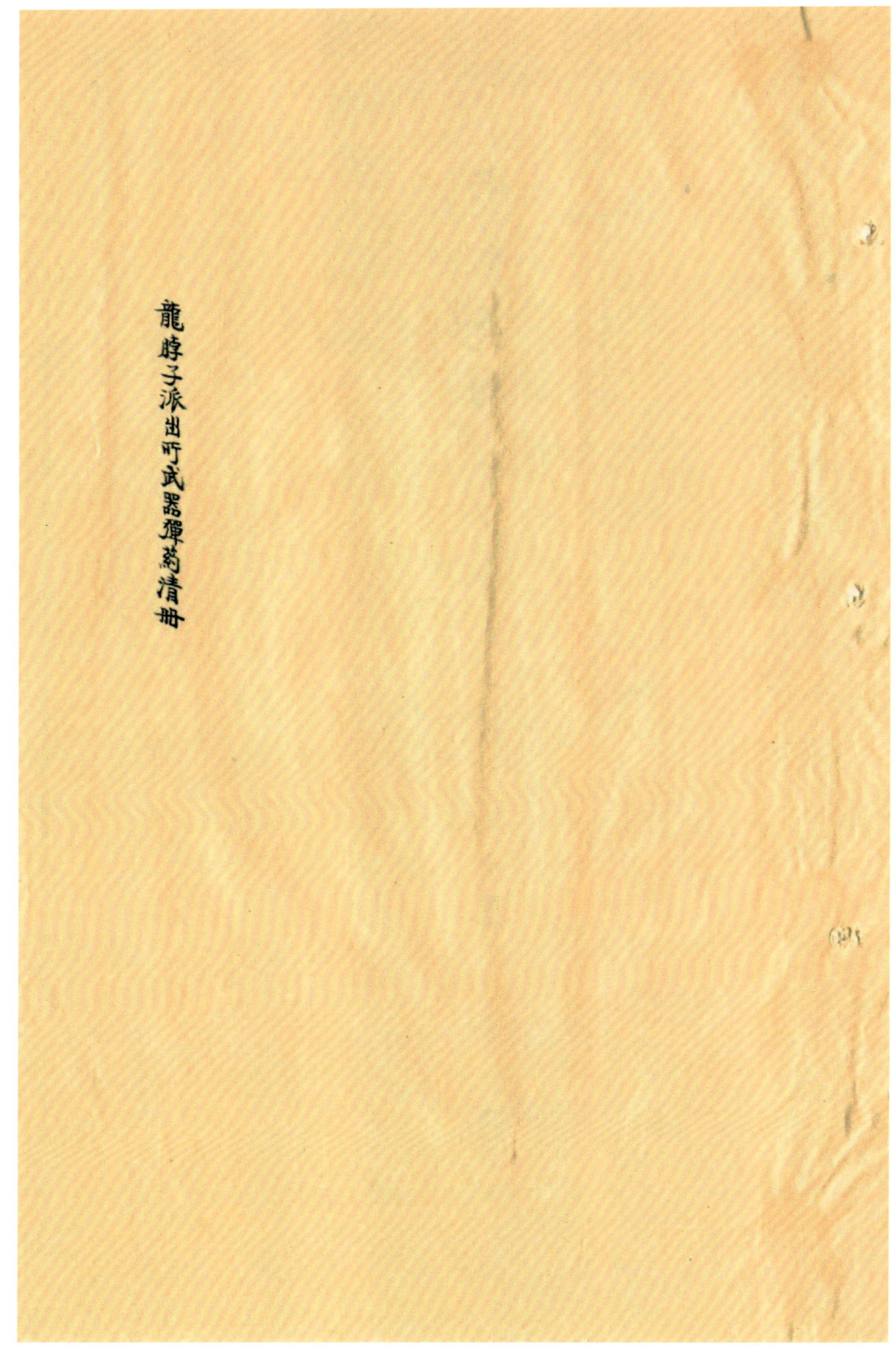
龍脖子派出所武器彈藥清冊

總理陵園警衛處警衛大隊龍脖子派出所武器清冊

武器名稱	數量	備攷
漢造駁殼槍	二枝	
漢造七九步槍	六枝	
土造七九步槍	六枝	
德造七九步槍	二枝	
駁殼槍彈	一〇〇發	
七九步彈	五六發	

附記

（一）龍脖子駁殼槍一枝七九步槍十枝刺刀八把駁殼彈五十發七九步彈四百發

（二）陵園紀念館駁殼槍一枝七九步槍四枝刺刀四把駁殼彈五十發七九步彈一百六十發

二十四年二月二十三日

分隊長黃文修［印］呈

总理陵园管理委员会警卫处警卫大队龙脖子派出所什物用具清册（一九三五年二月二十八日）

總理陵園警衛大隊龍脖子派出所什物用具清册

總理陵園警衛處警衛大隊龍脖子派出所什物用具清册

名稱	數目	備攷
總理遺像	一張	
黨國旗	一付	
小辦公桌	一張	
方桌	二張	
鐵床	一張	
鑊架床	一張	
單架床	十四張	破爛四張
面盆架	二個	破爛一個

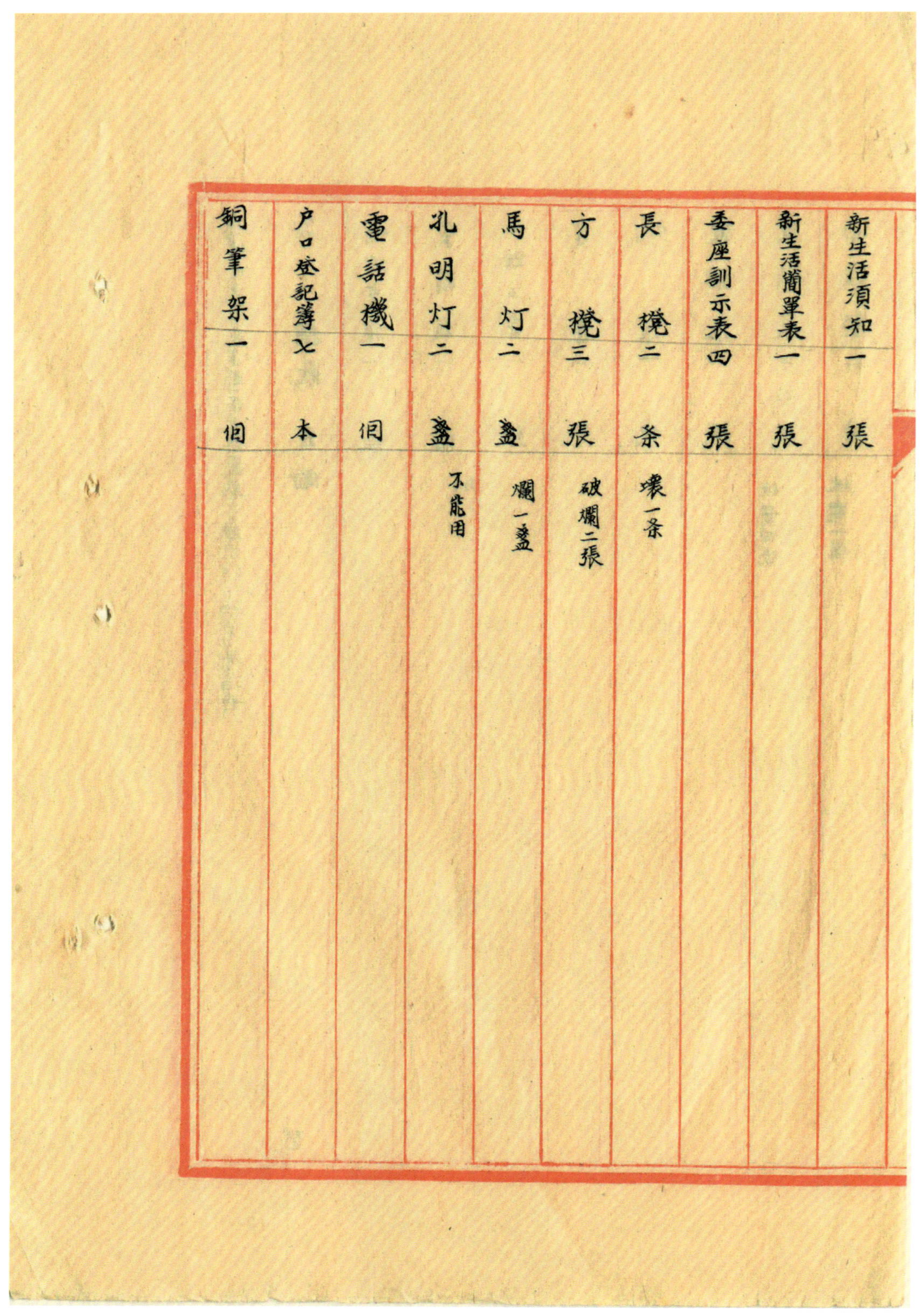

新生活須知一張
新生活簡單表一張
委座訓示表四張
長欖二条 壞一条
方欖三張 破爛二張
馬灯二盏 爛一盏
孔明灯二盏 不能用
電話機一個
户口登記簿七本
銅筆架一個

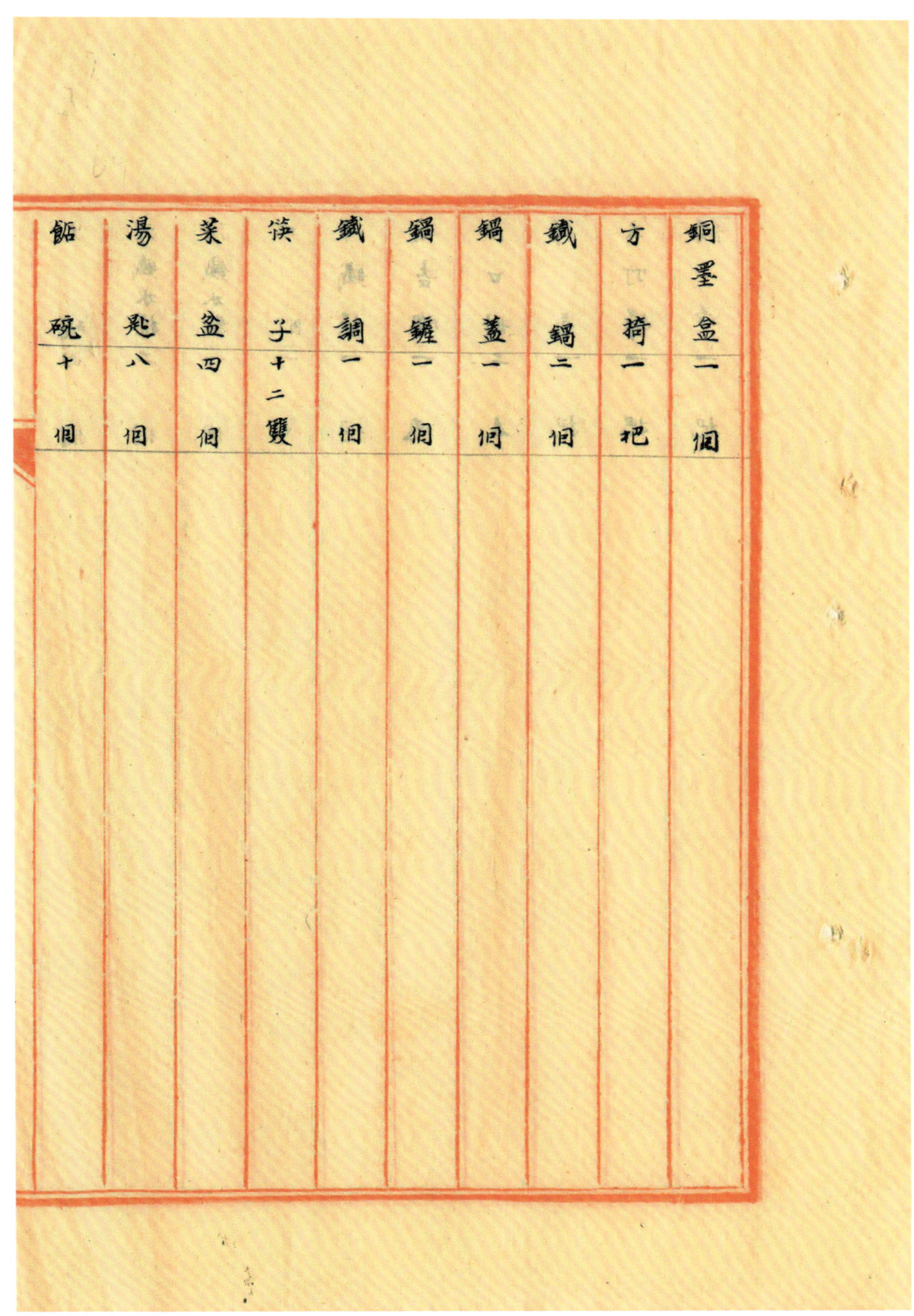

銅墨盒一個

方椅一把

鐵鍋二個

鍋蓋一個

鍋鑵一個

鐵錭一個

筷子十二雙

菜盆四個

湯匙八個

飯碗十個

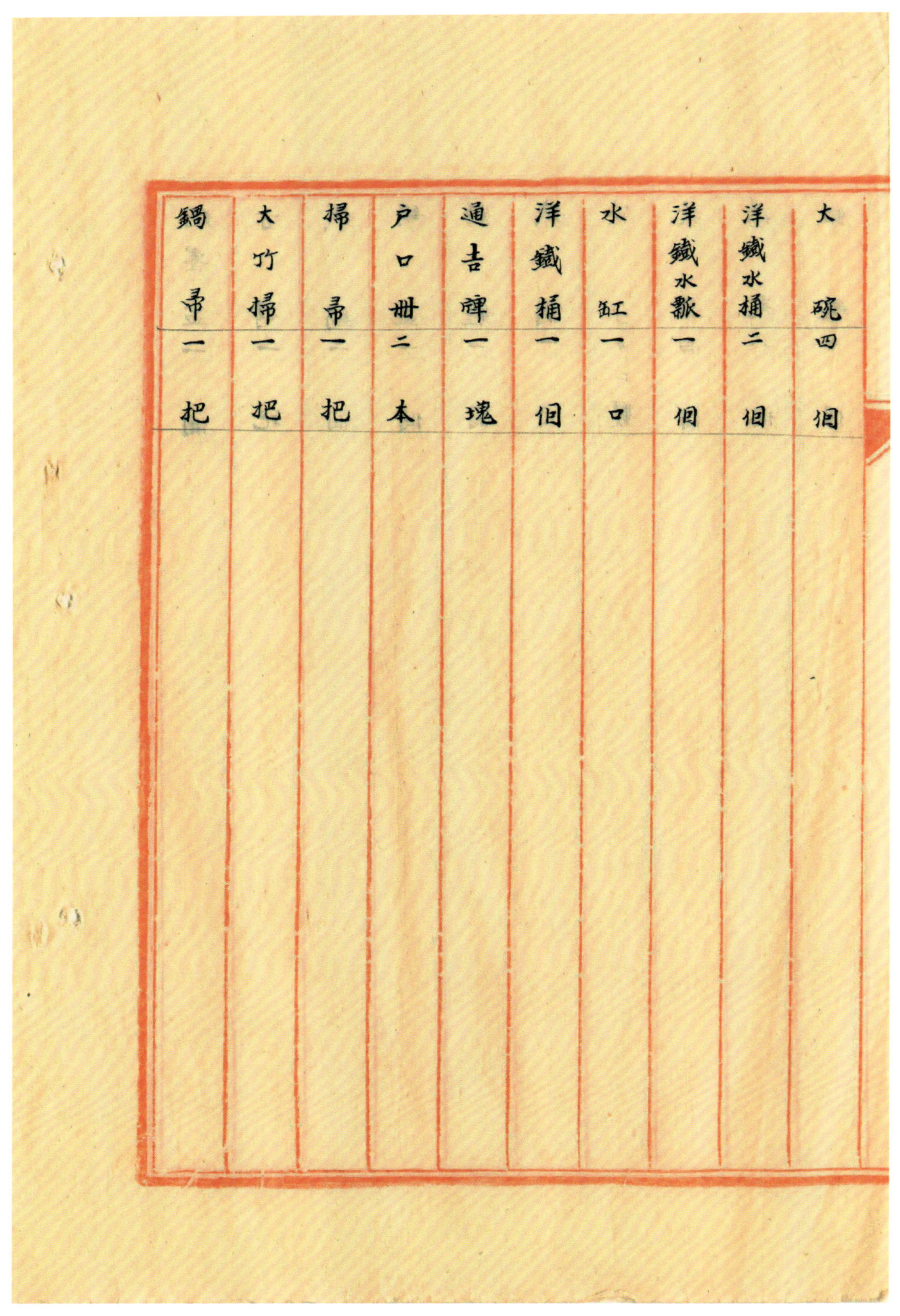
大　碗四　個
洋鐵水桶二　個
洋鐵水瓢一　個
水　缸一　口
洋鐵桶一　個
通吉碑一　塊
戶口冊二　本
掃　帚一　把
大竹掃一　把
鍋　帚一　把

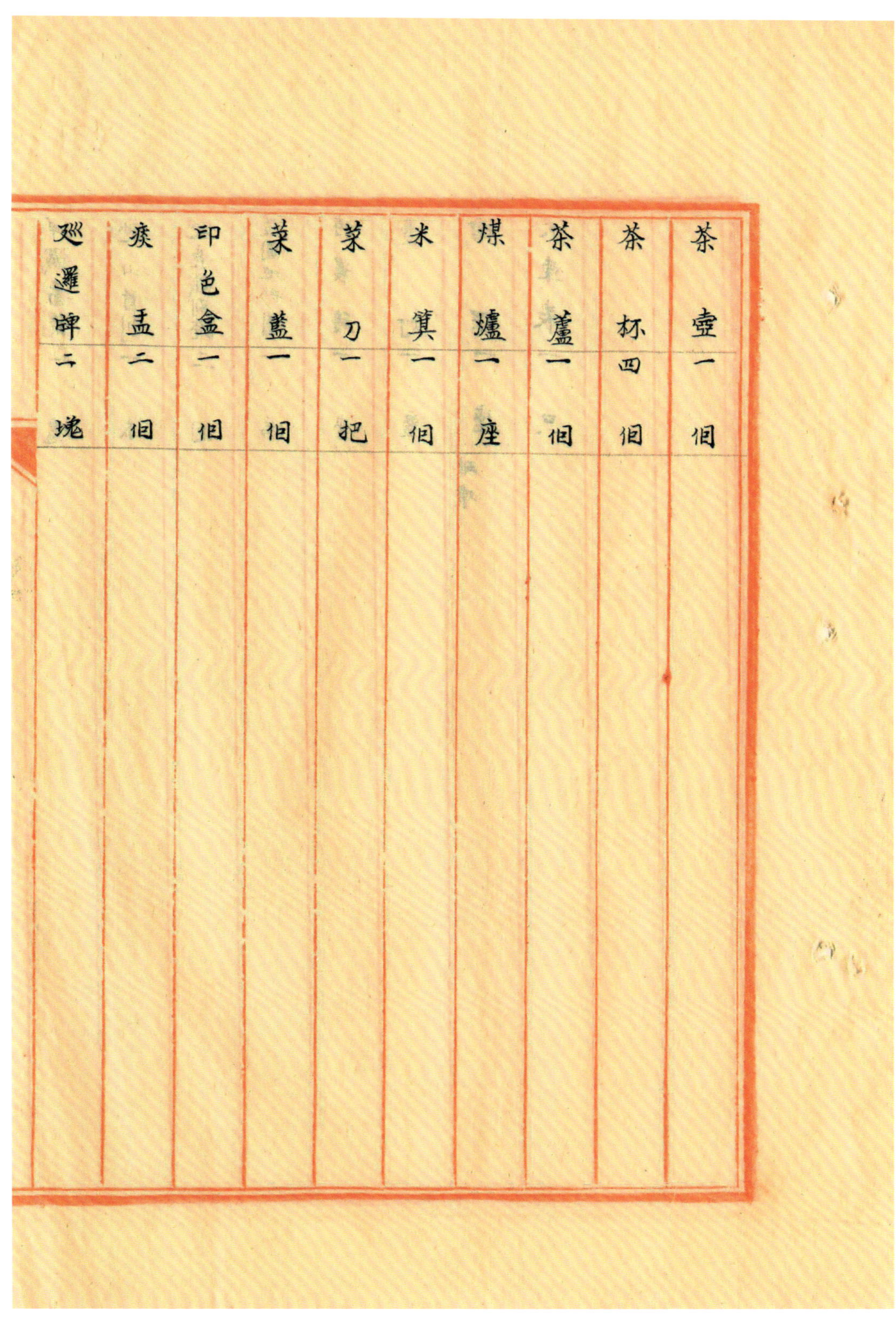
茶壺一個
茶杯四個
茶盧一個
煤爐一座
米箕一個
菜刀一把
菜盞一個
印色盒一個
痰盂二個
巡邏牌二塊

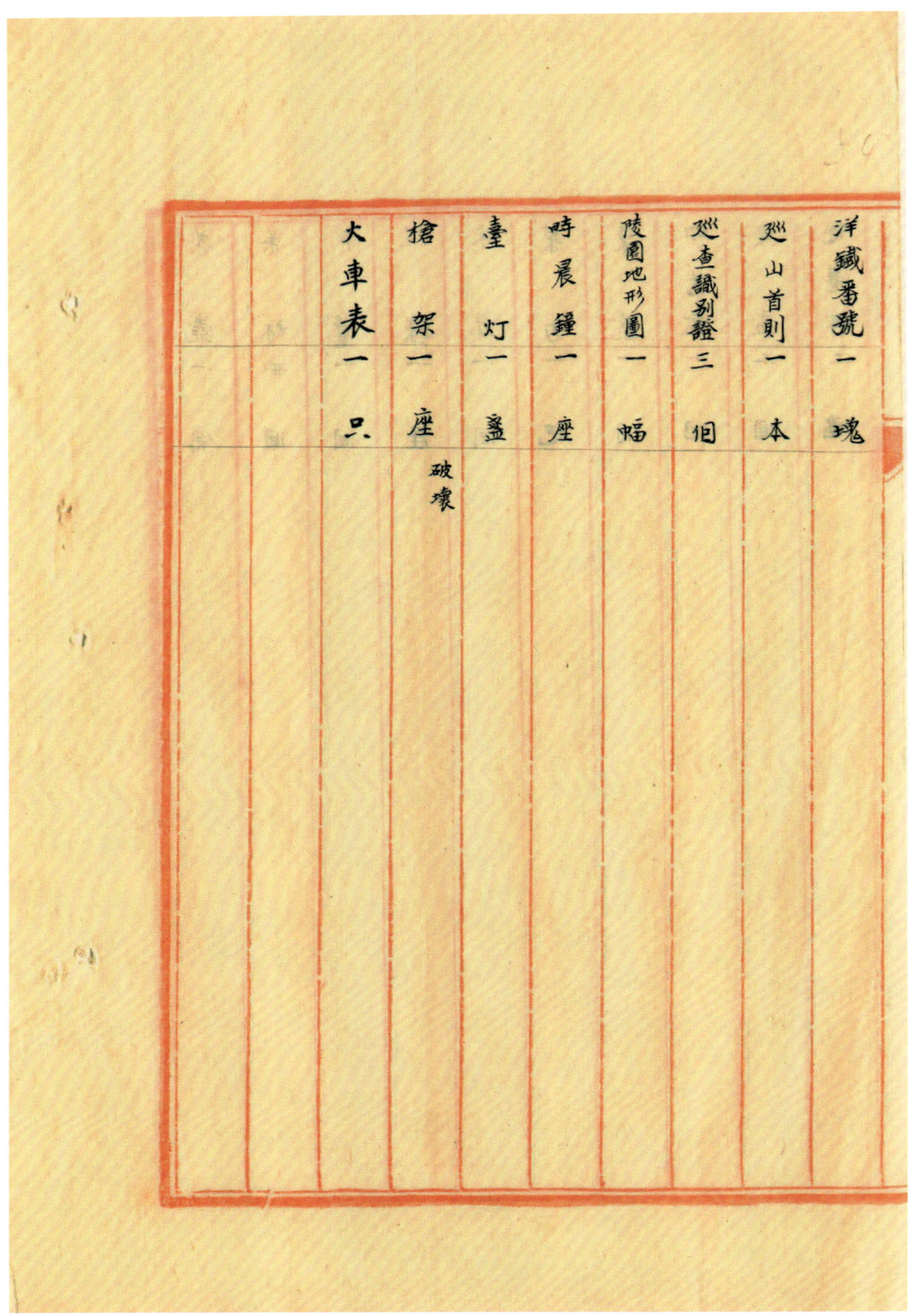
洋鐵番號一塊
巡山首則一本
巡查識別證三個
陵園地形圖一幅
時晨鐘一座
臺灯一盞
槍架一座 破壞
大車表一只

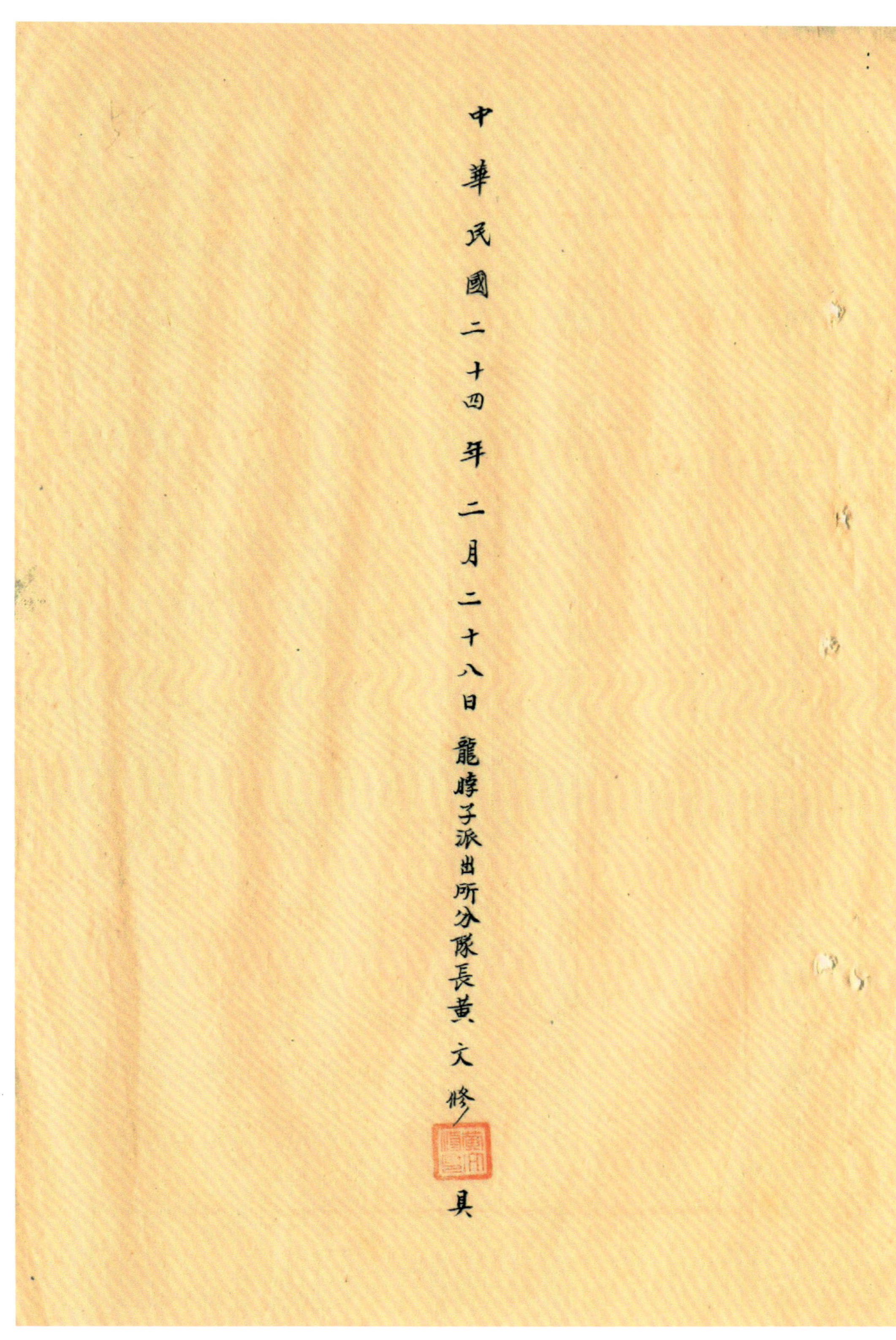

中華民國二十四年二月二十八日龍脖子派出所分隊長黃文修具

总理陵园管理委员会警卫处警卫大队王家湾派出所现有家私器具册（一九三五年四月十五日）

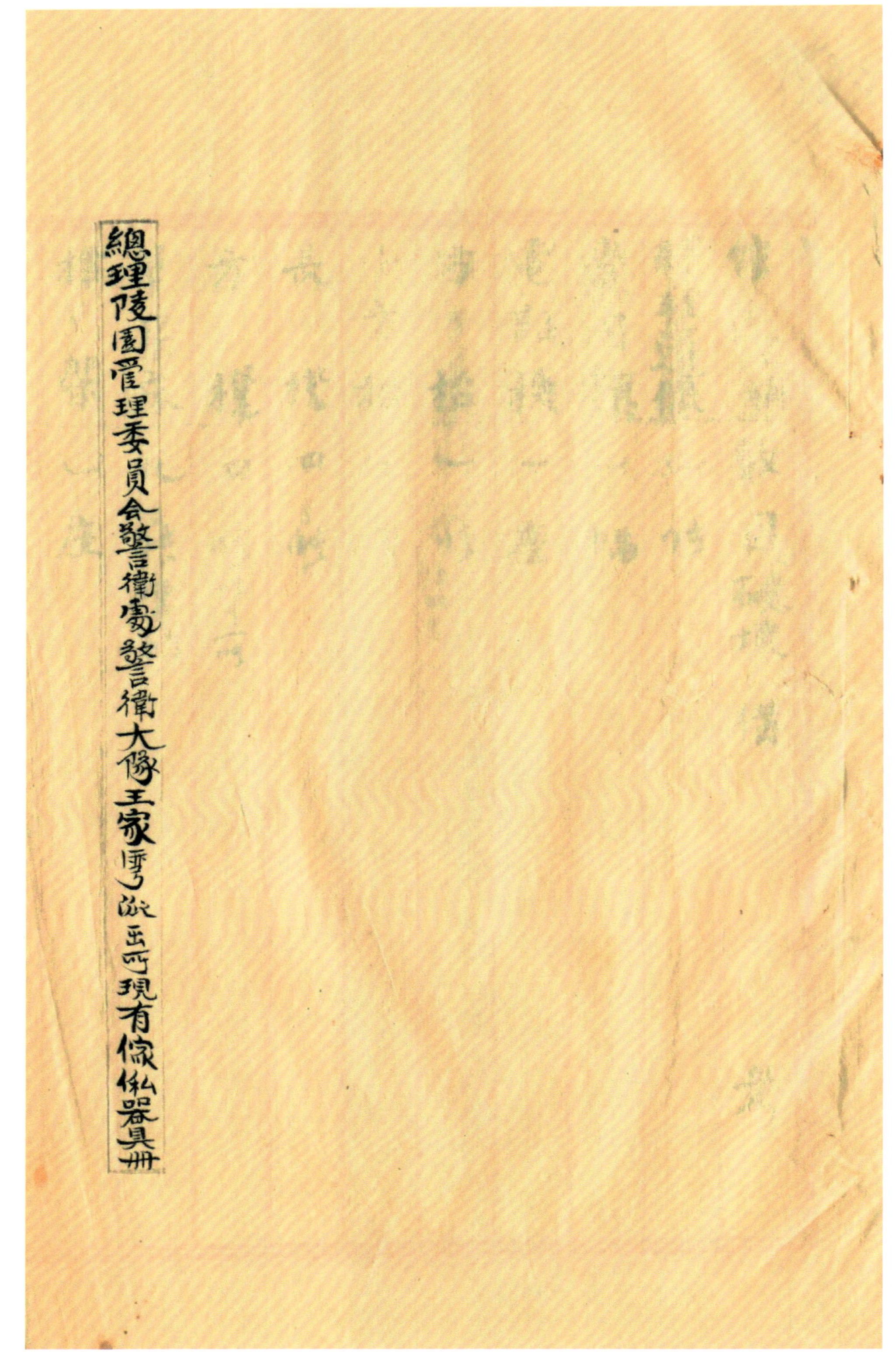
總理陵園管理委員会警衛處警衛大隊王家灣派出所現有傢俬器具册

傢私名稱	數目	破壞	備考
總理遺像	一件		
黨國旗	一幅		
電話機	一座		
方枱	一件		
小方枱	一件		
長櫈	四件		
方櫈	四件	壞了一件	
單架床	九件	壞的	
槍架	一座		

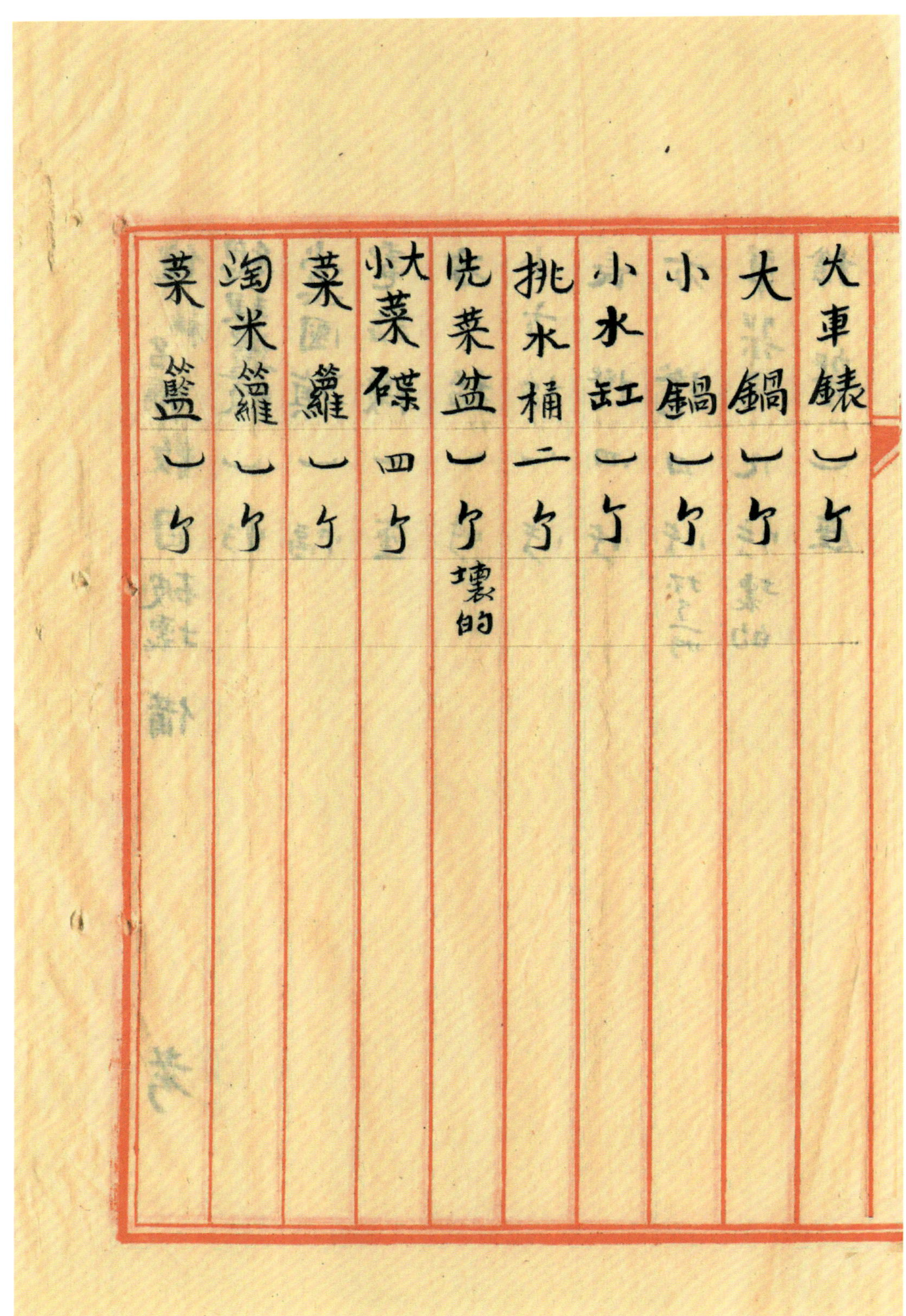

品名	数量	备注
大車錶	一个	
大鍋	一个	
小鍋	一个	
小水缸	一个	
挑水桶	二个	
先菜盆	一个	壞的
大小菜碟	四个	
菜籮	一个	
淘米篩籮	一个	
菜籃	一个	

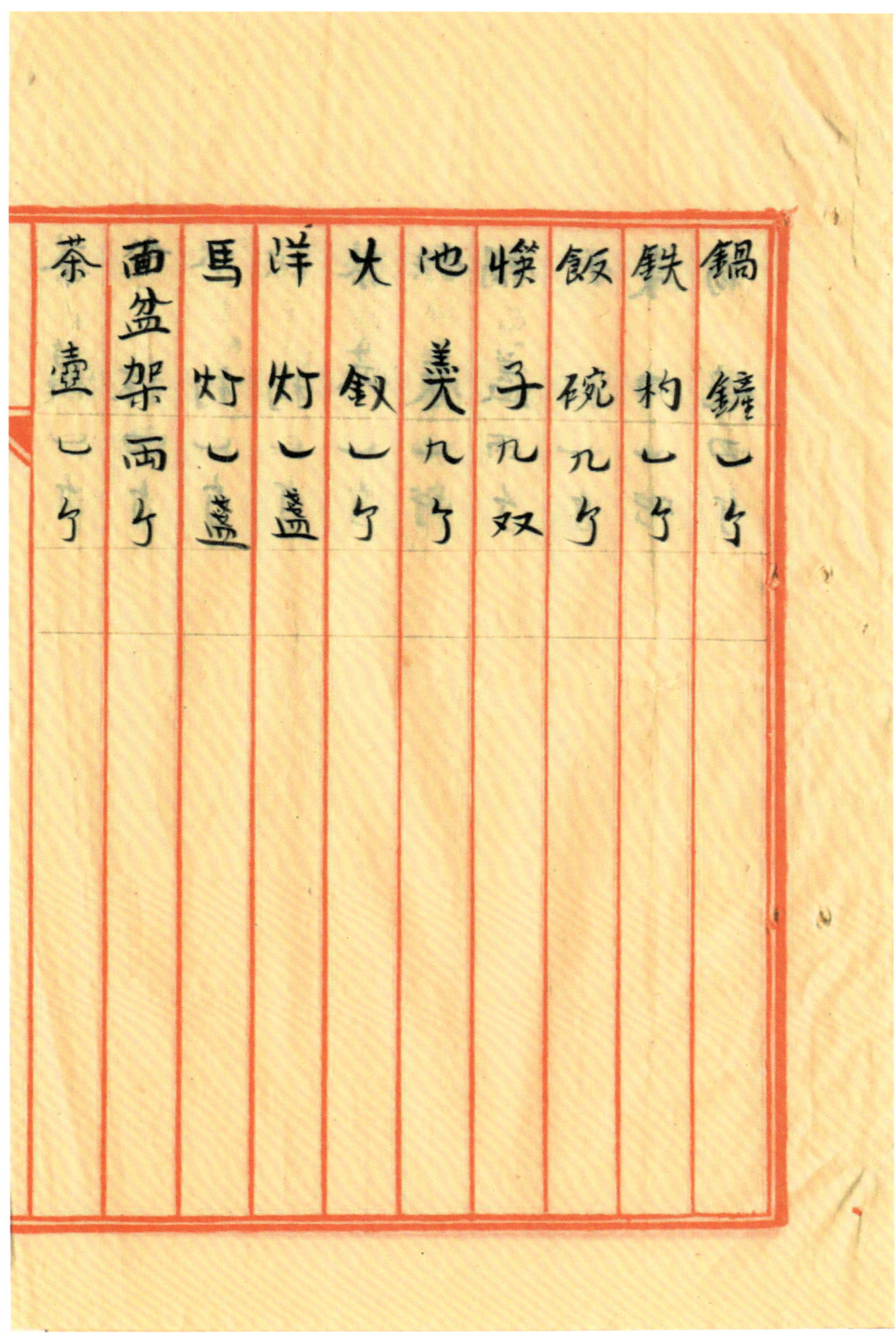

鍋鏟一个
鉄杓一个
飯碗九个
筷子九双
池羹九个
火釵一个
洋灯一盏
馬灯一盏
面盆架两个
茶壺一个

茶籮一个
茶杯四个
水杓一个
飯杓一个
茶盆一个
鉄床一時
鍋蓋两个
針板一个
菜刀一時
湯碗四个

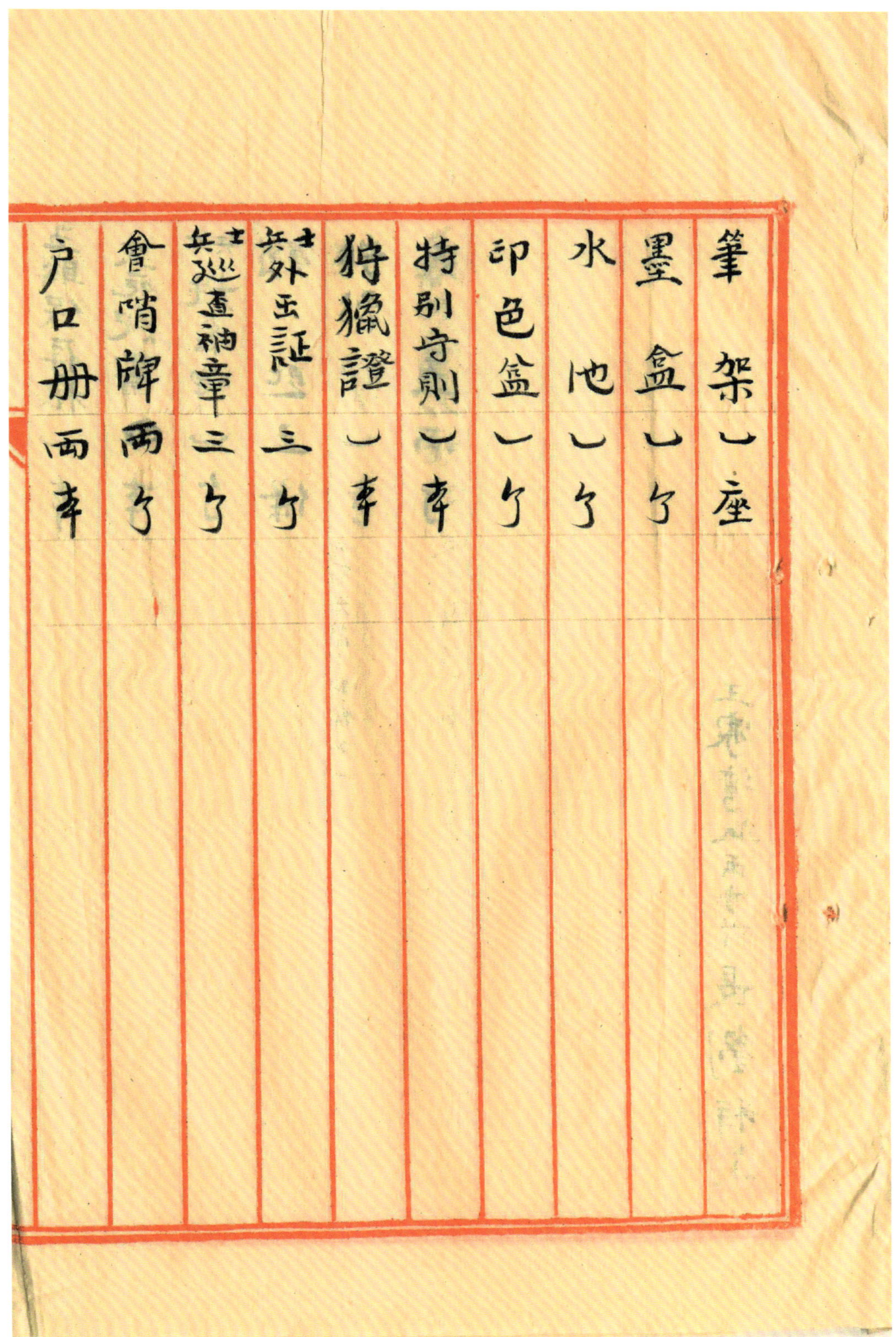

筆架一座
墨盒一个
水池一个
印色盒一个
特别守則一本
狩獵證一本
士兵外出証三个
士兵巡查袖章三个
會哨牌兩个
户口册兩本

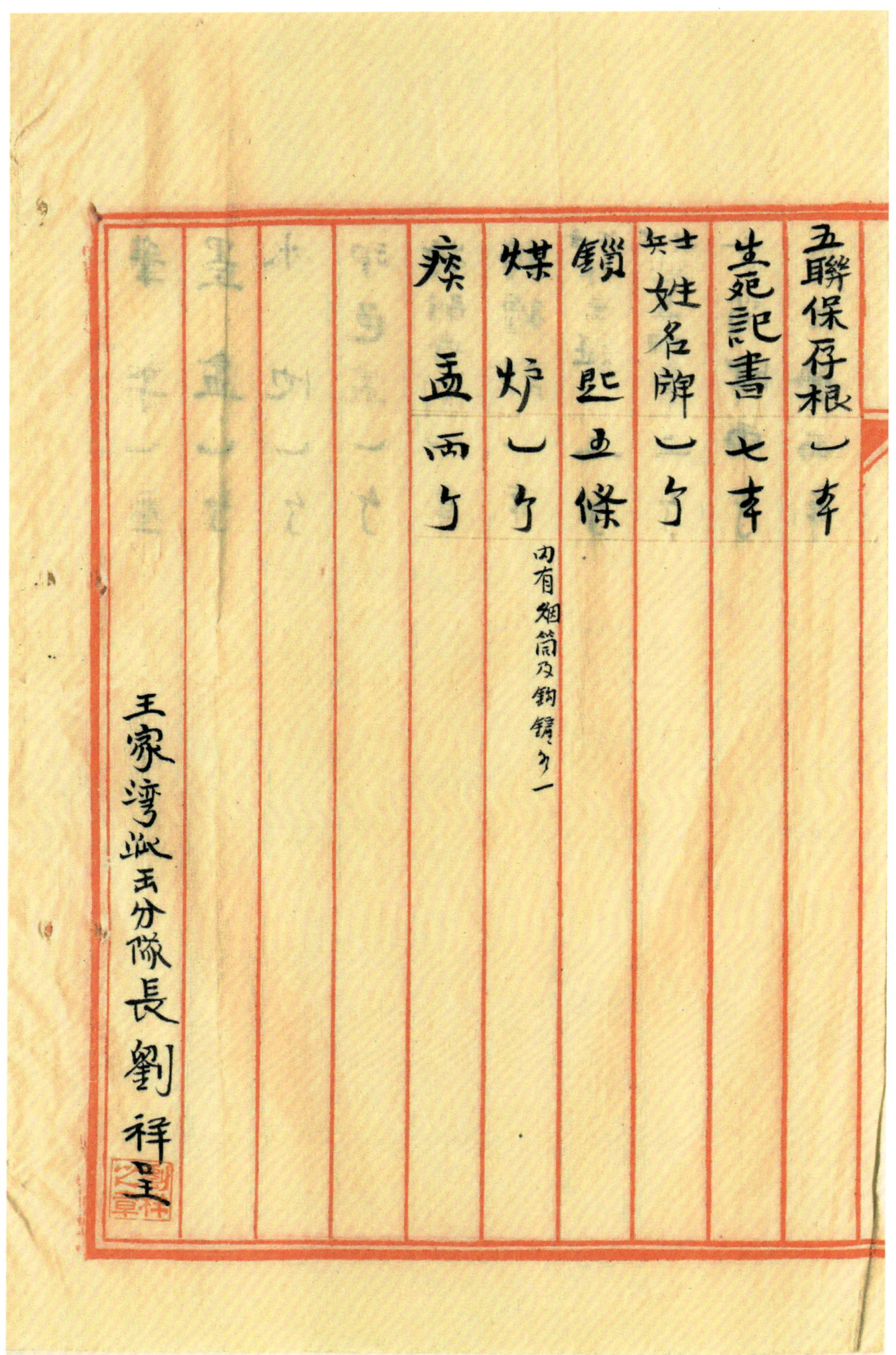
五聯保存根一本
告苑記書七本
士兵姓名牌一个
鎖匙五條
煤炉一个　內有烟筒及鈎鐵各一
痰盂兩个

王家灣巡查分隊長劉祥呈

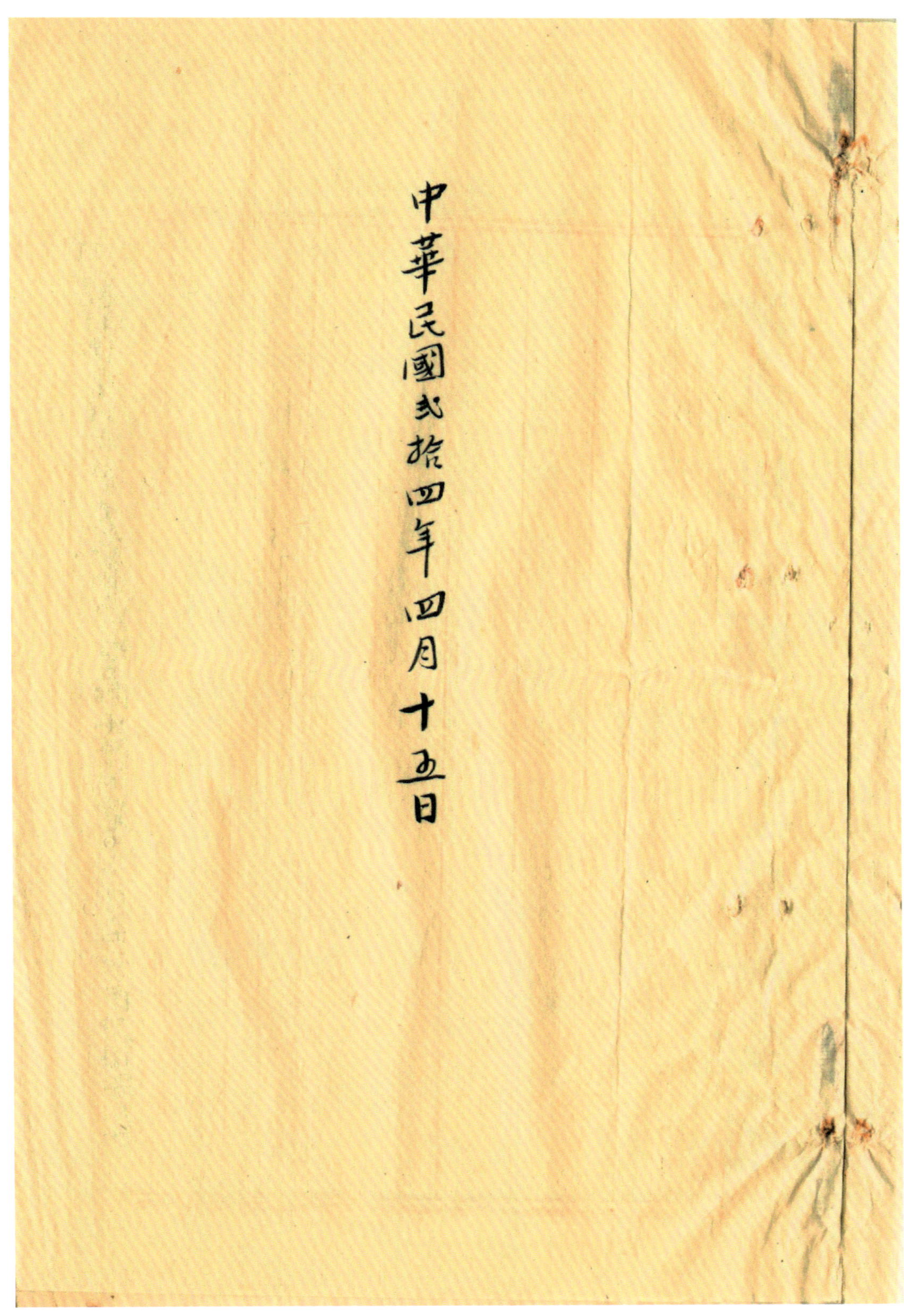
中華民國貳拾四年四月十五日

总理陵园管理委员会奉安纪念馆纪念公物品家具清册（一九三五年六月）

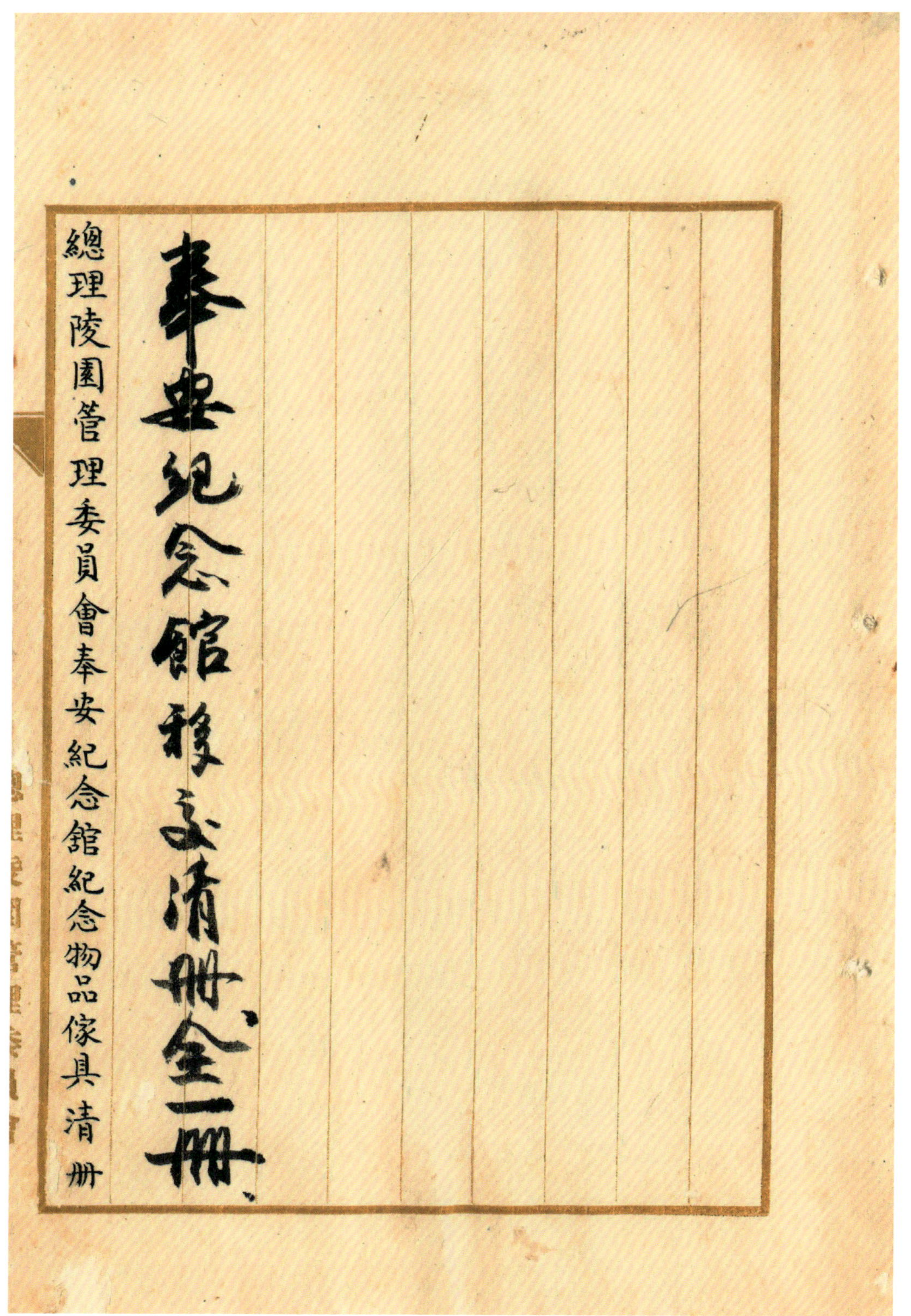
總理陵園管理委員會奉安紀念館紀念物品傢具清册

奉安紀念館移交清册全一册

總理陵園管理委員會奉安紀念館紀念物品傢具清冊

計開

號數	品名	贈者	題詞	安置地
446	銀盾一件	察哈爾省政府	祭文	東樓前櫃
467	牙球一件	夏鋤强	精神不死	仝右
468	銀杯一件	公用祭品	總理靈櫬恭移	仝右
469	銀杯一件	張家口市第一次全市代表	精神不滅	仝右
470	銀杯一件	第三編遣區政治訓練部	革命導師	仝右
471	銀盾一件	留日興中會支部長譚有發	祭文	仝右
472	銀盾一件	滁縣各界迎櫬大會	精神不死	仝右

4號止（共155件）

474	陶鼎一件	宜興縣執監委員會	富貴寶鼎	東樓前櫃
475	菊花石二件	湖南總商會	無	仝右
476	銀盾一件	旅滬中山同鄉會	總理奉安紀念	仝右
477	銀盾一件	上海粵僑商業聯合會	仝右	仝右
478	銀花啳一件	中華航空協進會中樞執委會	航空救國	仝右
479	玻璃罩花球三件	吉隆坡支部	無	仝右
480	銀小花瓶一對	湖南警備第二司令部武恩光	革命尚未成功	仝右
481	花瓶一對	贈者待查	舉案齊眉	仝右
484	相插屏一件	江西省立農業專門學校	精神不死	仝右
485	磁插屏一件	京師西郊各團體	天下為公	仝右

總理陵園管理委員會

編號	物品	贈送者	題字	陳列處
486	銀花喼一件	廣東國税管理委員公署緝私局	無	東樓前櫃
439	薰香一件	日本王太田信三妻	無	東樓後櫃
441	剪刀一件	山東定陶縣政府	無	仝右
451	銀盾一件	天津特別市執委會	文	仝右
452	銀盾一件	衛生部中央防疫處	光被全球	仝右
453	銀盾一件	國府參軍處	浩氣長存	仝右
454	銀盾一件	天津特別市商民協會	文	仝右
455	銀盾一件	湖南第二警備司令陳漢章	天下為公	仝右
456	銀盾一件	天津特別市總工會	文	仝右
457	銀亭一件	全國各法團	碑文	仝右

三架（計十七件）

458	挿屏一件	湖南邵陽縣立中學	遺囑	東樓後櫃
459	銀杯一件	望嘉錫中華學校中華總商會	三民主義創造者	仝右
460	銀杯一件	上海廣肇公所	民衆導師	仝右
461	銀鼎一件	日本大倉喜七郎	天下為公	仝右
462	銀盾一件	江蘇省婦女協會整委會	奠	仝右
463	銀盾一件	東三省歸化韓族代表韓成等	浩氣長存	仝右
464	磁花啳一件	林文慶	無	仝右
465	扇二把	廣東新會各界民衆	世界革命導師	仝右
483	石挿屏一件	廣州文瀾書院	祭文	仝右
525	花啳一件	楊輝蘭	無	仝右

編號	品名	贈者	文字	陳設
	珠花花啳一件	贈者待查	無	東樓掛壁 二十三年十月二十五日由陵堂交下
493	銀橫掛屏一件	江甯縣各機關	總理奉安紀念	東樓掛壁
499	銀掛屏一件	天津衛戍總司令行轅	人類救星	仝右
498	鏡条屏一對	海陸隊第一旅旅党部	十八字對	仝右
489	銀橫墓景屏一件	鍾道錩	陵墓全景	仝右
490	繡相屏一件	杭州都錦生	相	仝右
407	鏡屏一件	南京特別市商民協會整委會	祭文	仝右
491	銀条屏一對	南洋楊維新	功德配天地 主義冠古今	仝右
500	銀相屏一件	南京特別市第一區党員	相	仝右
408	鏡屏一件	上海勤業女學校長	祭文	仝右

編號	品名	贈者	題字	陳列處
487	掛屏一件	天津警備司令部政訓處	主義之花	東樓掛壁
497	鏡屏一件	衛生局長胡定安	祭文	仝右
575	繡条屏四件	湖南清鄉司令何健	山水	仝右
488	銀掛屏一件	南洋仁丹華僑同人	精神不死	仝右
496	鏡屏一件	第四旅旅長羅霖	祭文	仝右
492	銀屏一件	南洋葡屬執委巫廸階	博厚配地 高明配天	仝右
495	廣州市地圖一件	廣東陸軍測量局	圖	仝右
	繡對一付	贈者待查	翁同龢書	仝右
573	繡中堂一件	仝右	岳書	仝右
494	總理故居地圖一件	廣東陸軍測量局	圖	仝右

西貢總理相一座川銅

瓶子破壞

共有二件，另一件載後頁

編號	物品	贈送者	説明	位置
404	玻璃花啳一件	蔣中正	無	東樓欄杆内
402	銀花啳一件	駐暹總支部暨各支部	西裝相	仝右
406	總理銅相一件	廣東省立第一女子師範學校	總理安葬紀念	仝右
401	銀花啳一件	旅暹華僑排日救國大同盟會	禮服相	仝右
403	玻璃花啳一件	孔祥熙	無	仝右
482	石燈一件	新嘉坡潮陽會館	西女戲燈	仝右
	花瓶一件	陸軍十二師三十五旅長張興仁	党徽	仝右
405	木花啳一件	彥記建築所	党徽	仝右
	賽銀花啳一件	劉湘	花	仝右 二十三年十一月二十日由陵堂交下
409	磁党歌一件	十二師特別党部籌委會	党歌	東樓樘上

編號	品名	贈送者	題字	陳列處
410	雙人磁相屏一件	第七師第十二師政訓處	總理避難之永豐艦	東樓橙上
411	爆竹一件	湖南瀏陽爆業公會	炮	仝右
412	磁花瓶一對	劉建緒	花鳥	仝右
	奉移專員汽車旗三面		特派迎櫬專員	仝右
		以上東樓前櫃計二十一件		
		東樓後櫃計二十件		
		東樓其他計三十九件		
		東樓共計八十件		
430	奠杯三件	山西方山縣執委會	總理千古	西樓前櫃
431	銅爐一件	王立丞	主義長明	仝右

上下有二角傷列

鼎耕傷一豆

432	銅鐸一件	京師各學校	奮鬥	西樓前櫃
433	梳刷一副		林主席誌字	總理殮時用 西樓前櫃
434	銀盾一件	山西省党部	天下為公	西樓前櫃
435	銀盾一件	綏遠党務指導委員	天下為公	仝右
436	大理石屏一件	馬湘	主義長存	仝右
437	牙相一件	鄧蕙芳	相	仝右
438	菊花石插屏一件	湖南瀏陽縣党務指委會	方長式	仝右
440	台墊一件	贈者待查	無	仝右
442	銅鼎一件	張邦翰	鼎盖缺一龍頭	仝右
443	插屏一件	熱河省党務指委會	方長式	仝右

444	挿屏一件	十九師長劉建緒	方長式	原物折斷 西樓前櫃
445	銀盾一件	天津特別市反日會	和平奮鬥救中國	仝右
447	銀盾一件	天津特別市學生聯合會	青年導師	仝右
448	銀杯一件	方振武	俎豆千秋	仝右
449	銀盾一件	高桂滋	九泉含笑	仝右
450	花啳一件	南洋荷屬安邦瀾支部	花	仝右
501	磁挿屏一件	江西九江縣党指委會	遺囑	仝右
502	磁挿屏一件	九江市党指委會	祭文	仝右
	奉移圓鉄印一件		無	仝右
473	銀盾一件	南京特別市十一區党部	精神永在	仝右

架子壞

銹水漬

商字

編號	物品	贈送者	題字	存放處
413	石捶屏一件	三十八軍特別党部政訓處	革命導師	西樓後櫃
414	菊花石一件	湖南省党部	無	仝右
415	石小捶屏一件	江蘇南滙縣農民協會	文	仝右
416	牙桶一件	廣東中央銀行	無	仝右
417	銀盾一件	上海特別市第四區第八區分部	精神不死	仝右
418	銀盾一件	軍政部兵工署金陵分廠	遺囑	仝右
419	銀盾一件	北甯鉄路特別党部	精神不死	仝右
420	銀杯一對	南通縣各机關	奉安大典	仝右
421	銀盾一件	綏遠省政府主席徐永昌	天下為公	仝右
422	銀盾一件	香港中山橋務會所	天下為公	仝右

（共廿六件）

檀香盒

423	銅相一對	梅屋庄吉	模型短相	西樓後櫃
424	銀盾一件	陸軍55 16 17 10等師長	革命導師	仝右
425	銀船一件	中山訓政實施委員會	船	仝右
426	點翠銅鼎一件	衛月朗汪兆銘等	無	仝右
427	銅盾一件	鄒魯	無	仝右
428	銀盾一件	武漢特别市公安局	奉安紀念	仝右
429	花球三件	中國國民党澳門支部	花鳥	仝右
571	磁插屏一件	南斐州坡埠中國革民党分部	普天同悼	原折斷 仝右
508	銀屏一件	上海特别市童子軍協會	主義長留	西樓掛壁
504	繡屏四件	湖南省政府	繡山水	仝右

盛檀香用

玻璃破

編號	品名	贈送者	內容	陳列處
515	磁相屏一件	十二師三十六旅旅長周志羣	遺囑	西樓掛壁
516	磁對一副	十二師三十六旅旅長周志羣	革命尚未成功	仝右
505	銀屏一件	南洋葡屬帝汶直屬支部	文	仝右
503	鏡屏一件	軍政部航空署航空醫院	文	仝右
506	銀相屏一件	天津警備司令傅作義	人類福音	仝右
507	鏡屏一件	江蘇江浦縣党部監察委員	文	仝右
509	黑漆匾一件 對一副	山東各界	遺囑	仝右
466	繡中堂一件	湖南省第二警備司令陳漢章	繡山水	仝右
511	建國大綱四块	十二師三十四旅長韋杵	磁製	仝右
510	銀相屏一件	上海特別市党部指委會	遺囑	仝右

513	磁對一副	朱培德等	革命尚未成功	西樓掛壁
512	磁相屏一件	朱培德等	遺囑	仝右
514	銀相屏一件	梭羅登記處	遺囑	仝右
	銀花啳一件	康德黎令子	文	二十四年五月三十一日由陵堂交下西樓櫊杆内
523	磁相一件	南昌市党務指委會	遺囑	西樓櫈上
524	銀盾一件	浙江省政府主席張人傑	祭文	仝右
527	銀花啳一件	香港駐粵總工會	党徽	仝右
409	磁党歌一件	十二師特別党部籌委會	党歌	西樓櫈上
522	府綢一件	南京市第二工廠	綢	仝右
526	銅牌一件	陸徵祥	無	仝右

520	玻璃花啳一件	新嘉坡党員朱慈祥等	無	西樓欄杆内
521	銅花啳一件	全國工商會議	無	仝右
517	銀花啳一件	全國内政會議	無	仝右
519	玻璃花啳一件	孫宋慶齡	無	仝右
518	玻璃花啳一件	李雲杰羅霖曹典江	奠	仝右
		以上西樓前櫃計二十四件		
		西樓後櫃計二十件		
		西樓其他計三十四件		
		西樓共計七十八件		
	奉移燈籠一對		奉迎國父靈櫬	東樓下

紗灯罩三件 附灯架二個

破

532	紗燈三件	馬湘	二件花鳥 一件國旂	東樓下
536	相屏一件	江西全省商會聯合會	三折半身 相並遺囑	仝右
	總理木棺一具		總理在北平 入殮時用	仝右
	蒿製棺圍一件		紅色	仝右
	奉移小燈籠一對		奉迎國 父靈櫬	仝右
535	相鏡屏一件	江西女子公學校長喻筠	相	仝右
	奉移開導旗一面		開導	仝右
539	小磁相屏一件	廣東省立第一女子中學校	學生李 瑛繪	仝右
537	建國大綱十六塊	江西省政府主席朱培德等	建國大綱	仝右
546	石磬一件	北平工務局長華南圭	文	仝右

除此外另有九件見後、

號	品名	贈送者	文字	陳列處
538	銅屋一件	南洋真相劇社	總理真相	東樓下
548	鐵磬一件	北平特别市長何其鞏	文	仝右
547	紀念銅牌一件	國立同濟大學	工醫	仝右
	珠花花啳十件		無文	仝右
以上東樓下計四十一件				
544	鏡屏一件	女界革命戰士慰勞會	祭文	西樓下
550	鏡屏一件	宋子文	文	仝右
549	鏡屏一件	楊樹莊	文	仝右
554	相屏一件	湖南醴陵縣党指委會	西裝半身相	仝右
	燈籠一對		奉迎國父靈櫬	仝右

中有伍件見錄貢

533	玻璃花啳一件	宋子文宋子良宋子安	無文	西樓下
556	磁相屏一件	十二師三十五旅旅長張興仁	遺相	仝右
555	磁對一副	七師特別党部籌委會	革命尚未成功	仝右
534	玻璃花啳一件	贈者待查	無	仝右
	木花啳一件	中央大學區立女子中學校	繡花	仝右
552	磁鼎一件	江西党指委朱培德	新中國	仝右
551	建國大綱十六块	江西党指委朱培德	第十三块缺一角	仝右
	珠花花啳九件		無文	仝右
563	橫鏡屏一件	南京特別市十區三分部	文	仝右
553	鏡屏一件	江蘇全省佛教會	文	仝右

545	鏡屏一件	南京特別市第六區党部	文	西樓下
574	泥金對一副	廣東鶴山縣党部	八字對	仝右
562	横鏡屏一件	南通大生副廠工會	精神不死	仝右
565	小磁屏一件	江西德安縣党指委會	和平奮鬥救中國	仝右
543	鏡屏一件	安徽和縣党指委會	文	仝右
564	小磁屏一件	廣東省立第一女子中學校	遺囑	仝右
557	木盾銅面花啳一件	雪蘭莪二十四行	日月經天江河行地	仝右
559	銀花啳一件	日本帝國政府	無	仝右
558	兵器模型一件	上海兵工廠	精神不死	仝右
560	銀花啳一件	日本田中義一	無	仝右

石

561	白圭紀念牌一件	河北省農民商民婦女協會	上陽款 一角 社先	西樓下
	燈籠一對		奉迎國父靈櫬	仝右
568	磁大花瓶一對	十二師長金漢鼎	博愛平等	仝右
566	磁立相一件	七師特別党部籌委會	遺囑	原折斷 仝右
567	磁屏八块	七師師長王均	總理歷史	仝右
	輓刋一副	民生週刋社全體社員	四十八詞	仝右
	以上西樓下計六十一件			
528	磁鼓四件	江西省指委朱培德 内有一件有裂痕	党徽四個	二樓中
529	磁横額一件	江西省指委朱培德	天下為公	二樓中
576	横鏡屏一件	海陸隊第一旅旅党部	三民主義萬歲	梯口

編號	品名	贈送者	說明	陳列處
530	自由鐘一件	南洋中華總商會	遺囑	中堂
531	靈磬一件	安徽靈壁縣党部	党徽	仝右
572	橫鏡屏一件	首都五州中學等九校	天下為公	仝右
541	木對一副	于洪起	二十字對	大門前
542	藍橫匾一件	首都衛戍司令部政訓處	總理精神不死	仝右
以上二樓中梯口中堂大門前共計十一件				
540	木對一副	王孝賚		貯藏室
569	銀盾一件	開封市全體党員		仝右
570	銅盾一件	駐法党總支部		仝右
	總理手製國旂一面			仝右

此種移置要久[illegible]

编号	物品	赠送者	备注	存放处
	祭堂樟圍一件			貯藏室
	奉移行列牌一十四面			仝右
	祭堂禮節牌三面			仝右
	藍緞靈幃一件		代銅錫對	仝右
	遺相亭台墊一件			仝右

以上貯藏室計三十四件

编号	物品	赠送者	备注	存放处
577	相屏（鏡）一件	湖南省党務指導委員會	二十五年一月收回存本館	總務處會計課

以上總務處會計課計一件

编号	物品	赠送者	备注	存放处
578	磁花瓶一件	十一師三十五旅旅長張興仁	此物在陵墓	陵墓祭堂

以上陵墓祭堂計一件

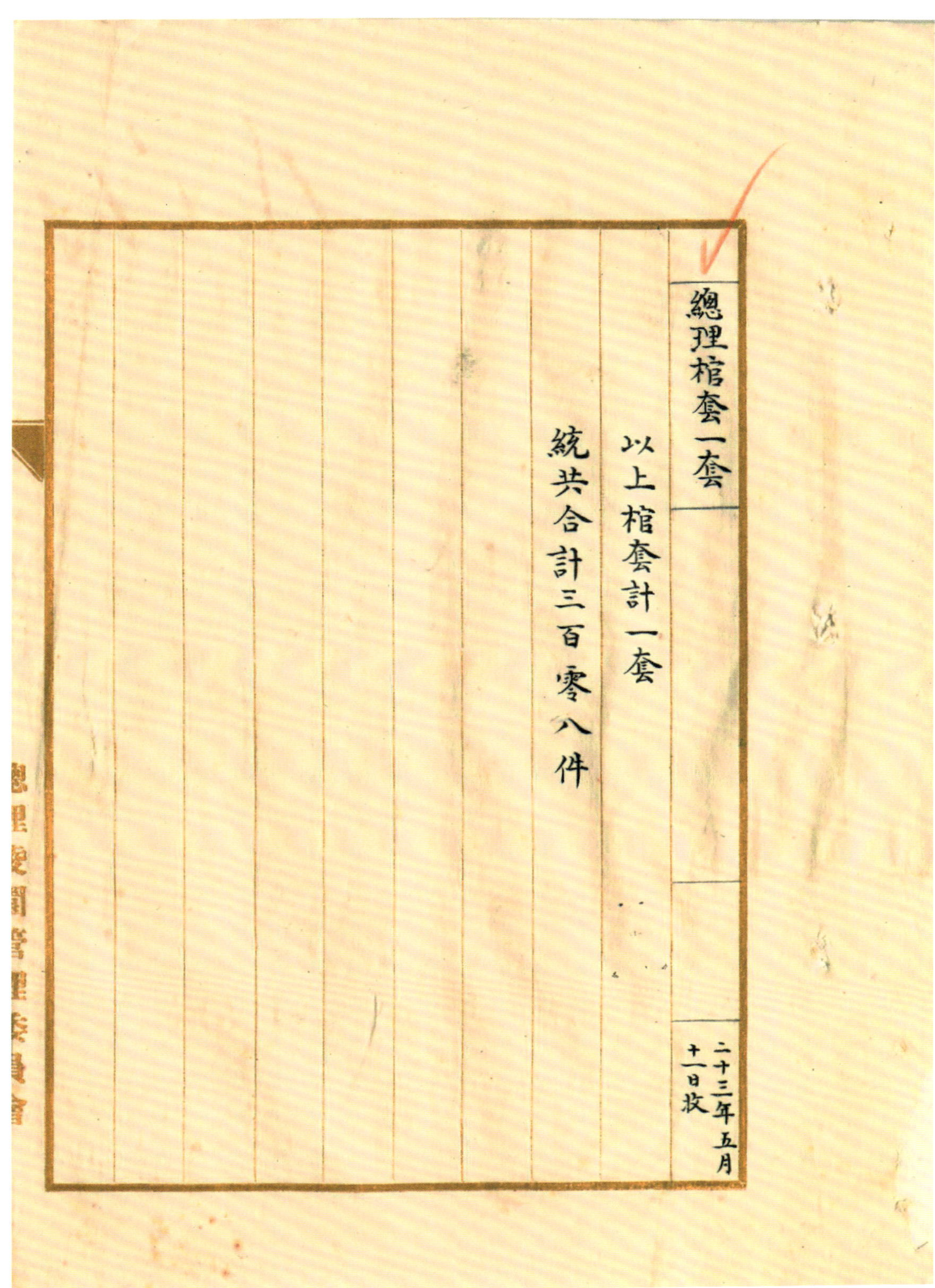

總理棺套一套

以上棺套計一套

統共合計三百零八件

二十三年五月十一日收

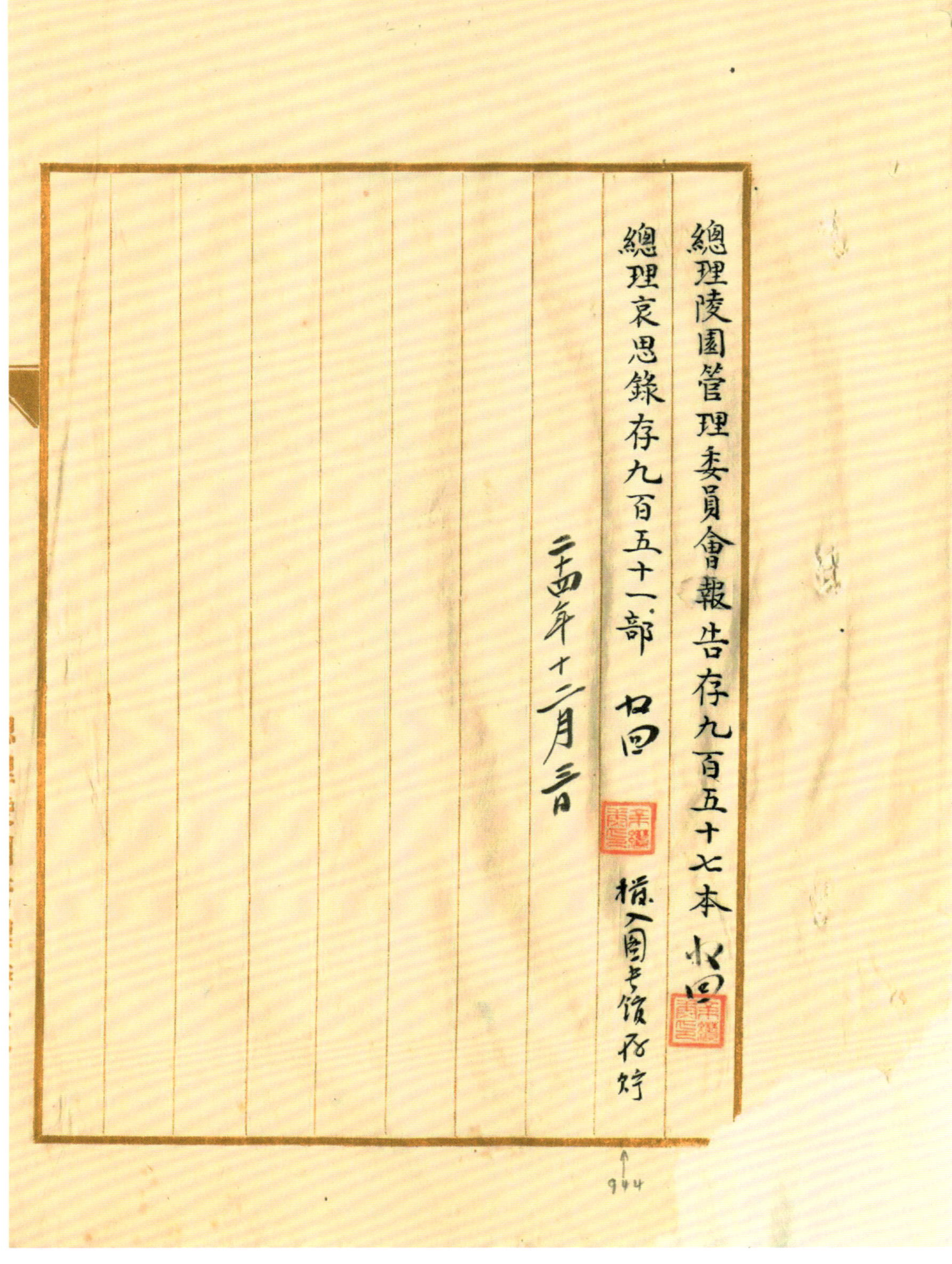
總理陵園管理委員會報告存九百五十七本 收回
總理哀思錄存九百五十一部 收回
撥入圖書館存貯
二十四年十二月三日

傢具列下

黨國旂三面　　中有總理手製者一方

辦公桌一張

兩柮桌一張　　董錫禎借　　未還

木方桌二張

黑漆桌一張　　董錫禎借　　未還

黑背椅二張

籐心椅四張　　董錫禎借内二張乃赤心、　　未還

支合椅十二張　　内係主任借去二張

鉄床一架　　董錫禎借　　未還

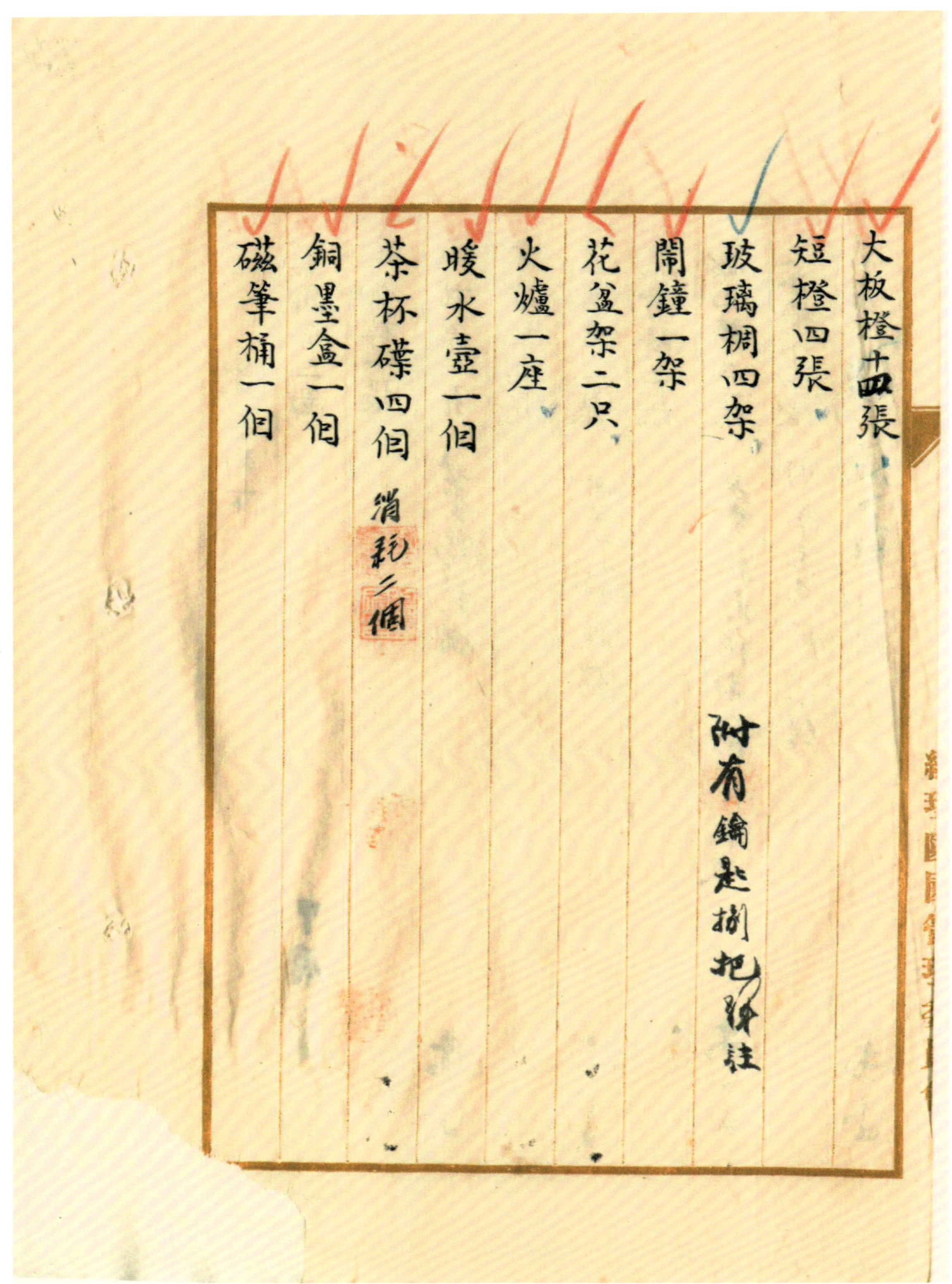

大板橙十四張
短橙四張
玻璃橱四架
鬧鐘一架
花盆架二只
火爐一座
暖水壺一個
茶杯碟四個 消耗二個
銅墨盒一個
磁筆桶一個

附有鑰匙捌把 附註

棕墊四張

痰盂十二個

大小鎖十七　廿五年五月十九日交去西鎖叁把　鎖叁把　小鎖十一把　鎖壹把　[illegible]

印色盒一個

棹毯一床　董錫祺借　去了

白布床單一床　董錫祺借　去了

白窗布十二塊

電燈三十盞　此電灯在老紀念館內　去了

腰子壺二把

鉛桶二個

奉安紀念館木匾一面
面盆架一個
籐字紙簍一個
糞斗一個
面盆一個
茶几二張
藍木牌大小十乙面
紅木櫃抬重座
銅灯掛架代鍊兩付
呼鈴一座

總理陵園管理委員會

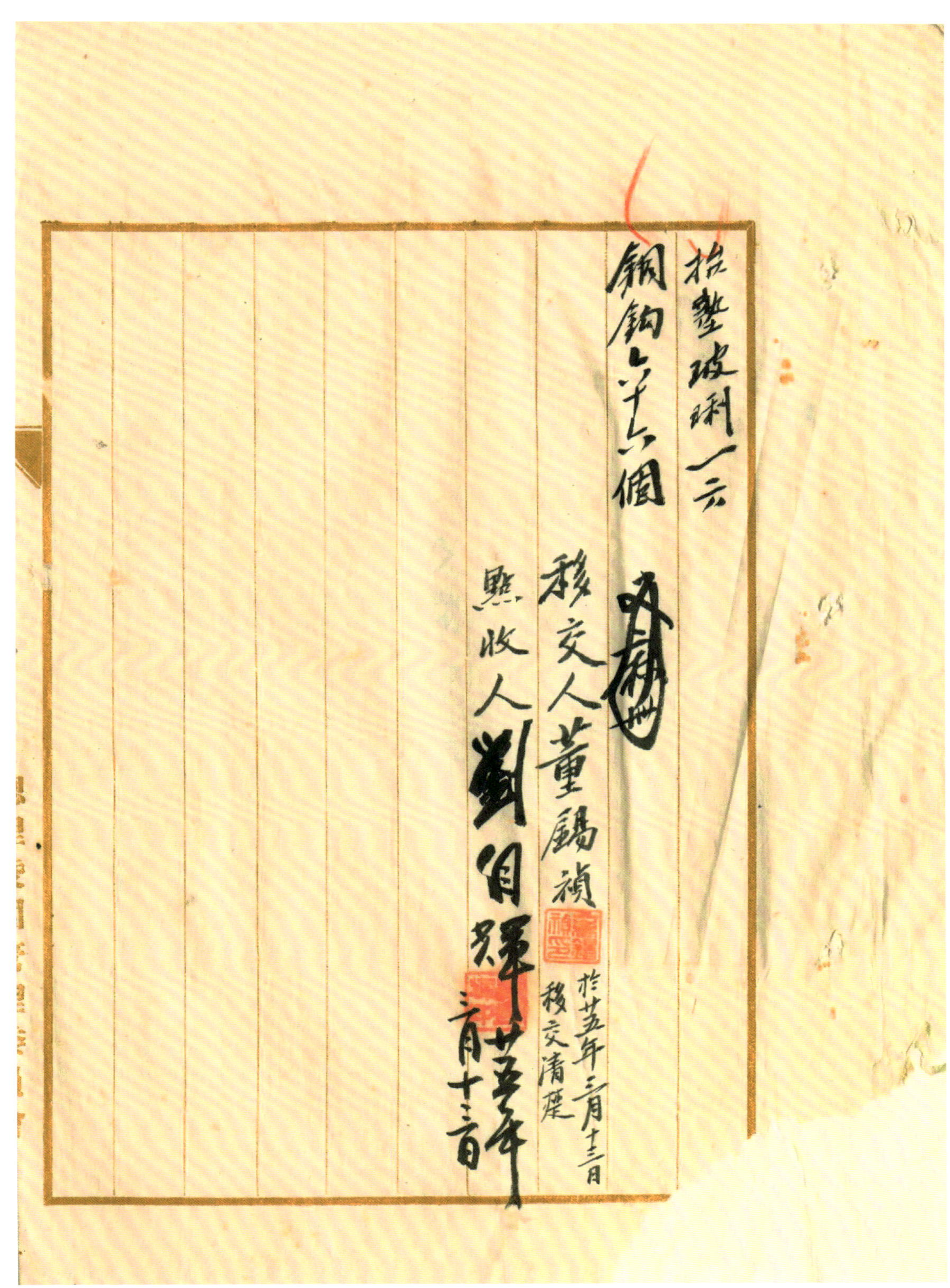
拉整玻琍一六

銅鈎六十六個

移交人董錫禎

於廿五年三月十三日

移交清楚

照收人劉相驛

廿五年三月十三日

二十四年六月造

總理陵園管理委員會

总理陵园管理委员会警卫处警卫大队安乐堂派出所家具清册（一九三五年）

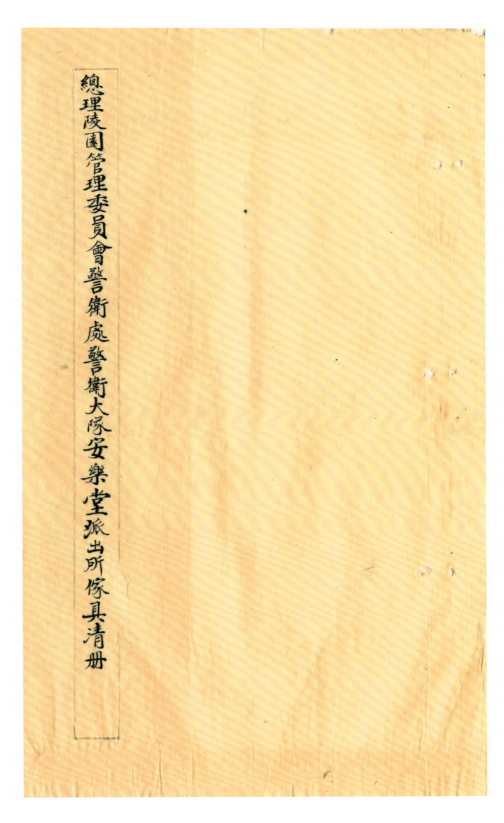

總理陵園管理委員會警衛處警衛大隊安樂堂派出所傢具清册

總理陵園管理委員會警衛處警衛大隊體育場派出所文具什物傢俱分斷填列數目清册

計開

文具類名稱	數目	備攷
總理遺像	一方	
總理遺囑	一張	
對聯	一副	
黨國旗	一副	
蔣委員長訓示	四張	
新生活標語	二張	

銅筆架一隻
銅墨盒一隻
瓷質水池一隻
印色盒一隻
特別守則無
外出證三枚
藍色巡查臂章三個
藍色採買臂章一個
派出所標幟牌一塊
士兵姓名牌拾隻

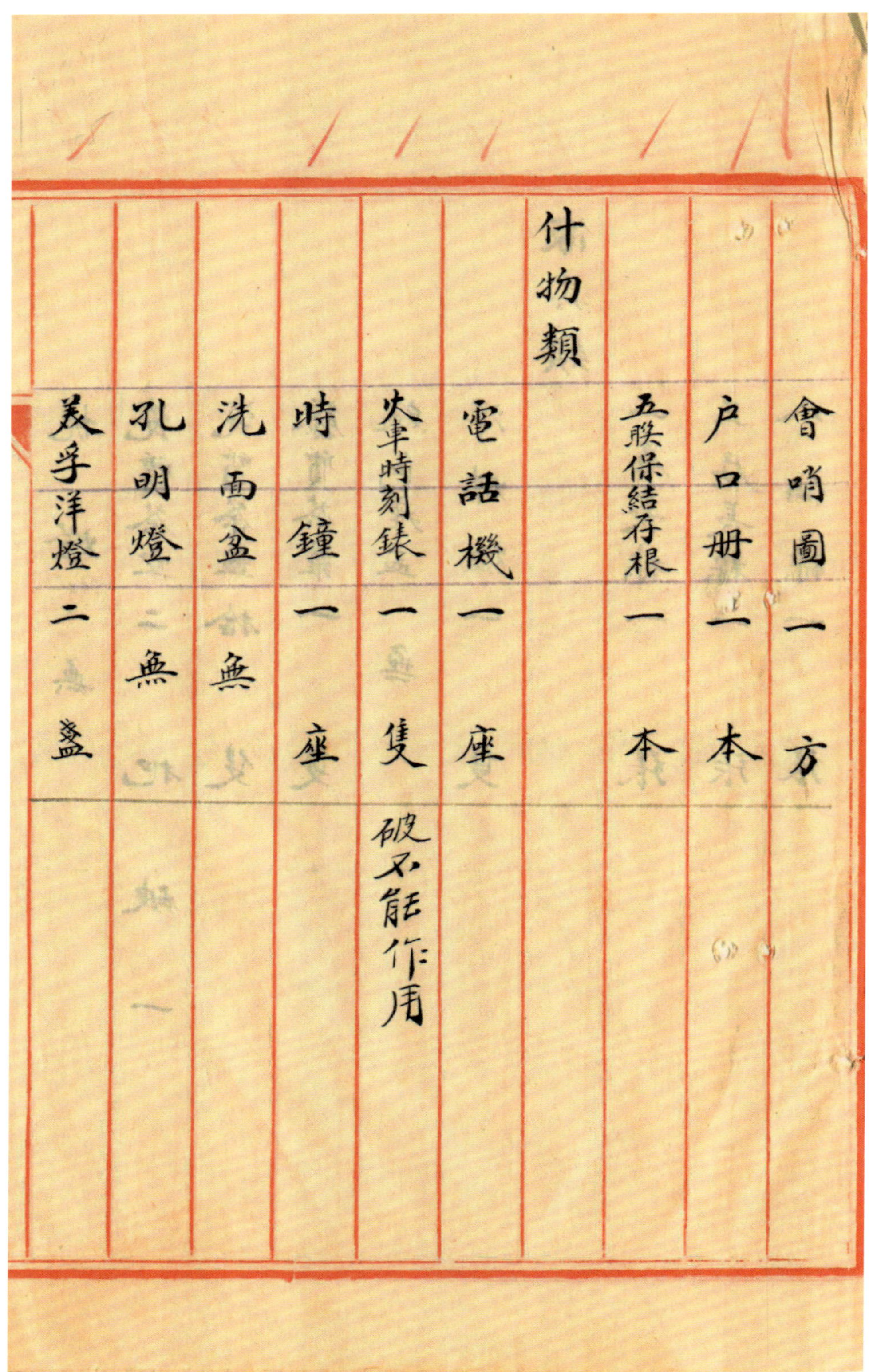

會哨圖 一方

户口册 一本

五聯保結存根 一本

什物類

電話機 一座

火車時刻錶 一隻 破不能作用

時鐘 一座

洗面盆 無

孔明燈 二 無

美孚洋燈 二盞

桅燈　無

瓷質茶壺二把　破一

瓷質茶盃拾隻

籐質茶籮一隻

綠色痰盂一無

洋煤爐一隻

傢具類

二屜長棹一張

三屜長棹一張

八仙棹一張

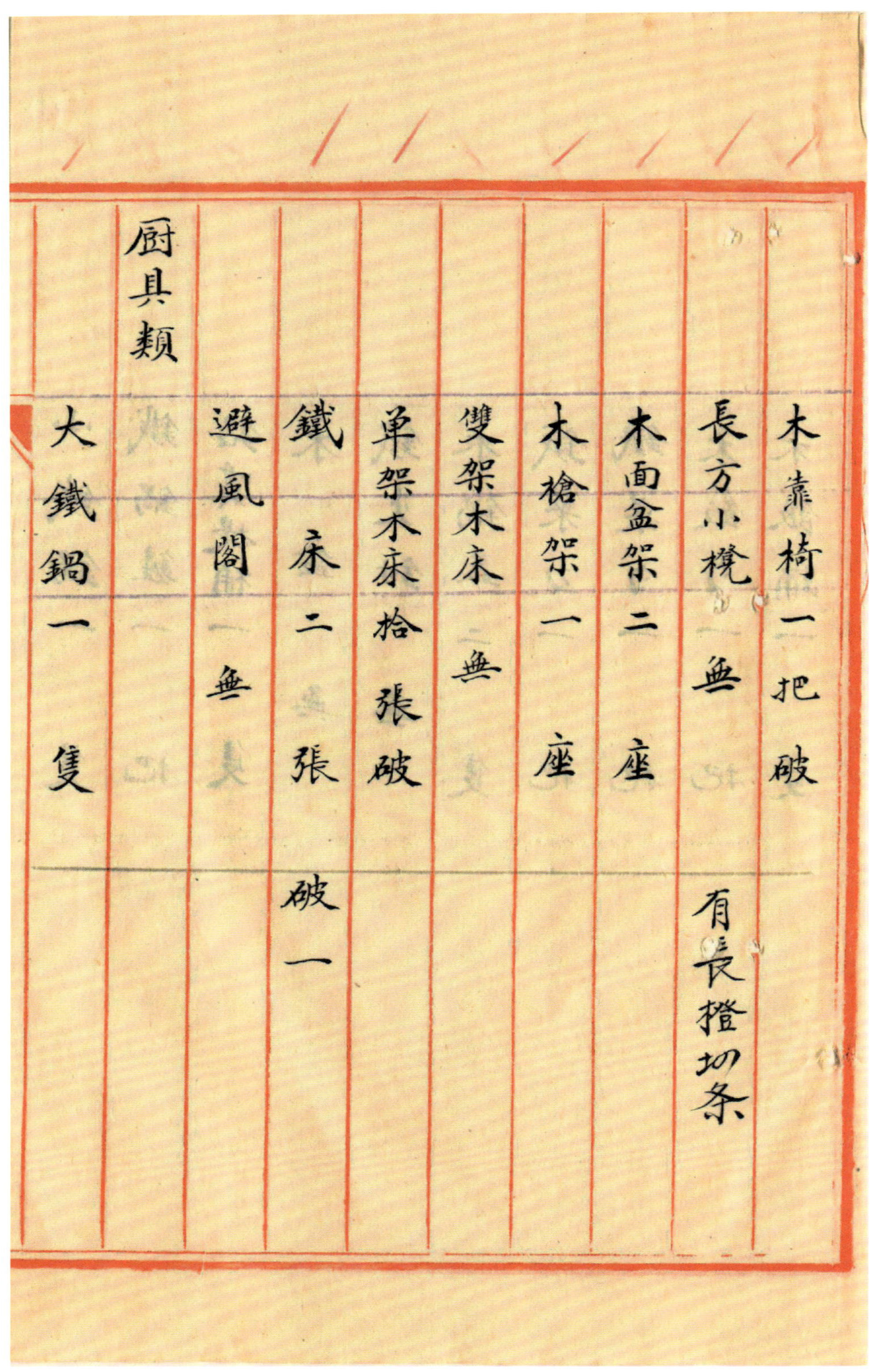
木靠椅一把破
長方小櫈一無　有長撜切条
木面盆架二座
木槍架一座
雙架木床無
单架木床拾張破
鐵床二張破一
避風閣一無
厨具類
大鐵鍋一隻

小鐵鍋一隻

鐵鍋鏟一把

鉛質提桶一隻

木盆無

鐵火鉗無

木鍋蓋二隻

鐵菜刀一把

鐵菜勺一把

木飯勺一把

木飯桶一隻

水缸二隻
扁檐一条
水桶二隻
竹質米籮一隻
竹質菜籃一隻
瓷質湯匙拾一隻
瓷質飯碗拾一隻
瓷質大菜碟四隻
瓷質小味碟四隻 破三
瓷質大湯碗三隻

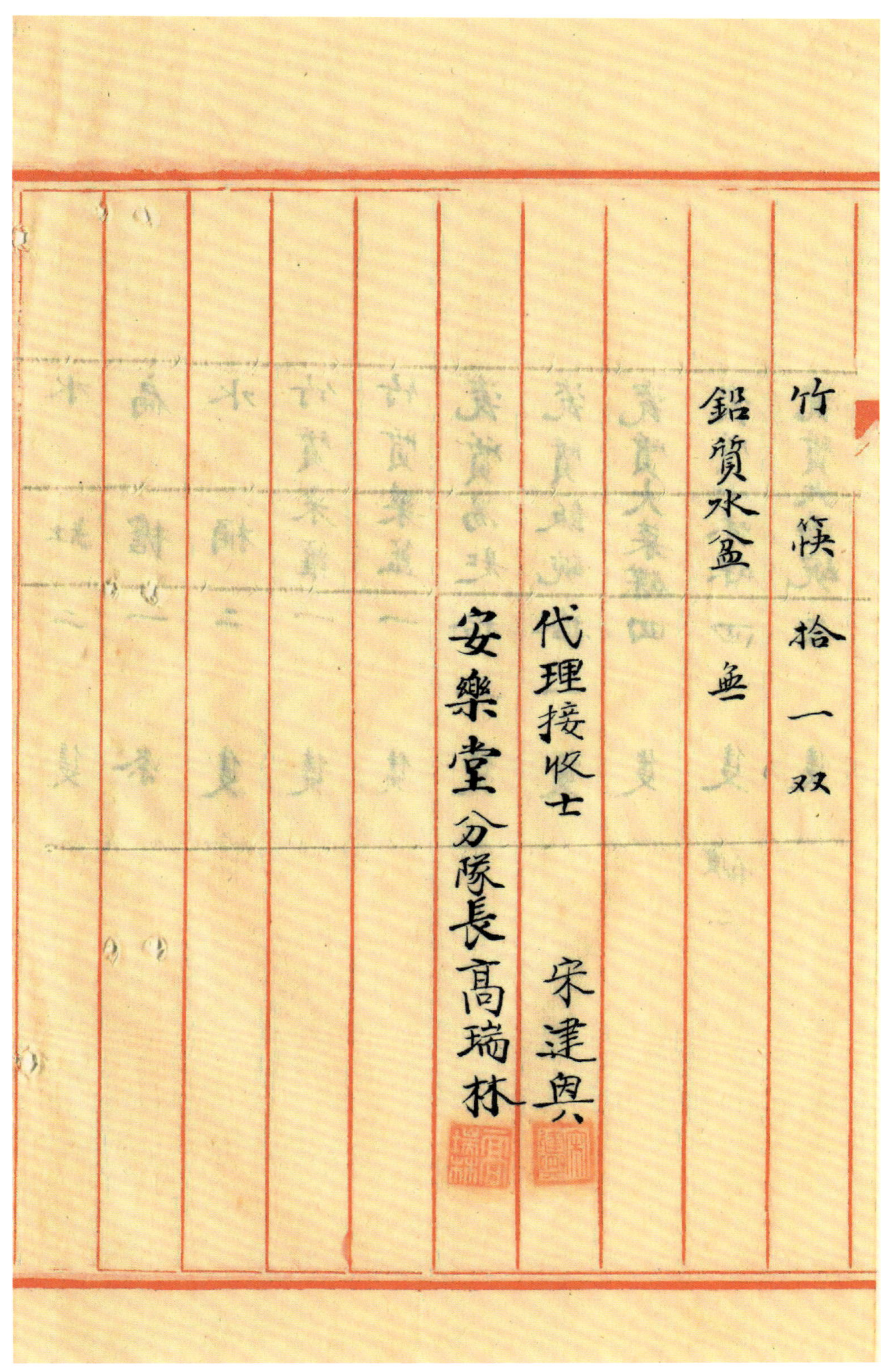
竹筷拾一双
鉛質水盆無
代理接收士宋建與
安樂堂分隊長高瑞林

总理陵园管理委员会警卫处警卫大队岔路口派出所家具清查册（一九三六年六月二十五日）

總理陵園管理委員會警衛大隊岔路口派出所傢俱清查册
民國廿五年六月廿五日
岔路口派出所

總理陵園管理委員會警衛處警衛大隊崗路口派出所傢俱數目清查冊

計開

文具類名稱	數	目	備攷
總理遺像	壹	幀	可用
總理遺囑	壹	幀	可用
對聯	壹	對	可用
黨國旗	各乙	面	已盡破坏
蔣委員長訓示	四	幀	可用
新生活標語	貳	幀	可用

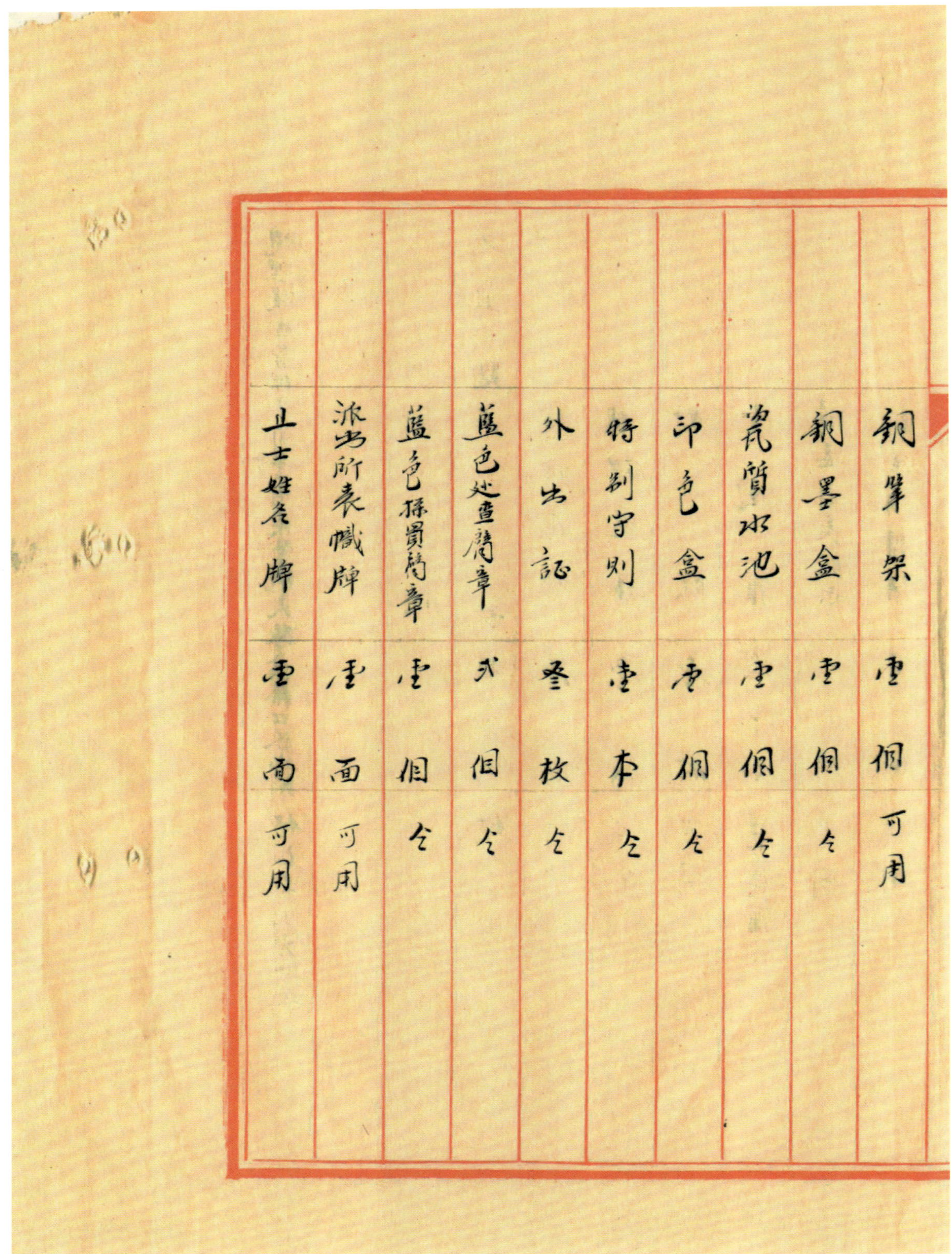

銅筆架	壹個	可用
銅墨盒	壹個	仝
瓷質水池	壹個	仝
印色盒	壹個	仝
特別守則	壹本	仝
外出證	叁枚	仝
藍色延查騎章	貳個	仝
藍色採買騎章	壹個	仝
派出所表幟牌	壹面	可用
正士姓名牌	壹面	可用

會哨圖 壹面 好

户口冊 壹本 好

立案繳保結存根 壹本 够用

什物類

電話機 壹個 可用

火車錶 壹個 可用

時鐘 壹個 已壞不堪用

洗面盆 貳個 已破壞不堪用

孔明燈 貳盞 破壞不堪用

棹燈 壹盞 可用

掛燈 貳盞 已破壞不堪用

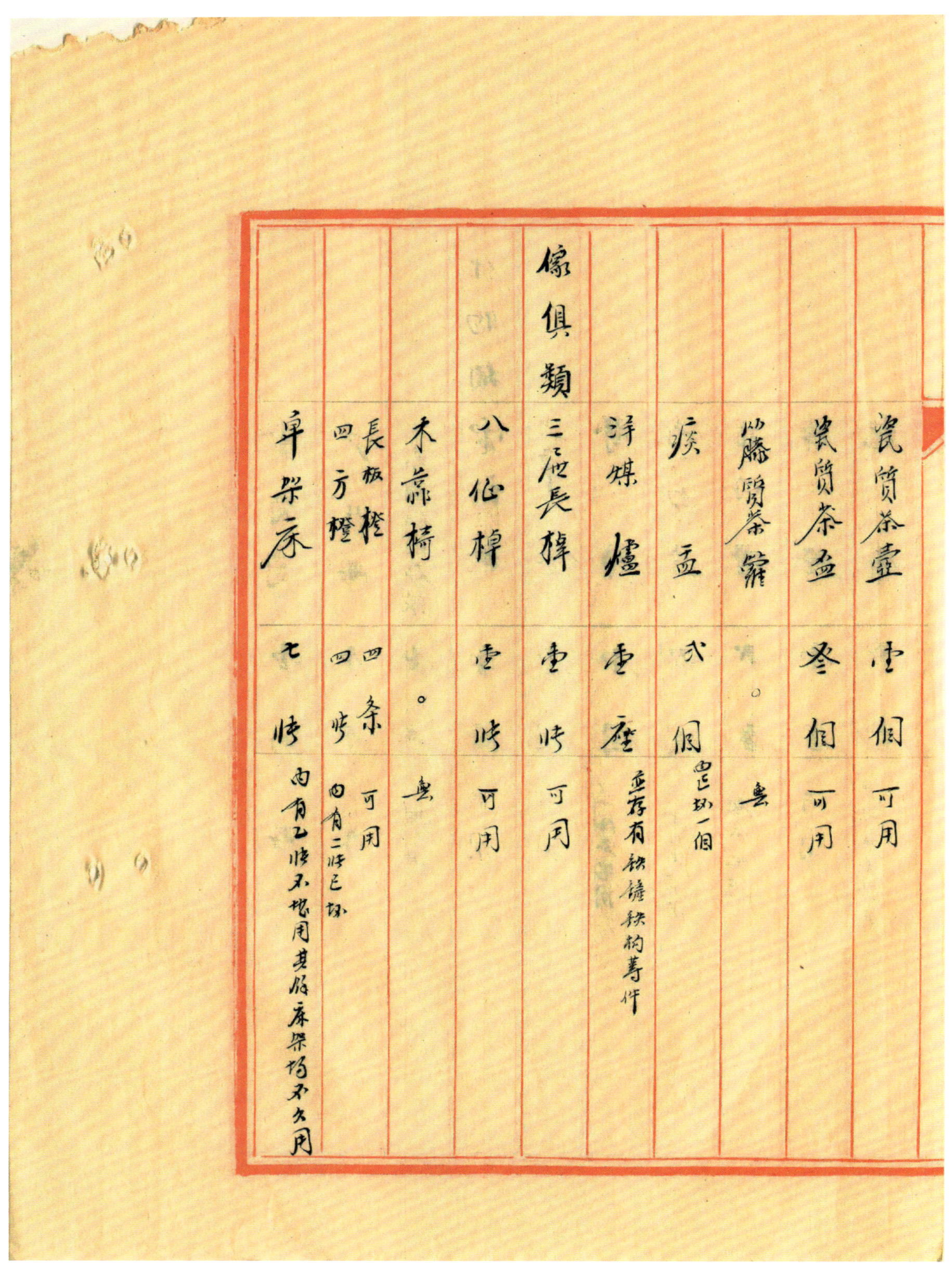

品名	數量	備考
瓷質茶壺	壹個	可用
瓷質茶盃	叁個	可用
藤質茶罐	〇	無
痰盂	弍個	四已損一個
洋煤爐	壹座	並存有鉄罐鉄鉤等件
傢俱類		
三屉長桌	壹張	可用
八仙桌	壹張	可用
木靠椅	〇	無
長板櫈	四條	可用
四方櫈	四張	內有二張已損
單架床	七張	內有二張不堪用其餘床架均不久用

木面盆架 弍個 内已朽一個

檜架 ○ 無

鉄床 壹 件 横植鉄板已断数条

廚具類

大鉄鍋 壹個

小鉄鍋 壹口 已補過

鉄鍋鏟 壹把 可用

鉛質提桶 ○ 無

木盆 ○ 無

木鍋蓋 大小弍個 可用

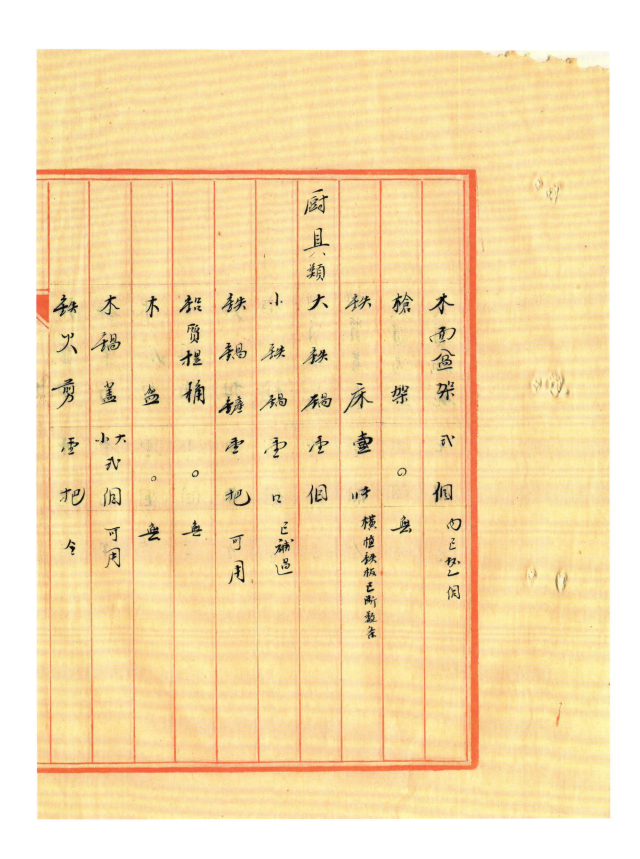

鉄火剪 壹把 仝

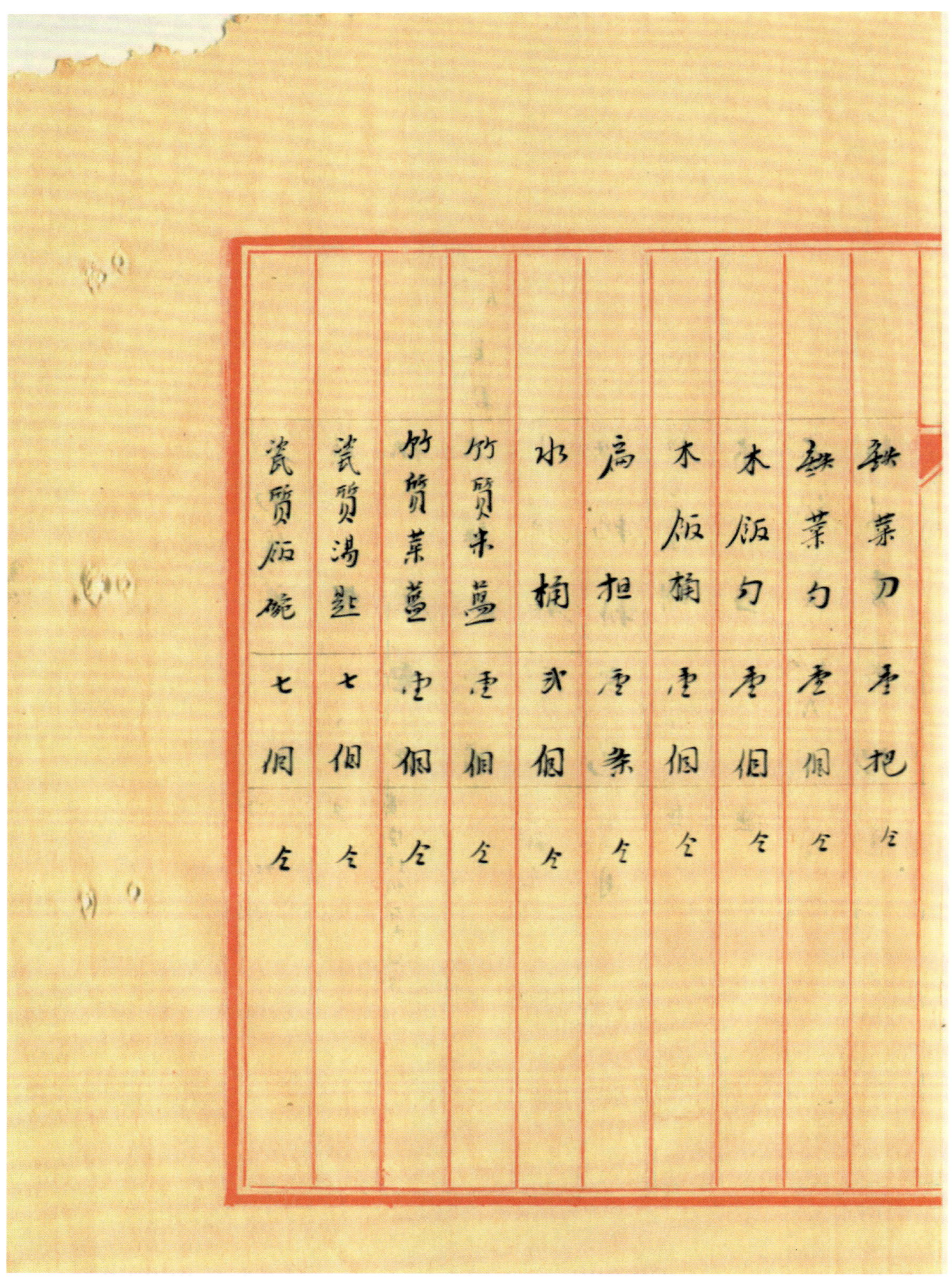

鉄菜刀	壹把	仝
鉄菜勺	壹個	仝
木飯勺	壹個	仝
木飯桶	壹個	仝
扁担	壹条	仝
水桶	貳個	仝
竹質米籃	壹個	仝
竹質菜籃	壹個	仝
瓷質湯匙	七個	仝
瓷質飯碗	七個	仝

瓷质大菜碟　弍　個　仝

瓷质小菜碟　弍　個　仝

瓷质大渴碗　弍　個　仝

竹　筷　十　对　仝

铝质水壶　壹　個　是竹的

岔路口派出所代分队长阮芳廷（印）具

内政部商请将贝叶梵经、袈裟陈于藏经楼致总理陵园管理委员会公函（一九三六年十月二日）

内政部公函 總理陵園管理委員會

事由	準實業部公函檢送暹羅人謝金龍託帶回國之貝葉梵經等件囑查收酌辦等由經令據中央古物保管委員會審核呈復尚有保存陳列之價值檢同原件函請查收轉發藏經樓陳列並希見復由
附件	如文
擬辦	擬函復收到並飭保管陳列 經及袈裟暫交圖書室列管理處保存 布 十.五
決定辦法	如擬 十五
備考	

廿五年十月五日 時到

收文 字第999號

内政部公函

禮廿五5
復文時請註明此項符號
廿五年十月二日發
001092號

案准實業部二十五年九月二日總字第二三〇〇六號公函，轉據技正劉厚簽呈，以該員奉命赴暹羅考察，遇暹人謝金龍子爵，謂其祖父為旅暹華僑，死後葬於中國，本人為職守所羈，未能來華祭掃，極為傷感，特將其家藏貝葉梵經二卷，及其少年為僧所著袈裟一件，轉託該員帶回中國，設法陳列，以表孝思，并不忘祖國之意。可否由部轉送內政部處置等情。檢同原件，送請查收酌辦等由。當經本部令飭中央古物保管委員會審核，有無保存陳列之價值。去後，并據該會二十五年九月廿六日呈復，經提出該會第十六次常務會議，討論并決議：「原送梵經等件，尚有保存價值，擬請送陵園藏經樓陳列。」紀錄在卷，復請鑒核施行，等情；據此，除函復實業部外，相應檢同原件，函請

貴會查收，轉發藏經樓設法陳列，以慰該華僑不忘故國之情。即希察照見復爲荷！此致

總理陵園管理委員會

附貝葉梵經二卷袈裟一件

以上三件均收 馨香

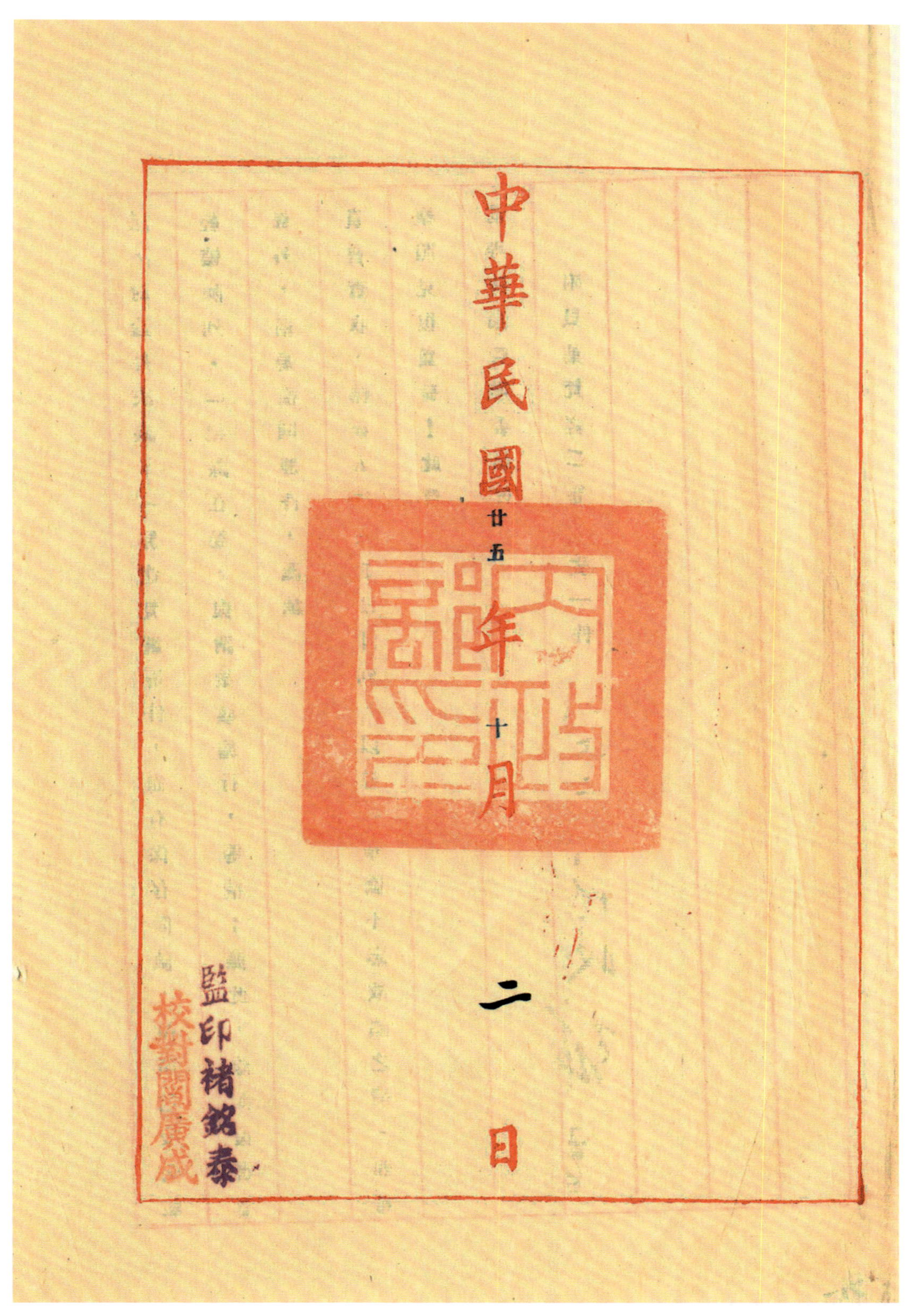
中華民國廿五年十月二日

監印褚銘泰

校對閻廣成

建筑阵亡将士公墓筹备委员会移交清册（一九三六年）

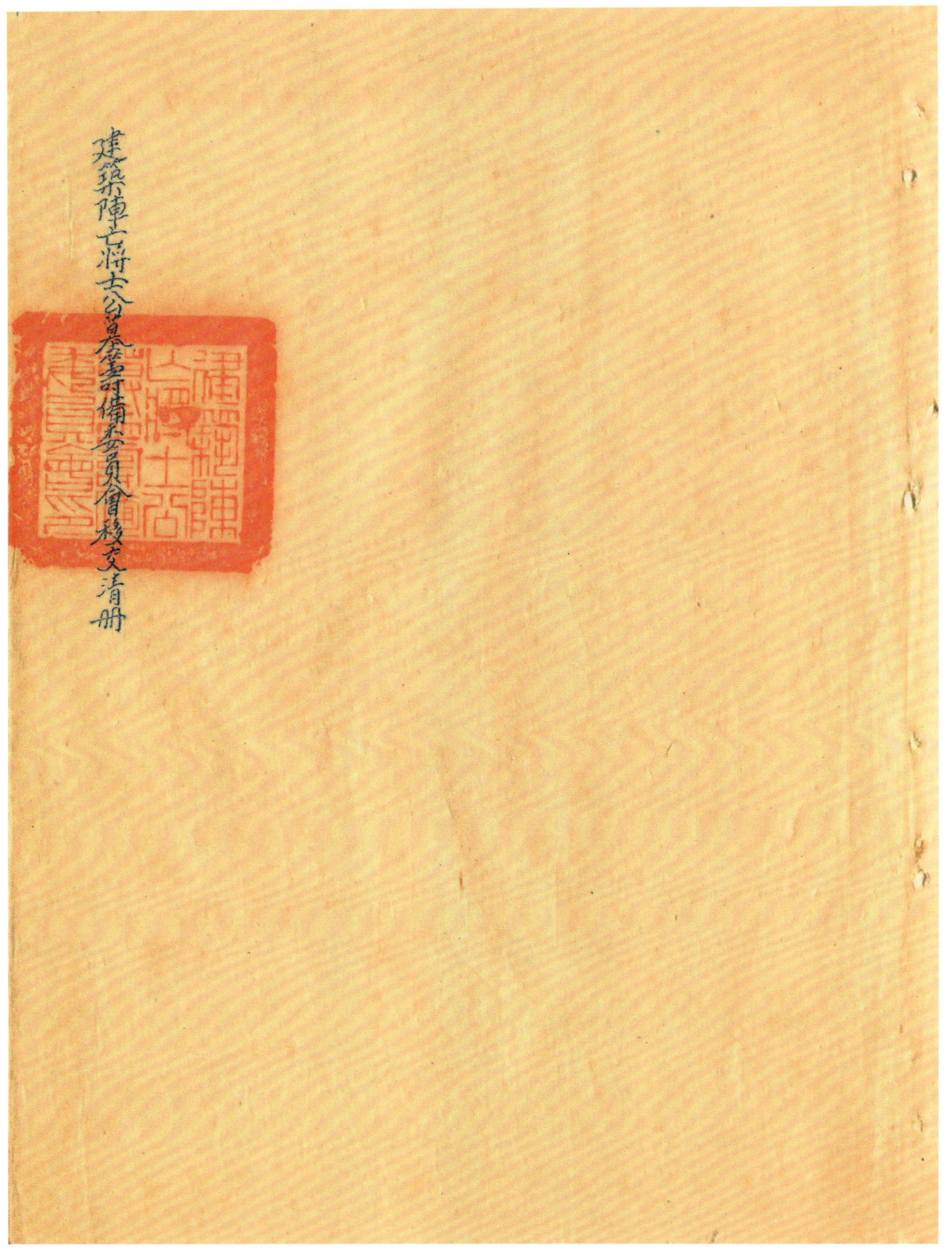

建築陣亡將士公墓籌備委員會移交清册

紀念館陳列品（像片）

號碼	姓名	件數
2.	黃箴裳	一
3.	張建吾	一
4.	周傳柄	一
5.	余逵生	一
8.	項方強	一
9.	高文鼎	一
11.	鄭燕俠	一
12.	許松亭	一
13.	黃希賢	一
14.	孟狄洲	一
15.	范士宣	一

號碼	姓名	件數
16.	王樹東	一
17.	孟晗揚	一
19.	應重夫	一
20.	楊公鐸	一
21.	周傳柄	一
22.	張聯華	一
23.	苗世平	一
24.	梁炳章	一
26.	張章佩	一
27.	胡楚松	一
28.	查鎮藩	一

29. 楊金鐸 一
30. 潘紹岳 二
31. 白金珂 一
32. 彭友新 一
33. 彭繼儒 一
34. 李　明 一
35. 應時傑 一
36. 李文光 一
37. 張克巽 一
38. 陳文明 一
39. 于藹堂 二
40. 張定遠 一
41. 童養正 一

42. 劉耕畬 一
43. 文志文 一
44. 張鴻漸 一
45. 常品軒 一
46. 成維藩 一
47. 詹子繩 二
48. 楊徽霜 一
50. 符漢東 一
51. 趙子俊 一
52. 李元溥 一
53. 孫尉林 一
54. 楊維上 一
55. 王玉嶺 一

56. 游逸鲲
57. 周曉村
58. 張克巽
60. 孟占順
61. 常祥林
64. 馬振瀛
65. 濮克明
66. 馮文喜
67. 白亮彩
68. 王庭璧
69. 王天順
72. 王宝良
73. 向卓然
74. 惠廣仁
75. 潘國驄
79. 劉嶽耀
80. 何煜祥
81. 彭建初
82. 古錚
83. 楊逢安
84. 溈陳礼
85. 朱明悠
86. 劉琦
87. 鄧德欽
88. 喻如
89. 劉英

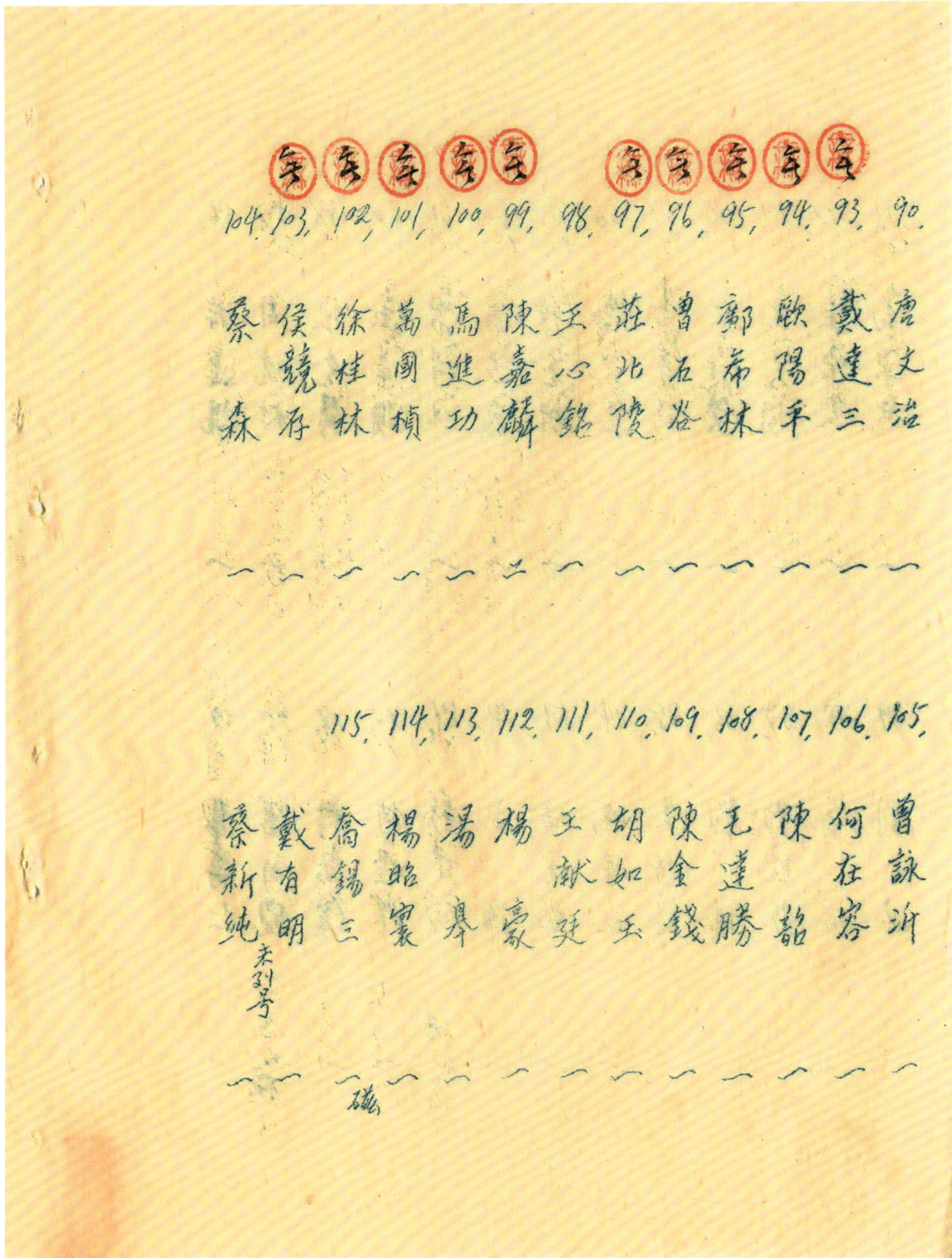

90. 唐文治 一
93. 戴達三 一
94. 歐陽平 一
95. 鄺希林 一
96. 曾石谷 一
97. 莊北陵 一
98. 王心銘 一
99. 陳嘉麟 二
100. 馬進功 一
101. 萬國楨 一
102. 徐桂林 一
103. 侯鏡存 一
104. 蔡森 一

105. 曾詠沂 一
106. 何在容 一
107. 陳韶 一
108. 毛達勝 一
109. 陳金錢 一
110. 胡如玉 一
111. 王獻廷 一
112. 楊豪 一
113. 湯皋 一
114. 楊昭襄 一
115. 喬錫三 一 磁
戴有明 一
蔡新純 未列号 一

紀念堂陳列品（衣帽及遺物等）

號碼	姓名	品名及數目
34.	李明	衣帽全套 皮帶一条 皮鞋一双
35.	應時傑	西裝衣褲一件
37.	張克巽	衣帽全套皮鞋一双 領章二 符号一
40.	張定遠	衣帽全套 符号一
47.	詹子繩	冷衣一件
50.	符漢東	符号一
59.	陳鉉鈴	刀一 皮靴一
60.	孟占順	双刀一 指揮刀一
61.	常祥林	罩刀一 三節棍一
65.	濮克明	衣一件 鞋一双
66.	馬文喜	指揮刀一

號碼	姓名	品名及數目
68.	王廷璧	墨盒一只
71.	于宗和	獎章二件
81.	彭建初	衣褲一套

紀念堂陳列品（書冊）

號碼	姓名	數量
1.	馬驄	二
6.	陳石琴	一
7.	魏振武	三
8.	項方強	三
10.	汪震	一
21.	周傳柄	一
26.	張葦佩	一
28.	查鎮藩	一
31.	白金珂	一
35.	應時傑	一
38.	陳文明	二

號碼	姓名	數量
39.	于宗和	一
48.	劉耕畬	一
47.	詹子繩	一
49.	陳石琴	一
73.	向卓然	一
80.	何煜祥	一
83.	楊逢安	一
	廿九軍	一
	九軍	一
	湯　皋	一

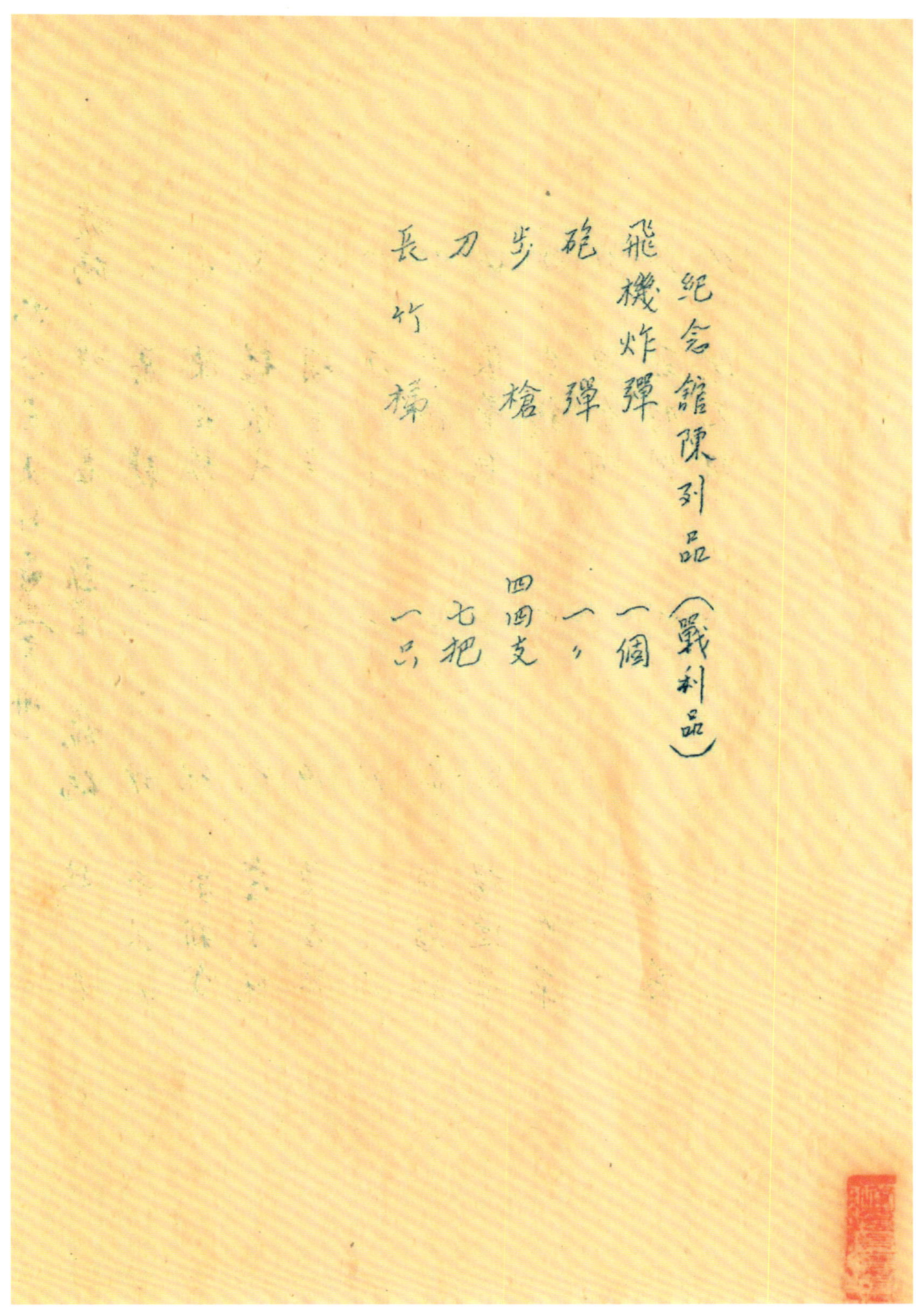

紀念館陳列品（戰利品）

飛機炸彈 一個

砲彈 一〃

步槍 四四支

刀 七把

長竹槁 一只

紀念館

陳列用玻璃鐵櫃　大小七只

半圓平頂電燈　一六盞　鍍鎳棕色

八角式掛燈　一〃　鍍鎳棕色紫銅

四方掛燈　三〃　又

六角式掛燈　二四〃　又

又梅花桂大掛燈　一〃　又

藝術股

第一項 壁畫類

名稱	數量
南昌戰績圖	一幅
惠州 又	一
濟南 又	一
廟行 又	一
南昌戰役説明書	一本
歸德 又	一
大汶口 又	一
汀泗橋 又	一
濟寧 又	一
濟南 又	一

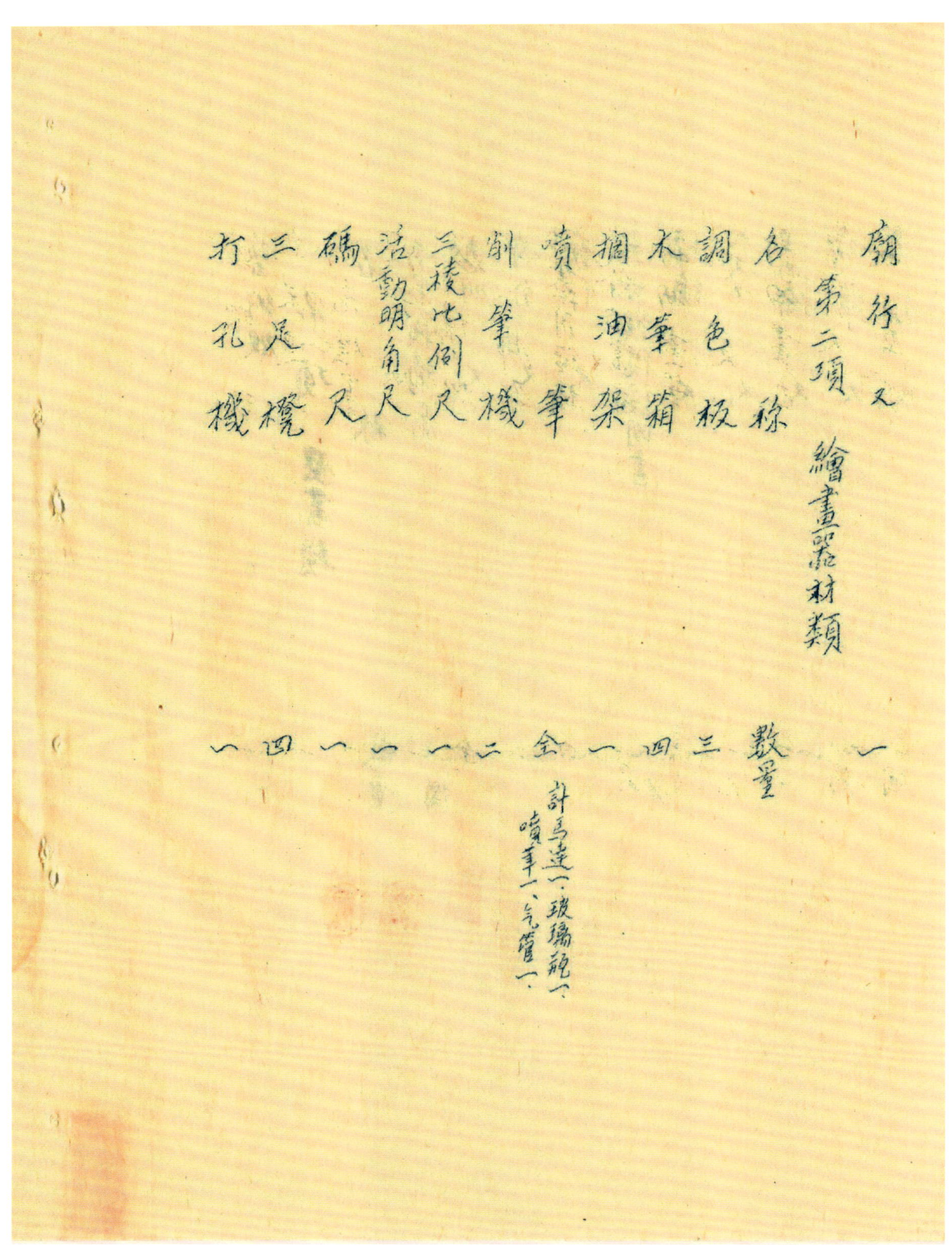

廟行 又 一

第二項 繪畫器材類

名稱	數量
調色板	三
木筆箱	四
捆油架	一
噴筆	全 計馬達一、玻璃瓶一、噴筆一、氣管一
削筆機	二
三稜比例尺	一
活動明角尺	一
碼尺	一
三足櫈	四
打孔機	一

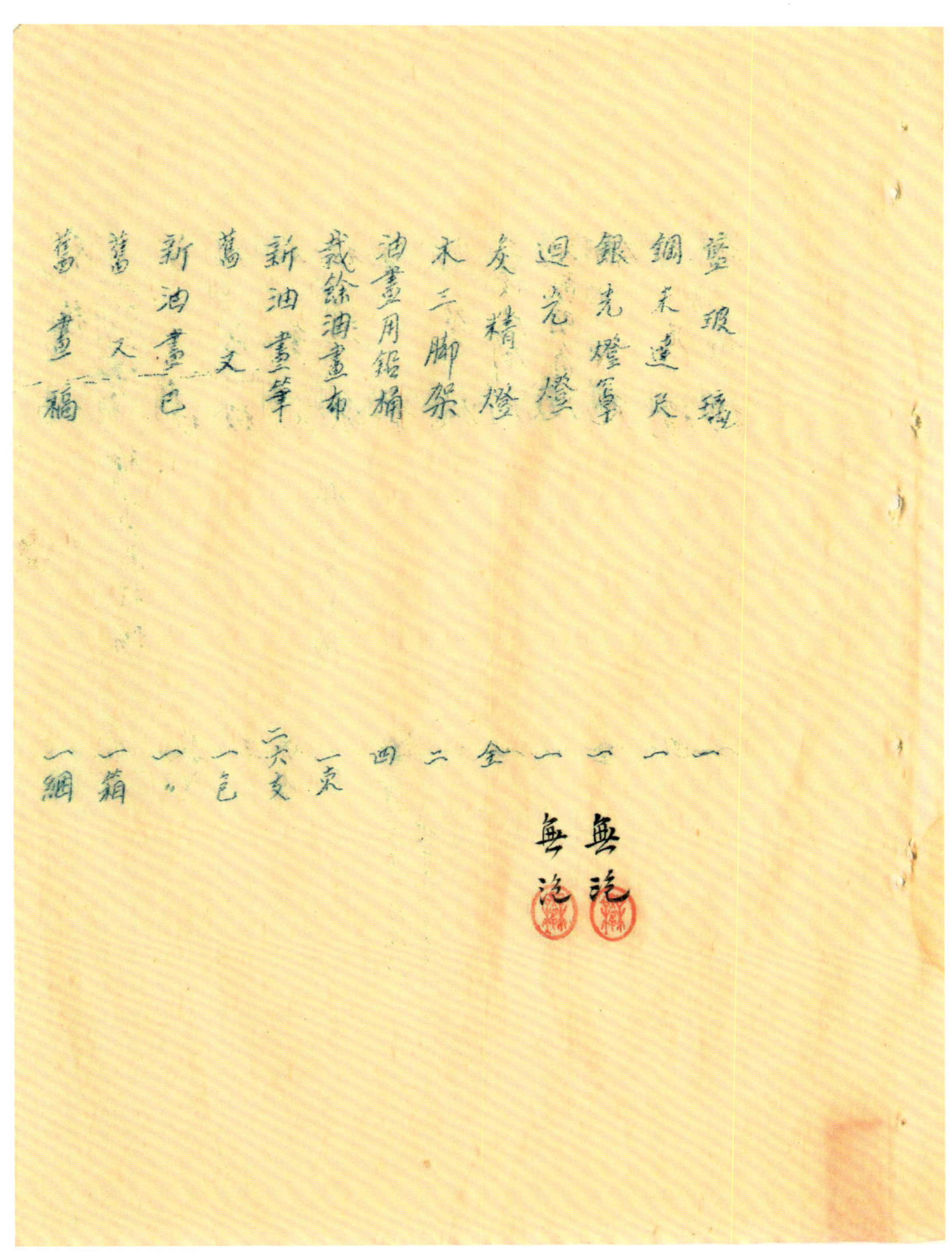

藍玻璃　一
鋼米達尺　一
銀光燈罩　一
迴光燈　一
灰精燈　全
木三腳架　二
油畫用鉛桶　四
裁餘油畫布　一束
新油畫筆　二六支
舊　又　一包
新油畫色　一〃
舊　又　一箱
舊畫稿　一綑

無范　無范

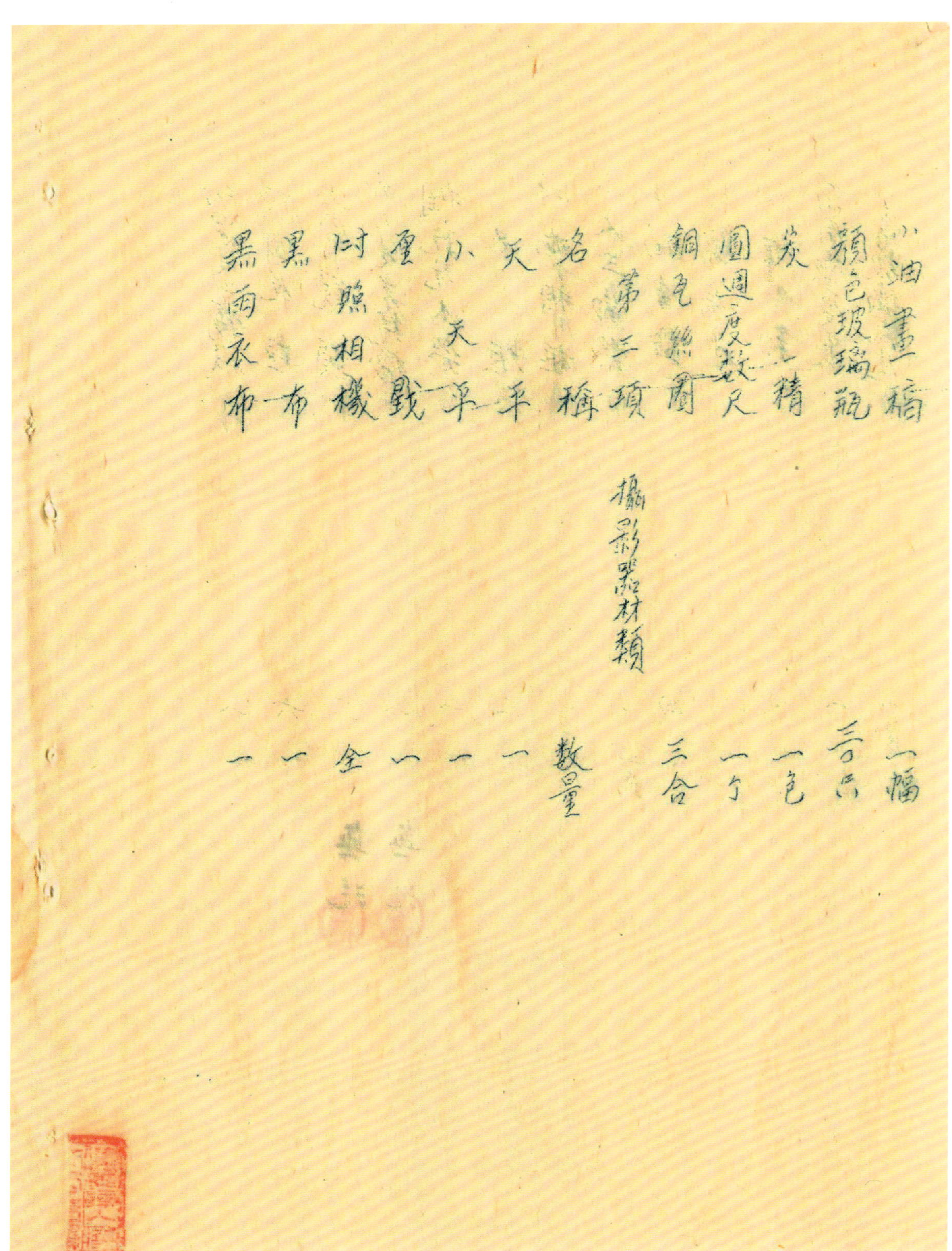

小油畫稿 一幅
顏色玻璃瓶 三只
炭精 一包
圓週度數尺 一个
銅色總圖 三合

第三項 攝影器材類

名稱	數量
天平	一
小天平	一
重戥	一
时照相機	全
黑布	一
黑雨衣布	一

附四寸反光鏡機　一
硬片匣　六
黄鏡頭　三
4×8小反光鏡機　一
擱乾片木架　一
又　框　三
4吋晒相框　一
小木三腳架　一
冲晒瓷盆　四
玻璃漏斗　一
8oz量杯　一
藥用溫度表　一
4寸未用玻璃底片　一盒

時需玻璃底片 一盒
用餘玻璃片 五〃
各種舊片底 一七〃
又 八九袋
参政戰蹟照相 六七張
舊存参政照相 八六〃
紅布 二幅
紅玻璃 一塊
舊顏料 一九瓶
修相板 一

第四項 壓塑類

名稱	數量
噴火燈	一

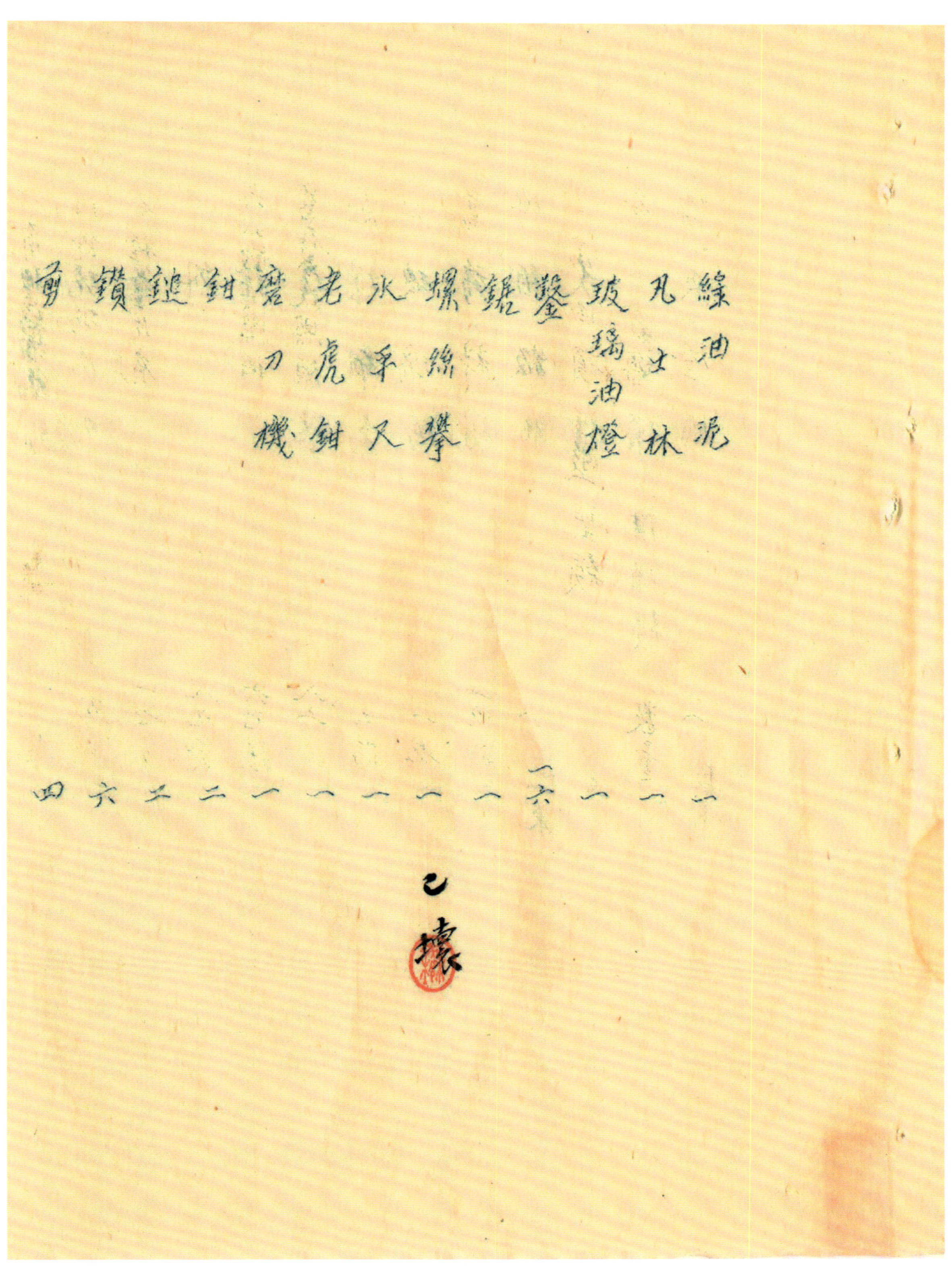

線油泥　一
凡士林　一
玻璃油燈　一
鑿　一六
鋸　一
螺絲攀　一
水平尺　一
老虎鉗　一
磨刀機　一
鉗　二
鎚　五
鑽　六
剪　四

乙
壞

第五項　雜項類

名稱	数量
什錦鎯頭	一
坭刀	二
斧	一
刨	一
銼	一
旋鑿	一
壞銅壳	三
板鋸	一
泥刮	三
銅鉛絲	一束
炭爐	三

磨刀石　一
小房風　一
叫鈴　三
筆架　一
灰軍服　二
鬧鐘　一
15x20寸玻璃鏡　一
鷄毛帚　一
公事夾　百
講義夾　二三
蔴繩　四
木書架　七
軍用地圖　一包

已壞

中華新類分省圖　一本
十七年度北伐作戰書　一〃
玻璃紙　一捲
銅圈　三六
寒暑表　一
空白調查表　一包
借物收據　五本
調查紀錄及油印説明書稿　一包
電爐　三
接電箱　六
接電開閉箱　一
電風扇　一
舊電料　一箱

起重機
大小轆轤
舊擦脚墊

五三〇一

总理陵园管理委员会为请购置宋元藏经致范成大师笺函（一九三七年三月十八日）

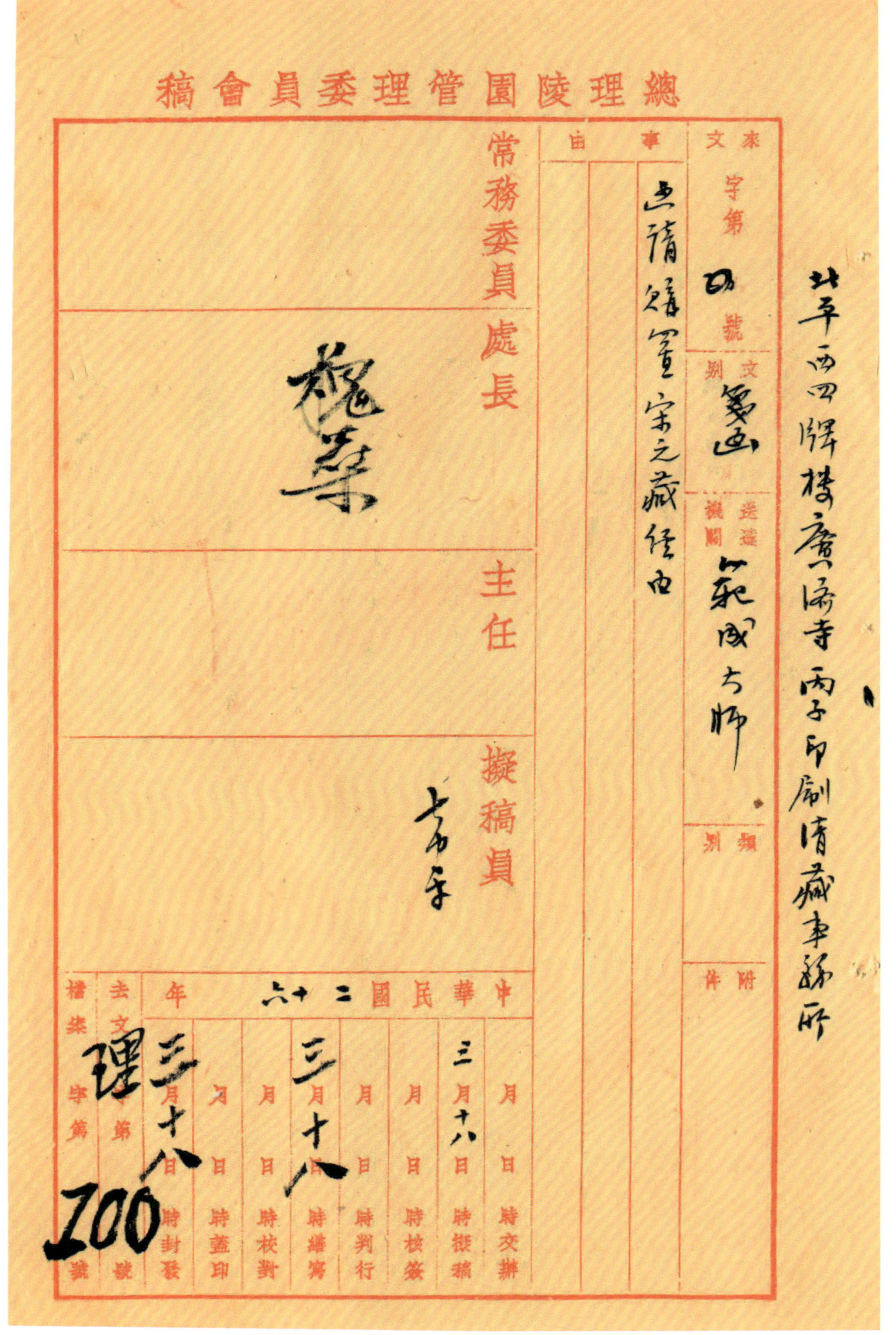
總理陵園管理委員會稿

來文字第 號：函
文別：箋函
送達機關：范成大師
北平西四牌楼广济寺内宋版印刷清藏事务所
事由：为请购置宋元藏经由
常務委員處長：權 叶
主任
擬稿員：李季
中華民國二十六年三月十八日擬稿
三月十八日繕寫
三月十八日封發
去文理字第100號

逕啓者頃接

國民政府文官處第一二八九六號公函內開

「奉 主席交下一執成函，為近日覔得宋理宗時思

溪藏及元至正間普藏兩種，約計一百五十卷，每卷價

約三元上下，若交廣陵圖藏經樓，亦足表揚我國前

代藝術，如蒙採納，當照贈送等情，一案奉諭交

陵圖書館盡量會壽國相應抄函函達查照」

等由，准此。查該項經藏既屬少見，本會自應購置度（藏為預算限定之故）

藏經樓以資保存，擬請

台端[illegible]（試四百五十元一執圓以內將兩種經藏）（一俟經費等寄到，即於該款當即）

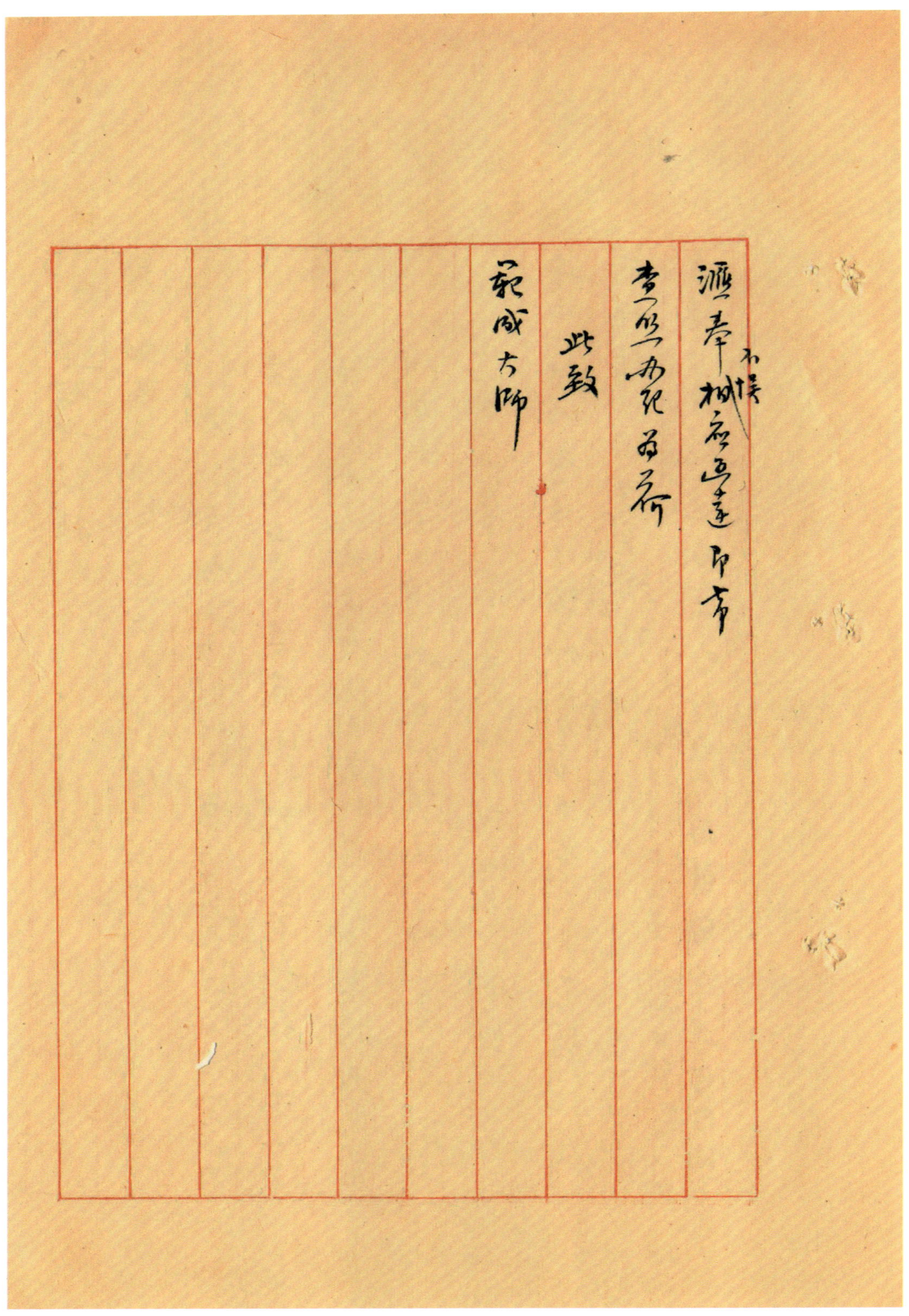

匯奉不悮樹木應遵即希

查照辦理為荷

此致

範成大師

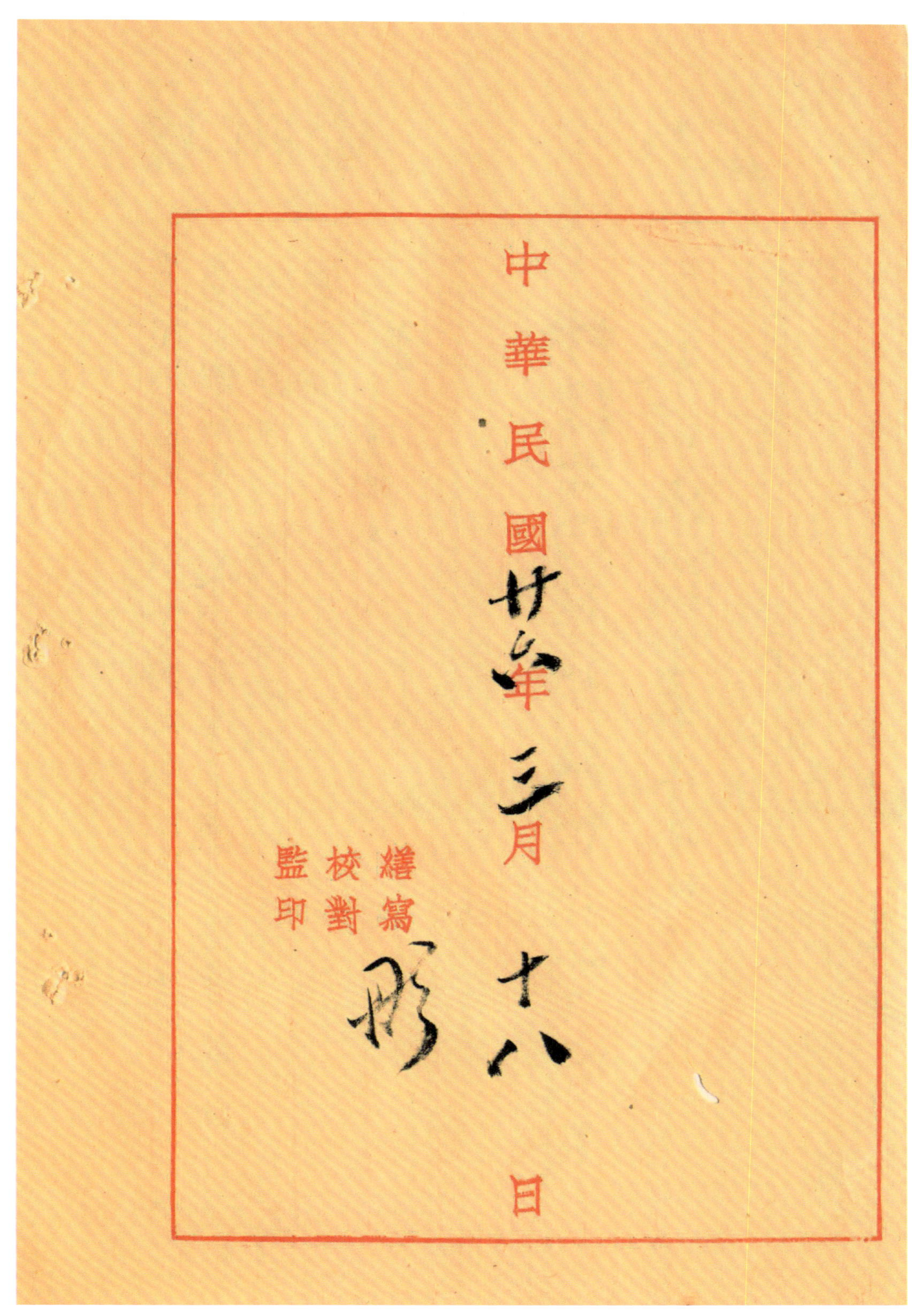

中華民國廿六年三月十八日

繕寫 彤

校對

監印

警卫处为报敌机炸墓西派出所房屋，将存粮损毁请核销致总理陵园管理委员会公函（一九三七年九月一日）

附：损失清单

警衛處公函

事由	擬辦	批示	備考
呈報八月廿六日敵机轟炸墓西派出所房屋將儲存米油麵鹽鹹等存糧損毀甚鉅兹開單呈請核銷至於財產損失另文具報由	擬請批示 希平 九、一	此後各物應分散存儲以免損失 照准核銷 森 九月四日	並通知會計室查照

附件：單一

廿六年九月一日 時到

收文 字第917號

總理陵園管理委員會警衛處

呈為呈請事：案據本處值日官鄭釗呈稱，查警衛大隊購存於陵墓西派出所米、油、麵、鹽、鹹菜等粮食，不幸於本月廿六晚敵人飛機轟炸，房屋完全倒塌，儲存粮食損毀甚鉅，茲將損失數量列單具報，祈核示遵，等情。據此，查此次敵機來襲，除陵墓西派出所房屋及所有財產損失情形俟調查完竣另文具報外，惟儲粮損毀，關係將來給養至鉅，理合備文呈請

鈞會，敬祈

中華民國廿六年九月一日

南京中山門外
電話二一一四五一

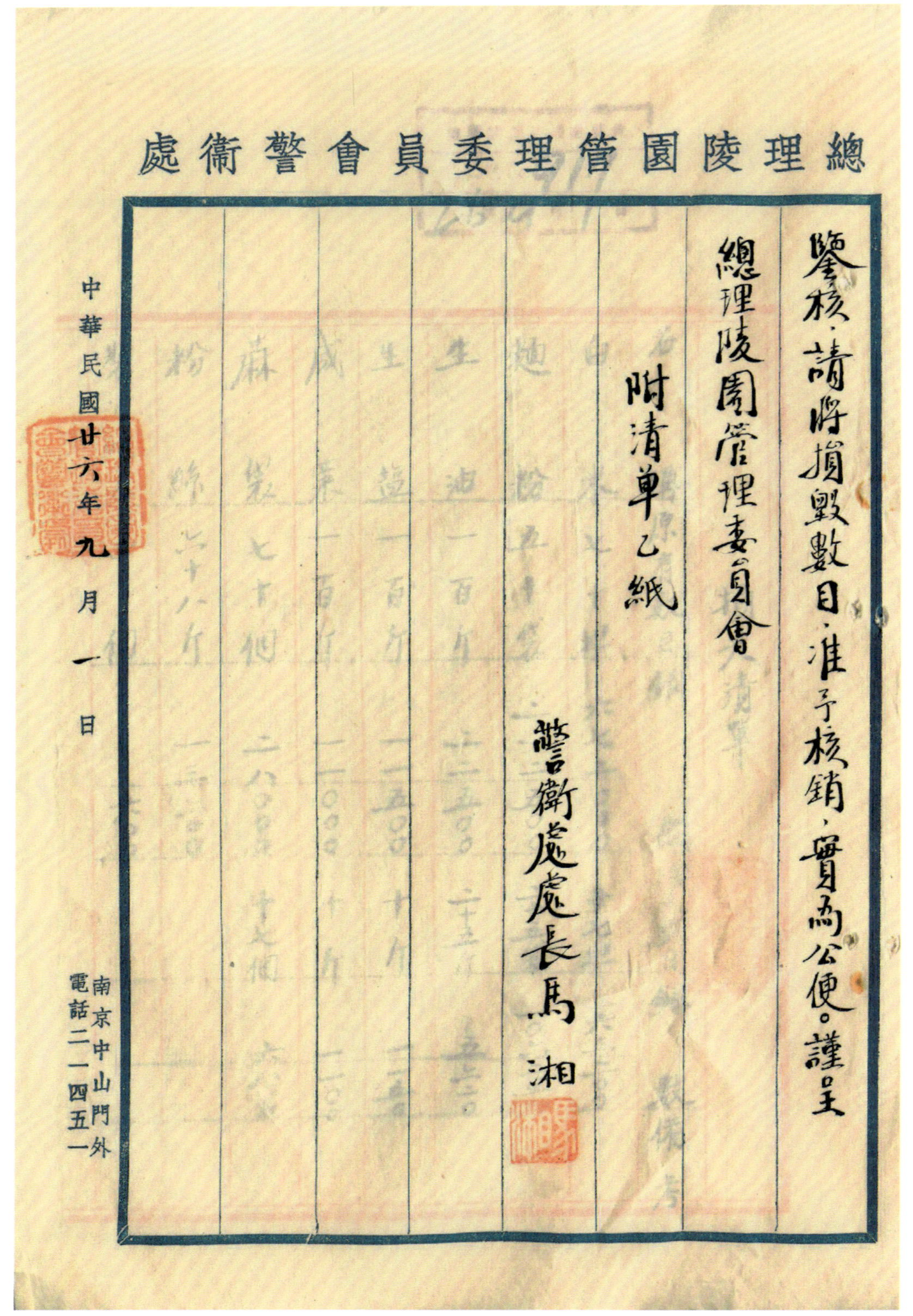
總理陵園管理委員會警衛處

鑒核，請將損毀數目，准予核銷，實爲公便。謹呈

總理陵園管理委員會

附清單乙紙

警衛處處長馬湘

中華民國廿六年九月一日

南京中山門外
電話二一四五一

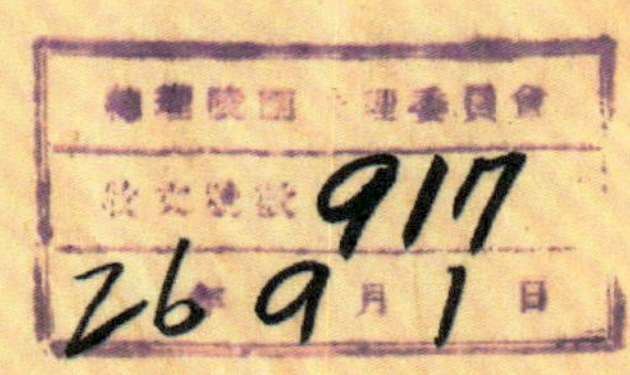

損失清單

名稱	原有數目	銀數	損失數目	銀數	備考
白米	七十担	六七二〇〇〇	十七担	一六三二〇〇	
麵粉	五十袋	二一二五〇〇	二十五袋	一〇六二五〇	
生油	一百斤	二二五〇〇	二十五斤	五六二〇	
生鹽	一百斤	一一五〇〇	十斤	一一五〇	
咸菜	一百斤	一一〇〇〇	十斤	一一〇〇	
蔴袋	七十個	二八〇〇〇	十七個	六八〇〇	
粉絲	六十八斤	一三六〇〇			
裝油听子	四個	六〇〇			

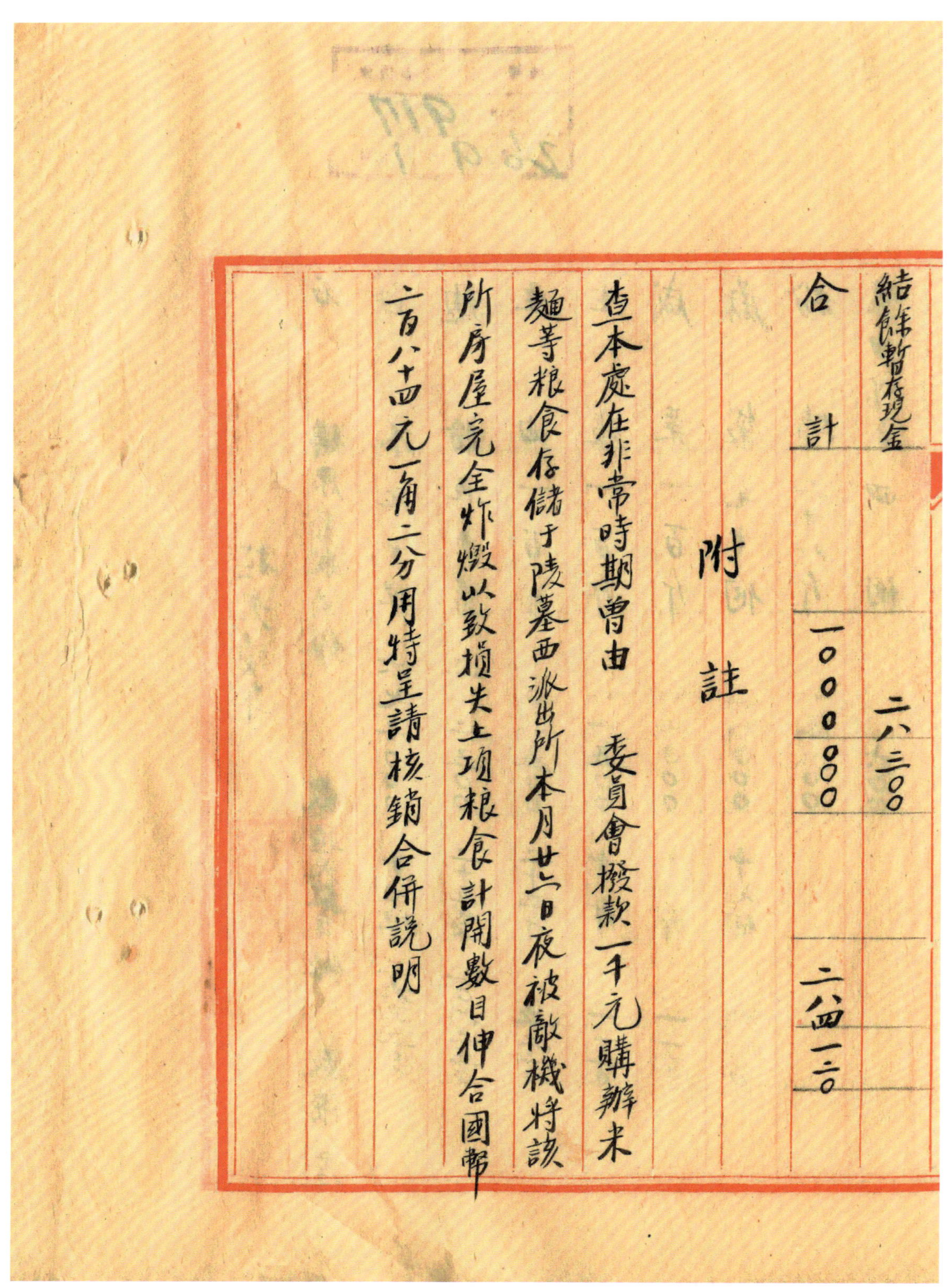

結餘暫存現金	二八三〇〇
合　計	一〇〇〇〇〇〇	二四一〇

附註

查本處在非常時期曾由　委員會撥款一千元購辦米麵等粮食存儲于陵墓西派出所本月廿六日夜被敵機將該所房屋完全炸燬以致損失上項粮食計開數目伸合國幣二百八十四元一角二分用特呈請核銷合併說明

警卫处为报敌机轰炸旧警卫处房屋损失表并请补发电话机事致总理陵园管理委员会呈文（一九三七年九月六日）

附：敌机轰炸损失物品家具服装表册

警衛處 呈文

事由：呈附八月廿六日夜敵机轟炸舊警衛处房屋損失表册一份请核照册補充至於軍用電話机則请函交通司補發由

附件：表册一

擬辦：擬請批示 七、九、六

批示：請事務課照單補充 槐 九、八

備考：俊 九、八

電話机十月四日函請交通司撥發 七月十日註

廿六年九月六日 時到

收文 字第930號

總理陵園管理委員會警衛處

第　頁

呈爲呈報事：案據本處管理課主任朱祖渼報稱：「查八月二十六日後夜一時三十分，敵機轟炸陵墓西派出所（即舊警衛處辦公房屋）前後落彈四枚，全部房屋均被炸毁，本處存儲之軍械服裝刻已移存靈谷寺，該派出所全體衛士聞警報時，均在馬路警戒，幸無損傷，暫移水塘路白鐵柵駐紮，而廣播電台未受損毁之機件電杆等項完全運輸往總電台，所有此次損失情形，開列清册隨文報請鑒核」。等情據此，理合將炸毁傢俱服裝清册一份，及應補充清册一份，備文呈報

中華民國廿六年九月六日

南京中山門外
電話二一四五一

總理陵園管理委員會警衛處

鈞會鑒核准予報銷，並即日補充，又查該所之電燈及電錶亦同時炸燬，請函首都電燈廠註銷，而軍用電話機亦請函交通司設法添補一座，以應需用，而利通話，實爲公便。謹呈

總理陵園管理委員會

附損失清册一份　補充清册一份

警衛處處長馬湘

中華民國廿六年九月六日

南京中山門外
電話二一四五一

敵机轟炸損失物品傢俱服裝表册

派出所名稱	物品數目	被炸情形
陵墓西	單架木牀九張	損壞
	雙架牀四張	仝
	鉄牀三張	斷折散爛
	板櫈四條	仝
	三屜枱六張	炸碎
	二屜枱二張	仝
	木椅十九張	仝
	粗痰盂二個	炸碎

茶羅一個　仝

茶壺一個　仝

茶盃六個　仝

印色盒三個　仝

水池二個　仝

墨盒二個　仝

筆架三個　仝

藥櫃二張　治療器及藥瓶等均碎

叫鈴三個　炸碎

筆筒一個　仝

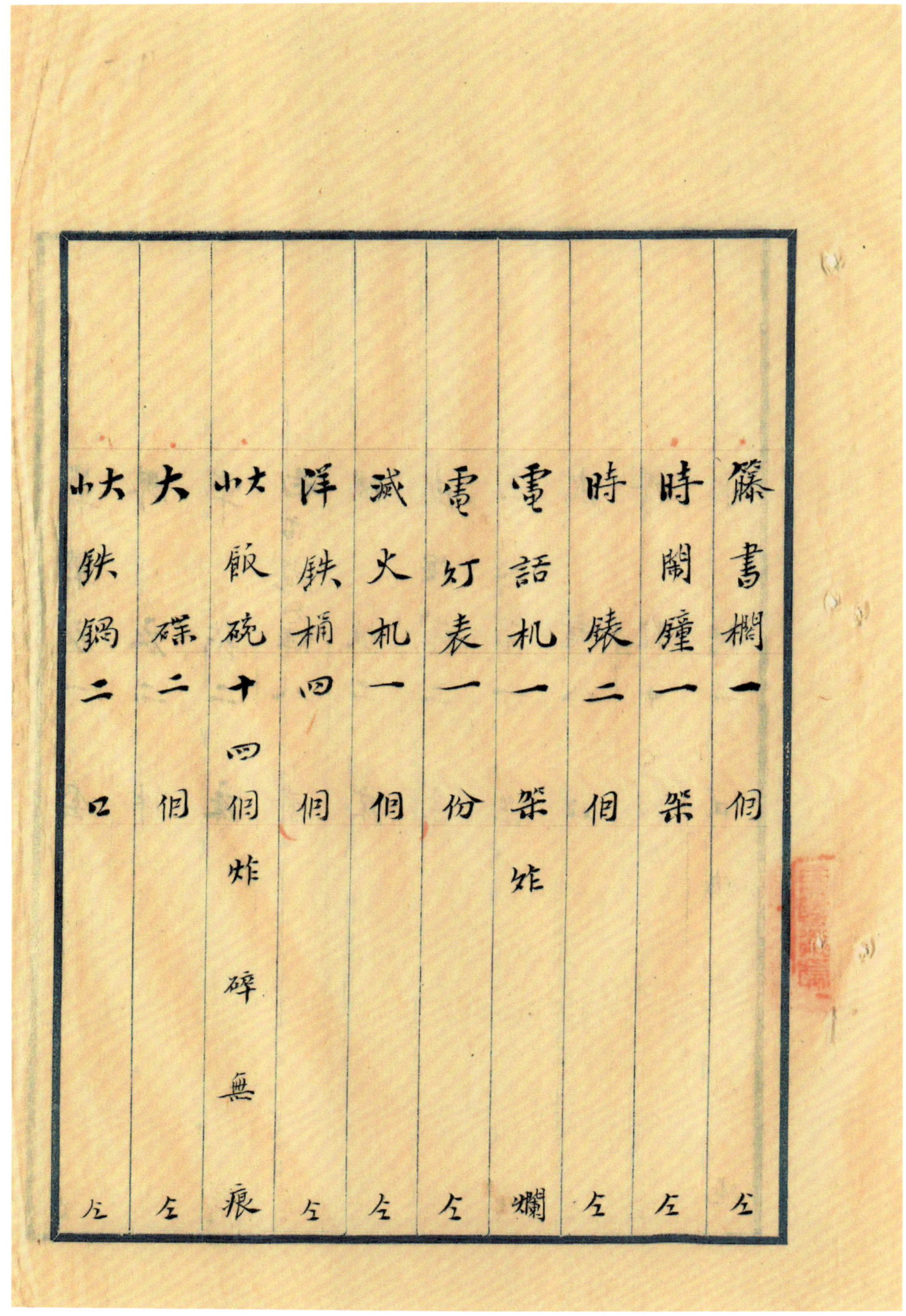

籐書櫥	一個	仝
時鬧鐘	一架	仝
時錶	二個	仝
電話机	一架	炸爛
電灯表	一份	仝
滅火机	一個	仝
洋鉄桶	四個	仝
大小飯碗	十四個	炸碎無痕
大碟	二個	仝
大小鉄鍋	二口	仝

單軍衣一套　仝

膠衣二件　仝

軍毯二床　仝

白布襯衣褲八套　仝

棉被二床　仝

皮腰帶二條　仝

三叉帶一條　仝

皮鞋八双　仝

膠鞋十七双　仝

水缸二口　炸爛碎塊

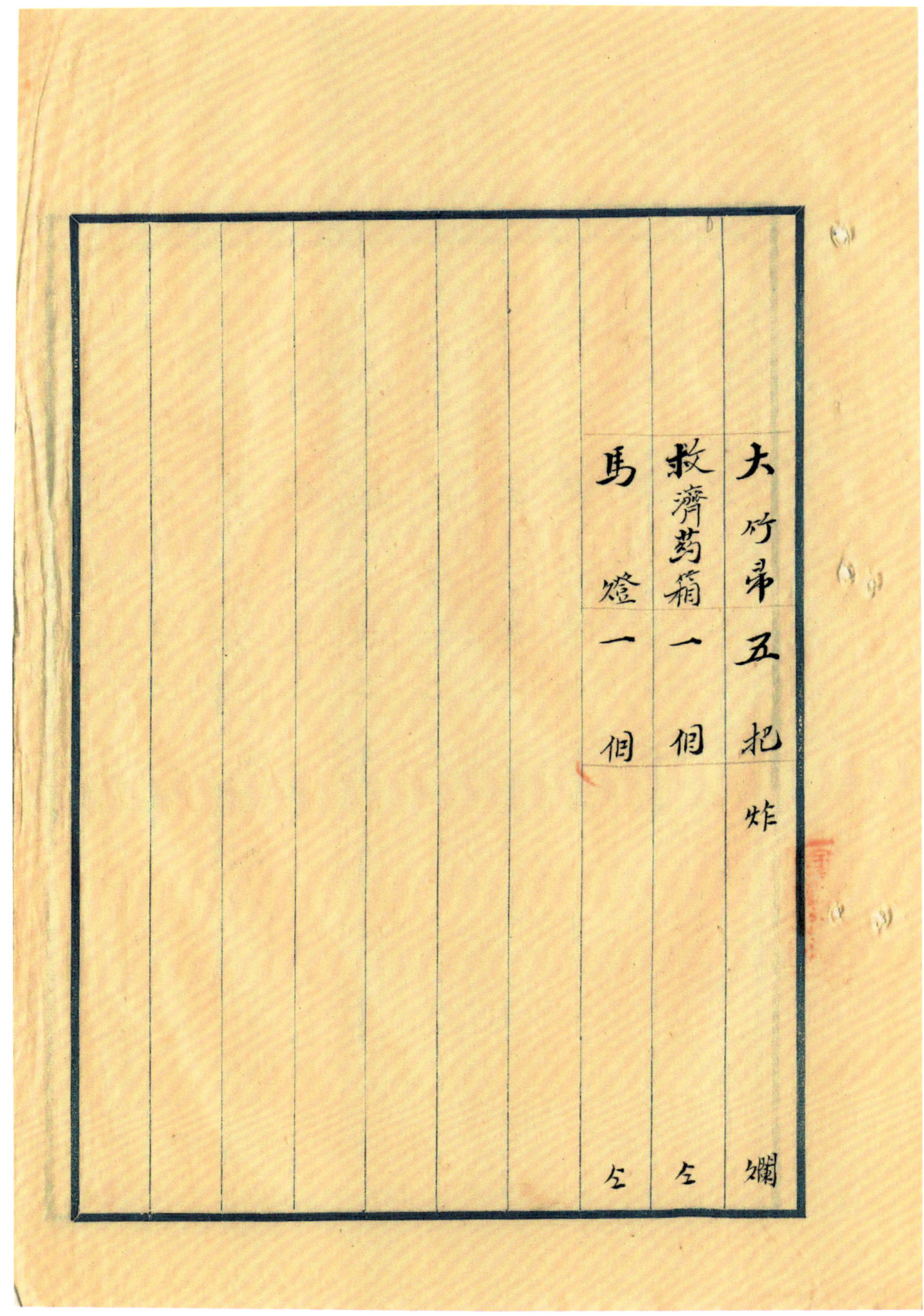

品名	數量	備註
大竹帚	五把	炸爛
救濟药箱	一個	仝
馬燈	一個	仝

總理陵園管理委員會園林組三十五年度事業計劃書

（一）事業計劃

園林組組織上分森林股、園藝股及植物園三單位，業務管理上分森林、園景、園藝生產及植物園四部門，關於園林事業被日寇破壞情形及今後事業整理恢復之計劃分述如左

一、園林破壞情形

甲、森林

紫金山自民國十七年由本會接管以來，劃分七管理林區，銳意造林經營保育，民國二十二年底止造林工作即告完成，總計森林面積達三萬餘畝，至二十六年抗戰軍興之際，已蔚然成林，全山蓊翳美麗，可觀，誠為一優良森林公園。八年來經日敵長期摧殘，林木破壞慘重，今後森林營造至感困難

紫金山之後山森林破壞情形　紫金山之後山範圍包括西北區北區東北區東區等處全部森林毀滅殆盡僅西北區範圍内之天堡城下尚有片段松林及山腹山麓散生近年来萌發之刺槐白楊黄檀等高二三尺樹苗又北區範圍内亦有少數萌發之刺槐白楊樹苗生長於山麓至東北區及東區則全山濯濯矣

紫金山之前山森林破壞情形　紫金山之前山範圍包括西區陵墓區東區之一部份及南區等處凡半山以上林木毀壞殆盡至山腹山麓部份外觀上林相尚稱完整但砍伐劇烈林木稀疏鬱閉破壞尤以明陵之麻櫟紫霞洞附近之松林寥寥無幾而最堪痛惜者厥為茅山永慕廬旁之拱把松林亦遭伐盡矣

苗圃破壞情形

造林及行道樹庭園樹木育苗所用之苗圃南區計二百餘畝山後各

分區計七百六十餘畝共計九百六十餘畝所有苗木完全損失地畝荒蕪

乙、園景

全區庭園佈景面積達一千餘畝觀賞樹木之栽植草坪花台之敷設行道樹綠籬之佈景抗戰前均已具相當成績現草坪完全荒蕪雜草叢生至觀賞樹木綠籬行道樹等除陵墓範圍内損失輕微外其餘大半損傷均須補栽培植之

繁殖花卉部份有花房四座全行毁壞花圃四十餘畝均已荒蕪所有栽培花木花草苗秧全行損失

丙、園藝生産

園藝股除種植花木花草供給佈景外並着重園藝生産事業之經營有菓園菜圃畜牧魚殖竹林等等按菓園菜圃約三百餘

畝年来日人繼續經營現地畝雖略形荒蕪而果樹生長尚佳茶園一百五十餘畝均已荒蕪竹林二百餘畝亦荒蕪

丁、植物園

植物園抗戰前經七八年之時間所徵集中外各種名貴植物分植於明陵西一帶面積一千餘畝現苗木完全毁滅至堪痛惜苗圃一百四十餘畝所有苗秧亦遭損害地畝荒蕪

二、園林事業整理計劃

陵園園林事業抗戰前經八九載長時期之經營始得一相當成績今破壞慘烈情形已如前述當非短期間所可能完全恢復須分期逐年進行之本年度擬擇要舉辦下列各項事

甲、森林

保育殘存林木　林木盗竊及火災之預防病蟲害之防治疏伐及

下木培育均為即須施行之工作

保育野生樹苗　西北區北區西區南區萌發之白楊刺槐黃檀等野生樹苗極多如經三五年保護撫育即可蔚然成林節省造林經濟事半功倍故須嚴加禁止刈割並撫育之

林道整修　全山林道網絡長達近二百市里本年度擬先整脩山前林道幹路三十市里

育苗造林　各區苗圃計九百六十餘畝本年度擬先闢三百畝以資育苗準備供給近三至五年中造林佈景之用陵墓後山及第一峯下地位重要擬先造林行道樹補植及培育整脩　行道樹毀壞殘缺甚多茲擬先補植下列三幹路並培育整脩之以期整齊美觀

陵墓大路　法國梧桐　一〇八二株　須補栽五十二株

明孝陵路　楊楓　七七四株　須補栽二六八株

靈谷寺路　法國梧桐　二二三株　須補栽四十三株

山、園景

園景整理以地區言之

首重　陵墓

次及　將士墓　譚墓、明陵、廖墓、中央体育場

再次　陵墓大道　明孝陵路　靈谷寺路之路線各点佈景

如：一、中山門　二、衛坡义路口　三、四方城　四、永豐社　五、二道溝　六、吳王坟等处

至偏僻處及山後各處暫緩進行

以佈景事項言之

首重　觀賞樹木花木之補栽培育整修

次及　草坪綠籬之更新

再次 花卉花壇之佈置

至亭臺樓閣假山石橙之裝飾當暫緩施工

丙、園藝生産

園林事業首重森林營造及庭園佈景以增加陵園風景而紀念總理爲前提至園藝生産事業之經營目前限於經濟人力當不能再事擴充僅就現有範圍加以經營管理之主要經營事項分述如左

果園 果園三百五十餘畝中種耕除草肥培整枝等工作

菜園 限於經濟人力擬栽培五畝以繁殖優良蔬菜品種爲將來推廣之用

茶園 面積一百五十餘畝須闢地除草肥培整枝等工作

竹林 面積二百餘畝即須整理更新之

魚殖　中山門外及前湖兩處水塘面積達一百五十畝以上終年存水適於魚殖擬管理經營之又紫霞洞前及二道溝兩處塌塘亦擬整脩作魚殖之用

畜牧　擬飼育耕牛四頭騾八頭乳牛二十頭

丁　植物園

植物園位於明陵以西面積一千畝以上分類栽種各種植物供學術研究而佈置庭園採用自然配列方式以增加園景美麗為紀念總理之一建設本會當努力經營以復舊觀本年度擬先辦下列各事項

一、整治苗圃一百畝培育苗木

一、徵集交換中外各種植物種苗

一、採集製作植物標本

一、調查研究植物分佈生態及利用事項

總理陵園管理委員會各項建築物及園林苗圃被日寇破壞情形報告書

查總理陵園內各部份建築工程，創自民國十五年，先後六載長期辟劃之，於完成，至二十年冬，全部始告完竣，由陵墓至城垣築有中山大道，從紫金山麓築有環陵道路，園內各名勝均築路利，以交通，各處佈植林木花卉，並綴以紀念建築，游人如雲，名勝之盛，甲于東南。迨及廿六年秋冬之交，日寇進犯長江，本會隨同政府西遷，時歷時愈八載，在此八載之人管理，而日寇摧殘中，除陵墓工程及紀念建築物損壞較微，尚称完整外，其餘房屋、道路、林木苗圃均悉為日寇全部毀為平地，廢墟瓦礫，無地不目荒涼，亦屬抗戰勝利，恢復回紀之際，謹將各項建築物及園林苗圃原有狀態並被破毀之情形分

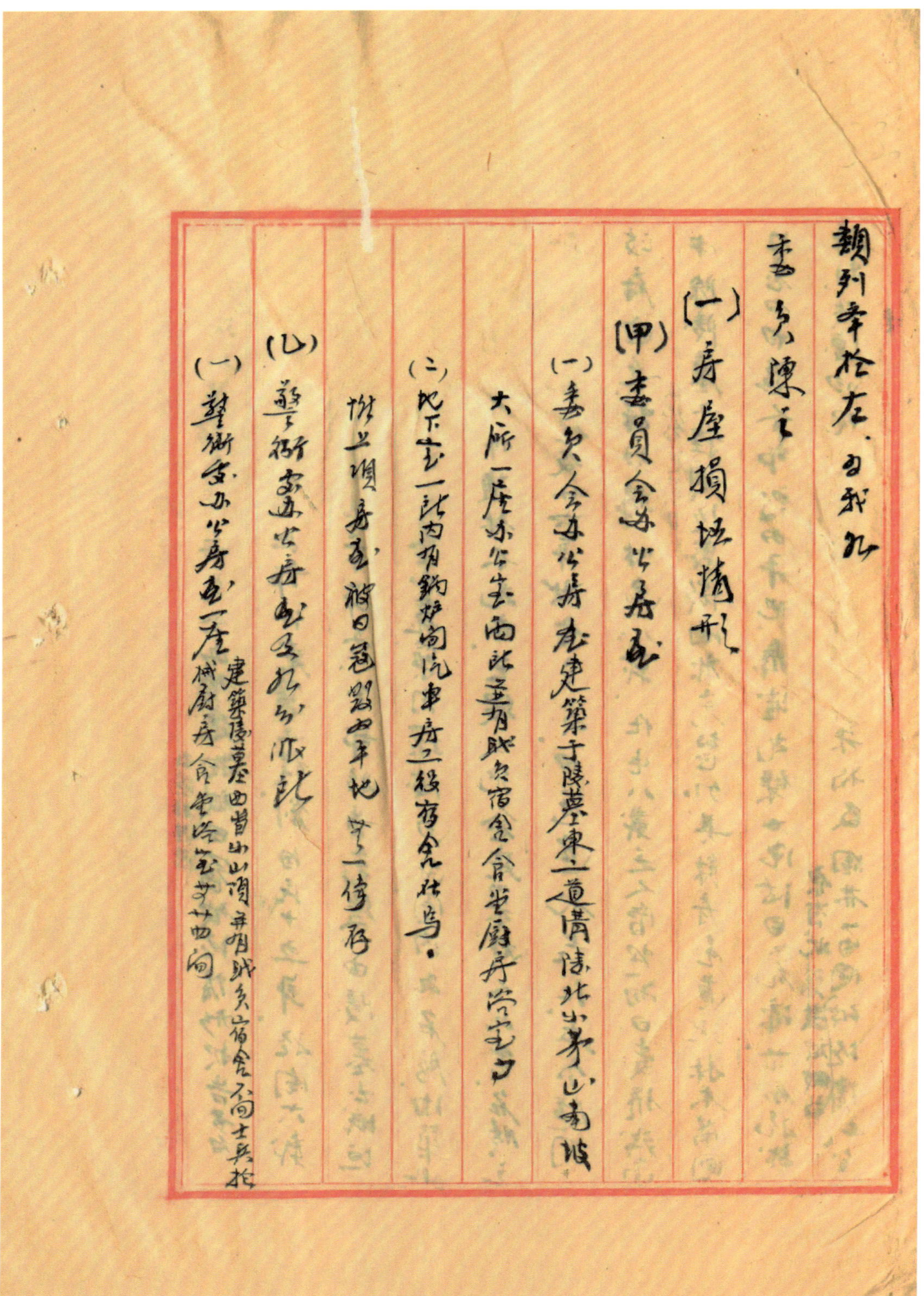

謹列舉於左，[illegible]
茲分陳之

（一）房屋損壞情形

（甲）委員會辦公房屋

（一）委員會辦公房屋建築于陵墓東之道溝陵北小茅山南坡大廳一座，辦公室兩排，並有職員宿舍、食堂、廚房、管室等

（二）地下室一排，內有鍋爐間、汽車房、工役宿舍等。

以上各項房屋被日寇毀為平地，無一倖存

（乙）警衛處辦公房屋及招待所

（一）警衛處辦公房屋一座，建築陵墓西首小山頂，並有職員宿舍、下面士兵於機廚房、食堂、浴室等廿四間

（丑）艺术室收容所共十所，分建于中山门外梁堂、五颗松、黄马、上五旗、岔路口、王家湾、板仓、太平门外北脖子、马群九所，均备有办公室、卧室、膳堂、厨房、厕所计廿一间，其余概情形与委员会办公房屋同。

（丙）园陵组及其分办公房屋

（子）园林组本部办公房屋：民房建筑

一、民房建筑办公房屋二层一座计十一间

二、林具室一座计七间

三、职员宿舍一座计十二间

四、陂塘花房一座计三间

五、鐵骨玻璃大溫室一座計九間

六、其他園夫宿舍飯堂浴室共叁座小屋廿一間

（丑）草房建築

一、小紅山北一座計十間

二、庭園內一座計五間

三、花房一座計三間

四、標本菓園西一座一間

五、鴿舍三間畜舍十二間肥料室一間

六、守護所四間

（寅）分住房屋

一、東北區房屋一座計、職員宿舍四間 廚房三間 園夫室六間 林具室三間

二、北區與東北區皆係草房九二座九間

三、陵墓區係萬壽寺四房有辦公室及職員宿舍十六間園夫宿舍廚房浴室廿十間

四、東北區係設于下五旗派出所內

五、西區即植物園籌備處計辦公室三間及職員宿舍園夫宿舍草房四間

以上園林經常部房屋及分區房屋除西區房屋借存西邊三間幹

郊外其他九處瓦房草房壹廿之內長行化為瓦礫灰燼一片荒涼：

（丁）永泰庵係 經理處原守靈處，建于陵園小茅山頂萬福

寺古刹之旁内設免所一間臥室四間厨房一間下室四間情形

敵偽摧毁

（戊）經理奉安紀念殿一座係萬福寺改造，位于陵園小茅

頂永慕廬之旁今已廢圮無存

（己）墓道東側奉安房屋一座位於陵墓之道東側亦被

毁為平地

（庚）、圖書館藏經樓房屋一座内部房門窗櫺多件破壞

其外部輪廓尚存

（辛）其他紀念建築

一、紀念石亭

二、梅林紀念亭

三、音樂台

四、譚墓及烈士墓

除上各建築物損壞輕微，似較完整外，惟烈士紀念堂塔之損壞程度與圖書館藏經樓同

(二)陵園道路損壞情形

(甲)陵園大道

(一)由中山門起東迄至鐘湯路一段長約五百公尺全部破壞

(二)由鐘湯路折往四方城向東北經坡經永平社處折向東至陵墓前

上計長六華里路完毀

(三)此路久於失修相因損耗路面似弱石

于兩旁水溝淤塞成積壓于低窪地段；

（乙）環陵馬路

（一）自山南下馬坊起向東出馬驛繞越山北出太平門處繞回崗出太平門以孝陵甬道前計長廿六華里寬十四英尺

（二）此路自太平門至岔路口一段計長十有華里全部破壞現不復成為道路其餘各段損壞較微而旁溝道亦行淤塞

（丙）明孝陵及靈谷寺路、

（子）明孝陵路

（一）自中山門外起經明孝陵前內紅門前御至石柱子一段破壞約合公尺

（二）自明孝陵前至　經理陵墓之道而與陵園大道銜接全路計

長四華里半寬卅英尺

此路久未加工整理兩旁水溝淤塞路面亦間有損壞

（丑）靈谷寺路

（一）自陵墓之道東首起至靈谷寺東前蜿蜒出鍾湯山止計長五華里半寬卅英尺

此路損壞情形與明孝陵路段亦同

〔丁〕委員會路

（一）自靈谷寺之道溝起蜿蜒曲向西北行而達委員會門口止計長一千五百英尺寬四卅英尺

此路野草蔓延兩旁水溝亦多淤塞

〔戊〕警衛處及附葬場路

(一)警衛處路自明孝陵大馬路起經警衛處門口越過墓西南道計長三千一百餘英尺寬十八英尺

(二)附葬場路 自五顆松起沿山而達場前計長二千四百九英尺

此路損壞情形與委員會路同

〔己〕山林道路 計分四條

(一)紫霞洞至西北山崖一段計長四百零七丈寬三尺

(二)由明孝陵直達紫霞洞之清涼路一段計長四百五十丈

(三)由茅草崖經過第二峰山崖計長二百八十丈

(四)由梅塢山徑自二道溝沿溪而向東引，計長一華里餘，此路迂迴曲折，草野蔓延，山澗淤塞，而又被水沖毀，現已不復成為道路。

(三)林木及苗圃損壞情形

查園林組及分區如上所舉，其損壞情形，已如第一款兩項子丑寅八三項所述，全部化為瓦礫灰燼，除陵墓前甬道守風景樹木專供瞻仰，以為點綴外，其餘如山陵樹木、苗圃花卉等被敵所伐，或為苗圃花卉之踐踏，荒蕪堙壞，昔日蔭蔽蔥蘢競艷爭榮之景象，已不復見于今日。

(四)總結

經已以上各建築物，於此八載長期破壞、忘廢，如瓦礫灰燼，其中惟陵墓祭堂碑亭墓門銅鼎前道及紀念建築工程尚損壞程度已於前頁言明，修復似較容易！值茲抗戰勝利，全面復員之際，按之現實環境，實有恢復必要，惟以時間迫促，需費浩繁，擬以實際上必須應用房屋道路等工程，以另行造具概算，請由國府編卅五年度預算，以便分期興辦重建，藉復舊觀，至於將中山紀念建築物園林苗圃損失情形，另報于右，請併鑒察！

總理陵園戰後損壞情形調查報告

一、關於陵墓方面

靈堂屋脊東端琉璃藍如意頭受炮火擊燬一個現暫用水泥修補色彩終難一致勉强應用

石級平台置有銅鼎一對右有一隻經砲彈損傷兩處

二、陵園全區建築物狀況

管理委員會　新村全區官邸　警衛處原址　園林組全部　花房溫室　植物園辦公處　孔院長官邸　航空公墓

中山文化教育館　桂林石室　小茅山孫院長別墅　四方城

林故主席別墅　四方城　蔣委員長別墅　紫霞洞房屋

永豐社　龍脖子警衛派出班　孤魂祠　警衛派出班

王家灣警衛派出班　太平門警衛派出班　岔路口警衛派

出班 下五旗警衛派出班 黄馬警衛派出班 馬羣警衛派出班 東區苗圃辦事處 東北區苗圃辦事處 西北區苗圃辦事處 陵墓區辦事處 北區苗圃辦事處

以上各項建築物蕩然無存

藏經樓 流徽榭 圖書館 小紅山官邸紫霞洞防空室 遺族學校 明孝陵 果園 天文台

以上各項建築物之部門窗破壞而殘餘空殼者亦有之但外表大致尚存

三、中央運動場

田徑賽場之門窗及内外鐵木質設備俱無 國術 籃球 棒球 足球各場木質設備殆盡外廊依舊 游泳池一切裝置

竟毁外觀仍巍然可觀

四、陵園全區森林概況

全陵園前劃爲七區 (1)陵墓損失三分之一 (2)南區損失三分之二 (3)東區損失五分之四 (4)東北區損失淨盡 (5)西北區損失十分之九 (6)西區損失五分之四 陵墓大道行道樹全路缺少二十餘株 明陵路行道樹自中山門沿城牆轉角處一段約損失三分之二又由明孝陵至紫霞洞一段約損失四分之三 靈谷寺路行道樹全線約損失三分之一 中央運動場路行道樹略有損失株數甚微 東新村幹路行道樹完全無存 西新村幹路行道樹僅存殘餘二十數株而已 環陵馬路行道樹破壞無餘

五、園藝各部損失情形

苗圃花房一帶爲日本陸軍佔用 昔日之園藝完全無存 果園尚有蘋果樹桃樹一百餘株 明孝陵植物園現已成農民耕種田地

六、陵園全區道路現況

陵墓大道柏油路面自中山門迄衛崗一段損壞約五百公尺

明陵路彈石路面自城墻轉角處迄石柱子一段損壞約五百公尺

環陵馬路彈石路面自太平門迄崗子脚一段又由板蒼起至流槍一段此兩段損壞距離共約一千公尺

其他各路線年久失修崎嶇不平路面零星損壞不勝枚舉

七、水電破壞程度

各路綫自來水管悉數挖掘無一段可尋高掛電線地下電線盡爲日軍清除

八、各處墓地情況

陣亡將士公墓仍舊完整所有無樑殿烈士祠牌坊紀念塔幸未損壞僅紀念館門窗拆損表面甚佳

譚墓各種建築物均無變動惟祭堂門窗已付缺如所有紀念物品均爲日軍取去

明孝陵依然如昔但内部墻壁局部倒塌頗多東廂勢將傾圮

廖墓毫無破損

总理陵园管理委员会为陵园新村在抗战期间被破坏所有战前租地契约应即宣告停止效力事致新村领地在京各户笺函（一九四六年六月七日）

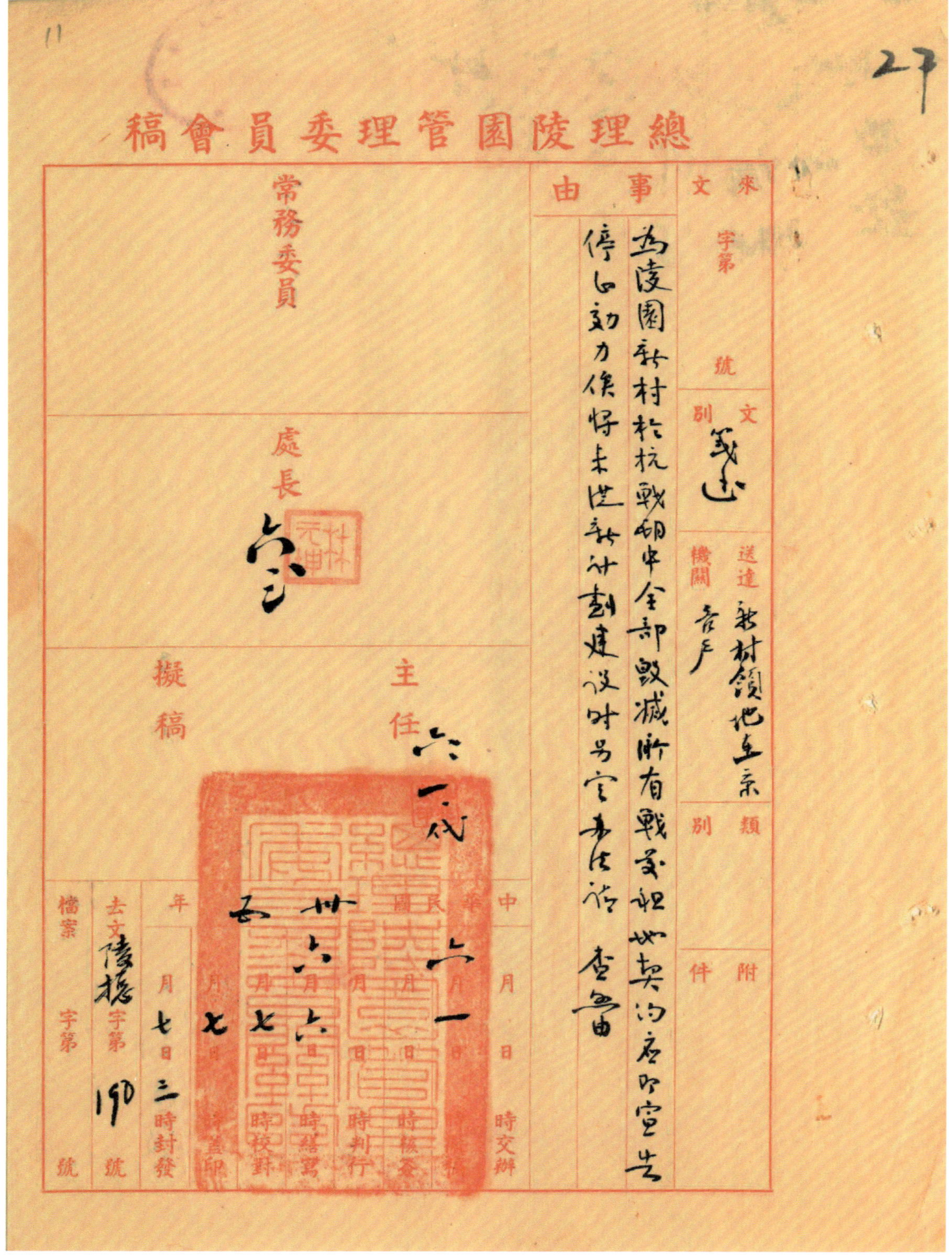

总理陵园管理委员会稿

来文：字第　号

文别：笺函

送达机关：新村领地在京各户

事由：为陵园新村于抗战期中全部毁灭，所有战前租地契约应即宣告停止效力，俟将来新村计划建设时另定办法，查照由

常务委员

处长 六、七

主任 六、一、六

中华民国卅五年六月一日、六日、七日

去文：陵总字第190号

查陵園新村於抗戰期中全部毀滅所有戰前租地契約應即宣告停止効力俟將來從新計劃建設時另訂辦法公佈施行除分別函達外相應函達查照為荷荷

此致

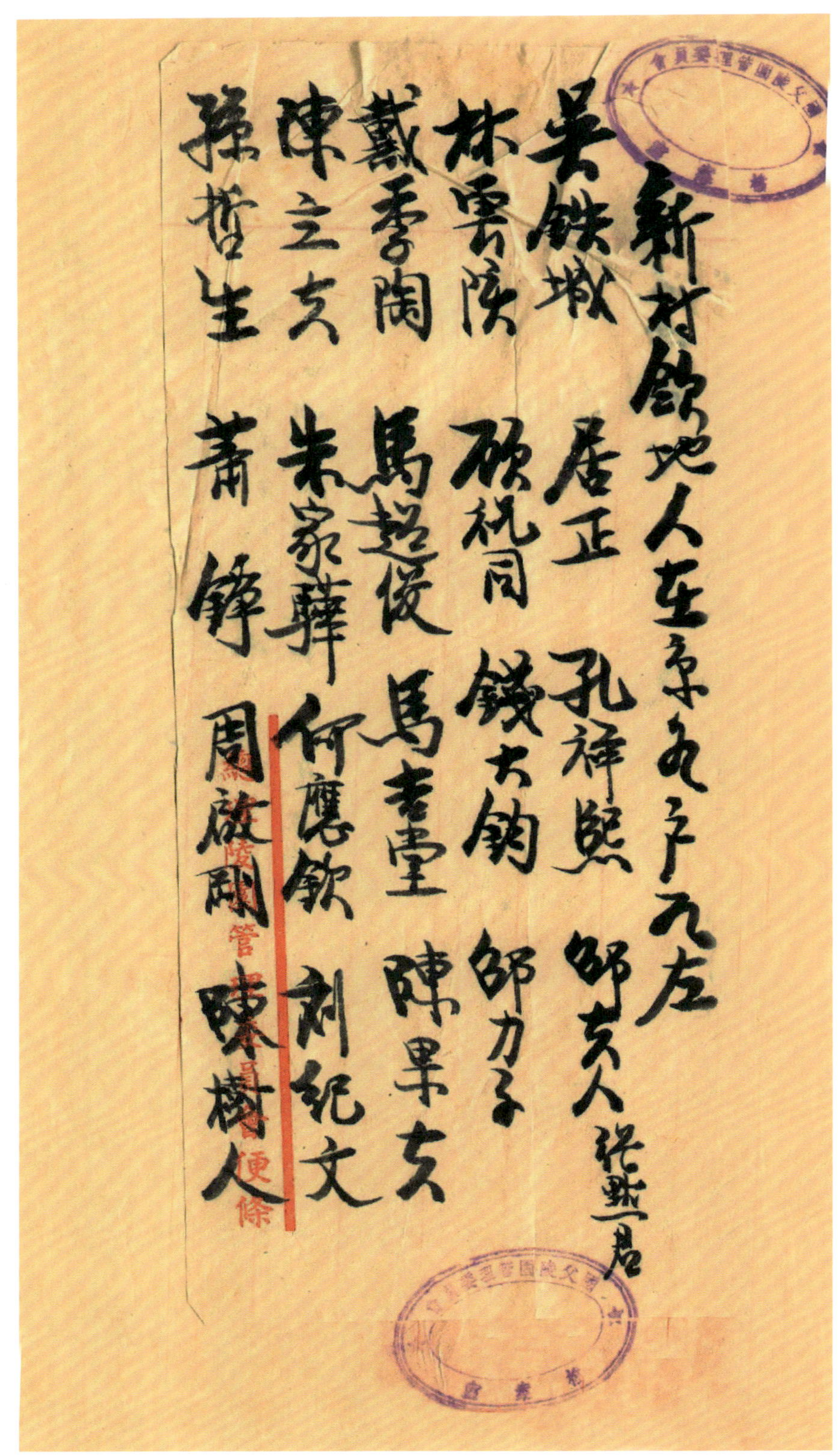

新村領地人在京外户如左

吴鐵城　居正　孔祥熙　邵夫人張默君

林雲陔　顧祝同　錢大鈞　邵力子

戴季陶　馬超俊　馬書堂　陳果夫

陳立夫　朱家驊　何應欽　劉紀文

孫哲生　蕭錚　周啟剛　陳樹人

国父陵园管理委员会为转送徐象枢发在陵园新村房屋财产损失报告单连同证件函请办理致行政院战事损失调查委员会公函（一九四六年十一月四日）

附：徐象枢给总理（国父）陵园管理委员会的原呈文（一九四六年八月三十日）

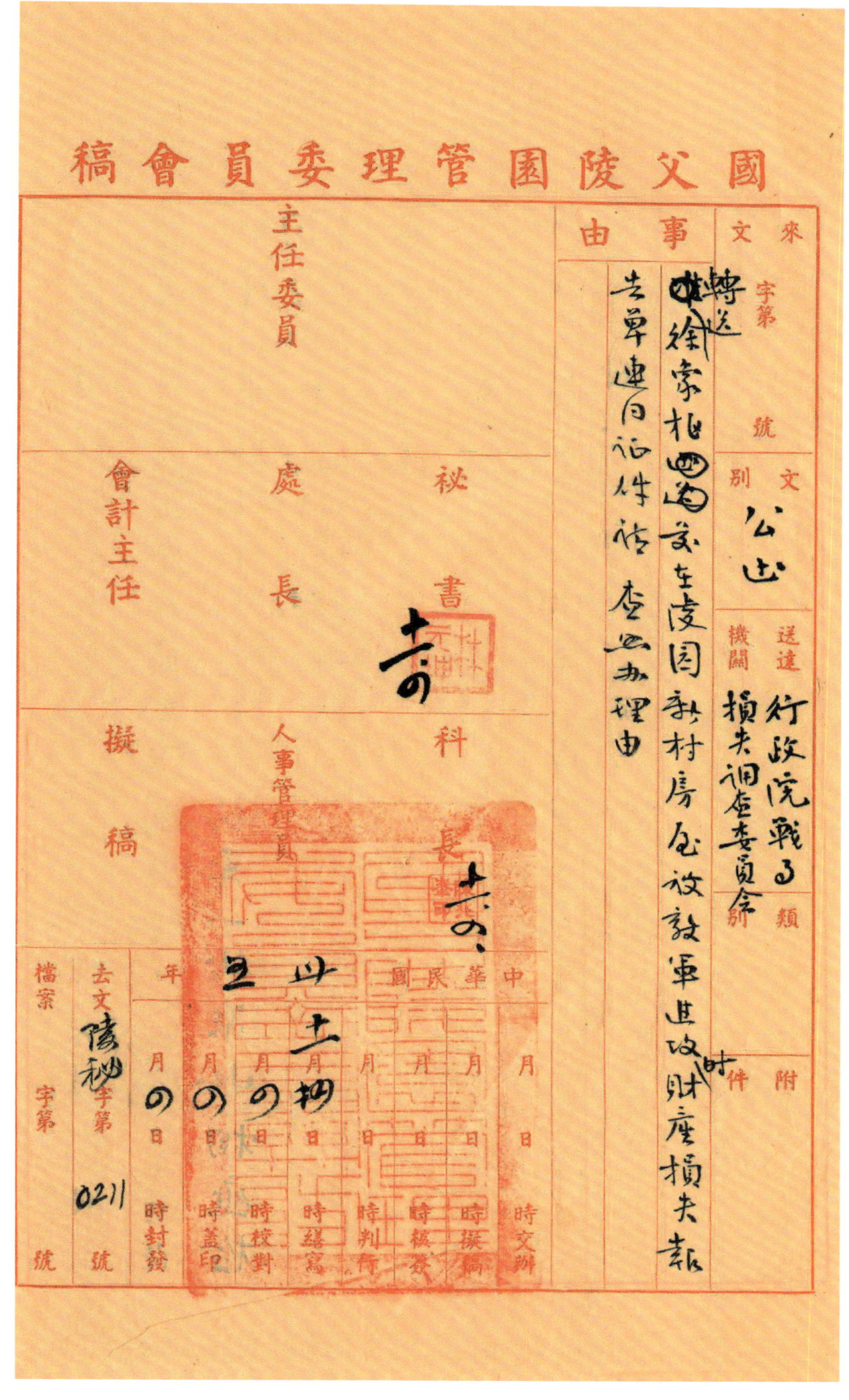

國父陵園管理委員會稿

來文字第　號

文別：公函

送達機關：行政院戰事損失調查委員會

類別

附件

事由：據徐象枢函送在陵園新村房屋被敵軍進攻時財產損失報告單連同證件請查照辦理由

主任委員

秘書長

處長

會計主任

科長

人事管理員

擬稿

中華民國卅五年十一月四日

去文陵秘字第0211號

檔案字第　號

案准現任長春交通銀行經理徐家樞函本年八月三十日函略一本人前在陵園東村訂六無敘等由附財產損失報告單二紙傢具清單一份准此相應檢同原附件隨函送請

查照辦理為荷。

此致

行政院戰事損失調查委員會

附財產損失報告單二紙 傢具清單乙份

國父陵園管理委員會摘由單

來文機關：徐象樞

文別：呈

來文字號：字第丕列號

來文日期：卅五年八月卅日

收文字號：陵收字第〇二三八號

收文日期：卅五年十月九日

附件：

事由：爲房屋物件悉遭焚燬謹開具損失報告單及証件呈請轉送行政院戰爭損失調查委員會由

承辦處所：秘書室 園林處 課非（？）

擬辦：存轉 十廿

批示：

備考：

敬呈者 具呈人前在陵園东村領有129 134兩号地建房居住於廿六年十二月因敵軍進攻房屋被燬屋内物件悉遭焚如共计損失壹拾叁萬壹仟元(係房當時幣值未跌落時價值)謹特開具損失报告單連同証件敬乞

轉送

行政院戰事損失調查委員会為禱 敬呈

總理陵園管理委員會

具呈人徐象樞

住址長春交通銀行

(現任長春交通銀行經理)

卅五、八、卅、

附件

关于陵园新村十五号房屋被日军焚毁请发给证明书以便申请赔偿的往来文件

杨公兆致国父陵园管理委员会呈文（一九四六年十二月二十八日）

附：陵园新村十五号房屋建筑单

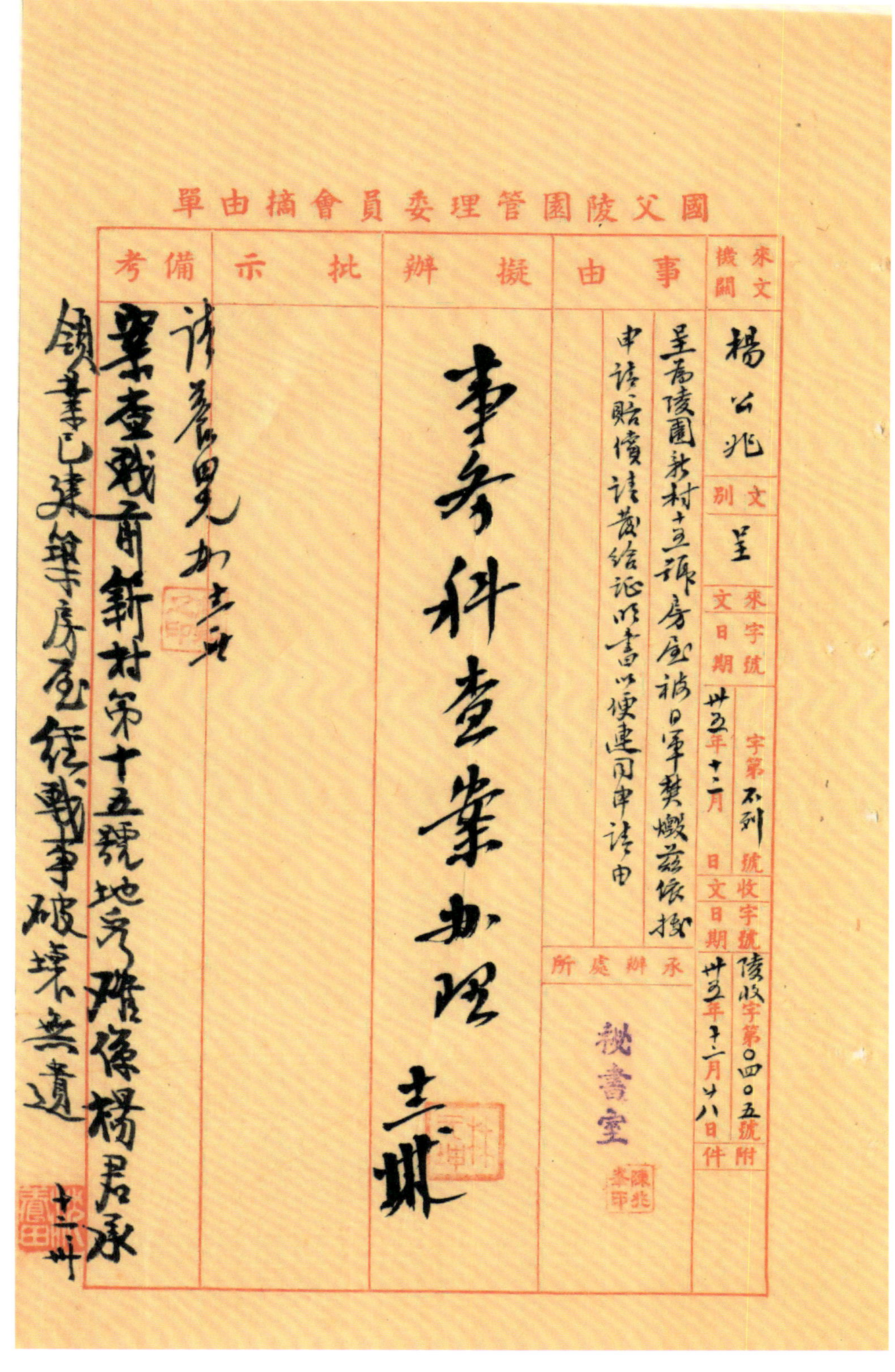
國父陵園管理委員會摘由單

來文機關	楊公兆
文別	呈
來文字號日期	字第不列號 卅五年十二月　日
收文字號日期	陵收字第○四○五號 卅五年十二月廿八日
附件	
事由	呈爲陵園新村十五號房屋被日軍焚燬茲依據申請賠償請發給証明書以便遵同申請由
承辦處所	秘書室
擬辦	事務科查案辦理
批示	請舊見如十二廿
備考	案查前新村第十五號地系陵條楊君承領業已建築房屋經戰事破壞無遺 十二廿

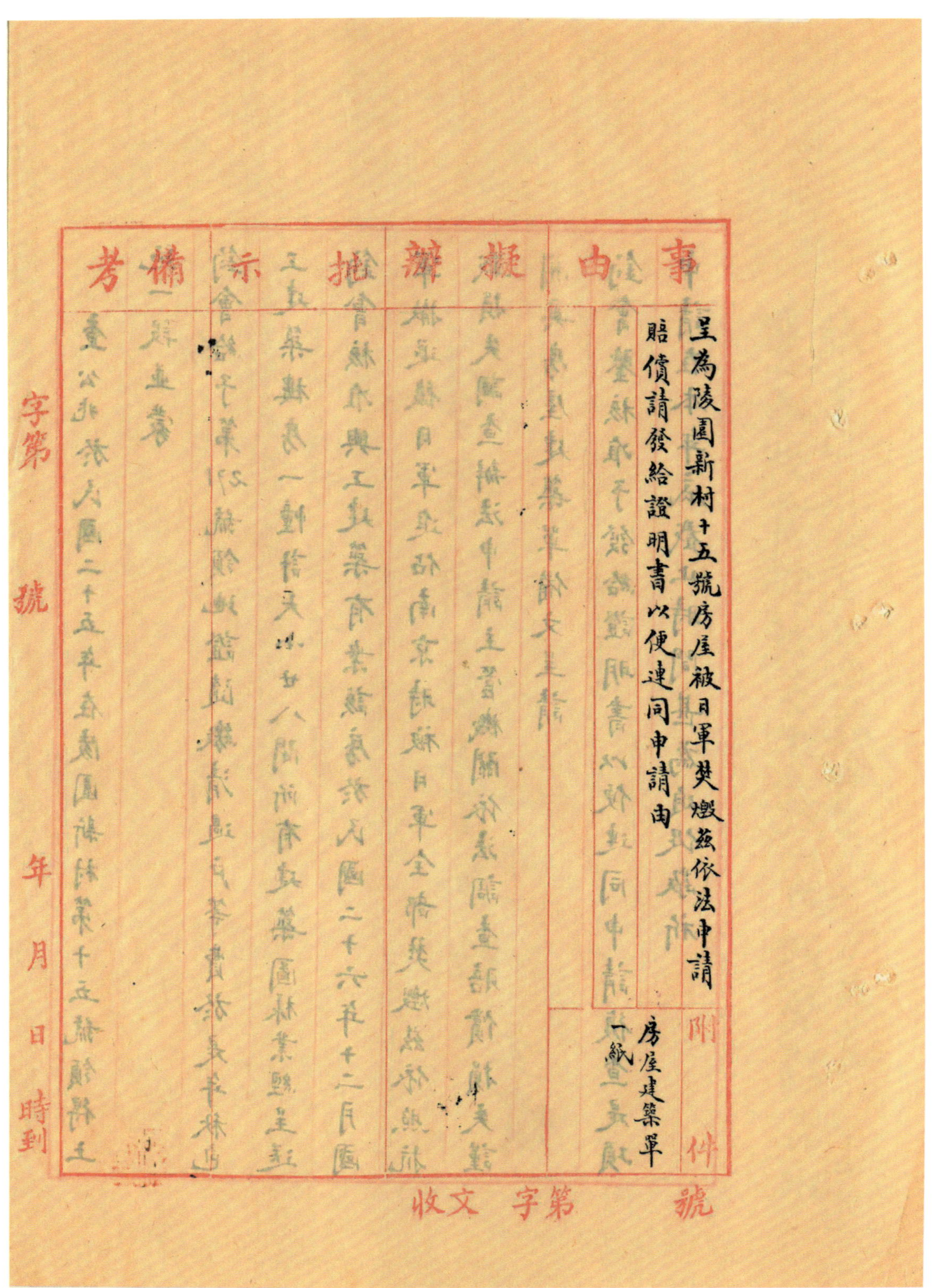

事由	呈為陵園新村十五號房屋被日軍焚燬茲依法申請賠償請發給證明書以便連同申請由
附件	房屋建築單一紙
擬辦	
批示	
備考	

字第　號　年　月　日　時到

收文　字第　號

查公兆於民國二十五年在陵園新村第十五號領得土
地一段並蒙
鈞會給予第231號領地證隨繳清過户等費於是年秋包
工建築樓房一幢計大小廿八間所有建築圖樣業經呈送
鈞會核准興工建築有案該房於民國二十六年十二月國
軍撤退後日軍進佔南京時被日軍全部焚燬兹依照抗
戰損失調查辦法申請主管機關依法調查賠償損失謹
開具房屋建築單備文呈請
鈞會鑒核准予發給證明書以便連同申請復查是項
申請在本年底截止時間甚爲迫促敬祈

將是項證明書於截止前賜發以免誤期

謹呈

總理陵園管理委員會

附呈房屋建築單一紙

具呈人楊公兆

現任職務 資源委員會金屬鑛業管理處處長

住址 南京瑯琊路十一號

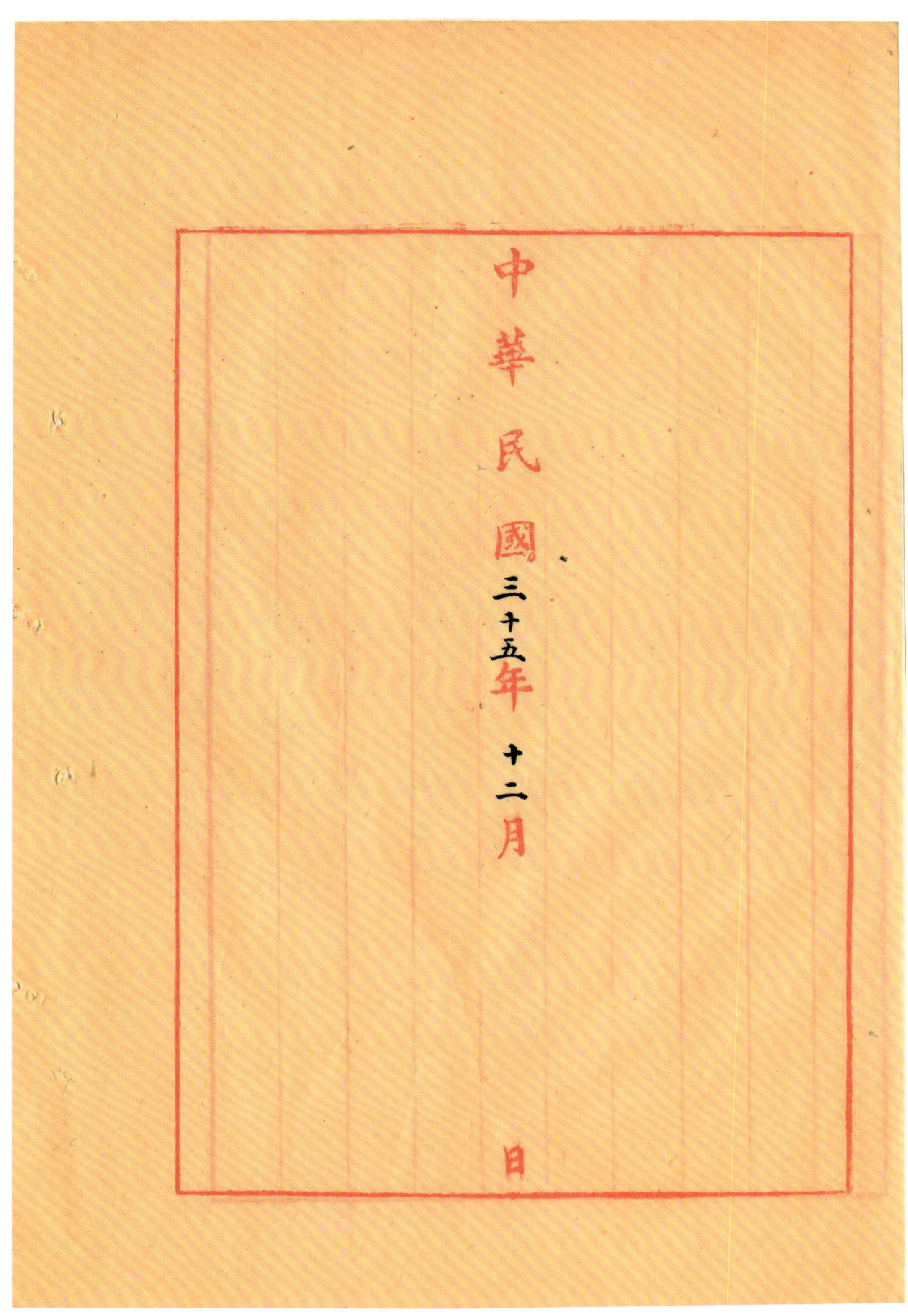

中華民國三十五年十二月　日

陵園新村十五號房屋建築單

名称	面積	數量	
樓房	15.35方	16间	
平房	12.76方	7间	
陽台	3.60方	3间	
大门及门墩	1.00方	1坐	
竹籬笆		43.8丈	
铁栯杆砖围墙		14.0丈	
水泥路	18.00方		

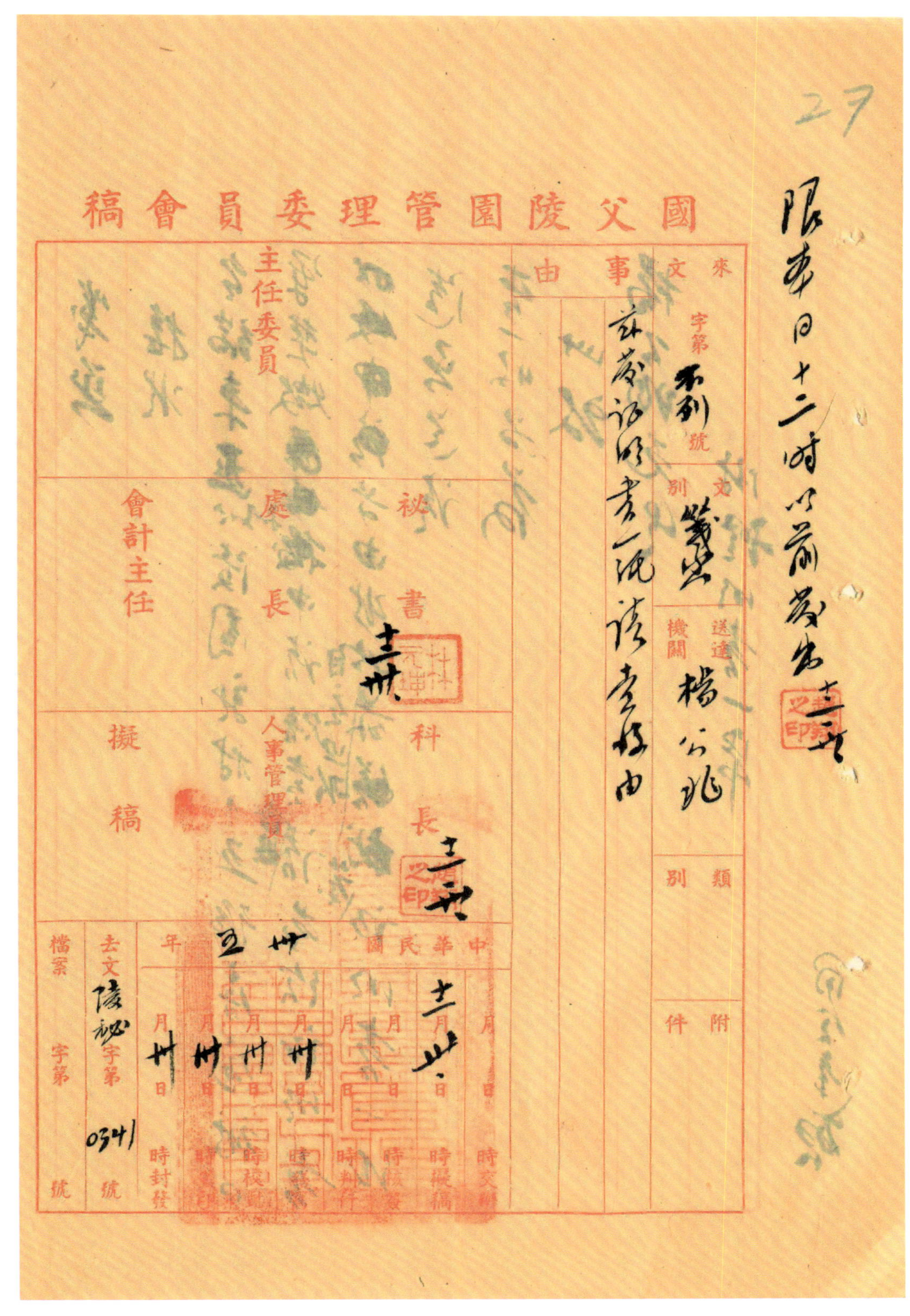

限本日十二時以前發出

國父陵園管理委員會稿

來文	字第 號
文別	箋函
送達機關	楊公兆
類別	
附件	

事由：茲發證明書一紙請查核由

主任委員

秘書

處長

會計主任

科長

人事管理員

擬稿

中華民國卅五年十二月廿日擬稿　月　日核發　月　日繕寫　月卅日校對　月卅日蓋印　月卅日封發

去文陵秘字第0341號

檔案字第　號

国父陵园管理委员会给杨公兆的笺函（一九四六年十二月三十日）

附：国父陵园管理委员会证明书

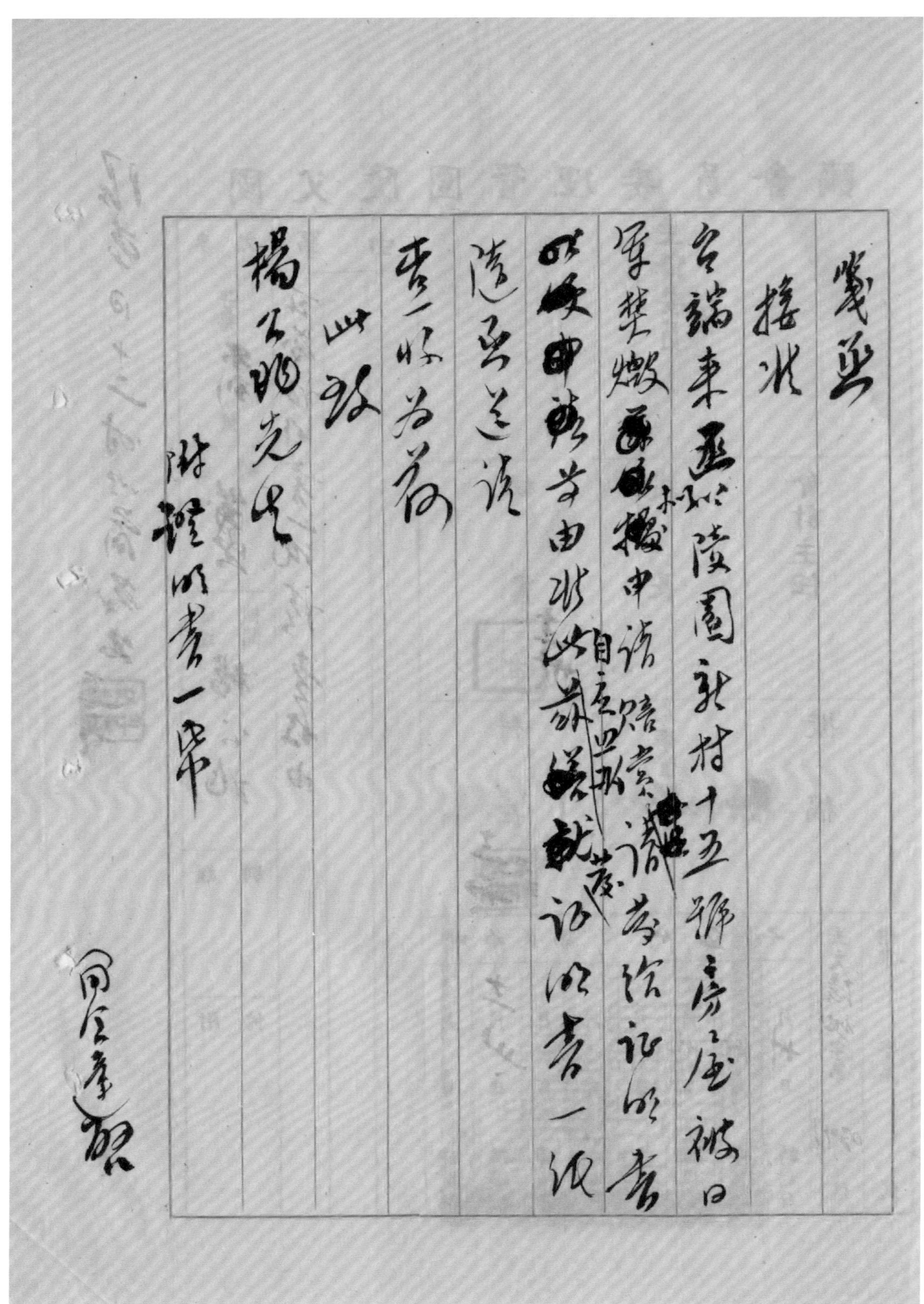

鸑兄：

接狀

台端來函以陵園新村十五號房屋被日軍焚燬，申請賠償，請發給證明書以便申請賠償，當由此處查明屬實，自應照辦，茲發給證明書一紙，隨函送請

查收爲荷

此致

楊公明先生

附證明書一紙

周人章謹

总理陵园管理委员会证明书

园文

查陵园新村第十五号地段内原有杨公兆自建楼房一所，系于民国二十六年建筑落成，所有面积间数悉如附单所开，其建筑图样前经本会核准兴工建筑有案，特此证明。

主管长官

民国三十五年　　月　　日

国父陵园管理委员会为请赔偿破坏陵园重要建筑物及砍伐树木各项价款致行政院战时损失调查委员会公函

（一九四六年十二月三十一日）

附：国父陵园各项建筑抗战期间破坏概况一览表

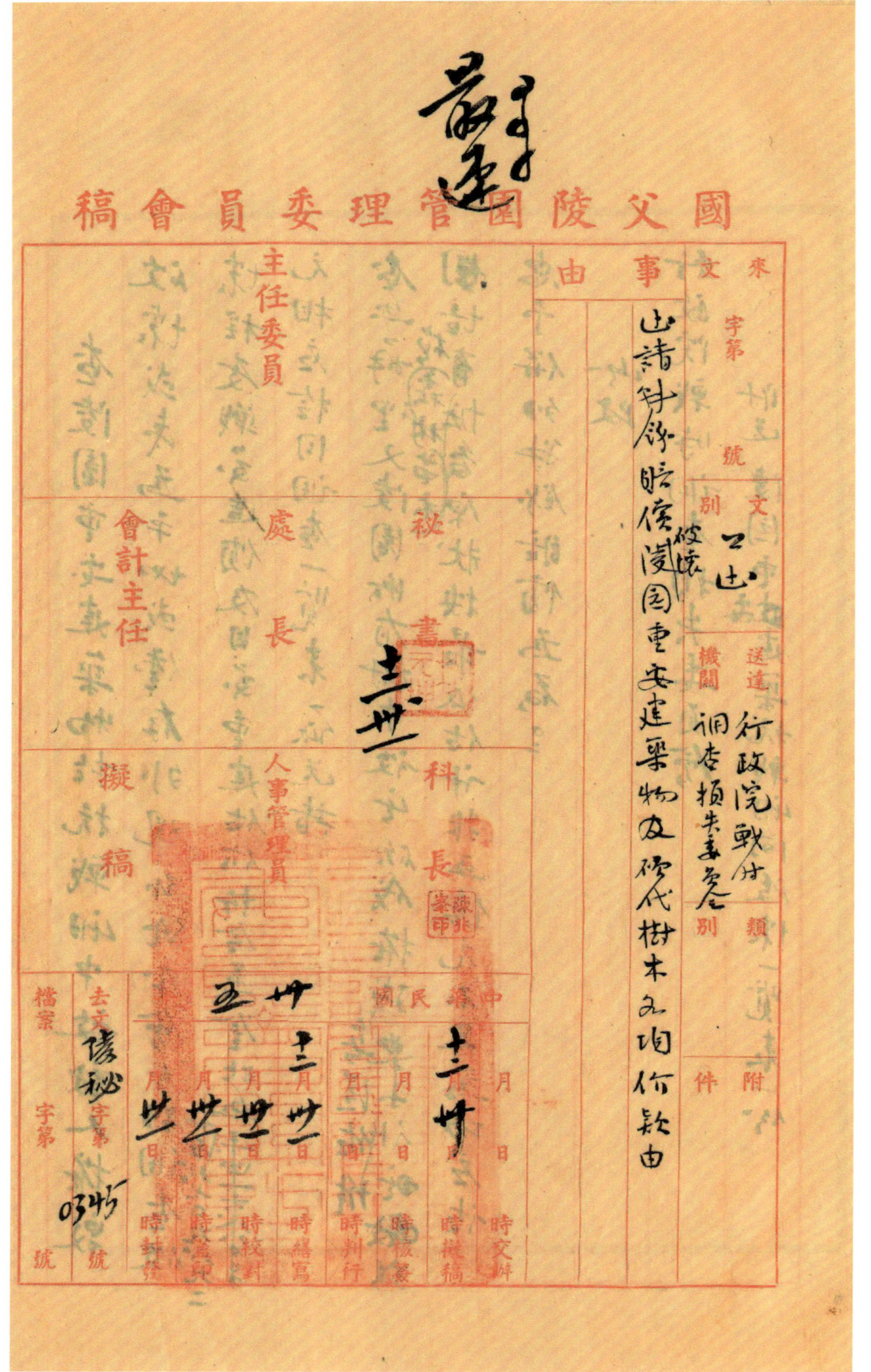

國父陵園管理委員會稿

文別：公函

送達機關：行政院戰時損失調查委員會

事由：為請賠償破壞陵園重要建築物及砍伐樹木各項價款由

查陵園重要建築物於抗戰期中被敵人摧毀破壞，或夷為平地，或僅存外觀，亦經本會分別調查破壞程度、戰前造價及目前重建估價，折合美金共計法幣一二七〇九六〇九二二元，相應檢同調查一覽表函送，請

查照辦理。又陵園所有樹木被敵砍伐摧殘，無從估計，推本會栽植數園培育（森林苗木）恢復原狀，按最低估計，非五億元不足為功，應請

惠予併列計錄賠償為荷。

此致

行政院戰時調查損失委員會

附送陵園重要建築抗戰期間破壞一覽表一份

附有〇外四册

國父陵園各項建築抗戰期間破壞概況一覽表

名稱	地點	破壞程度	戰前造價(國幣)	修建估價(金美)	備註
國父陵墓	紫金山南麓	10%	二四四二,〇〇〇.〇〇	七二八,九五五.〇〇	
譚故行政院長墓	灵谷寺後	30%	二四三,〇〇〇.〇〇	二一七,六二二.〇〇	
航空烈士公墓	紫金山後	20%	二六,〇〇〇.〇〇	一五,五二三.〇〇	
廖仲凱先生墓	明孝陵西	10%	一二〇,〇〇〇.〇〇	三五,八二一.〇〇	
明孝陵及坿屬房屋	紫金山西部	70%	五〇〇,〇〇〇.〇〇	一〇四,四七八.〇〇	
總理陵園管理委員會	茅山脚下	100%	一〇〇,〇〇〇.〇〇	二九八,五〇七.〇〇	
總理陵園管理委員會警衛大隊部	陵墓石榭	100%	一〇〇,〇〇〇.〇〇	二九,八五一.〇〇	
園林組辦公處	四方城東北	100%	一〇〇,〇〇〇.〇〇	二九八,五〇八.〇〇	
植物園辦公處	菓園西南	100%	一〇七,〇〇〇.〇〇	三一九,四〇三.〇〇	
警衛派出所十所	陵園各處	100%	九〇,〇〇〇.〇〇	二六八,六五七.〇〇	
園林組分區事務所七所		100%	七〇,〇〇〇.〇〇	二〇八,九五五.〇〇	
温室	石象路北	100%	一五〇,〇〇〇.〇〇	一三一,三四三.〇〇	

植物園	明孝陵西面			[illegible]	此項工程由募捐建
博物館	陵墓西南			[illegible]	此項工程由募捐建
動物園				[illegible]	同
國民革命軍陣亡將士紀念館	灵谷寺	50%	二五、〇〇〇〇〇	三三〇、八九五〇〇	
國父奉安紀念館	四方城東北	100%		五九、七〇二〇〇	
中山文化教育館	灵谷寺前	100%	一五〇、〇〇〇〇〇	四四七、七六一〇〇	此項工程由募捐重建
革命歷史圖書室	陵墓西南	30%	五〇、〇〇〇〇〇	四九、二五四〇〇	
中央運動場	灵谷寺大山門内	60%	一四、〇七〇〇〇	二、五八一、〇二一〇〇	
外交部郊球場	五顆松	30%	二〇、〇〇〇〇〇	一七、九一三〇〇	
藏經樓	二道溝北	70%	二七、〇〇〇〇〇	四五三、六四二〇〇	
永慕廬	小茅山	100%	五〇、〇〇〇〇〇	一四九、二五四〇〇	
桂林石屋	藏経楼東北	100%	二〇、〇〇〇〇〇	五九、七〇一〇〇	
永豐社	行建亭对面	100%	九、〇〇〇〇〇	二六、八六六〇〇	

主席官邸	小紅山	70%	五〇〇〇〇	〇〇	一、〇四四、七七六	〇〇
四方城房屋	四方城	100%	五、〇〇〇	〇〇	一、四九二五	〇〇
紫霞洞房屋	第一峯下	100%	二〇、〇〇〇	〇〇	五九、七〇二	〇〇
水塔水㶚	明陵東	70%	一三一、〇〇〇	〇〇	二七三、七三四	〇〇
天文台	紫金山天堡城	30%	三八六、〇〇〇	〇〇	三四五、六七二	〇〇
音樂台	陵墓東南	20%	九三、〇〇〇	〇〇	五五、五二	〇〇
流徽榭	二道海南	10%	一一、〇〇〇	〇〇	三、二八四	〇〇
行健亭	永豐社对面	5%	一〇、〇〇〇	〇〇	一四九二	〇〇
光化亭	陵墓東南	5%	六五、〇〇〇	〇〇	九、七〇二	〇〇
靈響亭	灵谷寺前	5%	六、〇〇〇	〇〇	八九六	〇〇
前湖涼亭	前湖	5%	五、〇〇〇	〇〇	七四六	〇〇
仰止亭	二道海	10%	四、〇〇〇	〇〇	一、一九四	〇〇
石欖	沿各道路旁		二五、〇〇〇	〇〇	七四六、二七	〇〇	此項工程由吉参捐承造
合計					八、七〇九、八九二	〇〇

說明：工程費按戰前以一萬倍計算折合每美元以國幣~~二十三百五十元左右~~

国父陵园管理委员会为请展延填送战时损失财产报告表期限并派员领表致南京市政府公函（一九四七年三月一日）

国父陵園管理委員會稿

來文字第　號

文別：公函

送達機關：南京市政府

事由：爲請展延填送戰時損失財產報告表期限並派員領表由

查陵園新村所有建築房屋均于抗战期中被敵寇破壞夷為平地并因各業主散居國内外各地致未如期填送战时損失、財產報告表本會為維護業主請求敵人賠償損失、利益起見特此函請

貴府准於填送上項報告表日期展延十五天(至三月十五日止)以便通函各業主從速填就、交由本會彙送辦理并派職員王守仪持函洽領損失、報告表式樣請

賜洽見復為荷此致

南京市政府

国父陵园管理委员会为送财产损失报告单致陵园新村前建房屋各业主笺函（一九四七年三月六日）

附：业主名单

國父陵園管理委員會稿

事由：隨函送財產損失報告單二份即請查照辦理由

送達機關：新村前建房屋業主

文別：箋函

查陵园新村前建房屋均于抗战期中破坏殆尽平地该项财产损失填报时间已于本年二月底截止本会为维护新村各业主利益起见特函请南京市政府展延填报日期限十五日（至三月十五日）在案兹送上财产损失报告单二份即请

查照办理希于本月十三日以前送交本会汇转为荷。

此致

新村前建房屋各业主

（公 戳）启

204 周啓剛
164 165 孫哲生
156 166 余井
149 150 何應欽
162 163 陳肇英
~~[illegible]~~
~~[illegible]~~
135 136 梅哲之
124 馬吉堂
118 119 馮玉祥
開會地 新村小學

163 陳石哲
159 160 朱培德
154 155 劉紀文 魏道明
141 陳果夫
~~陳[illegible]~~
164 唐佛哉
129 134 徐象樞
124 陳大學
111 125 馬超俊
1 郵局 碰塚車部
145 楊杏佛

23 24 刘镇華

30 31 林森

35 刘禕朗

53 55 林秀陕

39 40 张[illegible]平

41 50 李培天

[illegible]

[illegible]

[illegible]

253 254 譚海

256 257 湯國楨

24 合作社

34 黄肇衡

60 何键

36 37 [illegible]禕民

236 洪锡五

[illegible]

[illegible]

215 216 方君璧

221 222 陈樹人

251 252 張學良

258 259 楊楨彩

南京簪鳳樓印刷文具紙號印

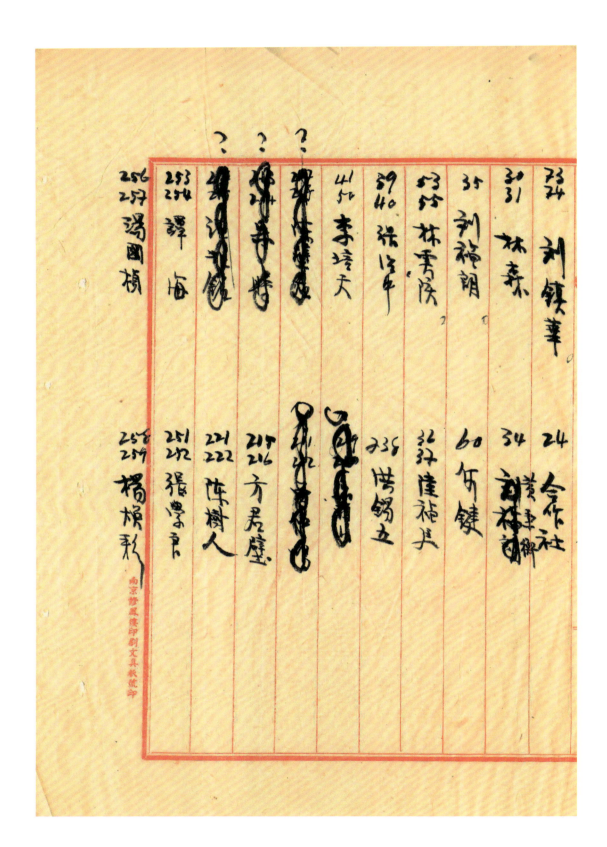

行政院赔偿委员会为准函送陵园损失案核与规定格式不合复请查照致国父陵园管理委员会公函（一九四七年三月六日）

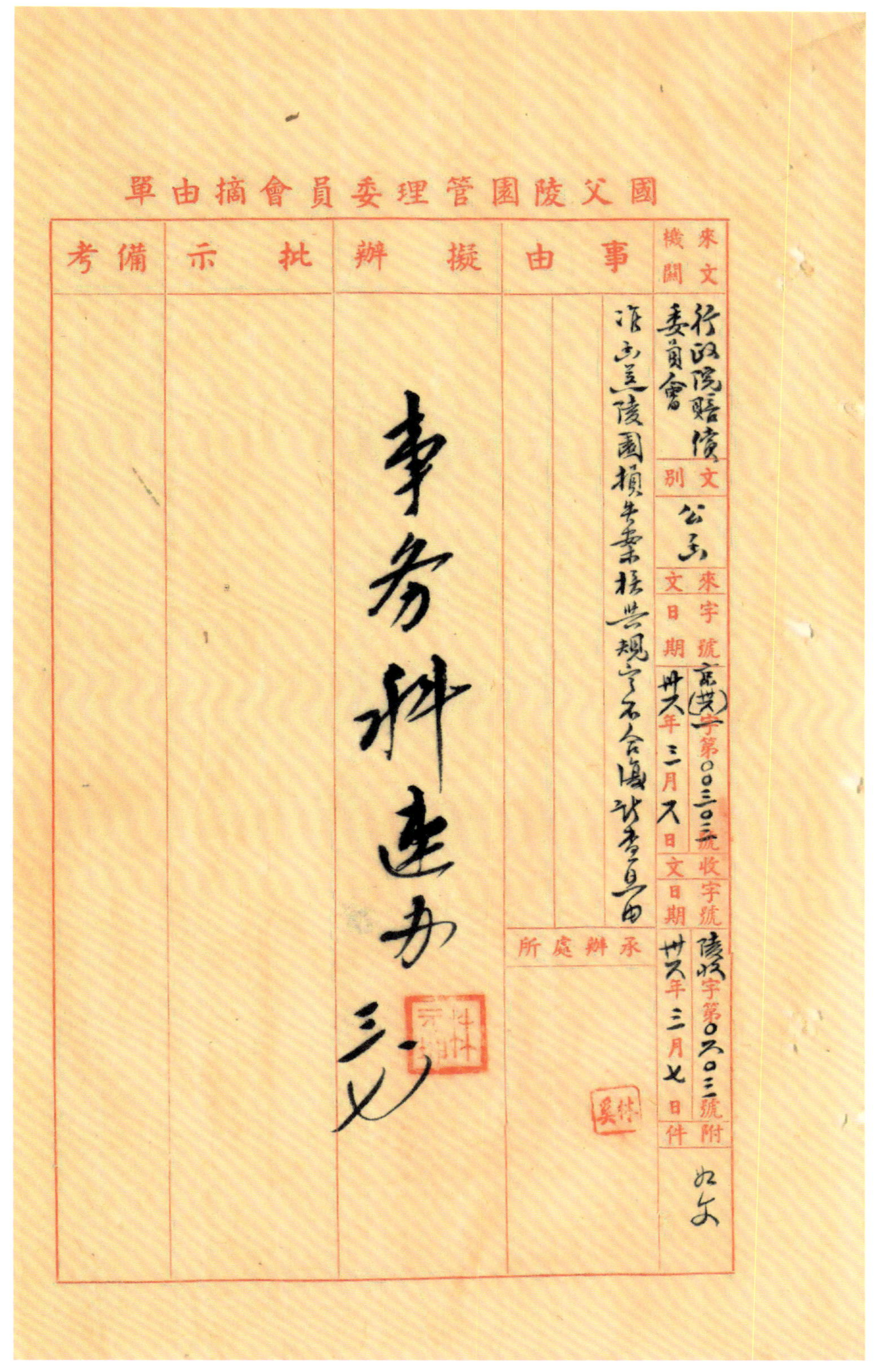

國父陵園管理委員會摘由單

來文機關	行政院賠償委員會
文別	公函
來文字號	京(卅六)字第〇〇三〇二號
來文日期	卅六年三月六日
收文字號	陵收字第〇六〇三號
收文日期	卅六年三月七日
附件	如文
事由	准函送陵園損失案核與規定不合復請查照由
擬辦	事務科速办 三、七
批示	
備考	
承辦處所	

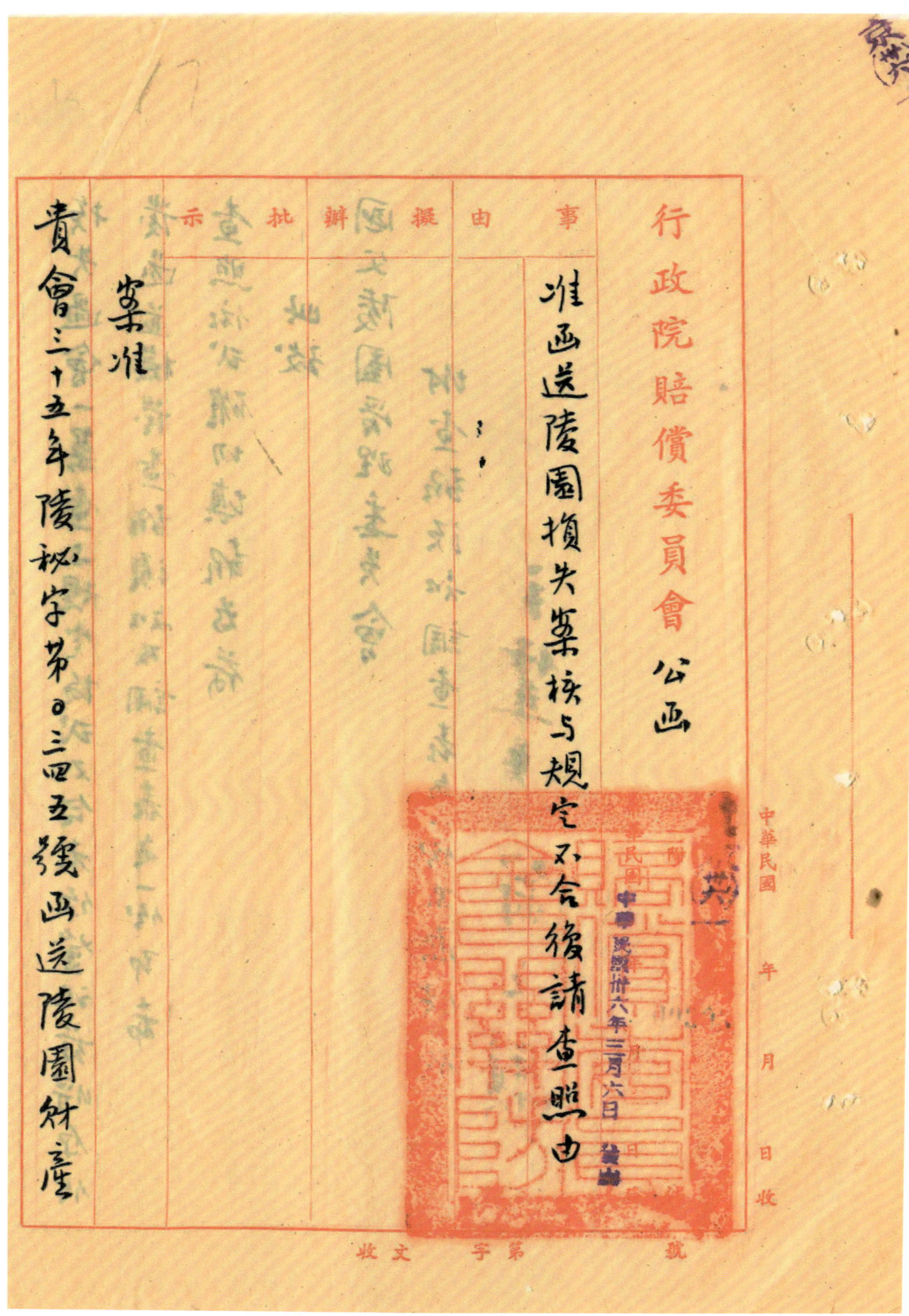
行政院賠償委員會公函

事由：准函送陵園損失案核與規定不合，復請查照由

貴會三十五年陵秘字第四三四五號函送陵園財產

案准

中華民國卅六年三月六日發出

損失過會一案查與規定格式不合未便登記茲將原件

發還並檢發查報須知及調查表各一份即希

查照依式確切填報為荷

此致

國父陵園管理委員會

附查報須知調查表各一份及原件一份

主任委員 翁文灝

校對

監印

附（一）国父陵园重要建筑抗战期间破坏一览表

國父陵園重要建築抗戰期間破壞一覽表

名稱	地點	破壞程度	戰前造價（國幣）	修建估價（金美）	備註
國父陵墓	紫金山南麓	10%	四四二,〇〇〇〇〇	七六八,九五五〇〇	本会修葺
譚故行政院長墓	靈谷寺後	30%	二四三,〇〇〇〇〇	二一七,六一三〇〇	國葬
航空烈士公墓	紫金山後	20%	二六,〇〇〇〇〇	一五,五二五〇〇	國建
廖仲凱先生墓	明孝陵西	10%	一二〇,〇〇〇〇〇	三五,八二一〇〇	國葬
明孝陵及附屬房屋	紫金山西部	70%	五〇〇,〇〇〇〇〇	一〇四,四七八〇〇	明代建
總理陵園管理委員会	茅山脚下	100%	一〇〇,〇〇〇〇〇	二九八,五〇七〇〇	
總理陵園管理委員会警衛大隊部	陵墓右側	100%	一〇,〇〇〇〇〇	二九,八五一〇〇	
園林組辦公處	四方城東北	100%	一〇〇,〇〇〇〇〇	二九八,五〇八〇〇	已修葺
植物園辦公處	菜園西南	100%	一〇七,〇〇〇〇〇	三一九,四〇三〇〇	
警衛派出所十所	陵園各處	100%	九〇,〇〇〇〇〇	二六八,六五七〇〇	陵[illegible]附修一部份

名稱	地點	損毀程度			備註
園林組分區事務所七所	陵園各處	100%	七0,000000	二0八,九五五00	復之以修復一部份
溫室	石象路北	100%	一五0,000000	一三一,三四三00	澤口德商会捐建 本会重建
國民革命軍陣亡將士紀念館	靈谷寺	50%	二二五,000000	三二0,八九五00	國建
國父奉安紀念館	四方城東北	100%	二0,000000	五九,七0二00	
中山文化教育館	靈谷寺前	100%	一五0,000000	四七,七六一00	此項工程由募捐重建
革命歷史圖書室	陵墓西南	30%	五0,000000	四九,二五四00	本会重修暫借辦公
中央運動場	靈谷寺大山門内	60%	一四一,0七0	二五八,0二一00	教育部建
外交部郊球場	五顆松	30%	二0,000000	一七,九一三00	外交部建
藏經樓	二道溝北	70%	二二七,000000	四五三,六四二00	
永慕廬	小茅山	100%	五0,000000	一四九,二五四00	
桂林石屋	藏經樓東北	100%	二0,000000	五九,七0二00	
永豐社	行健亭對面	100%	九,000000	二六,八六六00	

主席官邸	小紅山	70%	五〇〇,〇〇〇.〇〇	一〇四四,七七六.〇〇	國民政府建 仲[illegible]
四方城房屋	四方城	100%	五,〇〇〇.〇〇	四,九二五.〇〇	
紫霞洞房屋	第一峰下	100%	二〇,〇〇〇.〇〇	五九,七〇二.〇〇	
水塔水塤	明陵东	70%	一三一,〇〇〇.〇〇	二七三,七三四.〇〇	胡文虎捐建
天文台	紫金山天保城	30%	三八六,〇〇〇.〇〇	三四五,六七二.〇〇	中央研究院建
音樂台	陵墓东南	20%	九三,〇〇〇.〇〇	五五,五二三.〇〇	美國三藩市華僑捐建 本会修葺
流徽榭	二道溝南	10%	二,〇〇〇.〇〇	三,二八四.〇〇	大公 已查修復中
行健亭	永豐社對面	5%	一〇,〇〇〇.〇〇	一,四九二.〇〇	
光化亭	陵墓东南	5%	六五,〇〇〇.〇〇	九,七〇一.〇〇	華僑捐建
靈響亭	灵谷寺前	5%	六,〇〇〇.〇〇	八九六.〇〇	已由本会修葺
前湖涼亭	前湖	5%	五,〇〇〇.〇〇	七四六.〇〇	
仰止亭	二道溝	10%	四,〇〇〇.〇〇	一,一九四.〇〇	

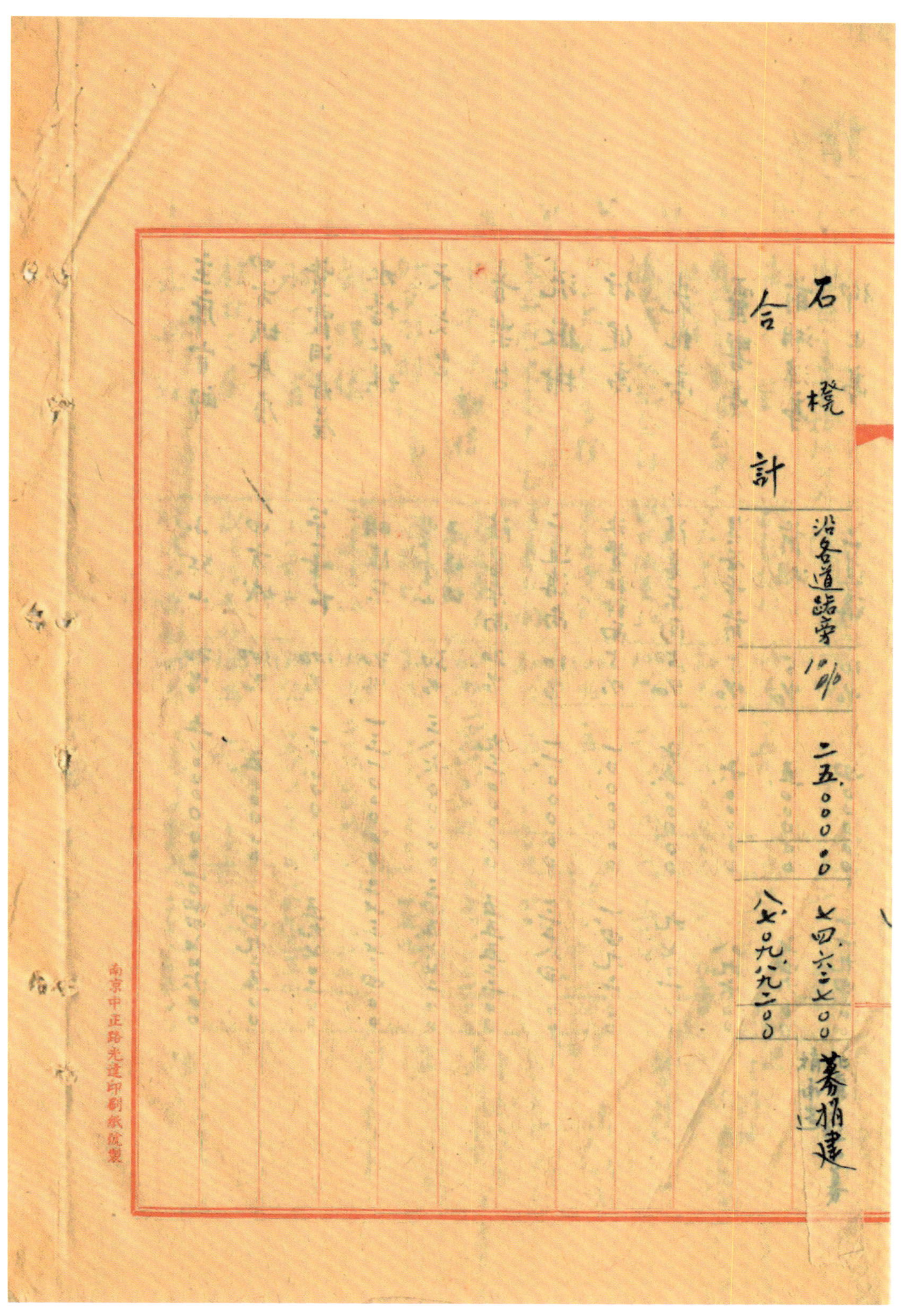

石欖	沿各道路旁	100	二五.〇〇〇.〇〇	七四.六二七.〇〇	募捐建
合計				八七〇九.八九二〇〇	

南京中正路光達印刷紙號製

附（二）国父陵园管理委员会财产直接损失汇报表

财產直接損失彙報表

國父陵園管理委員會

事件；日軍進攻

日期；民國二十六年十一月

地點；中山門外國父陵園

填送日期：民國三十六年四月　日

分類	價值
共計	叁佰叁拾捌萬玖仟零捌拾叁圓玖角陸分整
建築物	叁佰叁拾萬零玖仟柒佰肆拾弍圓正
器具	柒萬玖仟叁佰肆拾壹圓玖角陸分正
現款	
圖書	
儀器	
文卷	
醫藥用品	
其他	

附財產損失報告表　叁張

報告者

財產損失報告表

民國三十六年　月　日　　　　　　　　(器具類)

損失年月日	事件	地點	損失項目	購置年月	單位	數量	價值(國幣元) 購置時價值	價值(國幣元) 損失時價值	証件
民國二十六年十一月	日軍進攻	國父陵園管理委員會辦公處	檯,椅,沙發,風扇,床,櫥,以及各種家具等	22年7月	件	887	$7,709 06	$7,709 06	
"	"	本會各辦公處	鐘,壺,杯,碗,電扇,寫字枱以及各种應用家具	22年1月	"	442	" 432 81	" 432 81	
"	"	本會園林組	抽水机,噴霧机,計算机,自來水管,滅火机等	25年10月	"	1471	" 19,001 53	" 19,001 53	
"	"	"	各种大小花盆,石由缸,鐵架,搪磁牌及另星應用物	22年1月	"	35346	" 2,890 56	" 2,890 56	
"	"	"	地毯,鋼索,銅鐘,水缸,書櫥,棕衣,防毒面具等	23年12月	"	3740	" 10,832 38	" 10,832 38	
"	"	本會園藝科	花菓,樹,菜各種種苗,以及各類植物種子	25年12月	"	散	" 4,352 07	" 4,352 07	
"	"	本會	卡車	22年4月	輛	1	" 5,700 00	" 5,700 00	
"	"	"	汽車	22年6月	"	1	" 2,100 00	" 2,100 00	
"	"	"	自行車 手車等	22年2月	"	24	" 1,870 00	" 1,870 00	
"	"	"	中式溫室	22年10月	座	1	" 1,519 87	" 1,519 87	
"	"	本會園林組	鋤,鍬,大剪刀,犁,鎌及一切農工用具	19年7月	件	362	" 230 38	" 230 38	
"	"	"	農場應用零碎器械	19年7月	"	1924	" 6,142 84	" 6,142 84	
"	"	本會警衛處	制服,皮帶,皮套,皮鞋,旗幟,雨衣,棉被,軍毯,中山裝等	25年12月	"	9124	" 16,560 46	" 16,560 46	
1			合計				" 79,341 96	" 79,341 96	

國父陵園管理委員會

財產損失報告單

民國三十六年　月　日　（建築物類）

損失年月日	事件	地點	損失項目	購置年月	單位	數量	價值（國幣元） 購置時價值	損失時價值	證件
民國二十六年十一月	日軍進攻	五顆松	外交部郊球場				20,000.00	6,000.00	
	〃	二道溝北	藏經樓				217,000.00	151,900.00	
	〃	小茅山	永慕廬				50,000.00	50,000.00	
	〃	藏經樓東北	桂林石屋				20,000.00	20,000.00	
	〃	行健亭對面	永豐社				9,000.00	9,000.00	
	〃	小紅山	主席官邸				500,000.00	350,000.00	
	〃	第一峰下	紫霞洞房屋				20,000.00	20,000.00	
	〃	明陵東	水塔水堤				131,000.00	91,700.00	
	〃	紫金山天保城	天文台				386,000.00	115,800.00	
	〃	陵墓東南	音樂台				93,000.00	18,600.00	
	〃	二道溝南	流徽榭				11,000.00	1,100.00	
	〃	永豐社對面	行健亭				10,000.00	500.00	
	〃	陵墓東南	光化亭				65,000.00	3,250.00	
	〃	靈谷寺前	靈響亭				6000.00	300.00	
	〃	前湖	前湖涼亭				5000.00	250.00	
	〃	二道溝	仰止亭				4000.00	400.00	
	〃	沿各道路旁	石櫈				25,000.00	2500.00	
			合計				#7,406,070.00	#3,309,742.00	

國父陵園管理委員會

財產損失報告單

民國三十六年　月　日　（建築物類）

損失年月日	事件	地點	損失項目	購置年月	單位	數量	價值（國幣元）購置時價值	價值（國幣元）損失時價值	證件
民國二十六年十二月	日軍進攻	紫金山南麓	國父陵墓				2442,000.00	244,200.00	
	〃	靈谷寺後	譚故行政院長墓				243,000.00	72,900.00	
	〃	紫金山後	航空烈士公墓				26,000.00	5,200.00	
	〃	明孝陵西	廖仲凱先生墓				120,000.00	12,000.00	
	〃	紫金山西部	明孝陵及附屬房屋				500,000.00	350,000.00	
	〃	茅山腳下	總理陵園管理委員會				100,000.00	100,000.00	
	〃	陵墓右側	總理陵園管理委員會警衛大隊部				10,000.00	10,000.00	
	〃	四方城東北	園林組辦公處				100,000.00	100,000.00	
	〃	果園西南	植物園辦公處				107,000.00	107,000.00	
	〃	陵園各處	警衛派出所十所				90,000.00	90,000.00	
	〃	陵園各處	園林組分區事務所七所				70,000.—	70,000.00	
	〃	石象路北	溫室				150,000.00	150,000.00	
	〃	靈谷寺	國民革命軍陣亡將士紀念館				215,000.00	107,500.00	
	〃	四方城東北	國父奉安紀念館				50,000.00	20,000.00	
	〃	靈谷寺前	中山文化教育館				150,000.00	150,000.00	
	〃	陵墓西南	革命歷史圖書室				50,000.00	15,000.00	
	〃	靈谷寺大山門內	中央運動場				1441.070.00	864,642.00	

國父陵園管理委員會

关于汇送陵园新村业主陈树人等十户填送之财产损失报告的往来文件

国父陵园管理委员会致南京市政府的公函（一九四七年三月十三日）

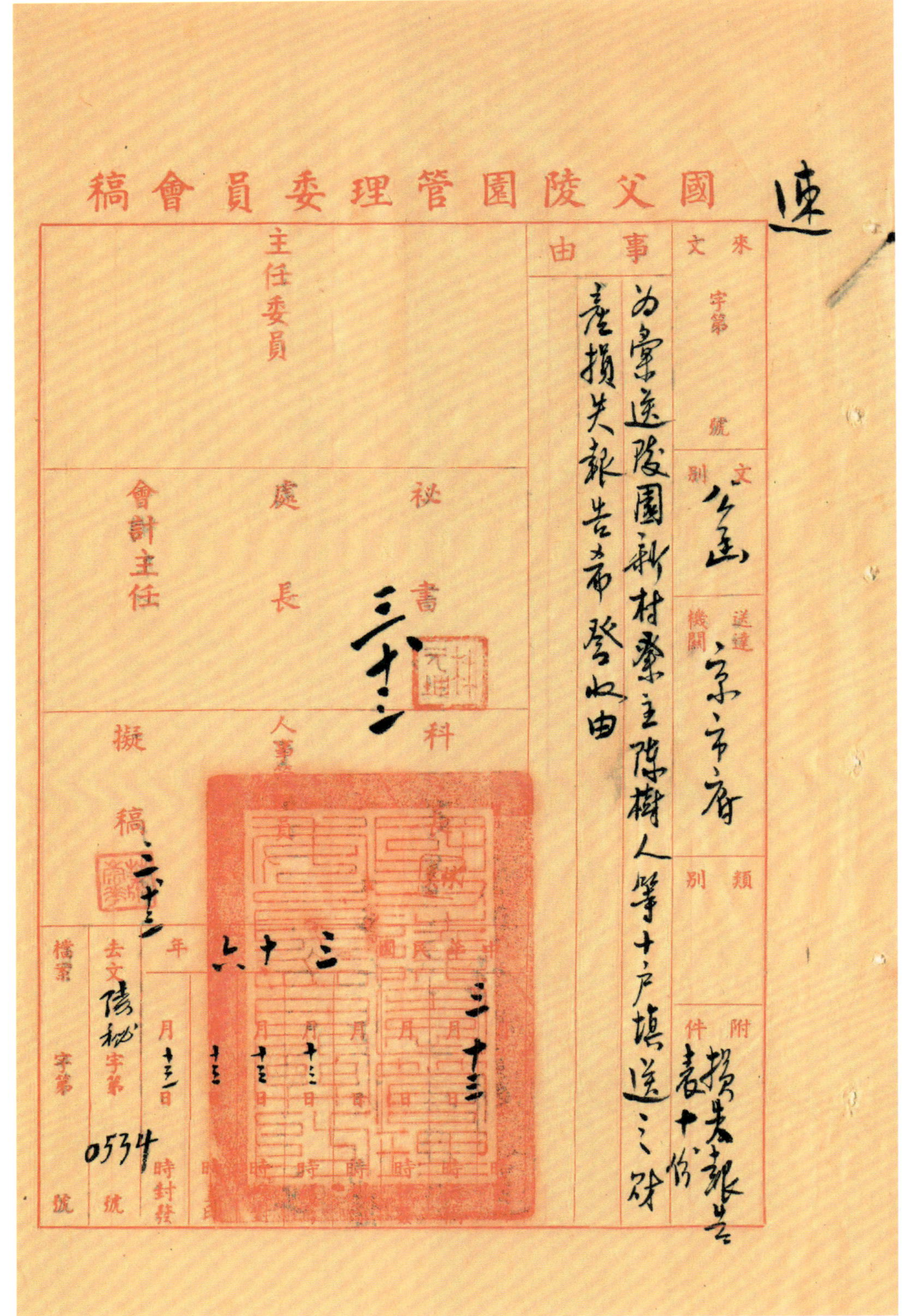

速

國父陵園管理委員會稿

來文字第　號	
文別	公函
送達機關	京市府
類別	
附件	損失報告表十份
事由	為彙送陵園新村業主陳樹人等十户填送之財產損失報告請查收由
主任委員	
秘書處長	三十三
會計主任	
人事科	
擬稿	三、十三
中華民國	三十六年三月十三日
去文	陵秘字第0534號
檔案	字第　號

附：新村各业主财产损失报告单（十户）

關於陵園新村各業主填送戰時損失財產報告表未及分期办理一案，前經本会以陵秘字第四九八号函請

貴府展延期限十五日，以便分函催速填報在案。茲准業主陳樹人、周啓剛、張治中、林雲陔、何鍵、黃東衡、馬超俊、唐佛戟、孫哲生等十户函送損失報告单到会，相应檢同原件隨函送達，即希

察收並予办理為荷。此致

南京市政府

附送損失報告单十份

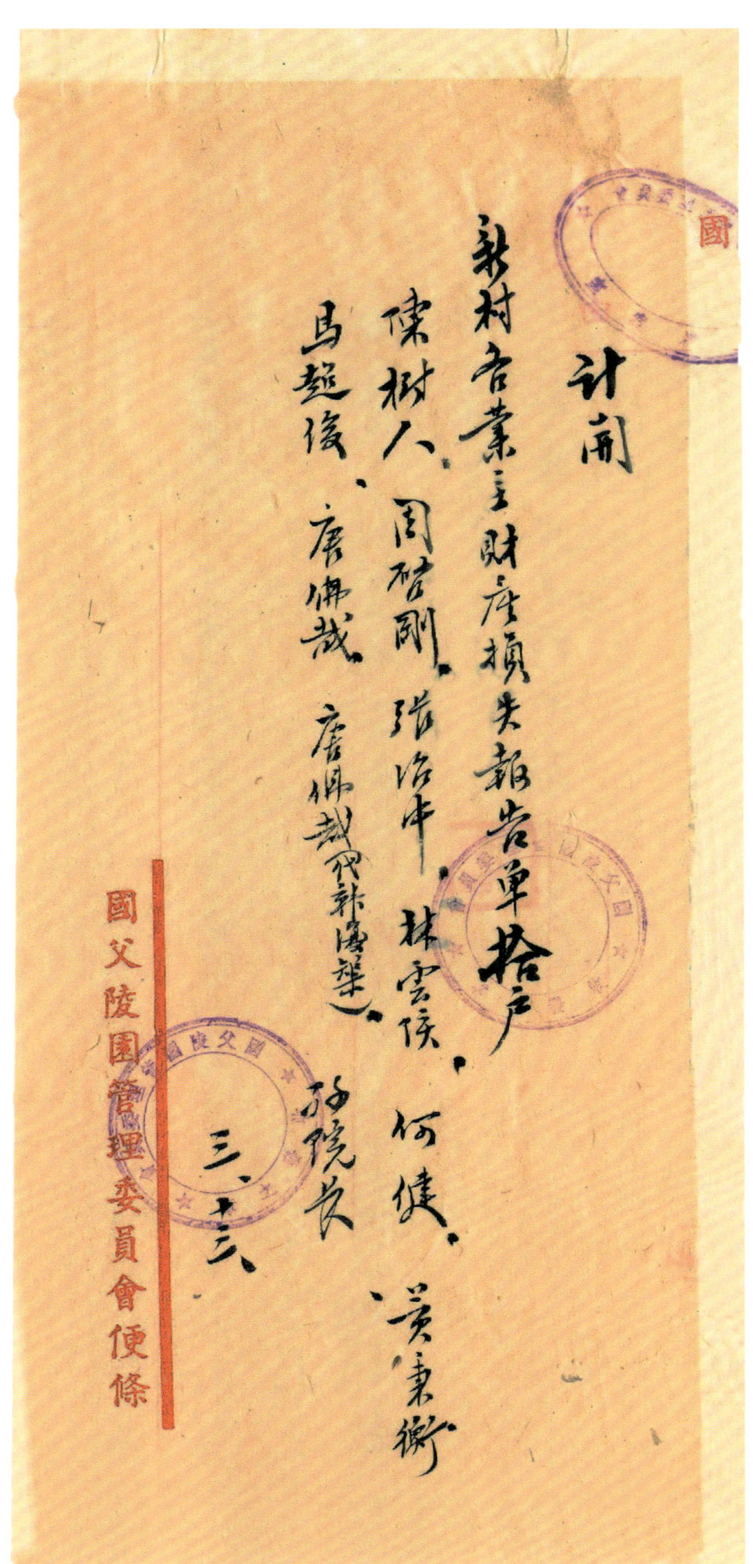
计開
新村農業主財産損失報告單拾户
陳樹人、周啓剛、張治中、林雲陔、何健、黃秉衡
馬超俊、唐佛哉
唐佛哉（代許崇智）
孫院長
三、十三

國父陵園管理委員會便條

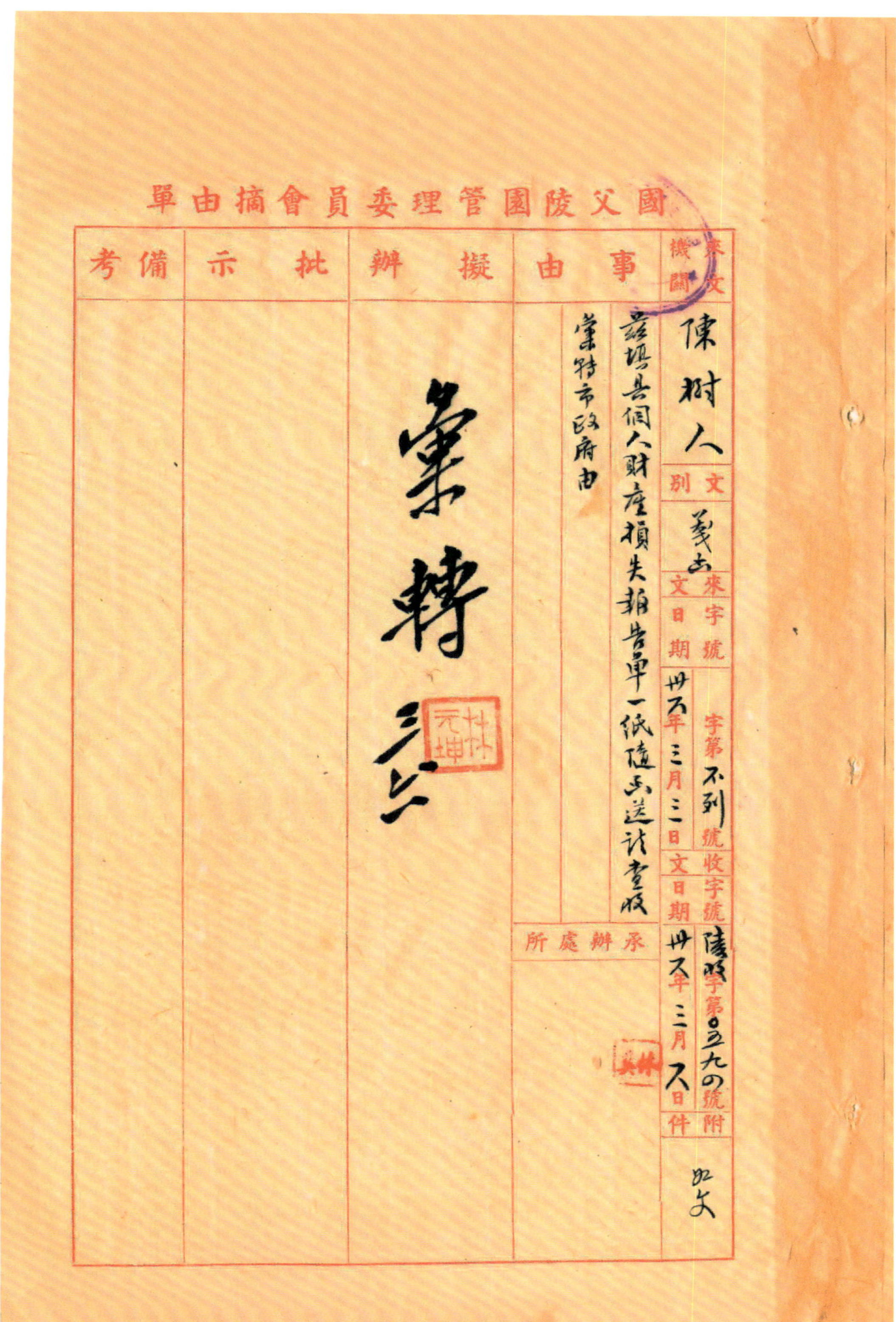

國父陵園管理委員會摘由單

來文機關	陳樹人
文別	箋函
來文字號	字第不列號
來文日期	卅六年三月三日
收文字號	陵收字第〇五九〇號
收文日期	卅六年三月六日
附件	如文
事由	爲填具個人財產損失報告單一紙隨函送請查收彙轉市政府由
擬辦	彙轉 三、六
批示	
備考	
承辦處所	

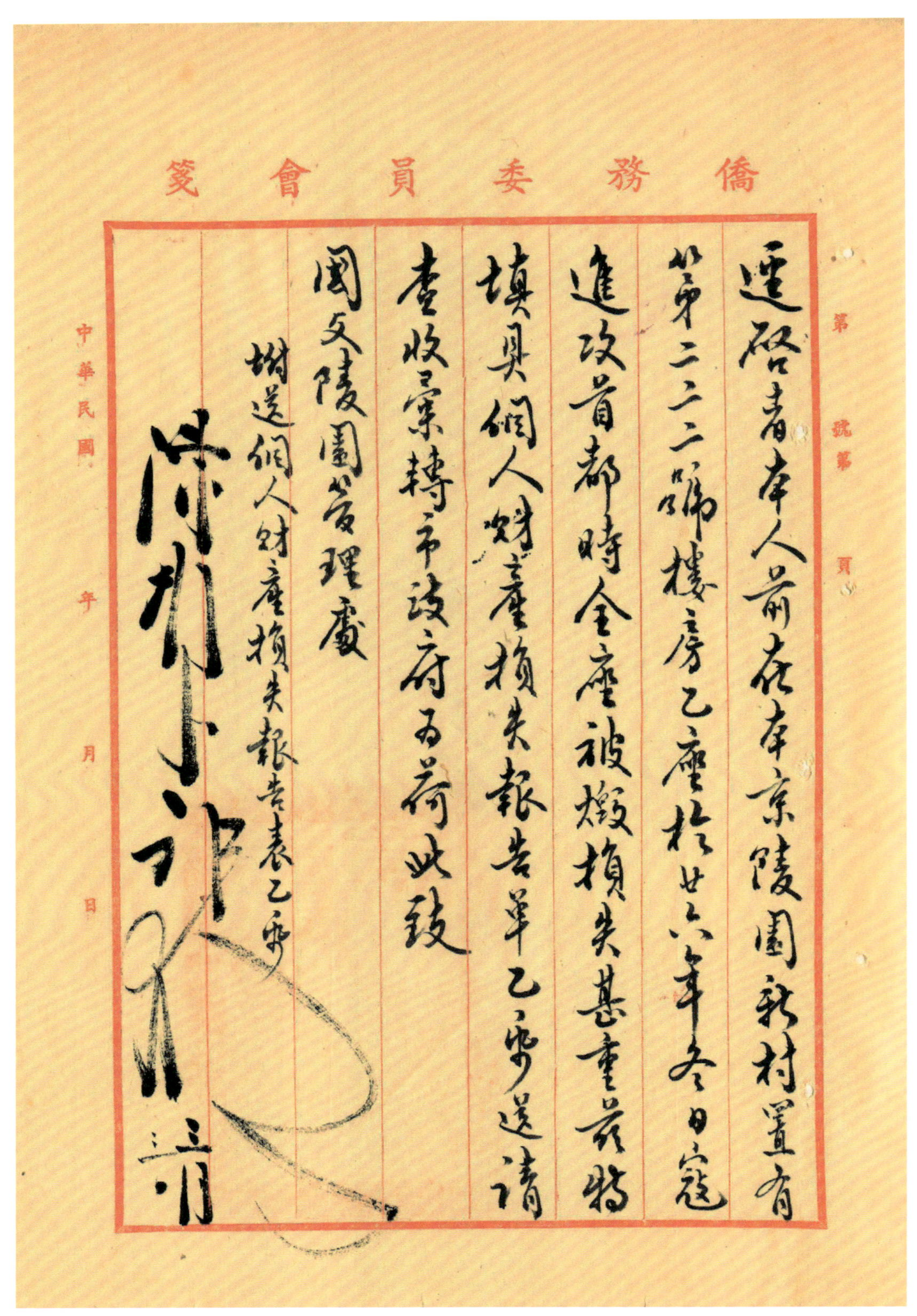

僑務委員會箋

逕啟者本人前在南京陵園新村置有第二二號樓房乙座，於廿六年冬日寇進攻首都時全座被燬，損失甚巨，茲將填具個人財產損失報告單乙份送請查收，案轉市政府爲荷。此致

國父陵園管理處

附送個人財產損失報告表乙份

陳樹人 謹

第　號第　頁

中華民國　年　月　日

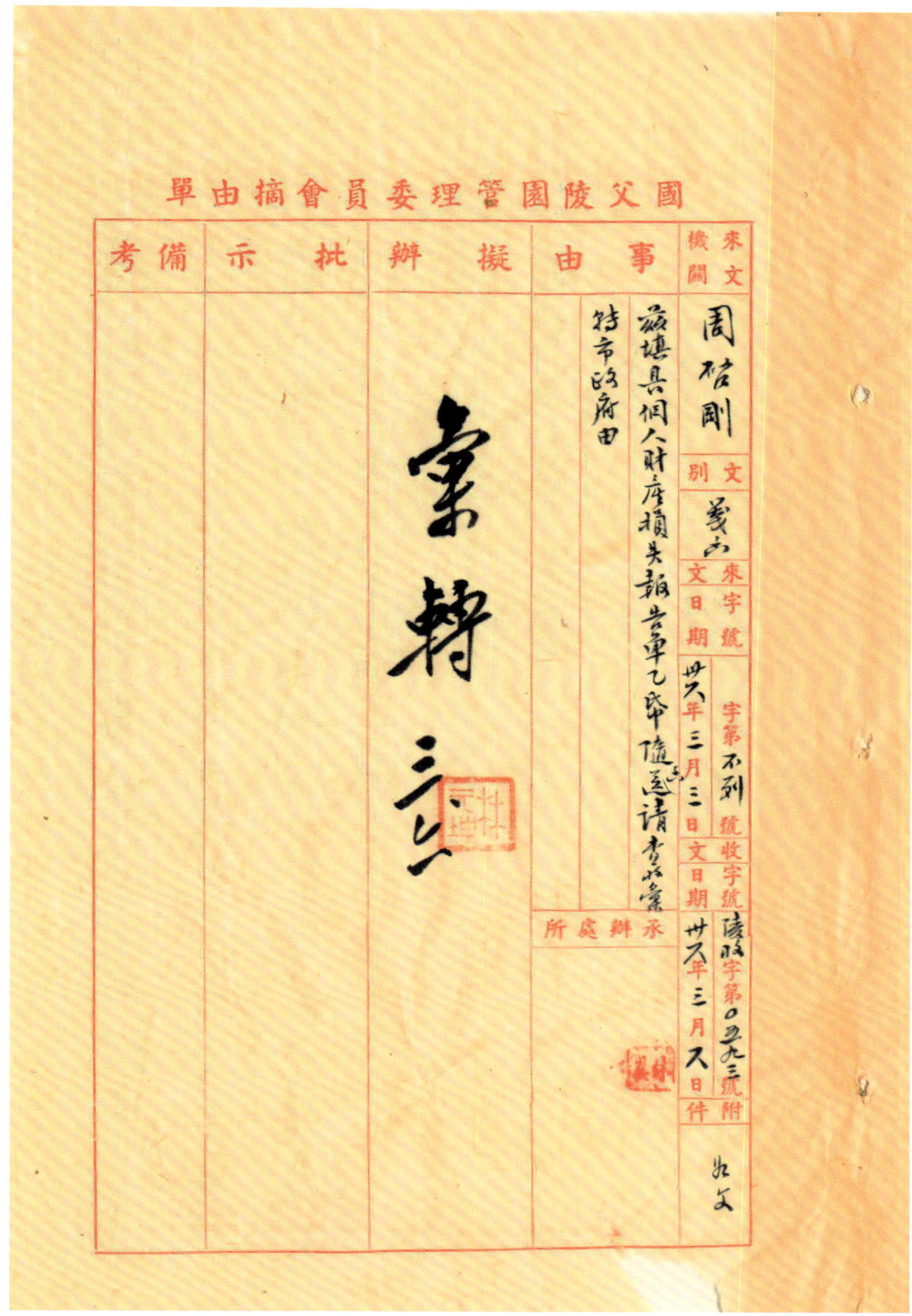

國父陵園管理委員會摘由單

來文機關	周枯剛
文別	箋函
來文字號	字第不列號
來文日期	卅六年三月三日
收文字號	陵收字第〇五九三號
收文日期	卅六年三月六日
附件	如文
事由	檢填具個人財產損失報告單乙紙隨送請查收彙轉市政府由
承辦處所	
擬辦	彙轉 三六
批示	
備考	

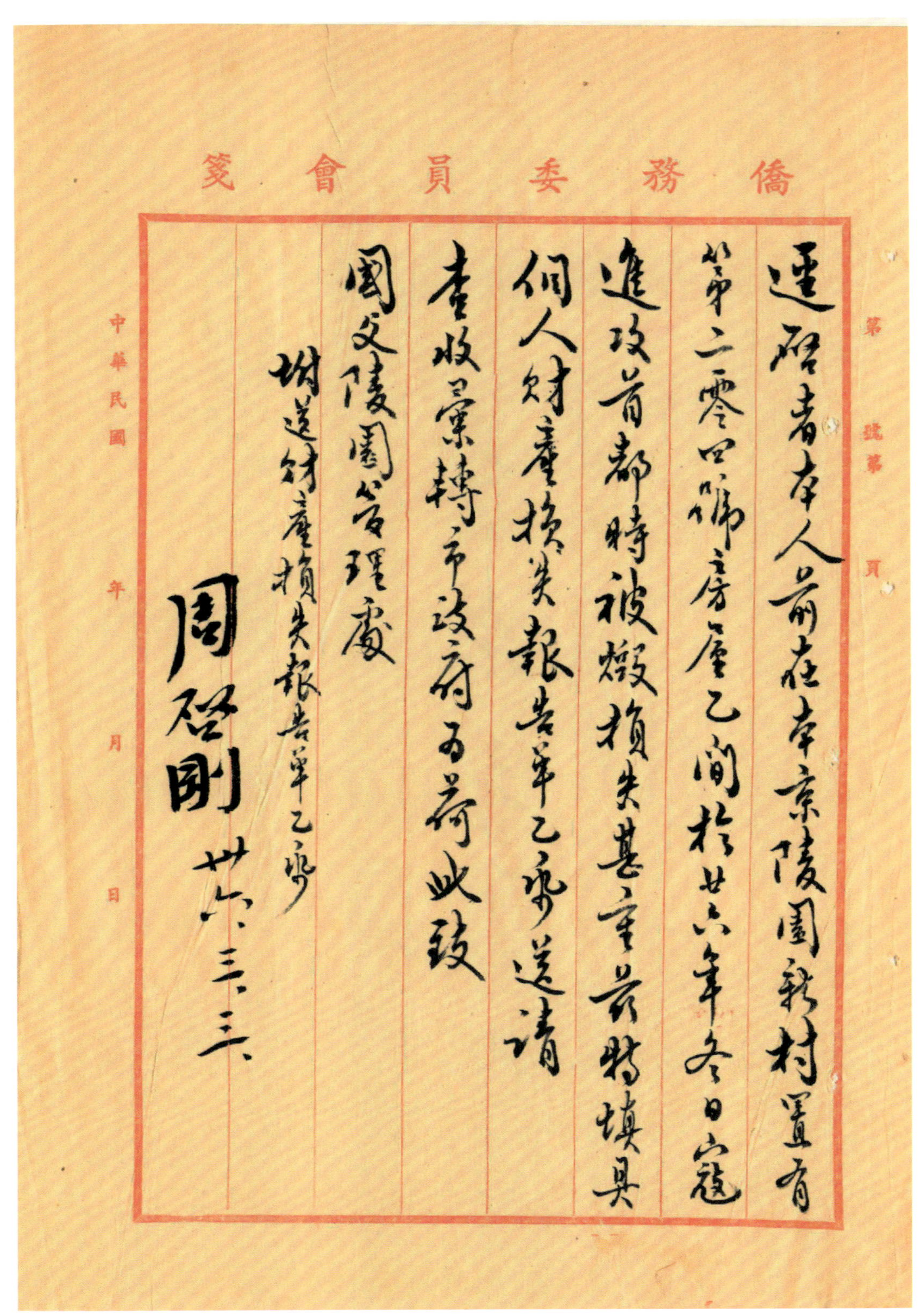

僑務委員會箋

逕啓者：本人前在南京陵園新村置有第二零四號房屋乙間，於廿六年冬日寇進攻首都時被燬，損失甚重。茲特填具個人財產損失報告單乙份，送請查收彙轉市政府為荷。此致

國父陵園管理處

附送財產損失報告單乙份

周啓剛

卅六、三、三

國父陵園管理委員會摘由單

來文機關	張治中
文別	報告單
來文日期	卅六年三月六日
來文字號	字第　號
收文日期	卅六年三月七日
收文字號	陵收字第〇五九九號
附件	報告單兩份
事由	財產損失報告單兩份
承辦處所	（印）
擬辦	彙轉　三、七（印）
批示	
備考	

國父陵園管理委員會摘由單

來文機關	林雲陔
文別	箋函
來文字號	字第　號（不列）
來文日期	廿六年三月　日
收文字號	陵收字第〇六〇二號
收文日期	廿六年三月廿日
附件	附損失單乙紙
事由	茲填就南京市政府財産損失報告表一份，函請查照彙轉由
承辦處所	（林某）
擬辦	彙轉　三、廿（林元坤印）
批示	
備考	

敬啓者本人前有住宅一幢間坐落陵園新村門牌地段57號

於民國廿六年十二月間日軍進佔南京時所有全屋及

屋内外各種裝修均被焚燬並傢具衣物各項亦一概

損失茲填就南京市政府財産損失報告表乙份敬煩

貴會查照彙報辦理爲荷

此致

總理陵園管理委員會

附南京市政府財産損失報告表乙份

林雲陔謹啓

卅六年　月

國父陵園管理委員會摘由單

來文機關	何健
文別	報告單
來文日期	廿八年三月七日
來字號	不列字第　號
收文日期	廿八年三月七日
收字號	陵收字第0八0四號
附件	報告單一紙
事由	呈送財產損失報告單一紙
擬辦	彙轉　三.七
批示	
備考	
承辦處所	

國父陵園管理委員會摘由單

來文機關	黃秉衡
文別	函
來文字號	字第不列號
來文日期	卅八年三月八日
收文字號	陵收字第〇八〇八號
收文日期	卅八年三月八日
附件	附損害單
事由	京滬區財產損失報告單乙份隨函送請彙轉由
承辦處所	
擬辦	彙轉 三、十
批示	
備考	

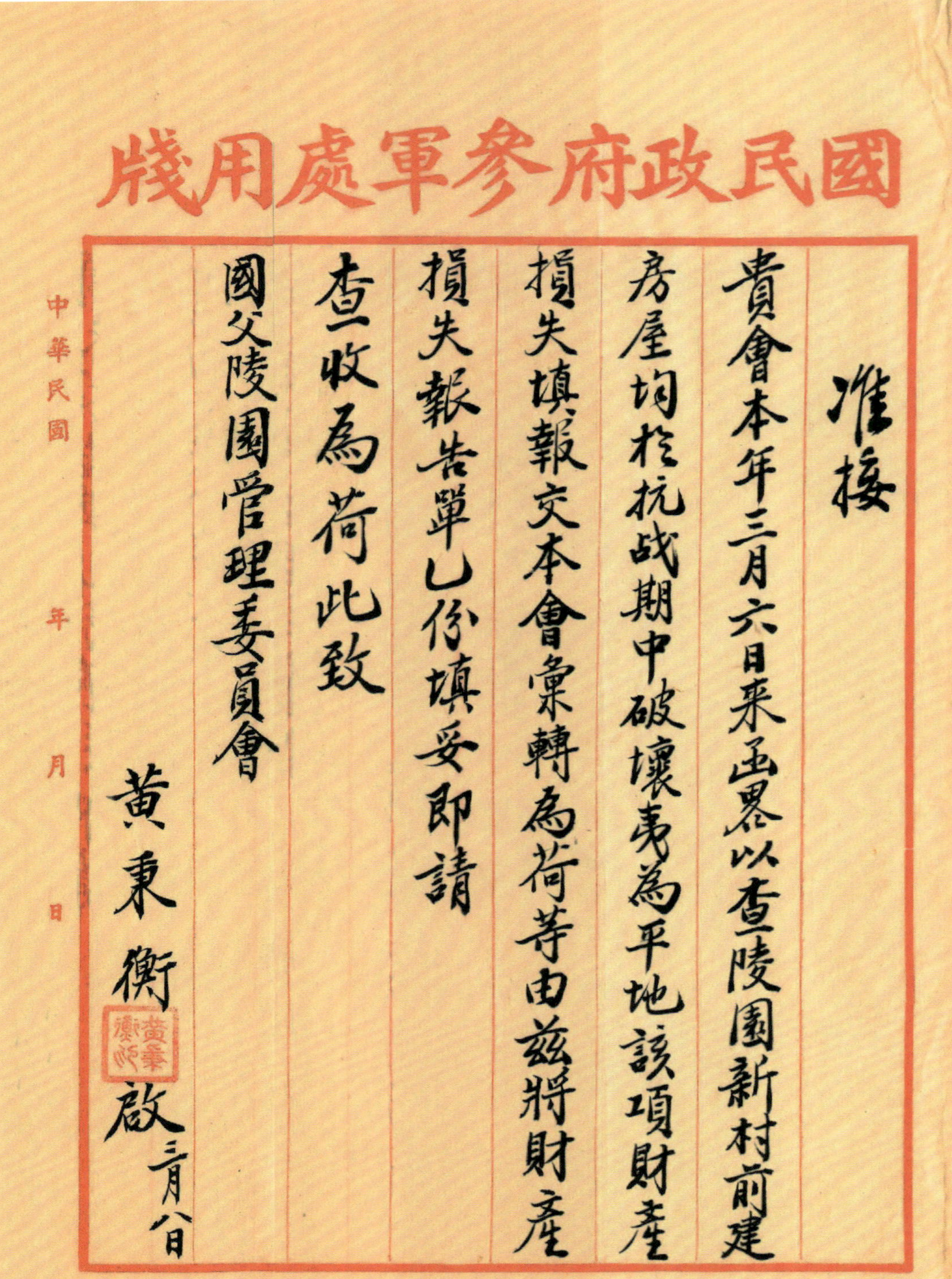
國民政府參軍處用牋

准接
貴會本年三月六日來函略以查陵園新村前建房屋均於抗战期中破壞夷為平地該項財產損失填報交本會彙轉為荷等由兹將財產損失報告單乙份填妥即請
查收為荷此致
國父陵園管理委員會
黄東衡啟
三月八日

中華民國　年　月　日

國父陵園管理委員會摘由單

來文機關	馬超俊
文別	箋
來文字號	字第不列號
文日期	卅六年二月廿八日
收文字號	陵收字第〇五一九號
文日期	卅六年三月十日
附件	財産損失報告單乙份
事由	陵園填送財産損失報告單乙份請彙轉由
承辦處所	
擬辦	彙轉 三.十一
批示	
備考	

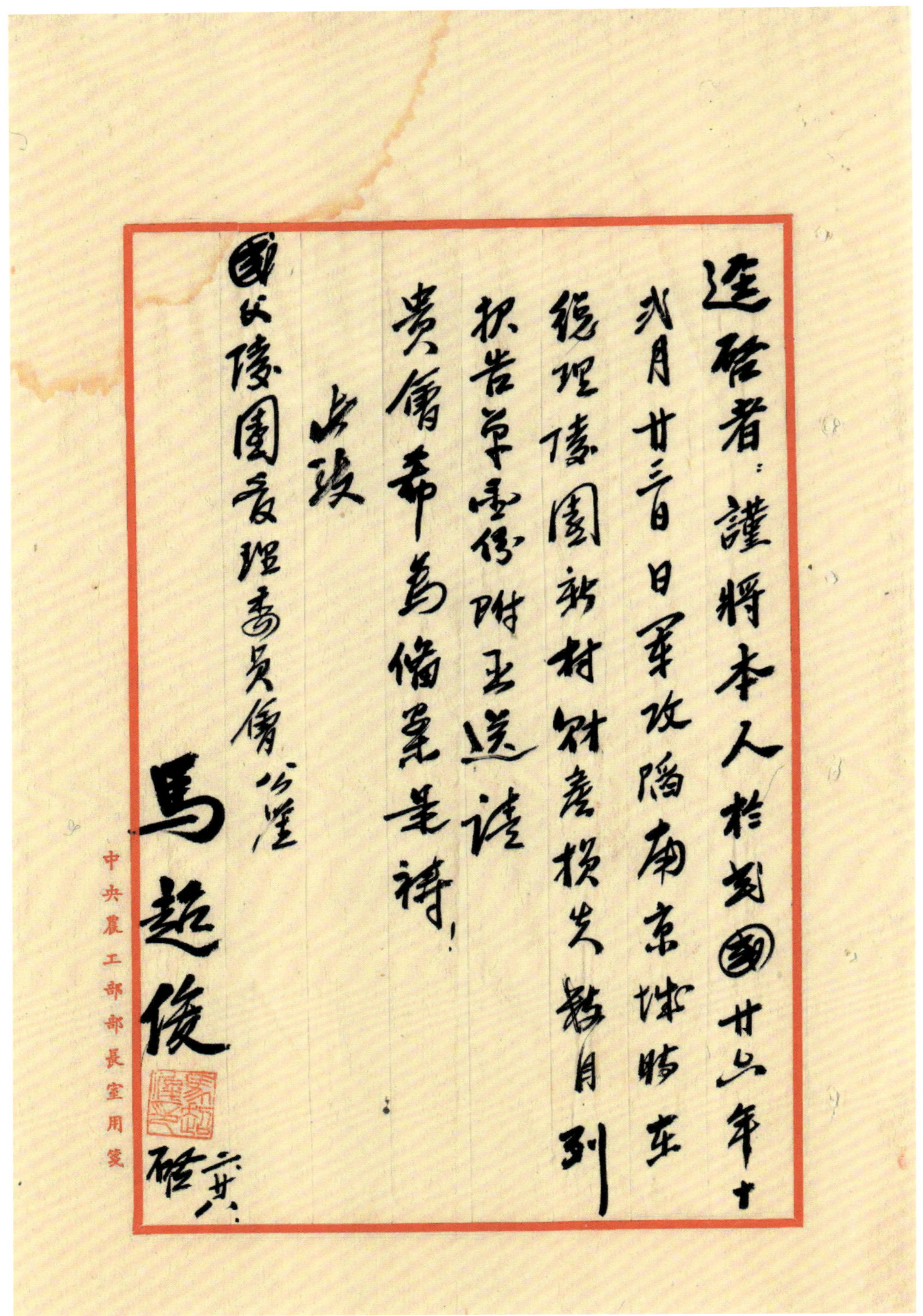
逕啟者：謹將本人於國廿六年十弍月廿三日日軍攻陷南京城時在總理陵園新村財產損失數目列報告單壹份附函送請貴會希為備案是禱！

此致

國父陵園管理委員會公鑒

馬超俊 啟 六廿八

中央農工部部長室用箋

國父陵園管理委員會摘由單

來文機關	唐佛誠
文別	呈
來文字號	字第不列號
來文日期	卅六年三月八日
收文字號	陵收字第〇六二〇號
收文日期	卅六年三月十日
附件	報告單乙紙
事由	爲代韓鴻禨呈報陵園財產登記並本身建築損失隨其財產損失報告單乙紙呈請彙轉由
承辦處所	[印]
擬辦	彙轉 三.十一 [印]
批示	
備考	

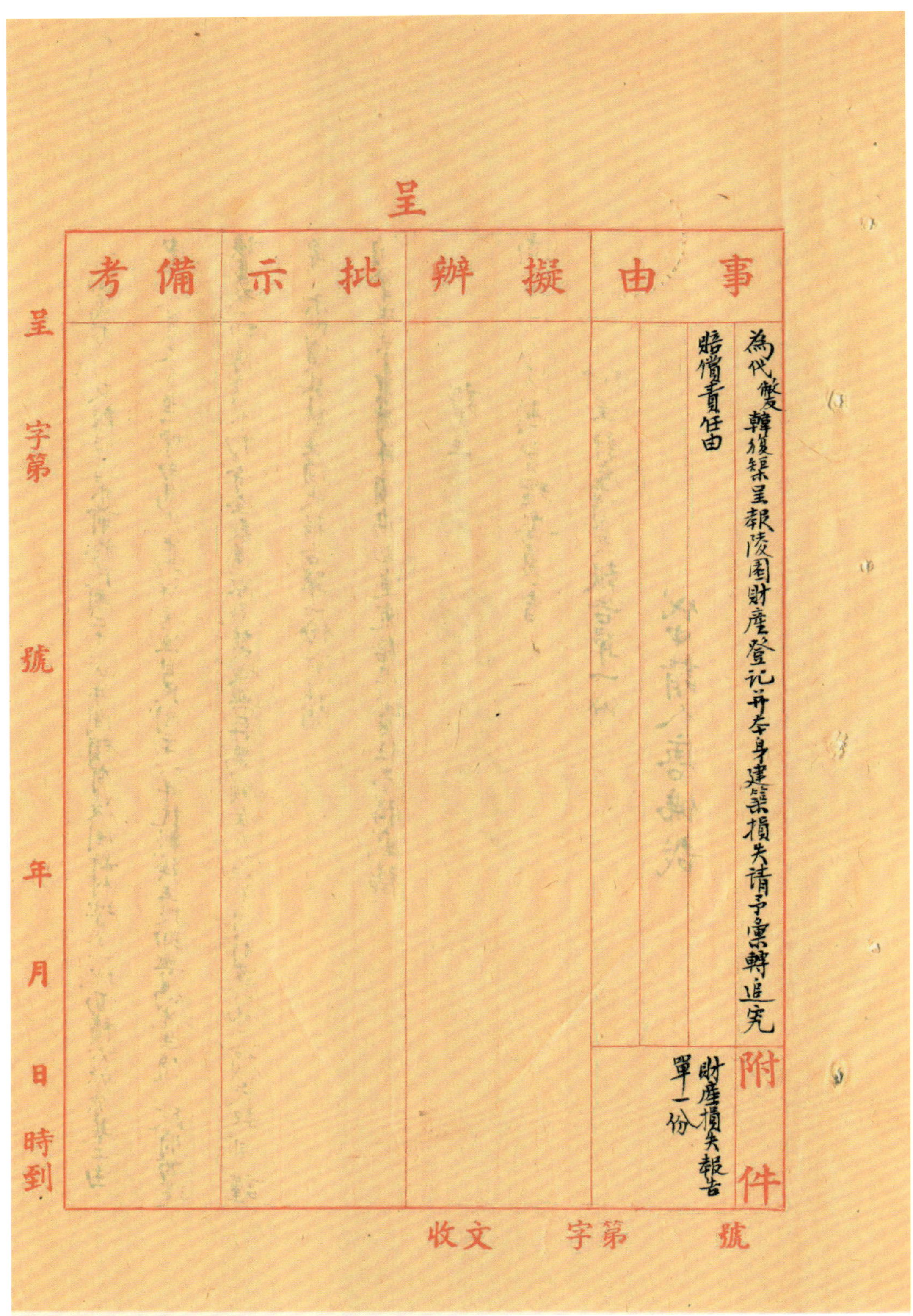

呈

事由	擬辦	批示	備考
為代敵轉據案呈報陵園財產登記并本身建築損失請予彙轉追究賠償責任由			
附件：財產損失報告單一份			

呈　字第　號　年　月　日　時到

收文　字第　號

竊查敝友韓復榘前於民國二十三、四年間領有陵園新村地基一塊，面積六畝餘，基上由

申請人自建房屋一棟，由馮先生玉祥居住。自民國二十六年抗戰發生後，即與馮先生隨　政府西遷，

該屋及一切傢具、衣物等全數爲敵寇焚燬無存。爲顧全友誼及自行建築之損失起見，謹

遵　示代填具財産損失報告單一份，懇請

鈞會賜予彙轉，并煩協助追究賠償責任，不勝感禱。

謹呈

南京國父陵園管理委員會

附呈財産損失報告單一份

代申請人唐佛哉

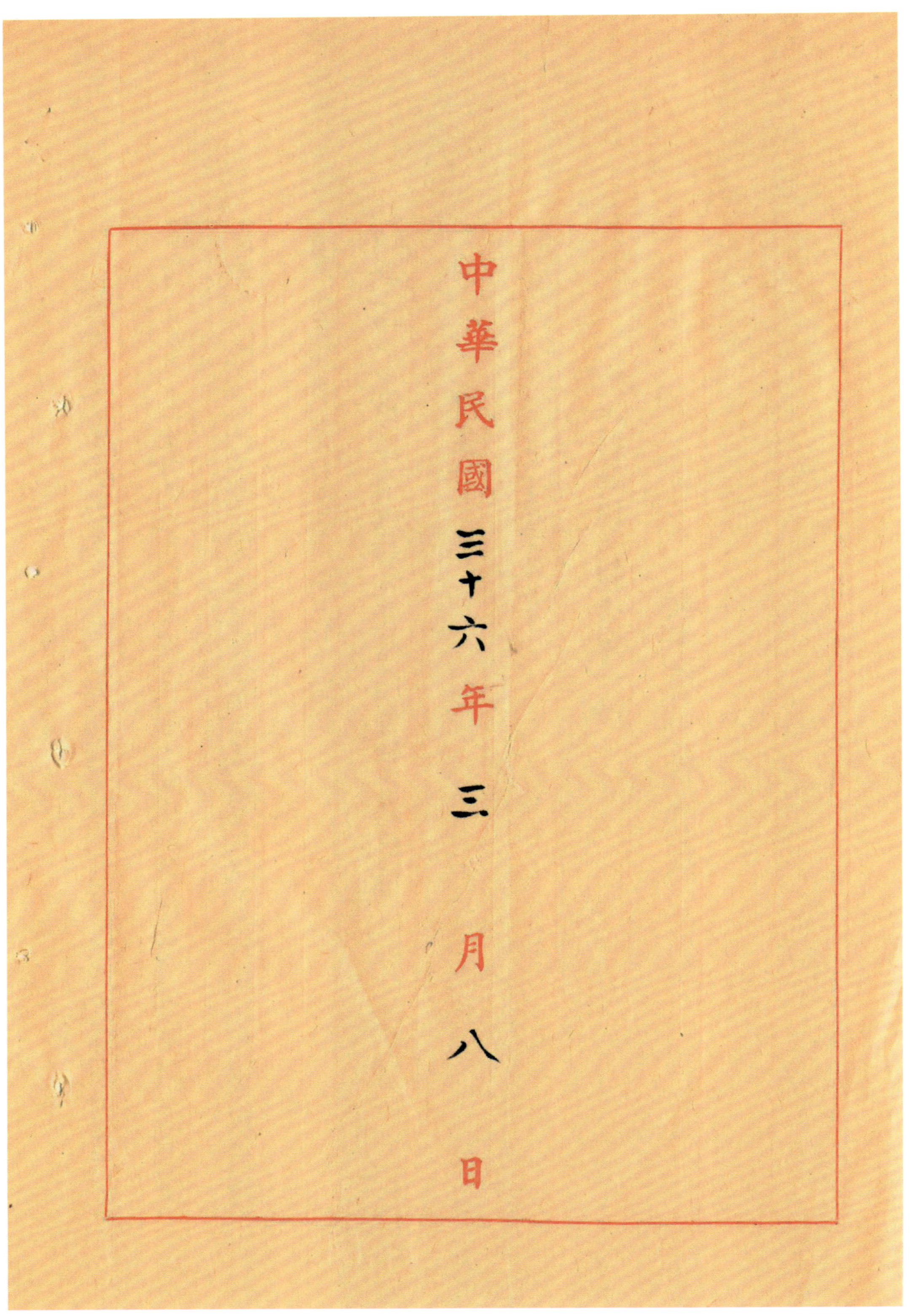

中華民國三十六年三月八日

國父陵園管理委員會摘由單

來文機關	唐佛哉
文別	呈
來文字號	字第无列號
來文日期	卅六年三月八日
收文字號	陵收字第〇六二三號
收文日期	卅六年三月十日
附件	財產損失單乙份
事由	謹填具財產損失報告單乙張呈請鑒核由
承辦處所	（印）
擬辦	彙轉　三十（印）
批示	
備考	

呈

事由	擬辦	批示	備考
為遵示呈報陵園財産損失單請予彙轉南京市府由			
附件：財産損失單一份			

呈　字第　號　年　月　日　時到

收文　字第　號

竊奉
鈞會函開查陵園新村前建房屋均於抗戰期中破壞夷爲平地該項財産損失填報時間已於二月底截止本會爲維護新村各業主利益起見特函請南京市政府展延填報期限十五日（至三月十五日）在案兹送上財産損失報告單一份即請查照辦理希於本月十二日以前送交本會彙轉（等因）
奉此足仰
鈞會關顧情深莫銘感激謹遵　亦填具財産損失單一份除煩彙轉　南京市政府外理合備文覆呈
鈞會鑒核賜予協助并追究賠償責任是爲德便
謹呈
南京國父陵園管理委員會

坿呈財産損失報告單一份

申請人唐佛哉

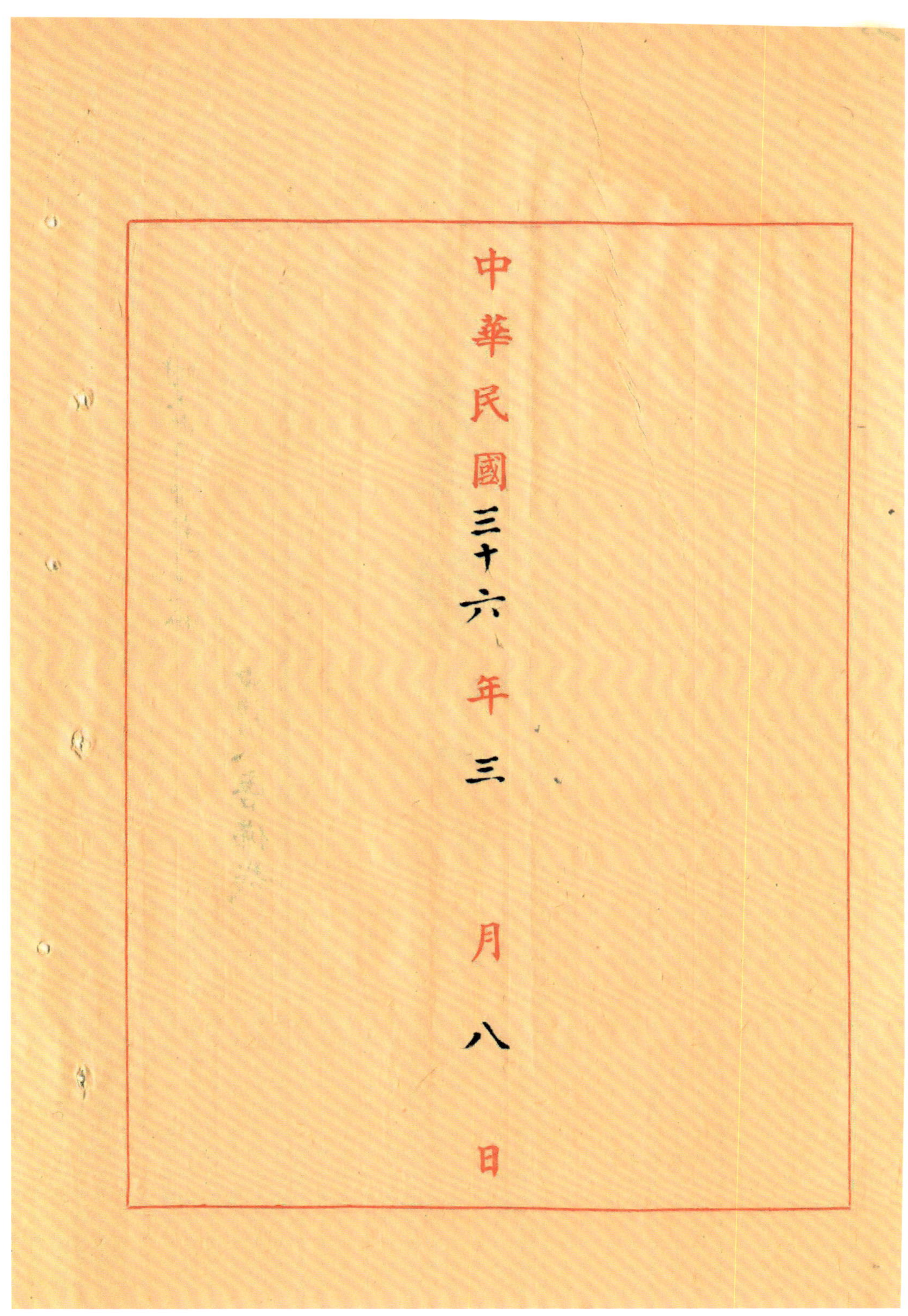

中華民國三十六年三月八日

國父陵園管理委員會摘由單

來文機關	立法院事務科
文別	箋函
來文字號	字第　號　不列
文日期	廿八年三月十日
收文字號	陵收字第〇八三八號
收文日期	廿八年三月十三日
附件	報告單二份
事由	奉孫院長交下大函以檢送財產損失報告單請查照辦理等由，隨函填送兩份，希查照彙轉由
承辦處所	（印：吳林）
擬辦	彙轉　三、十三（印）
批示	
備考	

逕啓者奉本院　孫院長交下三月五日
大函以檢送財産損失報告單請查照辦理於本月
十三日以前送會彙轉等由用將陵園新村住宅各
項損失分列單内隨函送達即希
查照彙轉爲荷
此致
國父陵園管理委員會
附財産損失報告單式份
立法院事務科　啓　三月十日

立法院用箋

南京市政府致国父陵园管理委员会的公函（一九四七年三月二十日）

国父陵园管理委员会摘由单

来文机关	南京市政府
文别	公函
来文字号	(卅六)府秘损字三〇〇〇号
来文日期	卅六年三月廿日
收文字号	陵收字第〇八八四号
收文日期	卅六年三月廿二日
附件	
事由	为陈树人等十户填送之财产损失报告单已汇转行政院赔偿委员会核办复请查照
承办处所	
拟办	存 三、廿三
批示	
备考	

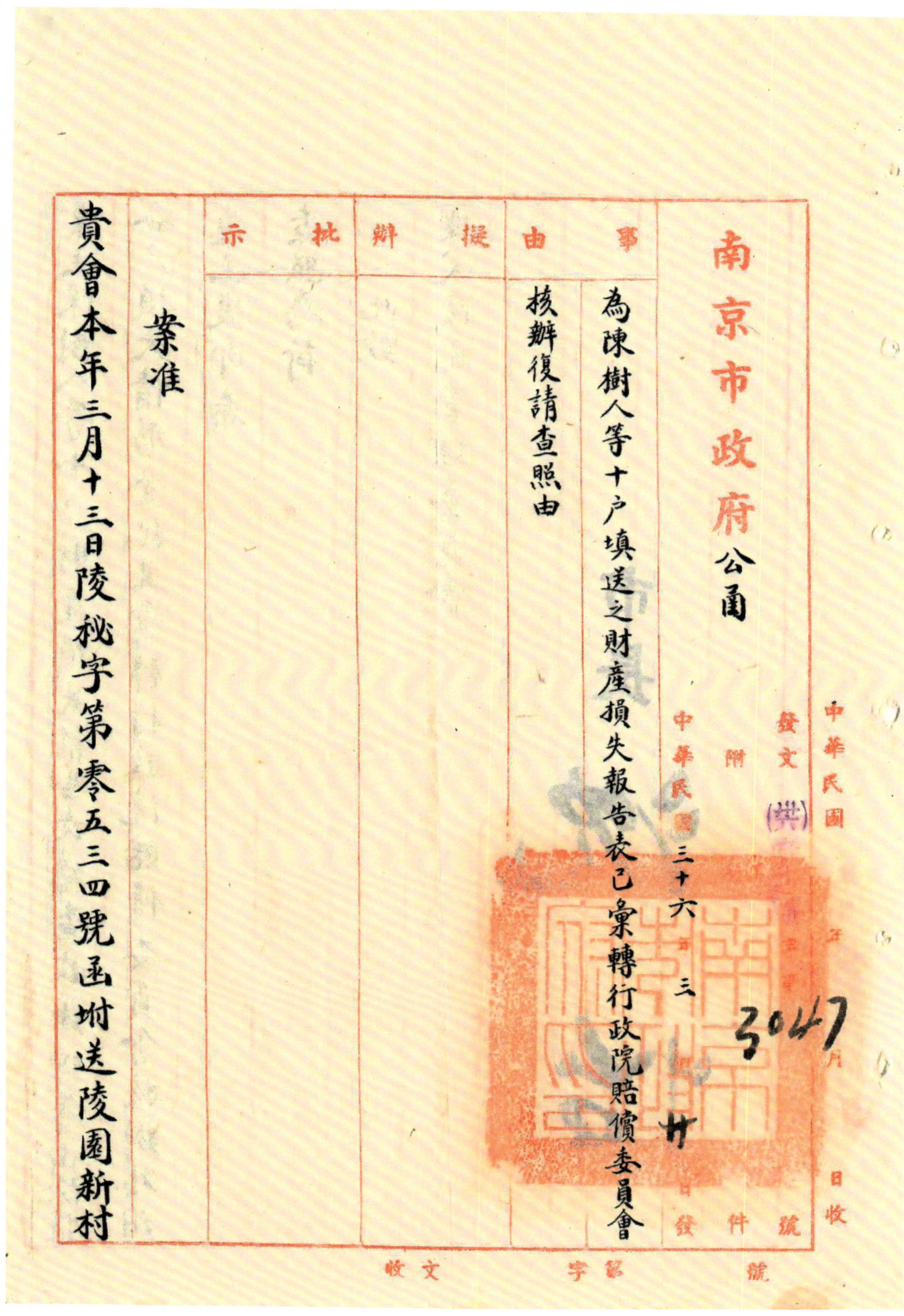

南京市政府公函

發文（卅六）字第　號
附件
中華民國三十六年三月廿日發

事由：為陳樹人等十户填送之財產損失報告表已彚轉行政院賠償委員會核辦復請查照由

擬辦

批示

案准

貴會本年三月十三日陵秘字第零五三四號函附送陵園新村

3047

中華民國　年　月　日收

文收　字第　號

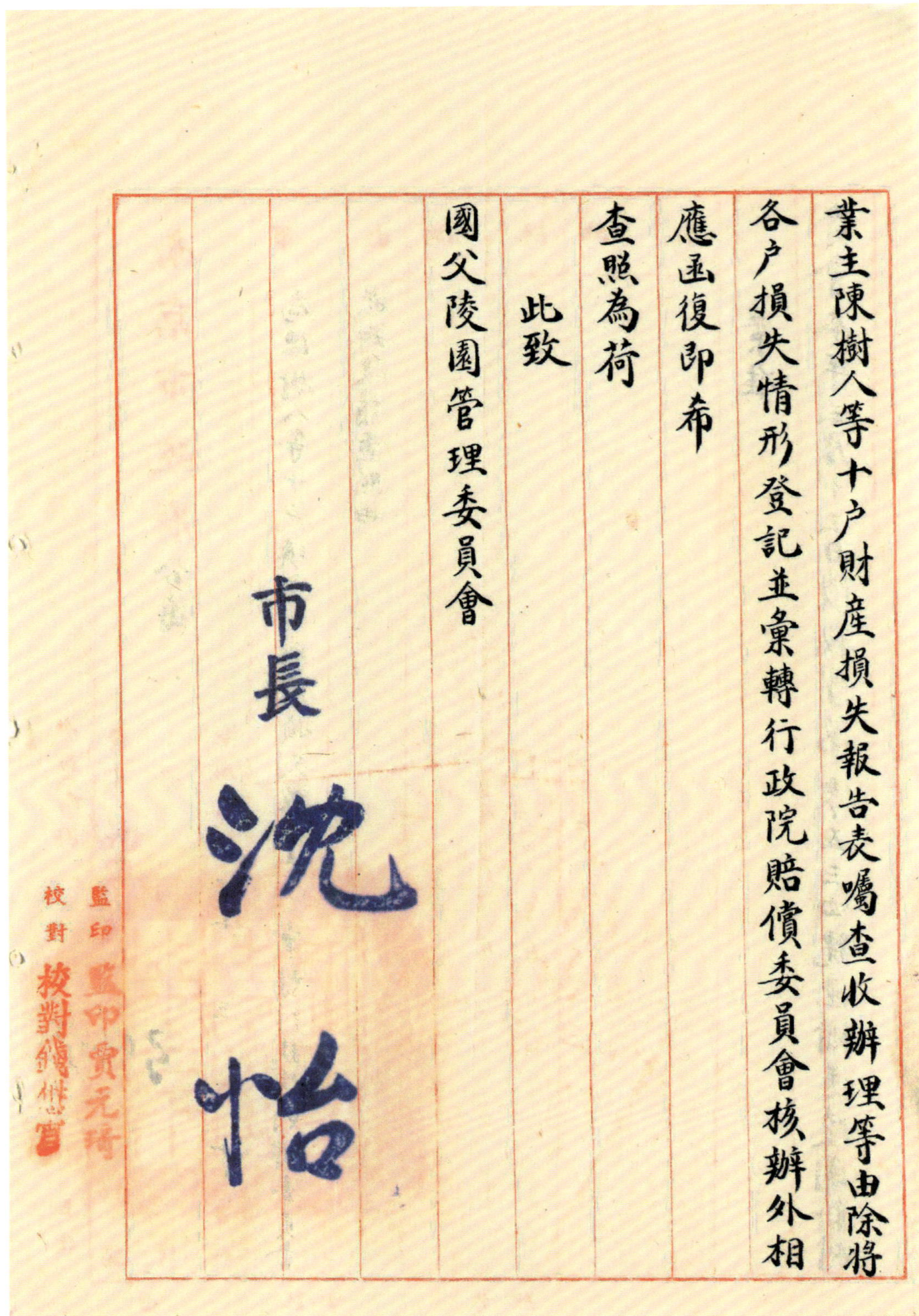
業主陳樹人等十户財産損失報告表囑查收辦理等由除將各户損失情形登記並彙轉行政院賠償委員會核辦外相應函復即希
查照爲荷
此致
國父陵園管理委員會
市長 沈怡
監印 監印賈元琦
校對 校對錢㑆官

为送陵园新村业主陈果夫、魏道明财产损失报告单的往来文件

国父陵园管理委员会致南京市政府的笺函（一九四七年三月十五日）

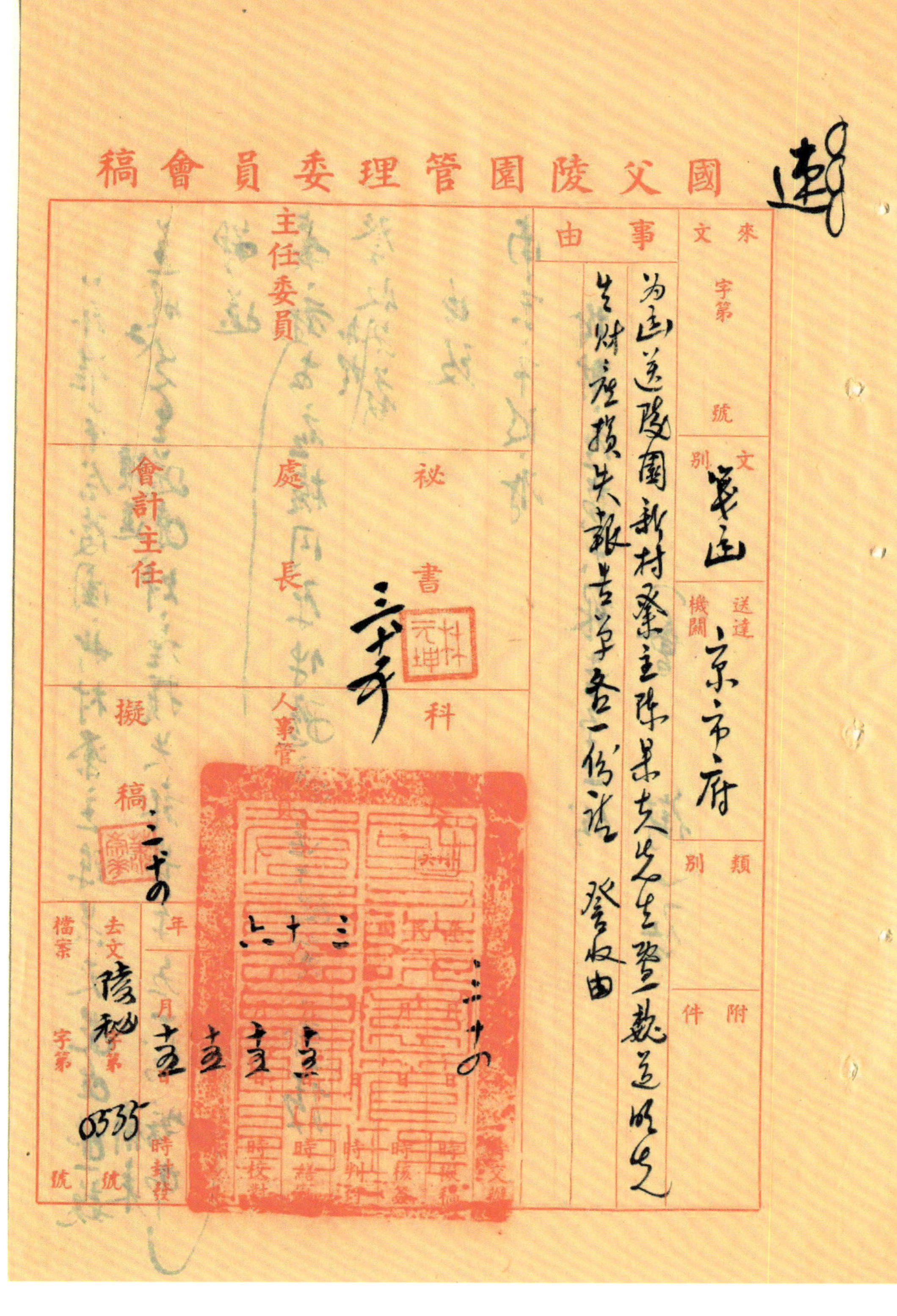
國父陵園管理委員會稿

來文字第號

文別：箋函

送達機關：京市府

事由：为函送陵园新村业主陈果夫先生暨魏道明先生财产损失报告单各一份请查收由

附：财产损失报告单二份

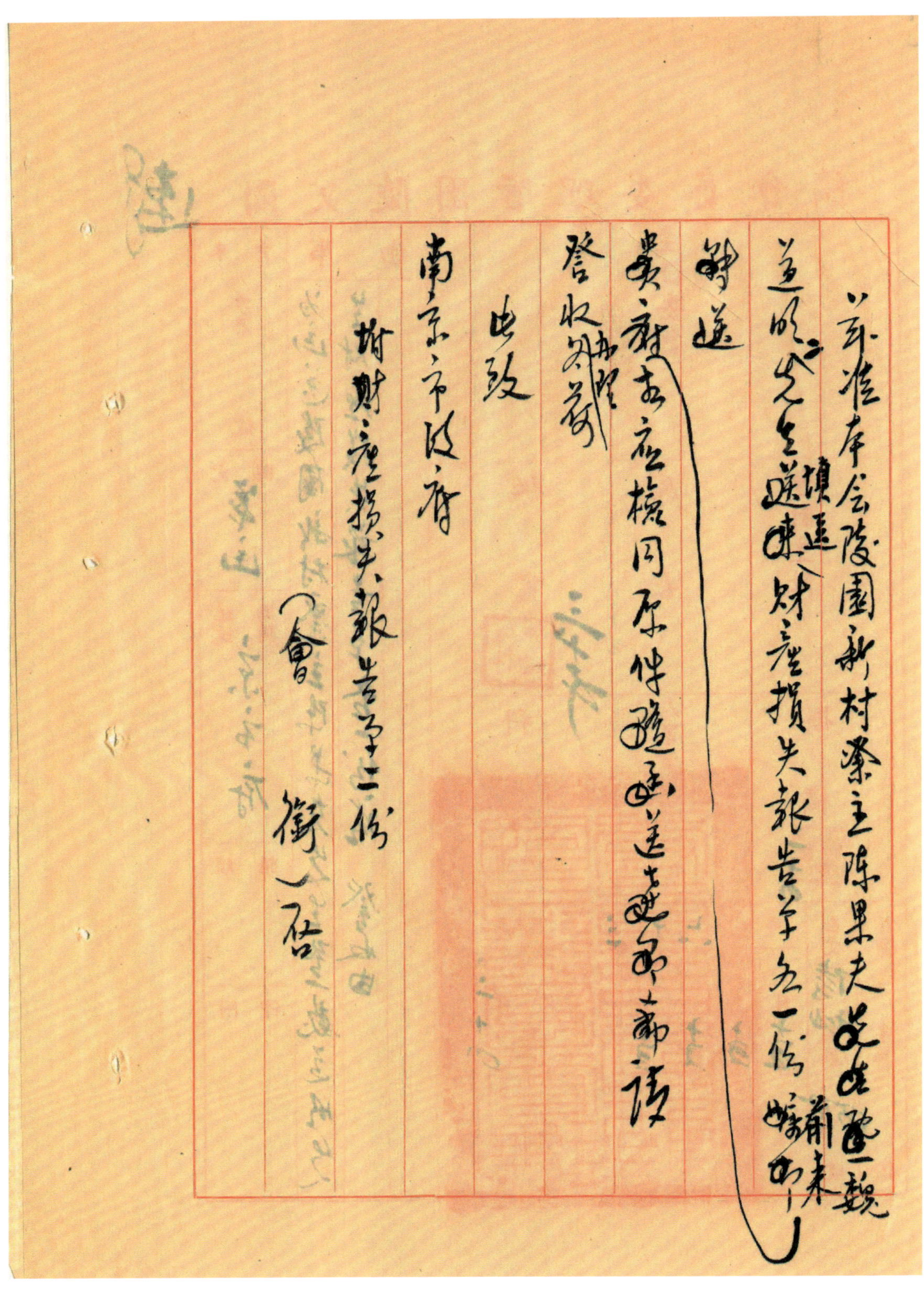
并准本会陵园新村业主陈果夫先生函一纸，
道明之先生填送财产损失报告单五份前来，嘱即
转送
贵府查存核同原件随函送达，即希
查收办理为荷
此致
南京市政府
附财产损失报告单五份
（会衔）启

國父陵園管理委員會摘由單

來文機關	魏道明
文別	報告單
來文字號	字第　不列　號
文日期	卅六年三月十二日
收文字號	陵（？）字第〇六〇三號
收文日期	卅六年三月十三日
附件	
事由	財產損失報告單一份
承辦處所	（印：吳林）
擬辦	彙轉　三、十（印）
批示	
備考	

國父陵園管理委員會摘由單

來文機關	陳果夫
文別	報單
來文字號	字第不列號
來文日期	卅六年三月十三日
收文字號	陵收字第0六0二號
收文日期	卅六年三月十三日
附件	
事由	財產損失報告單一份
承辦處所	林奚
擬辦	彙轉 三、十六 林元坤
批示	
備考	

南京市政府致国父陵园管理委员会的笺函（一九四七年三月二十一日）

國父陵園管理委員會摘由單

來文機關	南京市政府
文別	箋函
來文字號	（卅六）府秘統損三一一八號
來文日期	卅六年三月廿一日
收文字號	陵收字第0七0四號
收文日期	卅六年三月廿二日
附件	
事由	為陳果夫魏道明二先生財產損害報告單各一份已彙轉行政院賠償委員會核辦函達查照由
承辦處所	林
擬辦	存 三、廿二
批示	
備考	

南京市政府用牋

第　頁

准

貴會本年三月十五日陵秘字第零五三五號函送陵園新村業主陳果夫魏道明二先生財産損失報告單各乙份囑查收辦理等由除已登記并彙轉行政院賠償委員會核辦外相應函復即請

查照為荷此致

國父陵園管理委員會

南京市政府啟

中華民國三十六年三月二十一日

府總拭損

3118

为送陵园新村业主马湘财产损失报告单的往来文件

国父陵园管理委员会致南京市政府的笺函（一九四七年三月十九日）

国父陵园管理委员会稿

来文：字第 号

文别：笺函

送达机关：京市政府

事由：准陵园新村业主马湘先生填送损失报告单送请鉴收办理由

附件：损失报告单一纸

秘书：三十八

拟稿：三十八

去文：陵秘字第0550号

年 三十六 月 九 日

附：财产损失报告单一份

兹准本会陵园新村秦主马湘先生填送财产损失报告单一纸，相应检同原件送请

贵府登收办理为荷。

此致

南京市政府

附损失报告单一纸

（会衔）启

國父陵園管理委員會摘由單

來文機關	文別	來文字號	來文日期	收文字號	收文日期	附件	事由	承辦處所	擬辦	批示	備考
馬湘	報告	字第不列號	卅六年三月七日	陵收字第〇六五九號	卅六年三月十五日		財產損失報告單乙份		函轉市府 三、十六		

南京市政府致国父陵园管理委员会的笺函（一九四七年三月二十四日）

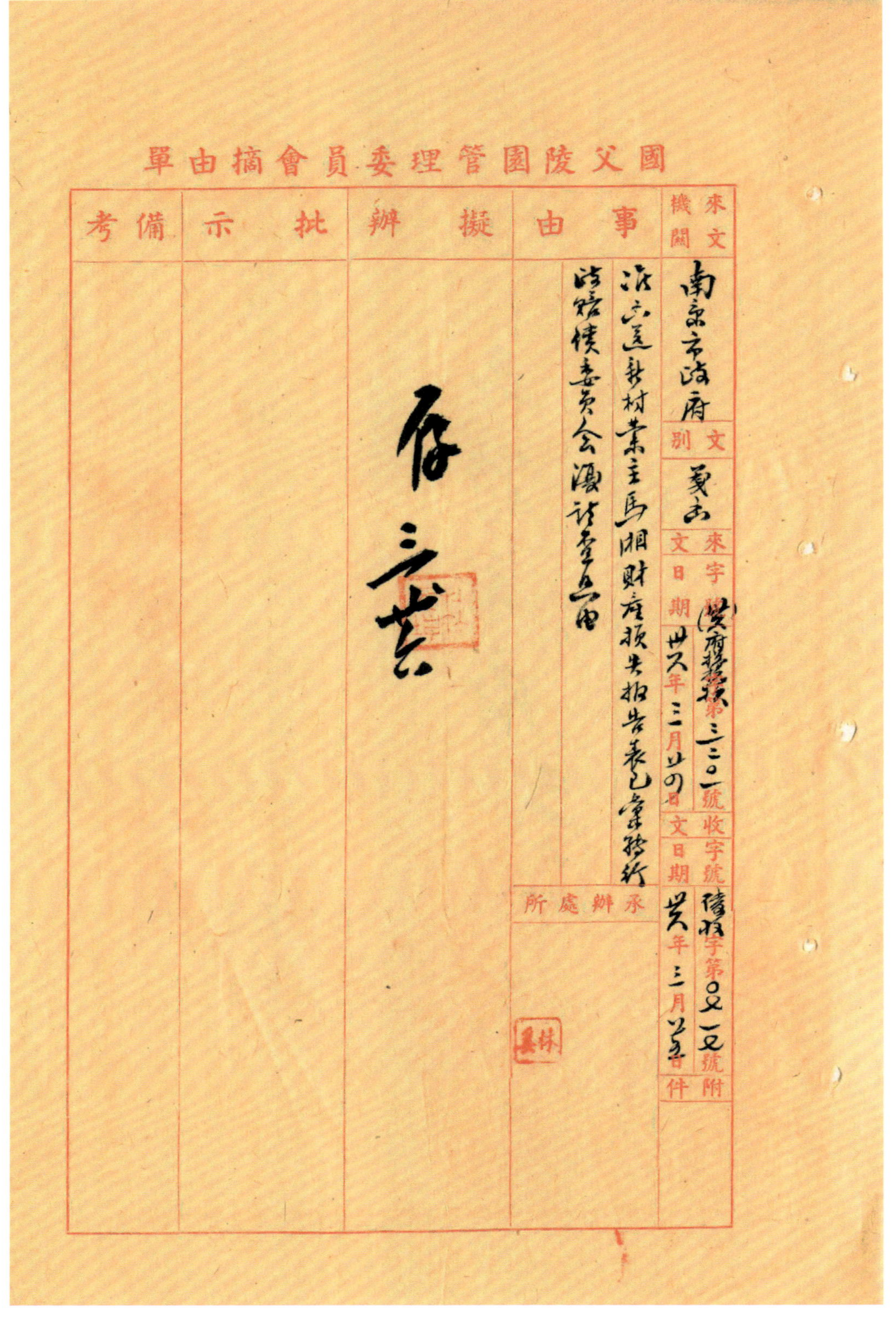

國父陵園管理委員會摘由單

來文機關	南京市政府
文別	箋函
來文字號	（卅六）府秘發第三二〇一號
來文日期	卅六年三月廿四日
收文字號	陵收字第〇五一五號
收文日期	卅六年三月廿六日
附件	
事由	函送新村業主馬湘財產損失報告表已彙轉行政院賠償委員會請查照由
擬辦	
批示	存 三·廿六
備考	
承辦處所	

南京市政府用箋

准

貴會本年三月十九日陵祕第〇五五〇號函送陵園新村業主馬湘先生財産損失報告表囑查收辦理等由，除將損失情形登記并彙轉行政院賠償委員會核辦外，相應函復，即請查照爲荷。此致

國父陵園管理委員會

南京市政府 啓

中華民國三十八年三月 日

国父陵园管理委员会为陵园新村所建房屋均毁于战时谨编造新村各房主清册致国民政府呈文

（一九四七年三月二十八日）

附：陵园新村各房主清册

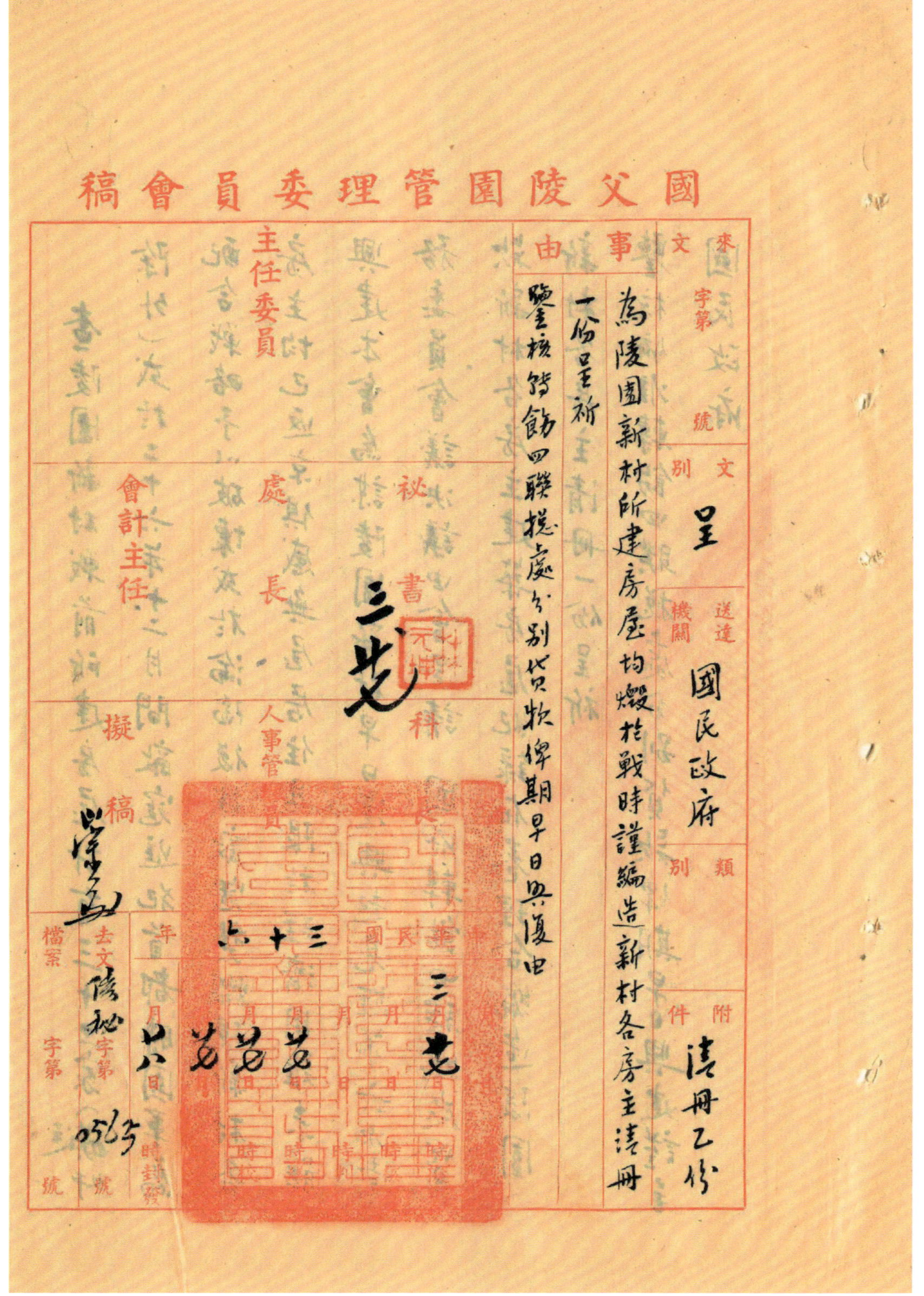

國父陵園管理委員會稿

來文字第 號

文別：呈

送達機關：國民政府

類別

附件：清冊乙份

事由：為陵園新村所建房屋均燬於戰時謹編造新村各房主清冊一份呈祈鑒核特飭四聯總處分別貸款俾期早日興復由

主任委員

秘書 三廿八

處長

科長

會計主任

人事管理員

擬稿

中華民國三十六年三月廿八日

去文陵秘字第0563號

查陵園新村戰前所建房屋計有三十二家（漢奸逆除外）或於二十六年十二月間敵寇進犯首都時國軍為配合戰略予以破壞或於淪陷後被敵寇焚燬現新村各房主均已返京俱感無屋居住且限於經濟困難未能興建本會為謀陵園新村早日復興起見經第六次常務委員會議決議由會呈請　國府轉飭四聯總處貸款新村各房主建築房屋紀錄在卷理合編造陵園新村各房主清冊一份呈祈

鑒核俯准轉飭四聯總處分別貸款俾期早日興建謹呈

國民政府

陵園新村地段戰前業主房屋調查表

地段號	户名	備註	地段號	户名	備註
1	鄭政句		[illegible]	[illegible]	
14 15	楊公毛		187 188	郎文	
24	合作社		141	陳果夫	
30 31	林子超		143 142	陳其采	
34 33	董秉衡		[illegible]	[illegible]	
35	劉福朗		149 150	何應欽	
36 37	陸福史		154 155	魏道明	
39 40	徐洛中		156 166	余揮	
50	李培天		157 160	朱培德	
53 55	林雲陔		163	陳公哲	
60	何健		164 165	孫哲生	
73 74	劉鎮華		204	周啟剛	
96	楊立生		221 222	陳樹人	
125 111 118	馬超俊		238	吳錫五	
124	馬寄塵		公有地	新村小學	
118 119	馮玉祥				
126 127	李烈鈞				
134	徐象樞				
135 136	梅哲之				

国父陵园管理委员会为据王永鼎呈在中山门外建有房屋于抗战时期被毁等情经核属实的证明书
（一九四七年九月九日）

國父陵園管理委員會稿

事由：為據呈以戰前在本京中山門外建有房屋於抗戰時期被毀等情核屬實特予證明由

文別：證明

送達機關：王永鼎

中華民國卅六年九月九日

去文陵總字第0962號

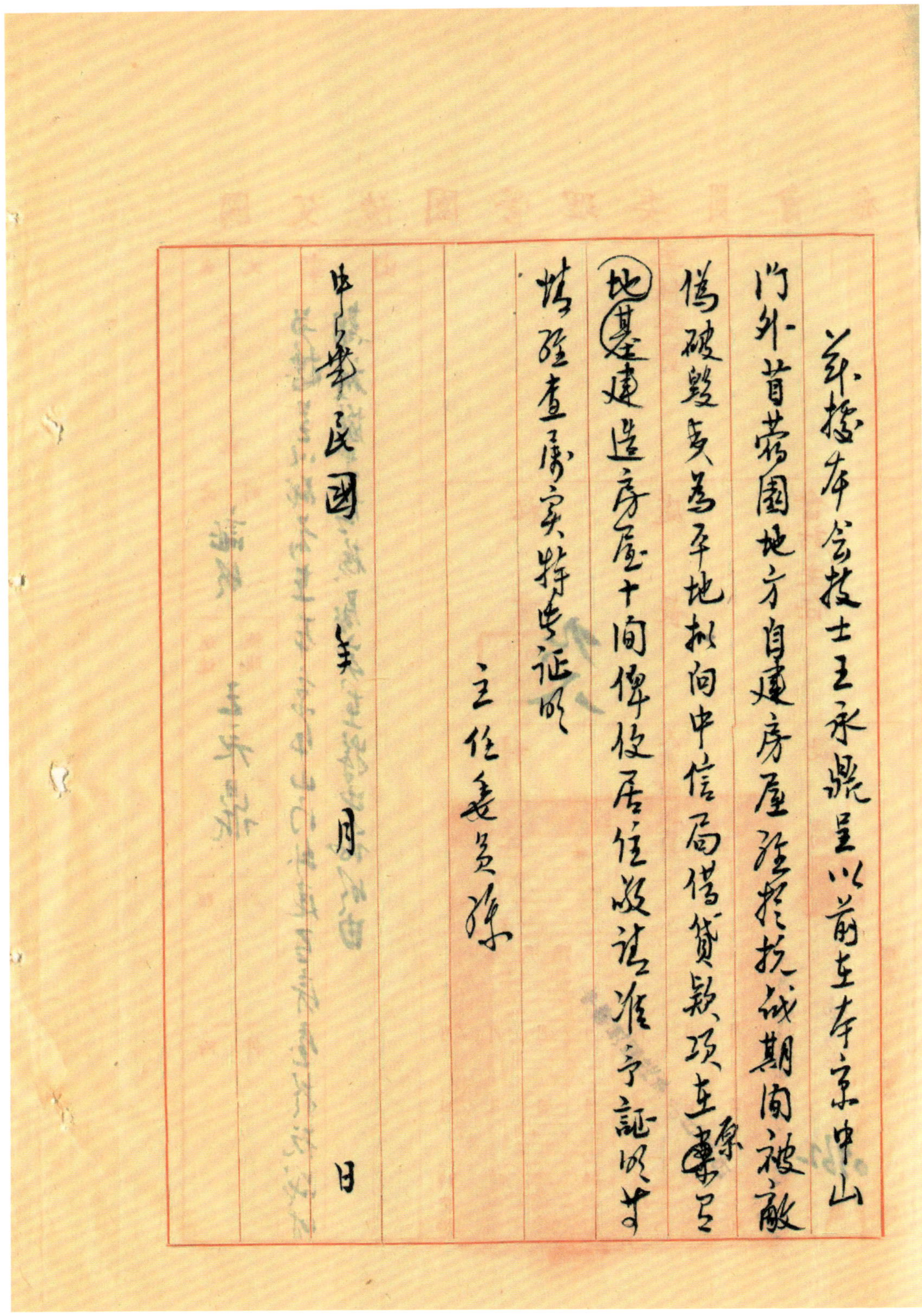

兹據本會技士王永鼎呈以前在本京中山門外首蓿園地方自建房屋，經於抗戰期間被敵僞破毀，夷爲平地。擬向中信局借貸款項，在原地基建造房屋十間俾便居住，懇請准予證明等情。經查屬實，特此證明。

主任委員孫

中華民國　年　月　日

六、阵亡官兵调查及抚恤

通報 三五年七月一日 于陵園警衛處

查本處警衛大隊 于民國廿六年冬月 為死守南京 抗敵侵掠 先在陵園各處據守抗戰 迨後以犧牲過大 衆寡懸殊 遂至入城抵抗 繼又在各處拚命掙扎 其抗戰精神 可歌可泣者厥後全城竟告陷落 因而壯烈殉難之官兵 不乏其人 本處痛念此輩為國捐軀志士成仁 自應詳加調查 並列表式通報各部屬知照 除分別通報外 特附列表式 希查明限于七月十五日以前具實呈報（或由同事同伍證明 其本人家屬証明）來處 以便彙報請卹 幸勿延誤為要

右通報

附官兵抗戰殉難請卹表一份

附（一）总理陵园管理委员会警卫处官兵抗战殉难请恤调查表

總理陵園管理委員會警衛處官兵抗戰殉難請卹調查表

級職	姓名	殉難詳情	死亡日期	負責證明人或其家屬	備註

說明：備註欄内可將殉難者之死難地點有否墳墓　其家屬情况如何一併註下

啟

陵园警卫处抗战牺牲兵伕姓名单　　呈报份数

陣亡日期　姓名　籍貫　警衛隊　詳情

六、十二、十三　隊附　温益　廣東　二中隊　被害　在國際難民區

不填　劉禮泉

六、十二、十三　隊長　郭釗　廣東　七十一號　死　在陵墓前陣亡

分隊長　黄惠三　廣東　在五棵松陣亡

同右　劉祥　廣東　在國際難民區　被害

六、十二、十三　鄧世泉　廣東　在太平門陣亡

同右　陳質　廣東　在國際難民區

六、十二、十三　張紹琥　被害

六、十二、十四　上士班長　鄭培光　同右

同右　游英　同右

同右　趙玫廣　北平人　同右

同　十四　下士衛士　李善洲　在山北陣亡

十三　張宏　廣東

十三　鄧安義　在中山門陣亡

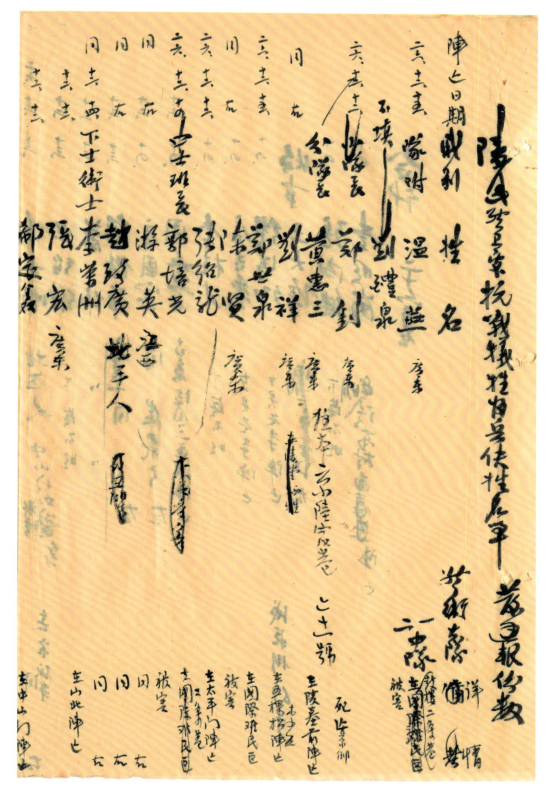

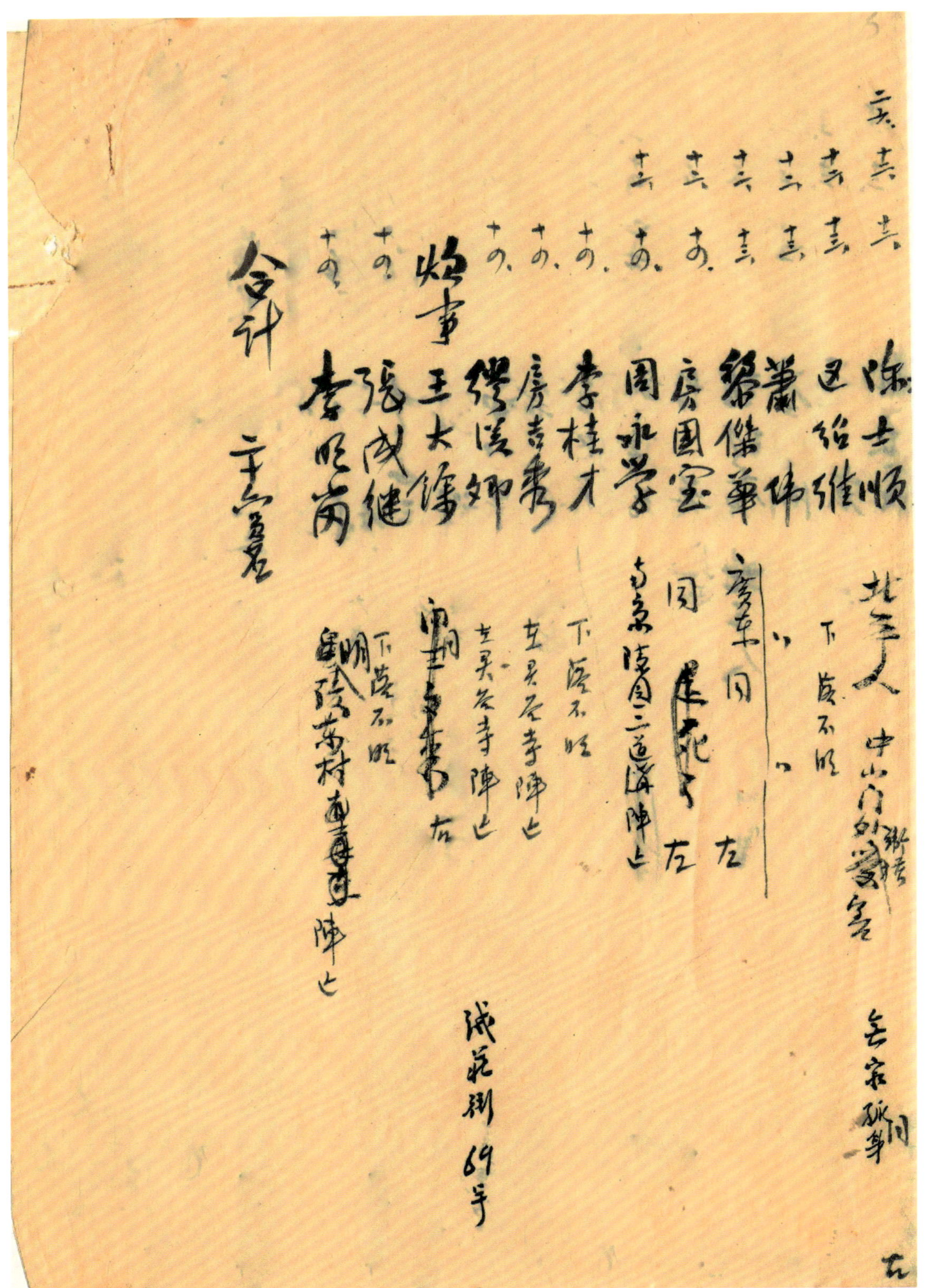

二六 十二 十三 陈士顺 北平人 中山门外卫岗[illegible]
〃 十二 十三 迟绍维 下落不明
〃 十二 十三 萧伟 〃
〃 十二 十三 黎杰华 广东 同 〃 左
〃 十二 十四 房国宝 同 [illegible] 左
〃 十二 十四 周永学 南京陵园二道沟阵亡
〃 十二 十四 李桂才 下落不明
〃 十二 十四 房吉秀 在灵谷寺阵亡
〃 十二 十四 缪汉卿 在灵谷寺阵亡
炊事 王大锋 [illegible] 左
〃 十四 张成继 下落不明
〃 十四 李照南 [illegible]陵茶村[illegible]阵亡
合计 二十六名

钱花街69号

拱卫处处长马湘为前警卫大队在京守陵阵亡之官长温燕、黄惠三等二员请鉴核给恤事致主任委员孙科呈文（一九四七年一月十三日）

附：总理陵园管理委员会警卫处官兵抗战殉难请恤表二份

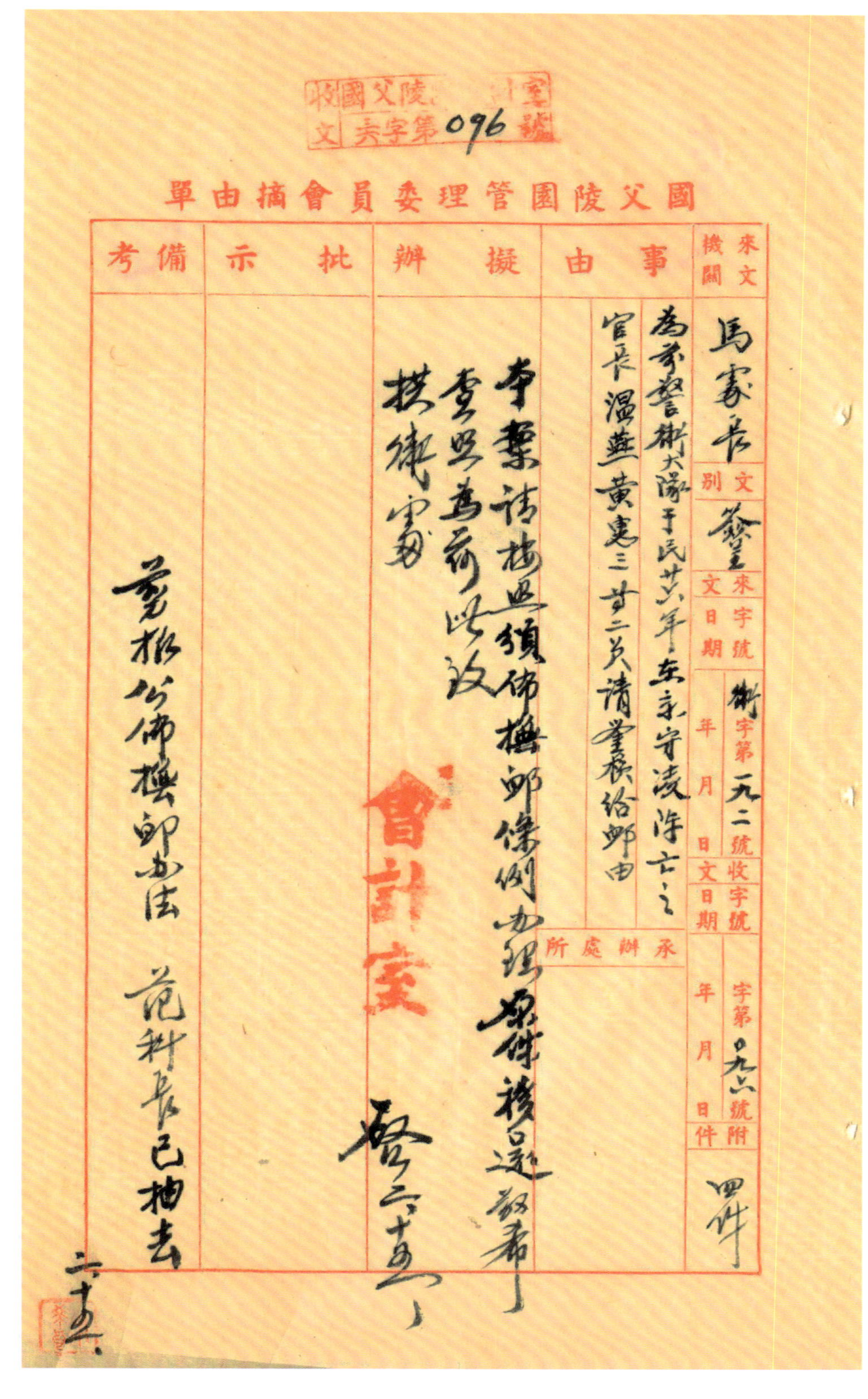
國父陵園管理委員會收文 秦字第096號

國父陵園管理委員會摘由單

來文機關	文別	來文字號	文日期	收文字號	文日期	附件
馬處長	簽	衛字第一九二號	年 月 日	字第〇九六號	年 月 日	四件

事由：為前警衛大隊於民卅六年在京守陵殉亡之官長溫燕、黃惠三等二員請鑒核給卹由

承辦處所：

擬辦：本案請按照須佈撫卹條例辦理，原件核送，敬希 查照為荷，照致 拱衛處

啟 六.十五

批示：

備考：查核公佈撫卹辦法 范科長已抽去

會計室

二十五

签收第九六号　卅六、一、十四、

衛字第一九二號

簽呈　三六，一，十三，于拱衛處

事由：為簽呈前陵園警衛大隊于民廿六年冬在南京守陵抗戰陣亡之官長温燕、黄寓三等二員請卹表來函並附請卹金辦法請鑒核先行給卹由

查本處前警衛大隊官兵於民廿六年冬在南京守陵抗戰陣亡為國捐軀者曾將調查死難情形擬請分别從優撫卹并提本會第二次常務會議决議一、先查明撫卹辦法擬訂呈核，二、詳細調查陣亡官兵在京眷屬人數報請核卹，不在京者從緩辦理在案。等因。兹查有中尉分隊長黄寓三遺族在京，中校大隊附温燕之遺族亦在香港來函請求，其他各遺族經兩月餘之訪問尚無消息，理合將三十五年五月軍事委員會撫卹委員會公告辦法及遺族請卹表各乙份，備文呈請，敬祈鑒核，先行分别發給卹金，實為德便。

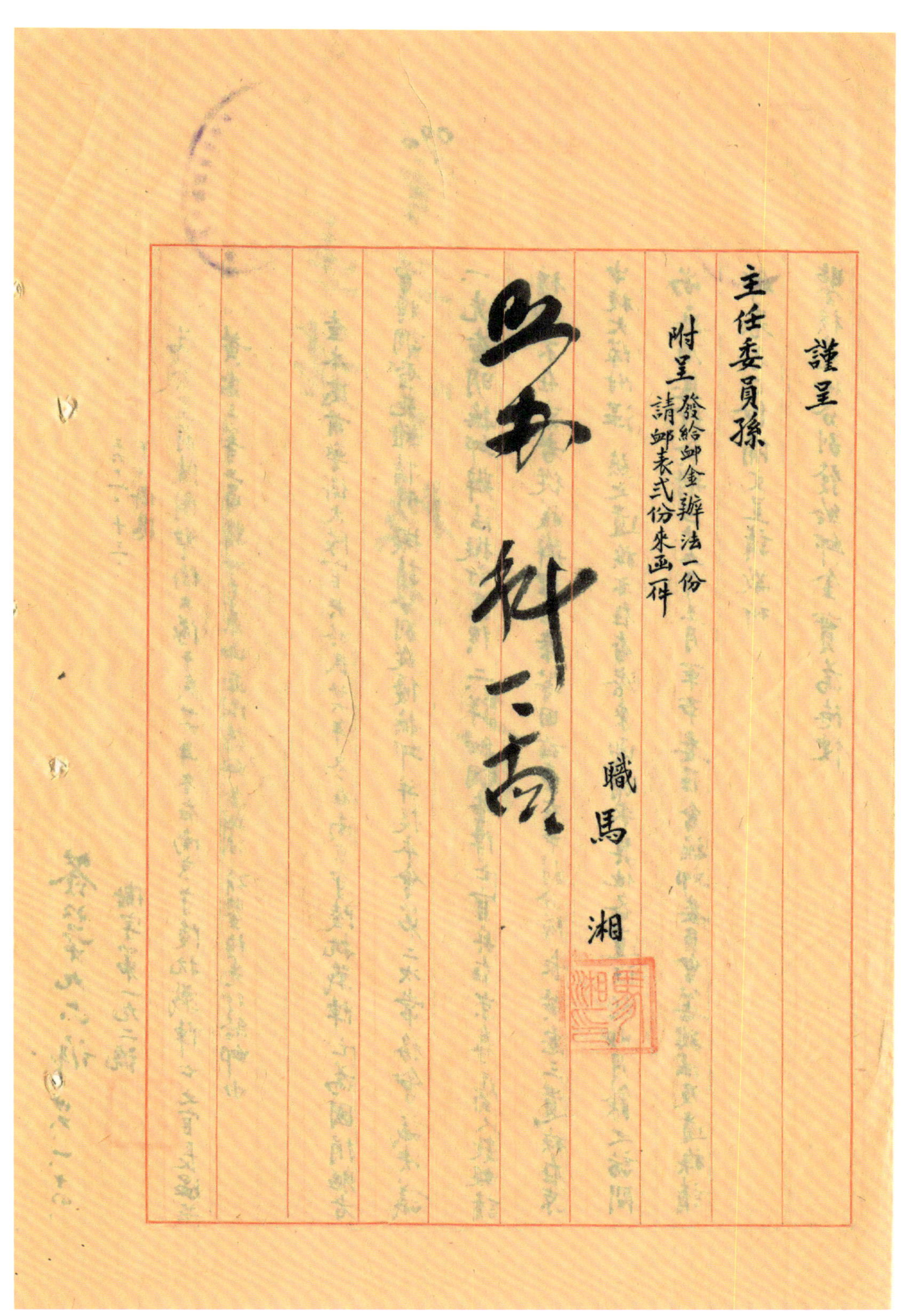

謹呈

主任委員孫

附呈 發給卹金辦法一份
請卹表弍份來函件

職馬湘

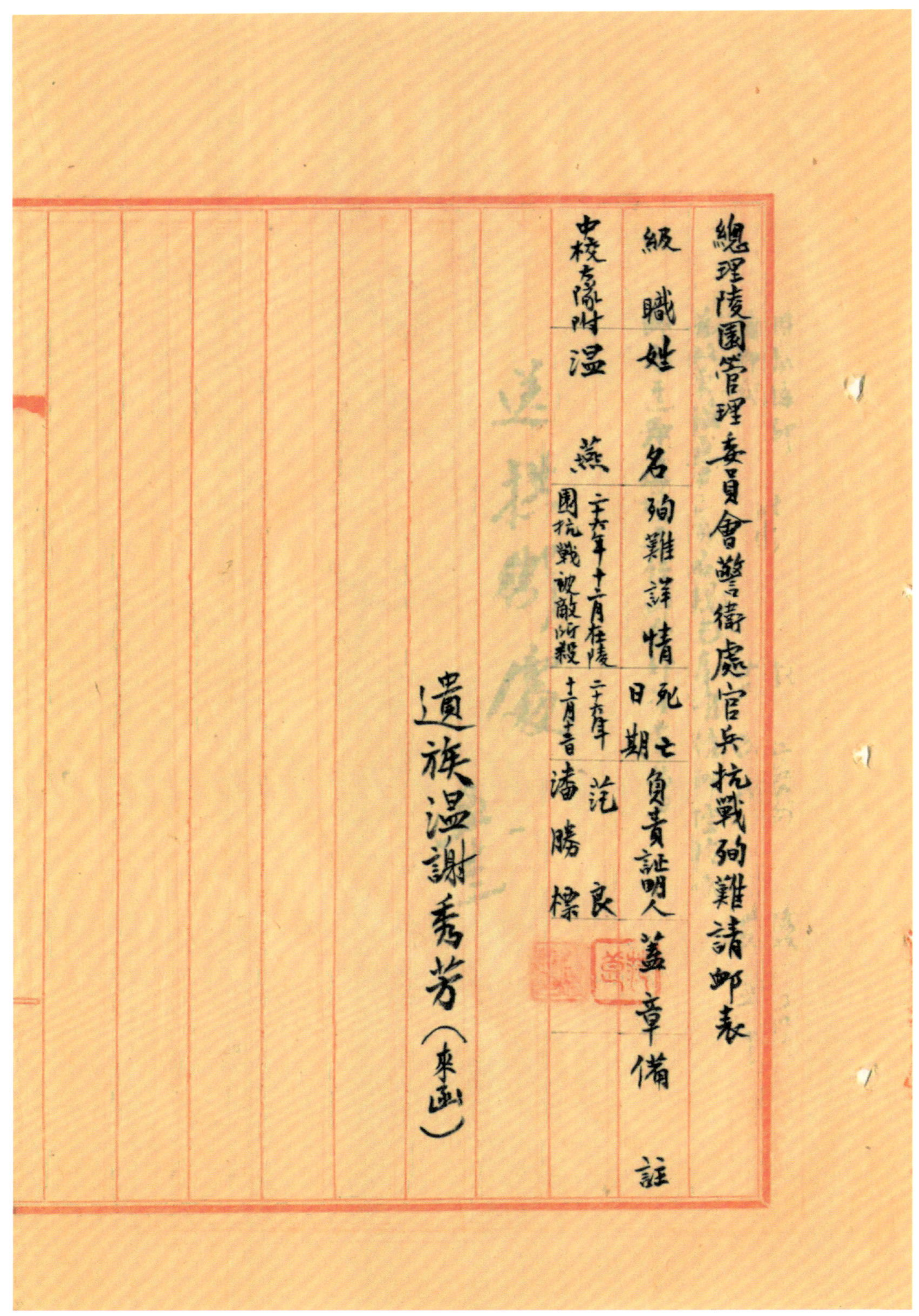

總理陵園管理委員會警衛處官兵抗戰殉難請卹表

級職	姓名	殉難詳情	死亡日期	負責證明人	蓋章	備註
中校大隊附	溫燕	二十六年十二月在陵園抗戰被敵所殺	二十六年十二月十三日	范良 潘勝標		

遺族溫謝秀芳（來函）

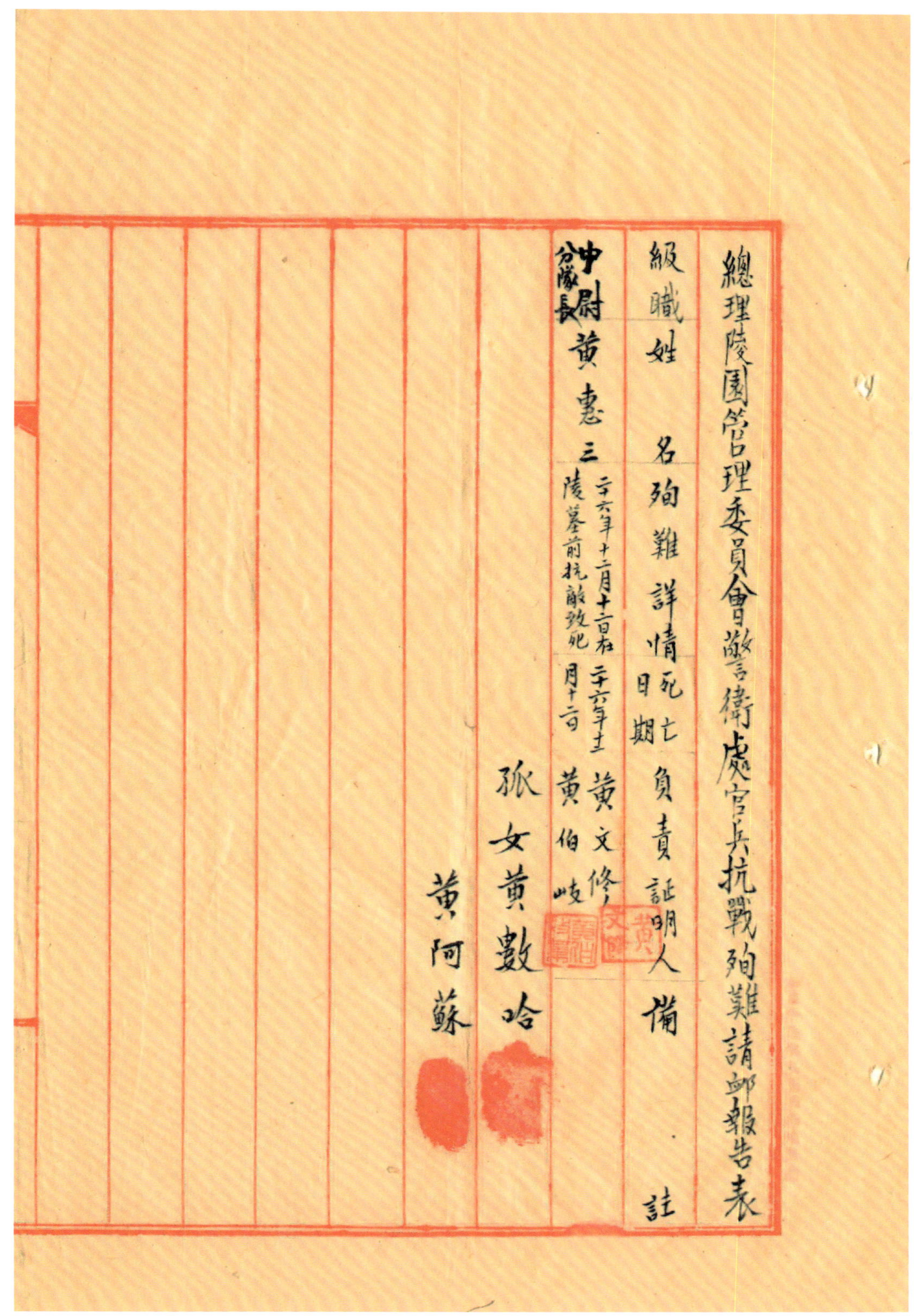
總理陵園管理委員會警衛處官兵抗戰殉難請卹報告表

級職	姓名	殉難詳情	死亡日期	負責證明人	備註
中尉分隊長	黃惠三	二十六年十二月十二日在陵墓前抗敵致死	二十六年十二月十二日	黃文修 黃伯岐	

孤女黃數哈

黃阿蘇

拱卫处处长马湘为派员趋前接洽官兵抚恤办法事致联合勤务总司令部抚恤处的公函（一九四七年二月六日）

附：军事委员会抚恤委员会公告

可

六

[illegible]字第二〇五号

事由：为派员趋前接洽本案抗战阵亡官兵抚恤办法请惠赐指示办理由

二、六

全衔公函

查本处前警卫大队于民廿六年冬奉命留守南京，沦陷时抗战阵亡官兵计二十余人之多，曾呈请优予抚恤，经奉令第二次常会决议：先查明抚恤办法拟订呈核在卷。兹派花科长良趋前接洽，相应函请查照指示一切，以便办理为荷。

此致

联合勤务总司令部抚恤处

处长马〇

軍事委員會撫卹委員會公告　撫字第00106號

查抗戰陣亡將士遺族一次特卹金奉准增發依照特有軍委會令

修正之卹金給與金額加發併飭逕向南京小營本會請領

此佈

級別	陣亡一次特卹金數目	因公殞命一次特卹金數目	積勞病故一次特卹金數目
上將	三〇〇、〇〇〇〇〇	二〇〇、〇〇〇〇〇	一五〇、〇〇〇〇〇
中將	二二〇、〇〇〇〇〇	一四六、〇〇〇〇〇	一一〇、〇〇〇〇〇
少將	一八〇、〇〇〇〇〇	一二〇、〇〇〇〇〇	九〇、〇〇〇〇〇
上校	一五〇、〇〇〇〇〇	一〇〇、〇〇〇〇〇	七五、〇〇〇〇〇
中校	一三〇、〇〇〇〇〇	八六、〇〇〇〇〇	六五、〇〇〇〇〇
少校	一一〇、〇〇〇〇〇	七〇、〇〇〇〇〇	五五、〇〇〇〇〇
上尉	九〇、〇〇〇〇〇	六〇、〇〇〇〇〇	四五、〇〇〇〇〇
中尉	八〇、〇〇〇〇〇	五〇、〇〇〇〇〇	四〇、〇〇〇〇〇
少尉	七〇、〇〇〇〇〇	四六、〇〇〇〇〇	三五、〇〇〇〇〇

抗戰陣亡將士家屬一次特卹金

級別	陣亡給與數	公殞給與數	病故給與數
上將	一〇〇、〇〇〇〇〇	六六、〇〇〇〇〇	五〇、〇〇〇〇〇
中將	八五、〇〇〇〇〇	五六、〇〇〇〇〇	四二、五〇〇〇〇
少將	七五、〇〇〇〇〇	五〇、〇〇〇〇〇	三七、五〇〇〇〇
上校	六五、〇〇〇〇〇	四二、〇〇〇〇〇	三二、五〇〇〇〇
中校	五五、〇〇〇〇〇	三六、〇〇〇〇〇	二七、五〇〇〇〇
少校	四五、〇〇〇〇〇	三〇、〇〇〇〇〇	二二、五〇〇〇〇
上尉	三五、〇〇〇〇〇	二二、〇〇〇〇〇	一七、五〇〇〇〇
中尉	三〇、〇〇〇〇〇	二〇、〇〇〇〇〇	一五、〇〇〇〇〇
少尉	二五、〇〇〇〇〇	一六、〇〇〇〇〇	一二、五〇〇〇〇

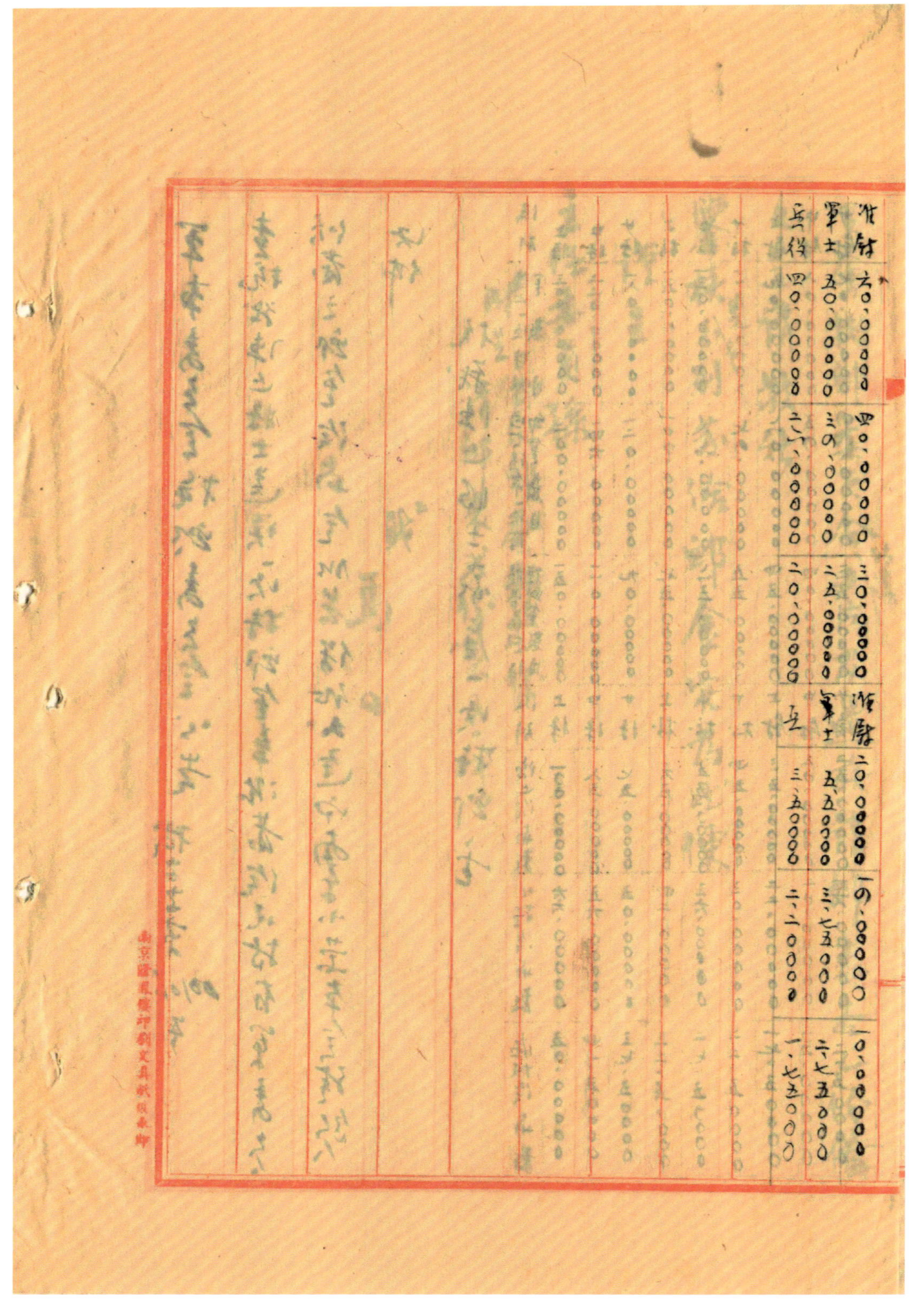

准尉	六〇,〇〇〇〇	四〇,〇〇〇〇	三〇,〇〇〇〇	准尉	二〇,〇〇〇〇	一〇,〇〇〇〇	一〇,〇〇〇〇
军士	五〇,〇〇〇〇	三〇,〇〇〇〇	二五,〇〇〇〇	军士	五,五〇〇〇	三,七五〇〇	二,七五〇〇
兵役	四〇,〇〇〇〇	二〇,〇〇〇〇	二〇,〇〇〇〇	兵	三,五〇〇〇	二,二〇〇〇	一,七五〇〇

国父陵园管理委员会拱卫处前警卫大队抗战阵亡官兵姓名表（一九四七年四月四日）

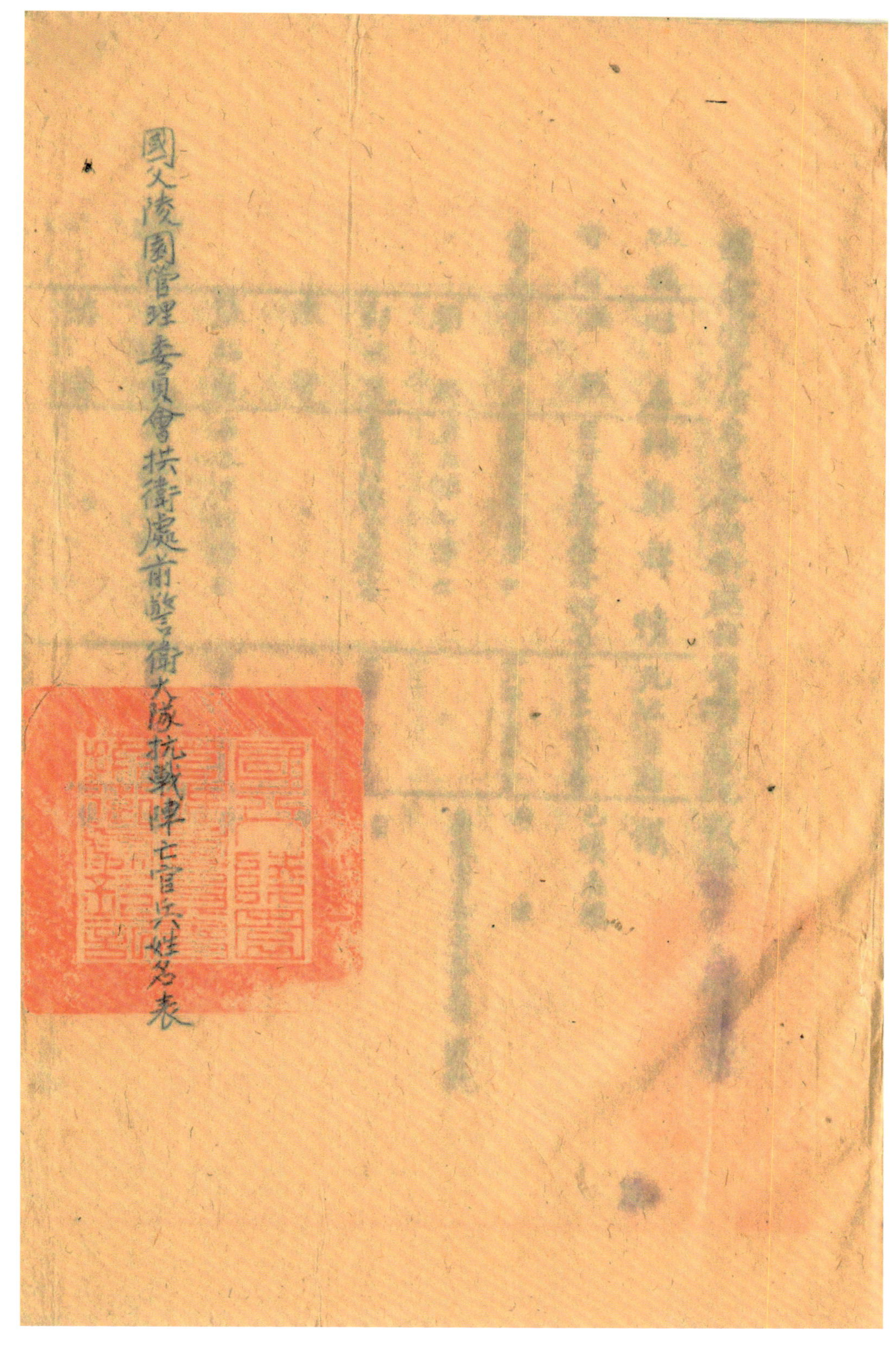

國父陵園管理委員會拱衛處前警衛大隊抗戰陣亡官兵姓名表

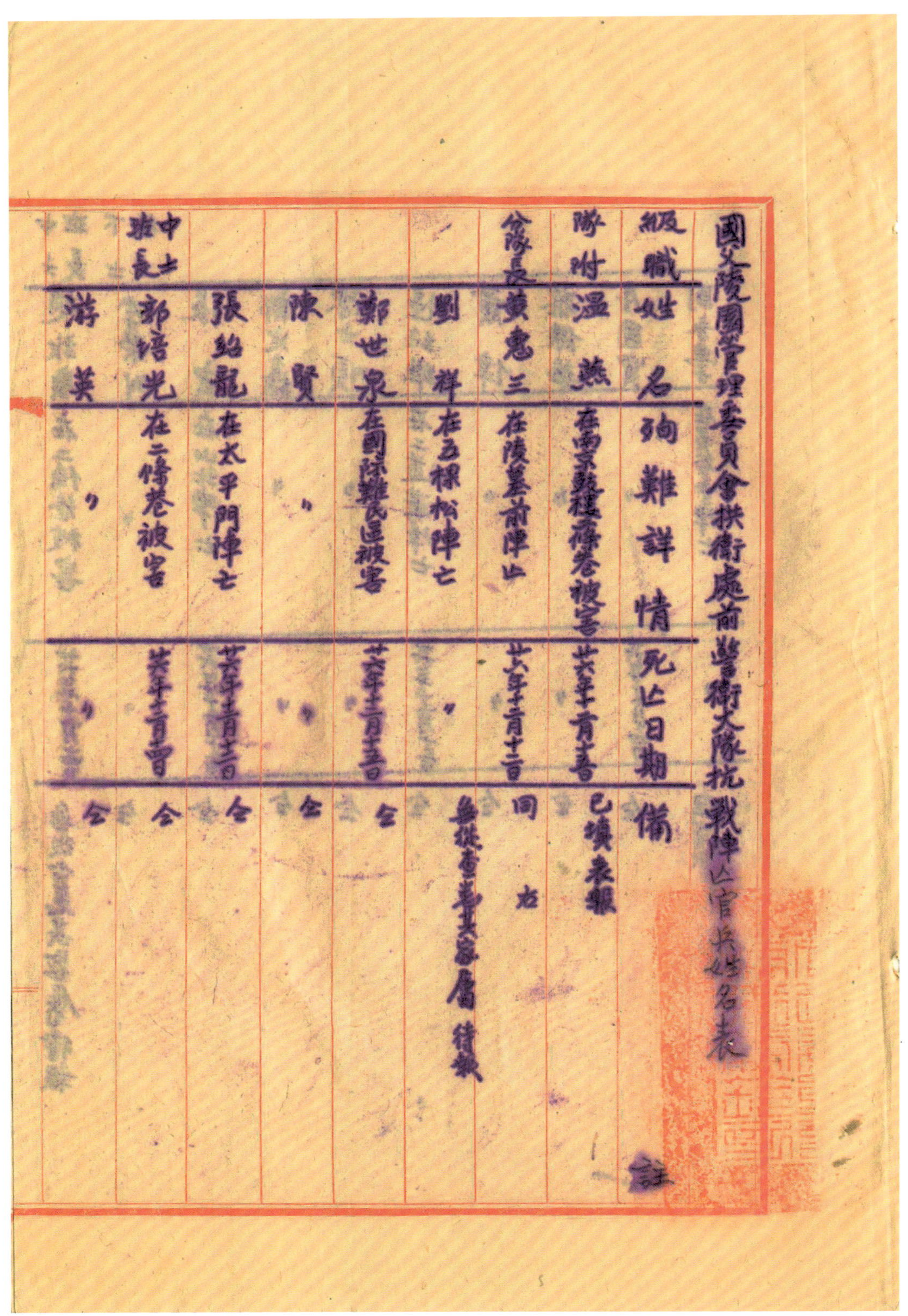

國父陵園管理委員會拱衛處前警衛大隊抗戰陣亡官兵姓名表

級職	姓名	殉難詳情	死亡日期	備註
隊附	溫燕	在南京鼓樓[illegible]巷被害	廿六年十二月十三日	已填表報
分隊長	黃惠三	在陵墓前陣亡	廿六年十二月十二日	同右
	劉祥	在五棵松陣亡	〃	無從查考其家屬 待報
	鄭世泉	在國際難民區被害	廿六年十二月十三日	仝
	陳賢	〃	〃	仝
	張紹龍	在太平門陣亡	廿六年十二月十二日	仝
中士班長	郭培光	在二條巷被害	廿六年十二月十四日	仝
	游英	〃	〃	仝

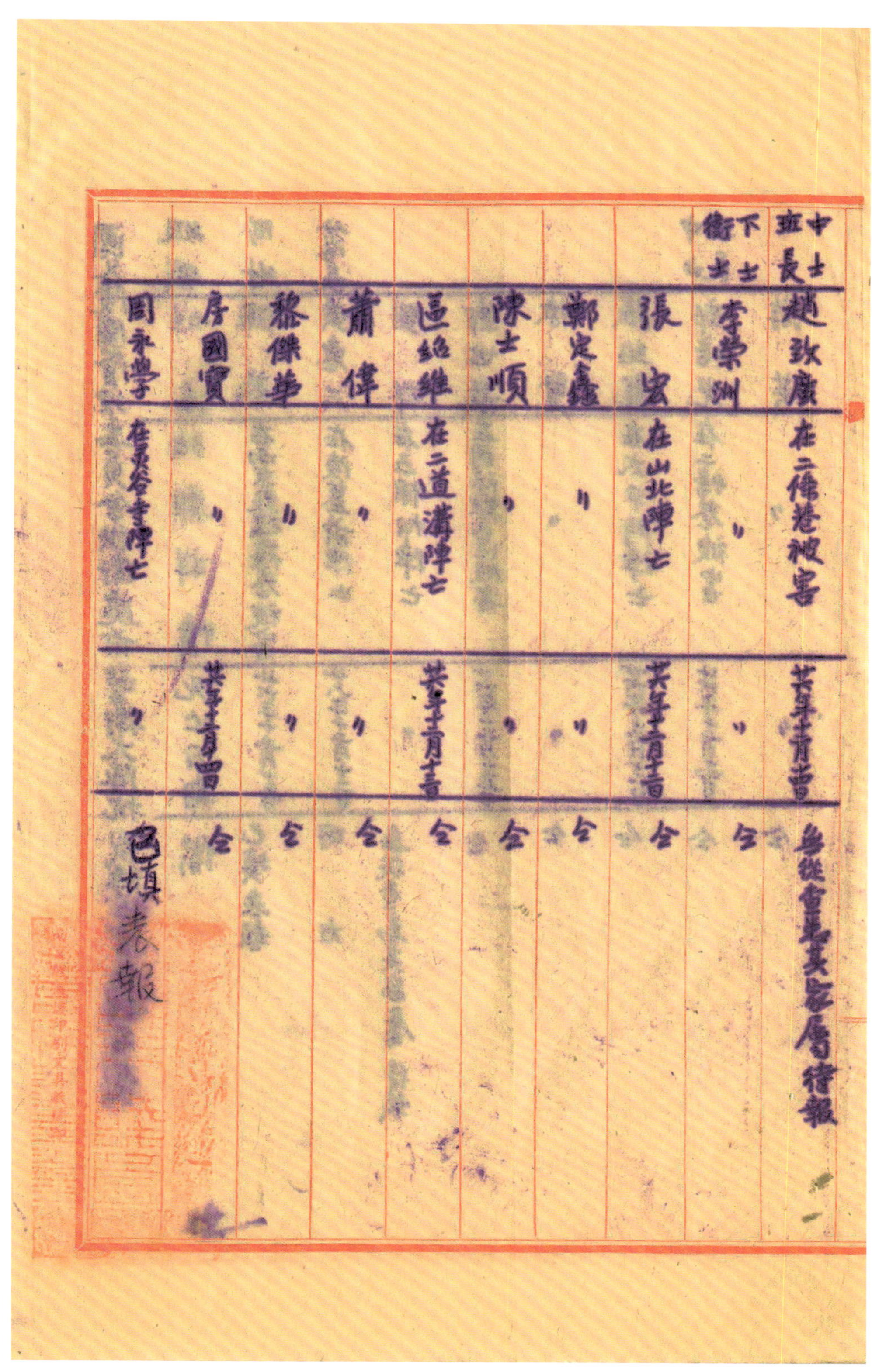

職別	姓名	死亡地點	日期	備考
中士班長	趙致廣	在二條巷被害	廿七年十一月十四	無從查其家屬待報
下士衛士	李崇洲	〃	〃	同
	張宏	在山北陣亡	廿七年十一月十三	同
	鄭定鑫	〃	〃	同
	陳士順	〃	〃	同
	區紹維	在二道溝陣亡	廿七年十一月十三	同
	蕭偉	〃	〃	同
	黎傑華	〃	〃	同
	房國寶	〃	廿七年十一月廿四	同
	周永學	在黃谷寺陣亡	〃	已填表報

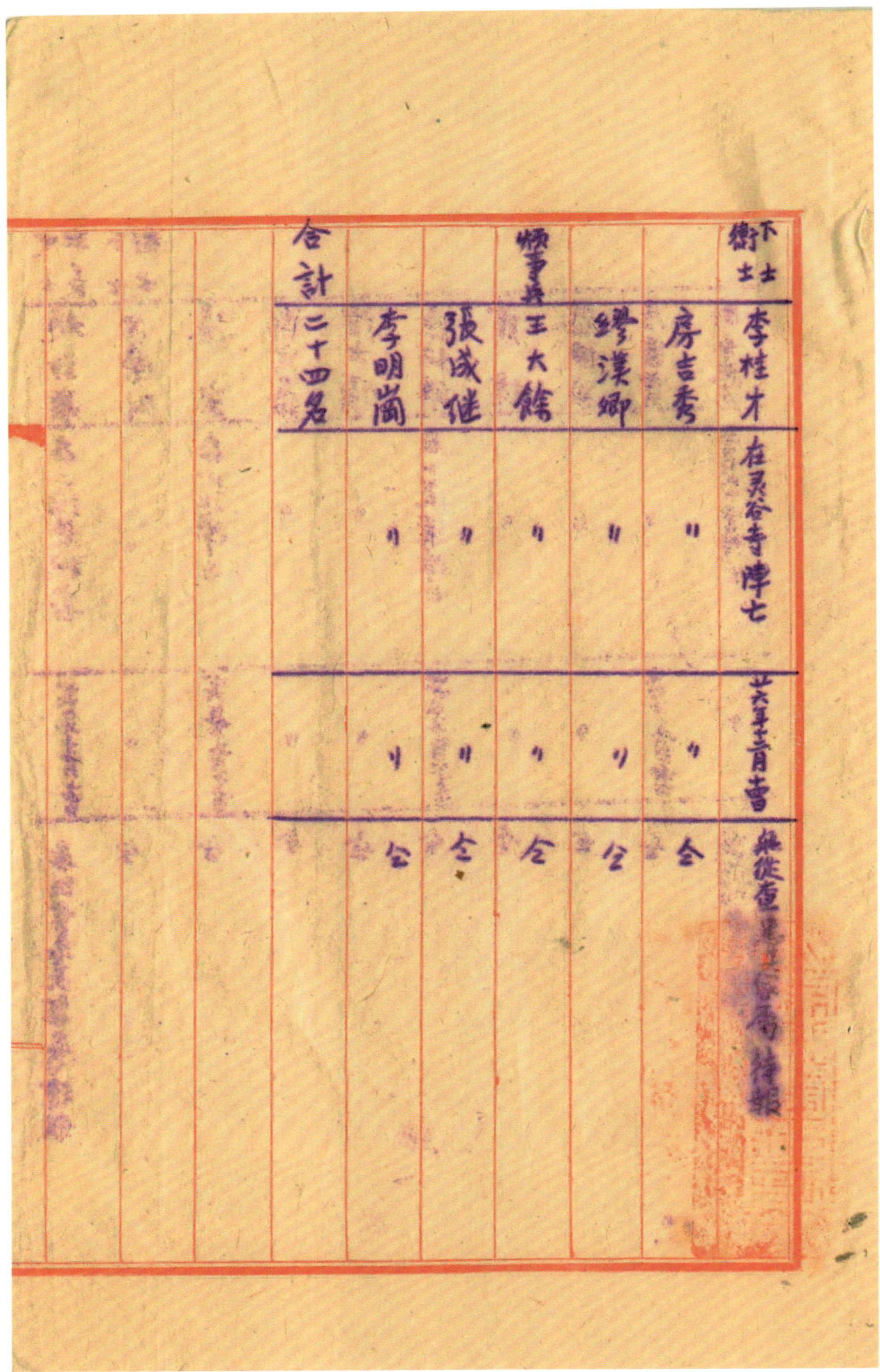

階級	姓名	事由	日期	備考
下士衛士	李桂才	在灵谷寺陣亡	廿六年十二月十三	無從查[illegible]待報
	房吉秀	〃	〃	仝
	繆漢卿	〃	〃	仝
炊事兵	王大餘	〃	〃	仝
	張成继	〃	〃	仝
	李明崗	〃	〃	仝
合計	二十四名			

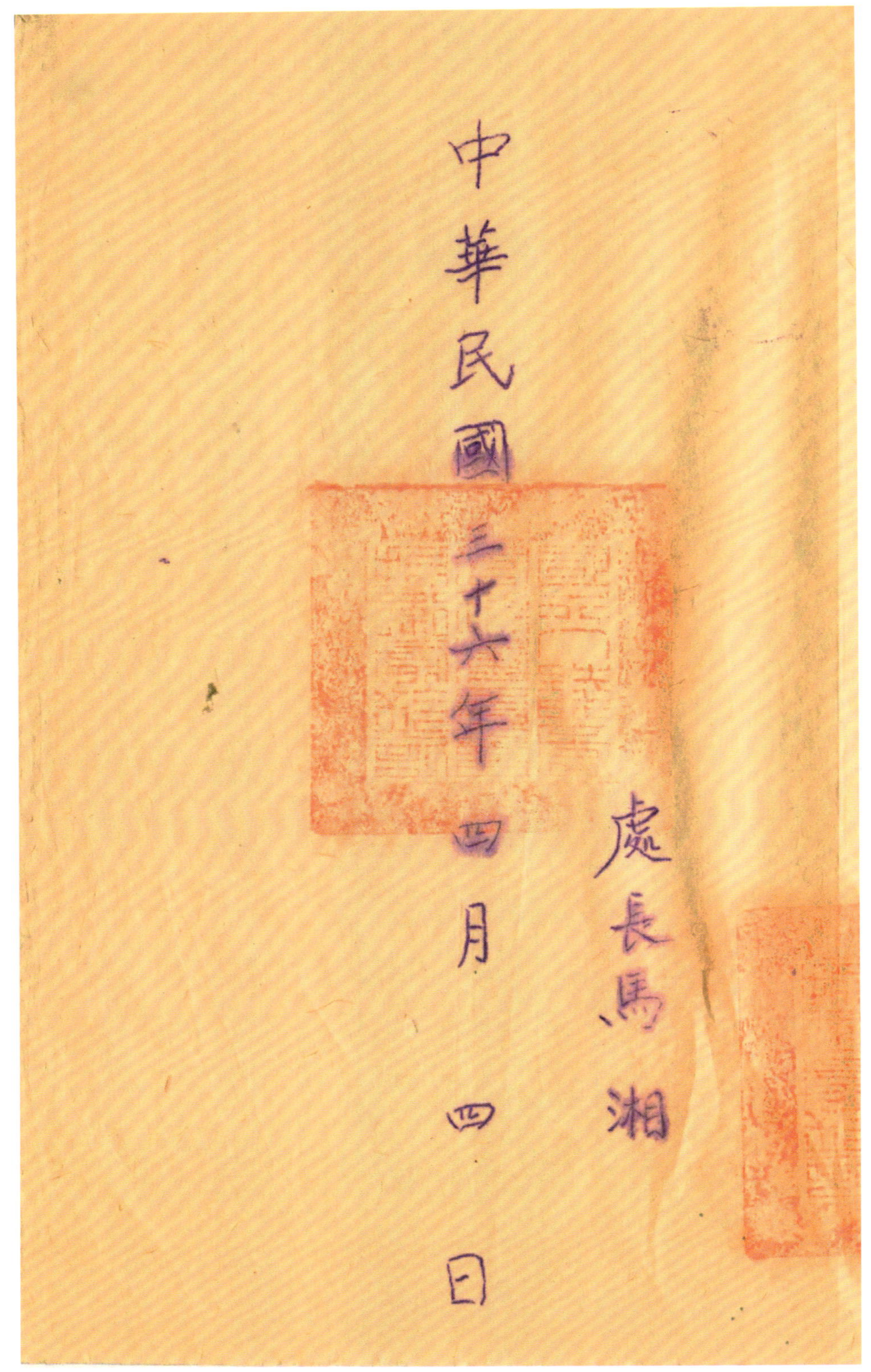
處長馬湘

中華民國三十六年四月四日

国父陵园管理委员会为送本会前警卫大队官兵在南京守陵参加抗战阵亡请恤表请予分别抚恤事致联合勤务总司令部抚恤处公函（一九四七年四月十七日）

附：拱卫处处长马湘原签呈（一九四七年四月五日）

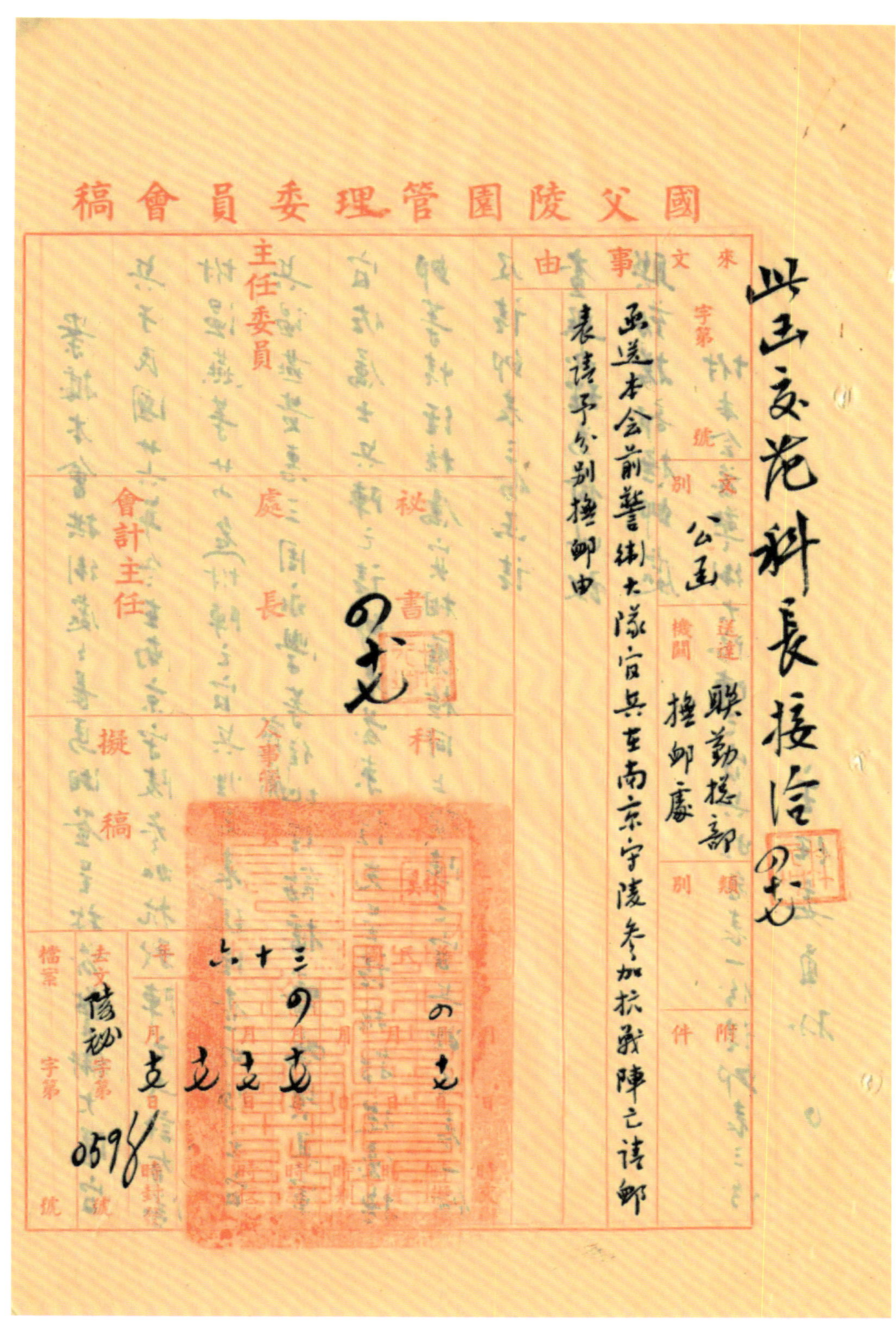

國父陵園管理委員會稿

此函交范科長核洽

來文 字第 號

文別 公函

送達機關 聯勤總部撫卹處

類別

附件

事由 函送本会前警衛大隊官兵在南京守陵參加抗戰陣亡之請卹表請予分別撫卹由

主任委員

秘書處 長

科

人事室

會計主任

擬稿

去文 陵秘字第0598號

案據本會拱衛處處長馬湘簽呈稱前警衛大隊官兵于民國廿六年冬在南京守陵參加抗戰陣亡者計有隊附溫燕等廿四名（附陣亡官兵姓名表）現經查明陣亡官兵溫燕黄惠三周永學等家屬住址經飭據嗜嗚填具軍官佐屬士兵陣亡請䘏表前來謹先呈請核轉從優撫䘏等情經核屬實相應檢同上項陣亡官兵姓名表一份及請䘏表三份函請

查照办理爲荷此致

聯勤總部撫䘏處

附本会前警衛大隊陣亡官兵姓名表一份請䘏表三份

主任委員 孫

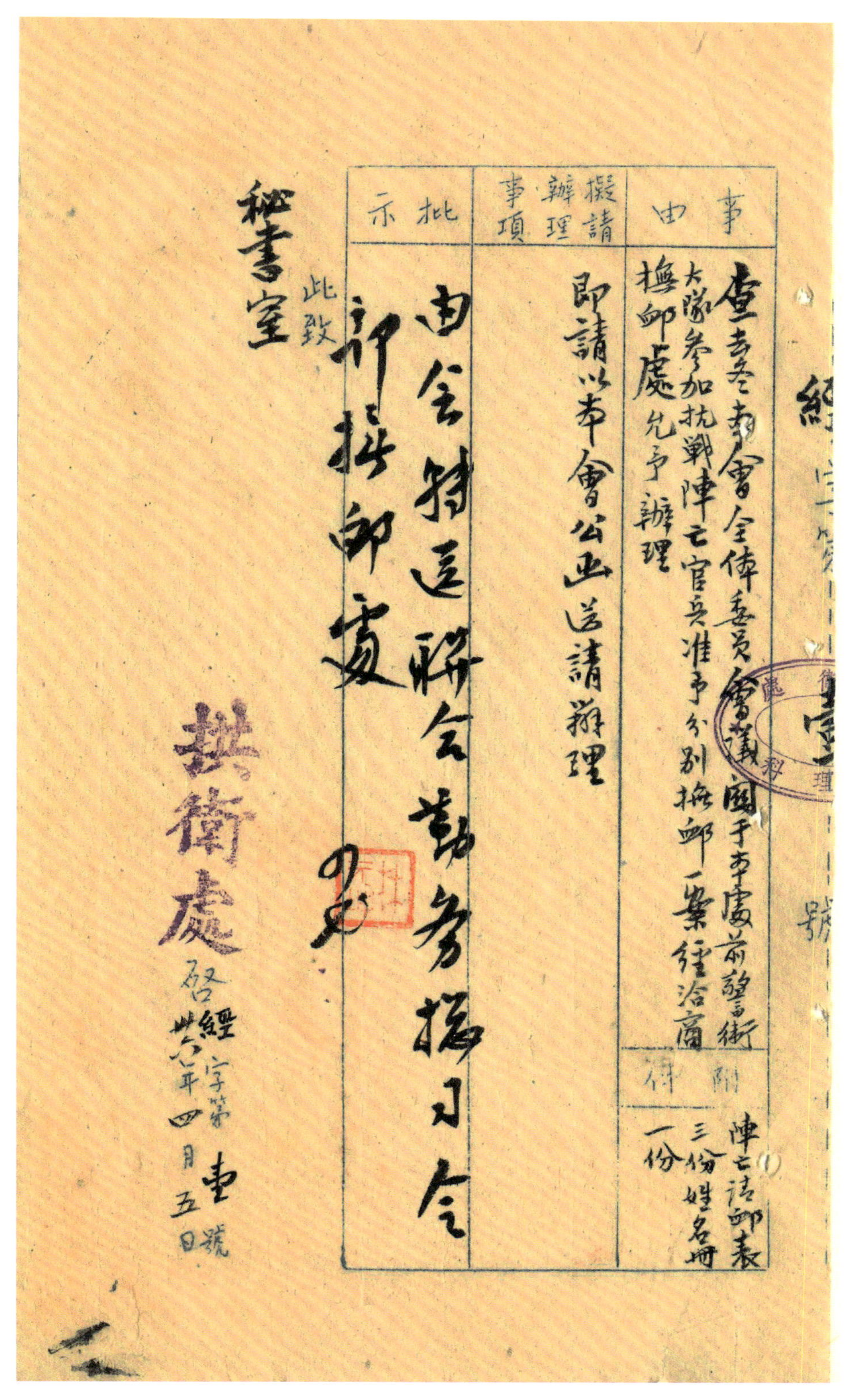

事由	查去冬本會全體委員會議關于本處前警衛大隊參加抗戰陣亡官兵准予分別撫卹一案經洽商撫卹處允予辦理
附件	陣亡請卹表三份　姓名冊一份
擬請辦理事項	即請以本會公函送請辦理
批示	由會特送聯合勤務總司令部撫卹處

此致

秘書室

警衛處啓

經字第壹號

卅六年四月五日

联合勤务总司令部抚恤处为故员温燕等已奉准给恤通知遗族领恤事致国父陵园管理委员会快邮代电（一九四七年五月八日）

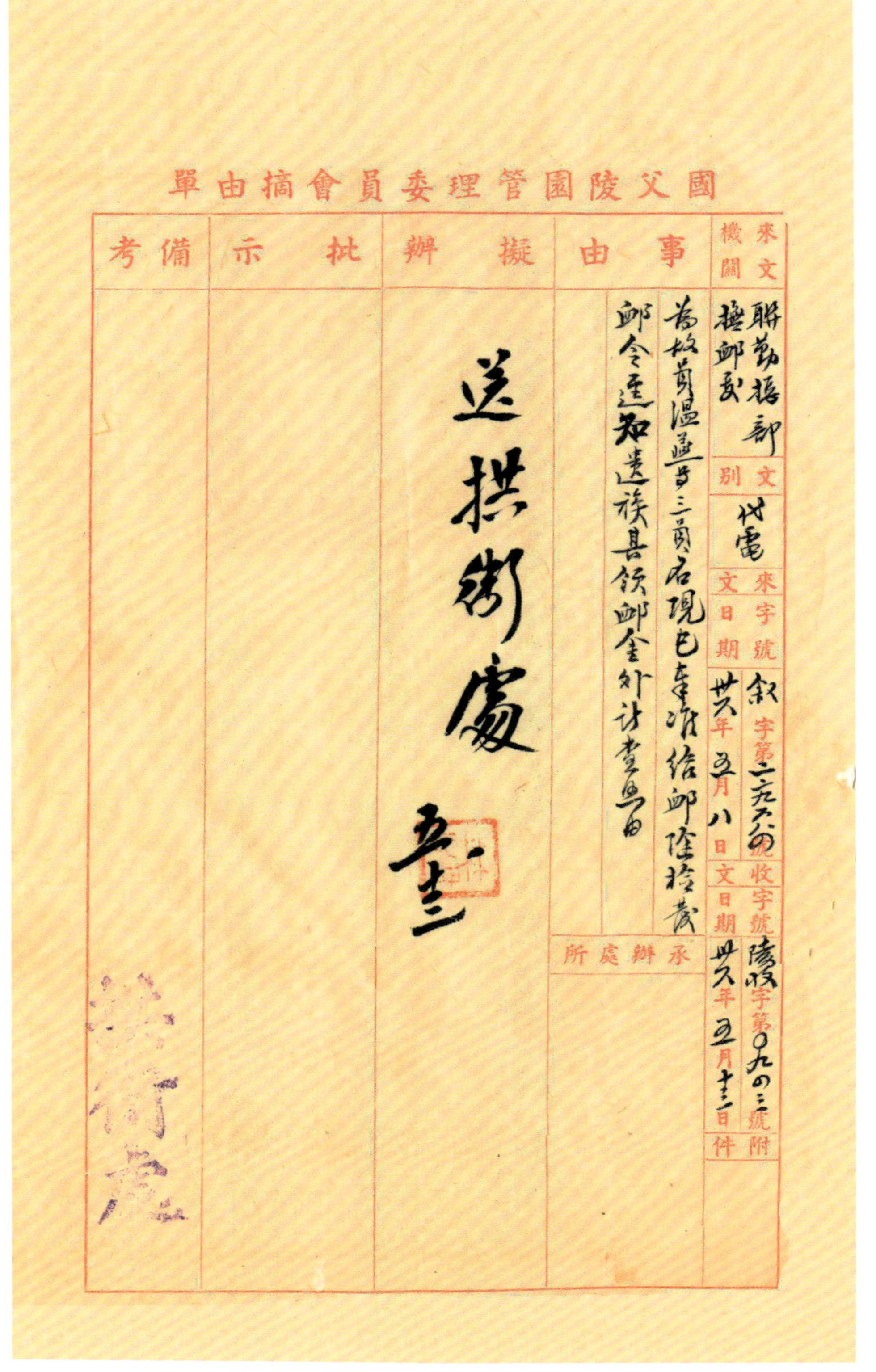

國父陵園管理委員會摘由單

來文機關	聯勤總部撫卹處
文別	代電
來文字號	叙字第二九六〇號
文日期	卅六年五月八日
收字號	陵收字第〇九〇三號
文日期	卅六年五月十三日
附件	
事由	為故員溫燕等三員名現已奉准給卹陸拾萬卹令，暨通知遺族具領卹金外，請查照由
承辦處所	
擬辦	
批示	送拱衛處 五.十三
備考	拱衛處

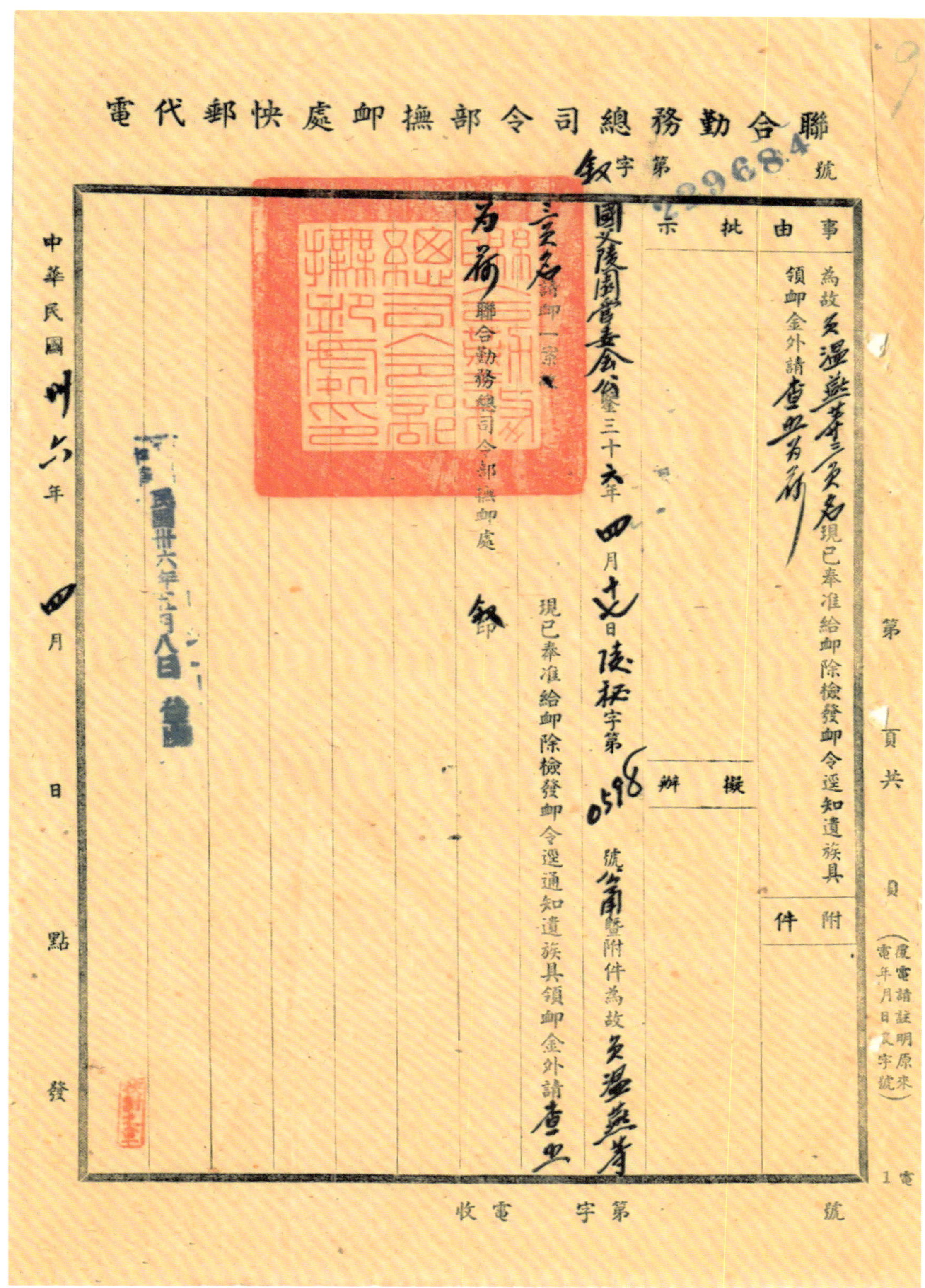

聯合勤務總司令部撫卹處快郵代電

敘字第 229684 號

事由：為故兵温燕菁之遺名現已奉准給卹除檢發卹令逕知遺族具領卹金外請查照為荷

國父陵園管理委員會公鑒：三十六年四月十七日陵秘字第0598號代電暨附件為故兵温燕菁現已奉准給卹除檢發卹令逕通知遺族具領卹金外請查照為荷

聯合勤務總司令部撫卹處敘印

附請卹一案

中華民國卅六年四月　日　點發

民國卅六年五月八日

第　頁共　頁

（覆電請註明原來電年月日及字號）

電收　字第　號

为检发故员温燕恤金及收据等的往来文件

拱卫处处长马湘致孙科的呈文（一九四七年十月二十三日）

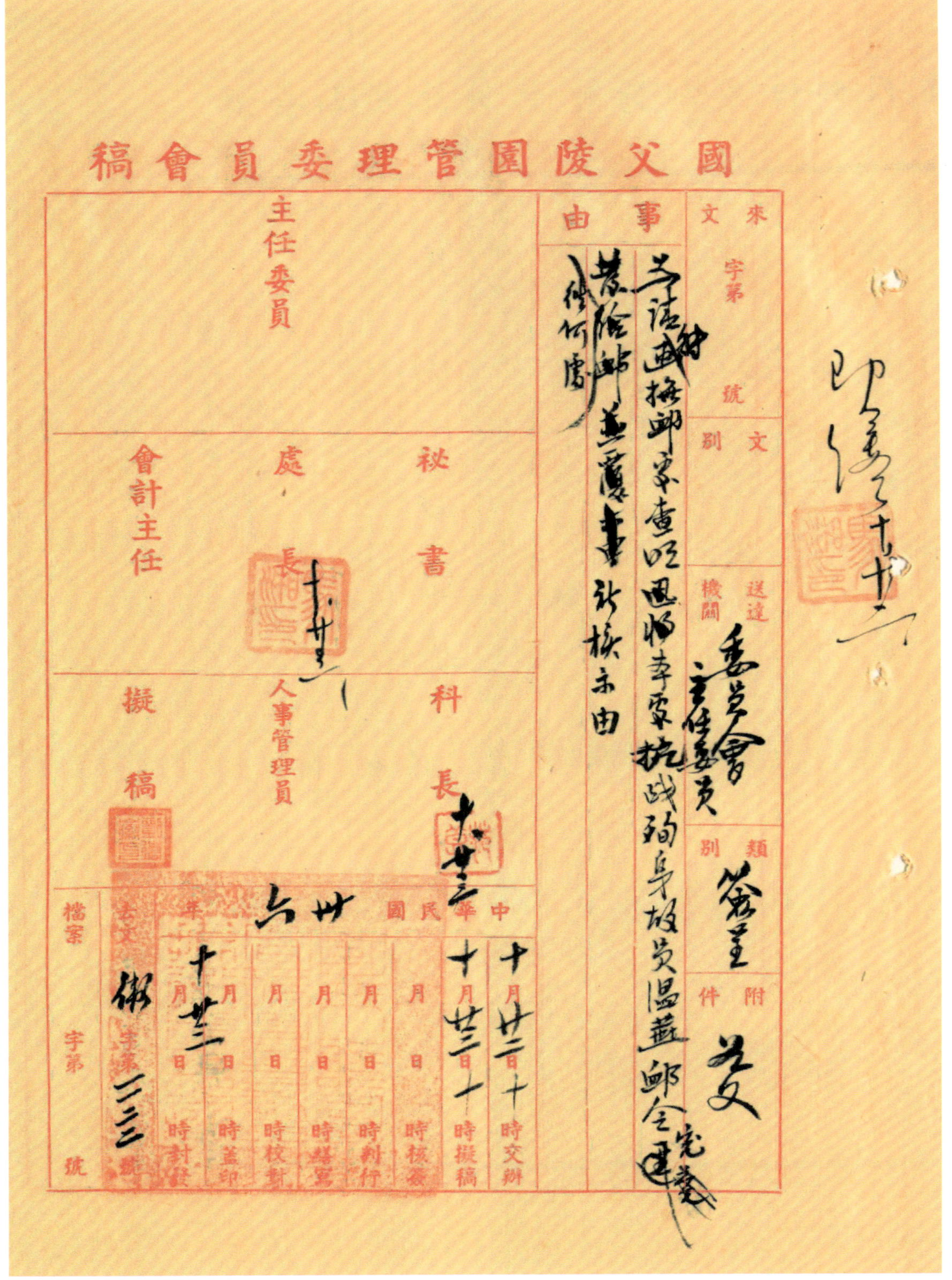

國父陵園管理委員會稿

簽呈 十月廿二日 于推呈

查本會聯案于民廿六年在南京守陵抗戰殉身官兵溫燕若等

經于本年一月呈報聯勤總部撫卹處請卹有案，並于五月

十日

鈞會准聯勤總部撫卹處五月 日敘字第二二九六八四號快郵代電，

「故兵溫燕若等三員名請卹案現已呈准給卹，除檢發卹令並

通知遺族具領卹金外，請查照為荷」等由，當經飭本會惟須據

戰處故兵溫燕之妻溫徐秀芳據次由山東來函云「仍未接到卹令、

其家境備極困難，請速查明」等語，手寫理合檢同原函，簽請鑒核

簽核，准予迅函撫卹處查明速將該故兵遺族給卹，究竟發出何處，並請其函覆

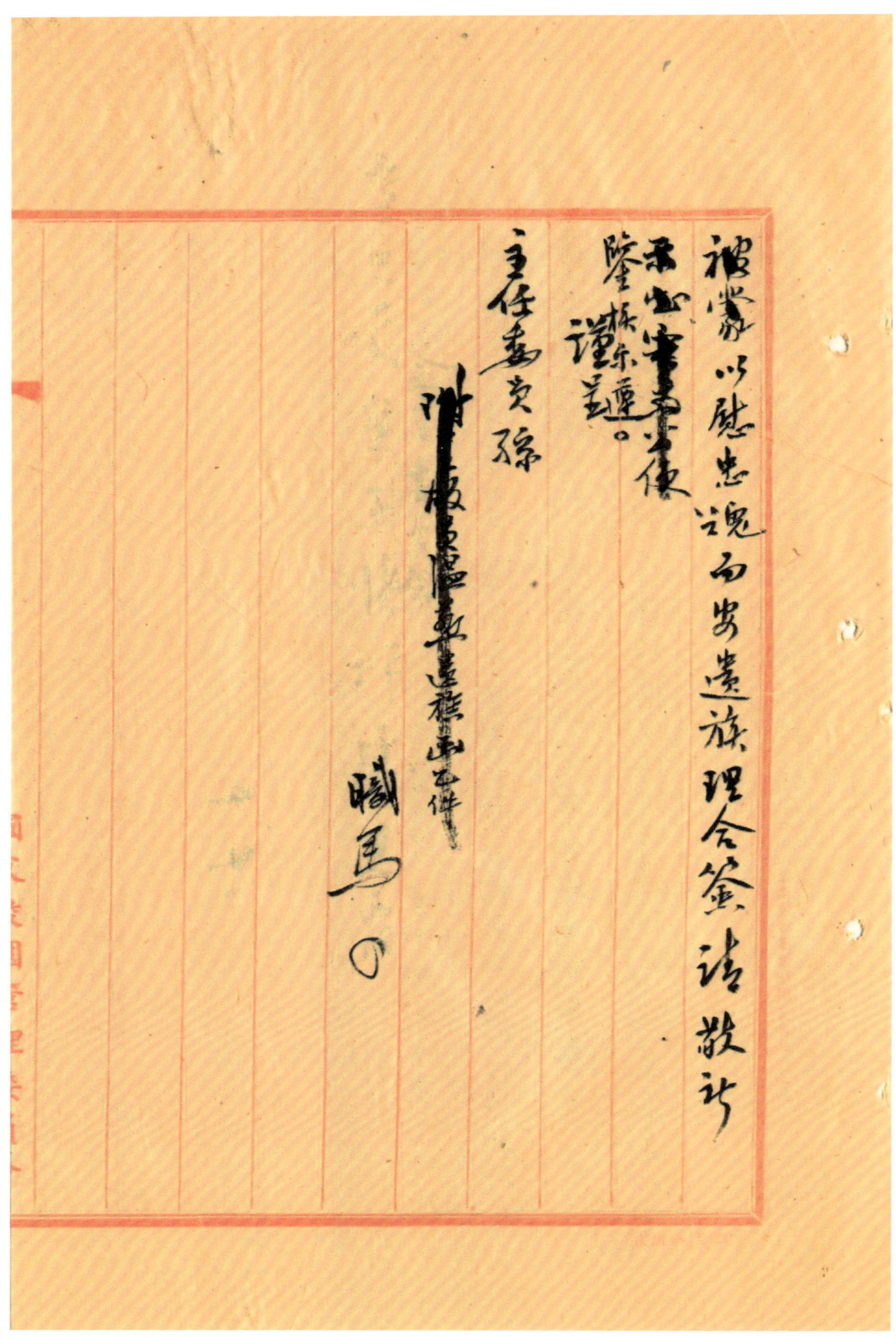

褫崇以慰忠魂而安遗族，理合签请敬祈

鉴核示遵。谨呈

主任委员孙

职马〇

联合勤务总司令部抚恤处致国父陵园管理委员会的公函（一九四七年十一月三日）

國父陵園管理委員會摘由單

來文機關	聯勤總部撫卹處
文別	箋
來文日期	卅六年十一月三日
來字號	𠈌字第五四七二九號
收文日期	卅六年十一月六日
收字號	陵收字第一七七九號
附件	收據
事由	為檢發故員温孟卿令一張附發收據等件請查照轉給取據見復由
承辦處所	總務
擬辦	
批示	
備考	

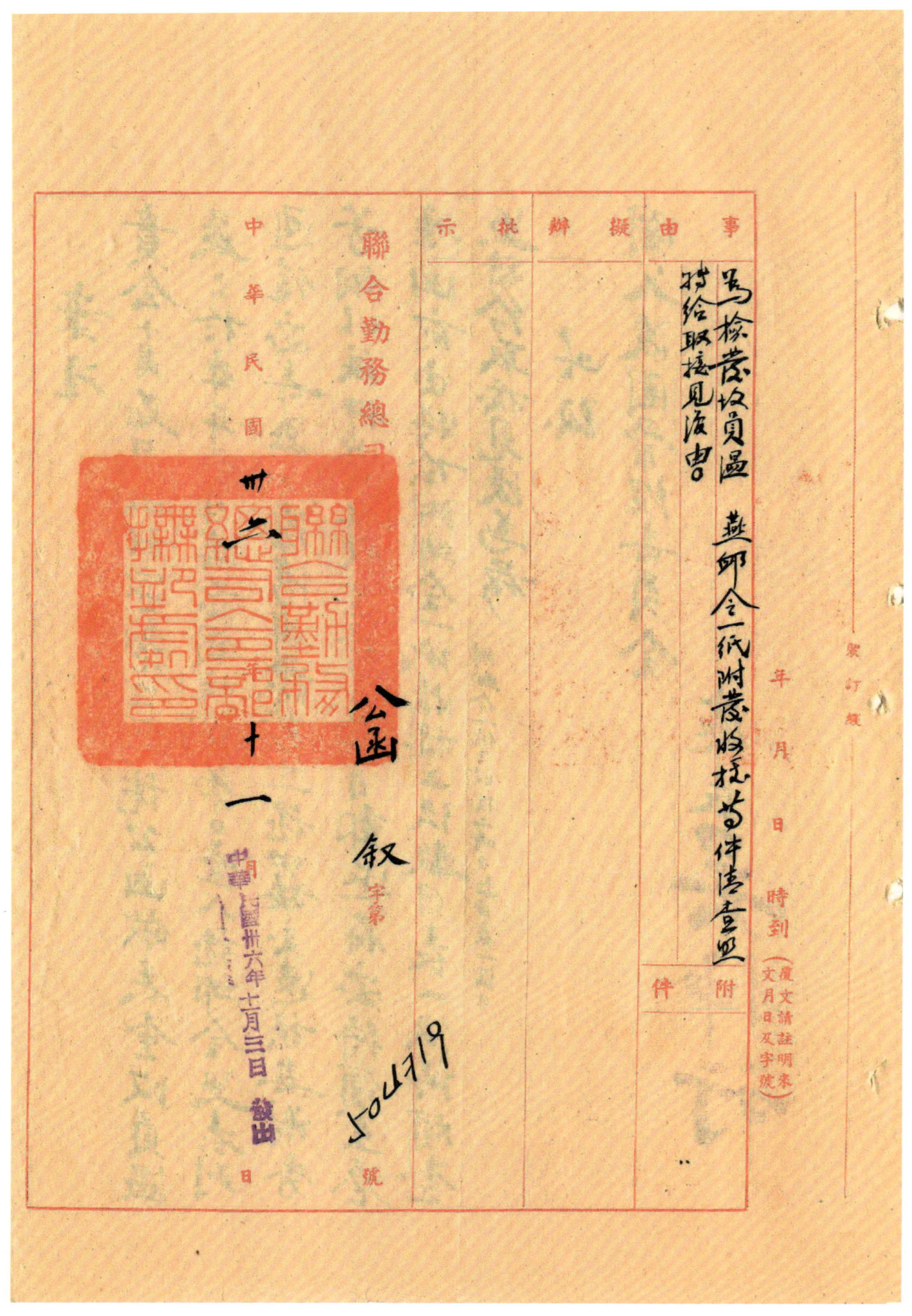

事由：為檢蒙收員區燕卿令一紙附蒙收據苟件請查照補給收據見復由

年　月　日　時到（覆文請註明來文月日及字號）

附件

擬辦

批示

裝訂綫

聯合勤務總司令部公函　叙字第　號

中華民國卅六年十一月　日

中華民國卅六年十一月三日發出

5047719

案准

貴会十月廿七日陵秘字第二二三號公函敬悉查收員溫燕之於本年五月填發國撫字第○三八號卹令及表列通信處寄至香港灣聯發街廿號羅穰文遠族妻謝秀芳嗣以該件業經投遞於十月七日郵退存處待領在卷准函前由特檢附卹令一紙收據二張數目表一張請煩查照轉給取據見復為荷

附卹令一紙。收據二張。數目表一張。

此致

國父陵園管理委員會

處長 吳仲行

国父陵园管理委员会为检同故员温燕恤暨收据等件复请查照依开列住址号迳寄该故员遗族收由致联合勤务总司令部抚恤处的公函（一九四七年十一月七日）

國父陵園管理委員會稿

來文 字第 號

文別

送達機關 聯合勤務總部撫卹處

類別 公函

附件 如文

事由 為檢同故員溫燕卹令乙紙暨收據等件復請查照依開列住址掛號逕寄該故員遺族收由

主任委員

秘書

科長

處長

人事管理員

會計主任

擬稿

中華民國 卅六 年

十一月七日九時文辦

十一月七日十時擬稿

月 日 時核簽

月 日 時判行

月 日 時繕寫

月 日 時校對

月 日 時蓋印

月 日 時封發

去文 字第 號

檔案 字第 號

签 衛公函　衛字第　號　民國卅六年十月七日發

案准

貴處卅六年十月三日叙字第五〇七一九號公函，為檢發故員温燕郵金乙紙，附薪收據等件，請查照轉給取據見復。乙紙查該故員温燕之遺族住址變遷，兹附錄住址于后，擬該項郵金暫應由

貴處重寄（廠掛）方合手續，相應備函檢同郵金暨收據、紙郵金給與表等送請

查收惠予辦理、並迅級公鎮，此致

聯合勤務總司令部撫卹處

附（還）故員温燕郵金收據、紙郵金給與表

處長 馬○

故員温燕遺族住址：

香港九龍旺角花園街一九三號三樓黄英傑轉温詠秀芳

国父陵园管理委员会给温燕遗族的信函（一九四七年十一月八日）

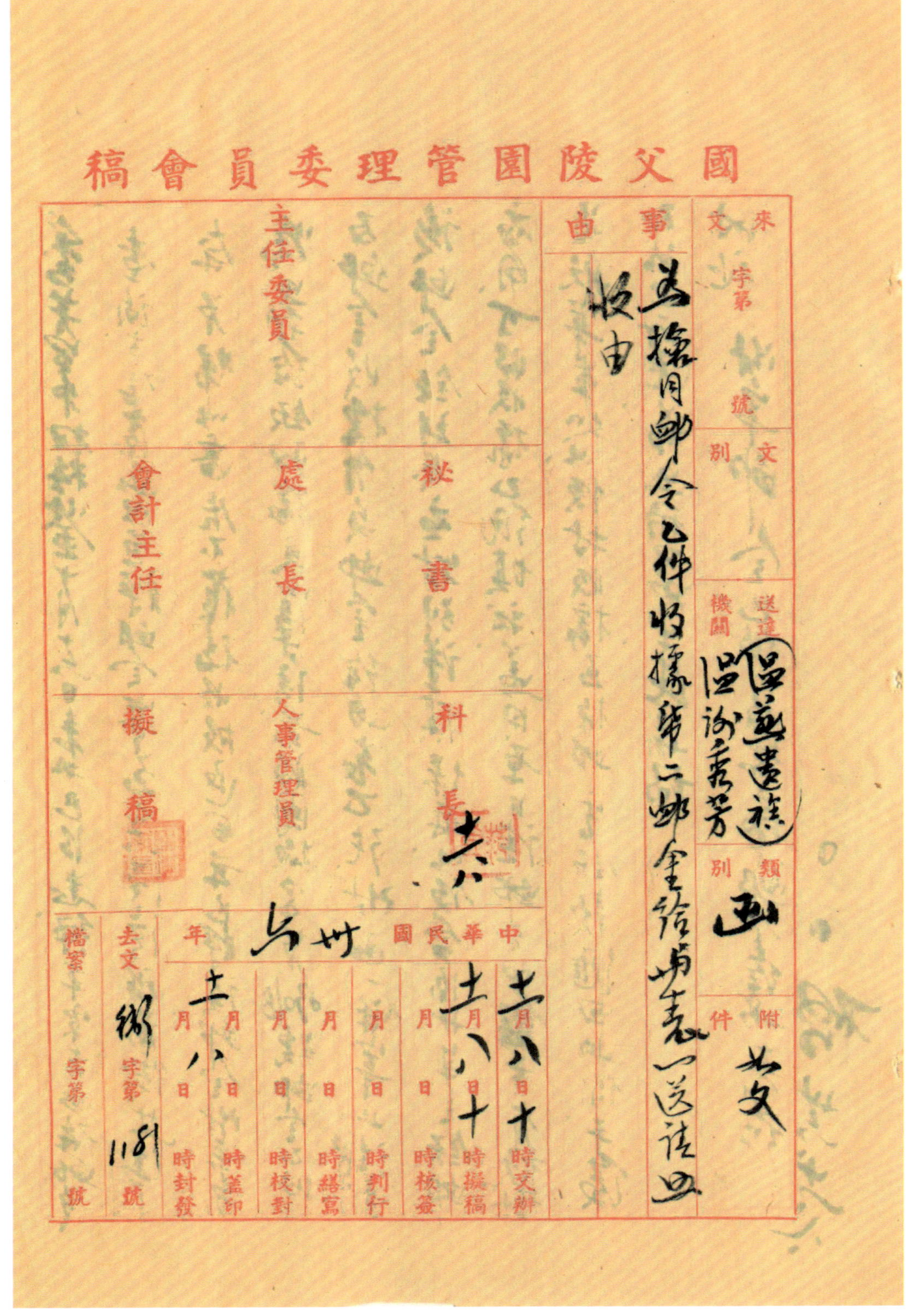

國父陵園管理委員會稿

來文	字第　號
文別	
送達機關	溫燕遺族 溫浵秀芳
類別	函
附件	公文
事由	為據月邮令乙件收據第二邮金給與事宜一送請收由

主任委員　秘書　處長　會計主任　科長　人事管理員　擬稿

中華民國卅六年

十一月八日十時文辦　十一月八日十時擬稿　十一月八日封發

去文　鄉字第1181號

檔案　字第　號

秀英宗弟柏樑鑒：本月十二日來緘已悉。經本處去函托郵局查詢，方接覆函，以芭埠郵金寄至香港灣仔聯芳街廿號，奈吾弟以遷居不獲接收，故退回本埠。將該郵金附來，俾吾弟給領取據見寄，俾得將圖換字第918號郵金乙件及郵金收據寄來。茲將郵金給領表乙張，附函一併寄上，注意該郵金領到後，應特別謹慎保存，以便今後廿年之領郵應用。可將收據乙紙填就，蓋用原日請郵之印鑑，方有效。掛號寄來本處，以便持收據到郵局查領款匯回，尚係手續知如上所述，弟照辦可也。專此并詢

時祉

附寄郵金乙件收據二紙，郵金給領表乙紙

○○啓 廿七、八

联合勤务总司令部抚恤处印制的恤金收据、领恤人印鉴及军官佐属士兵阵（死）亡请恤表（样表）（一九四七年）

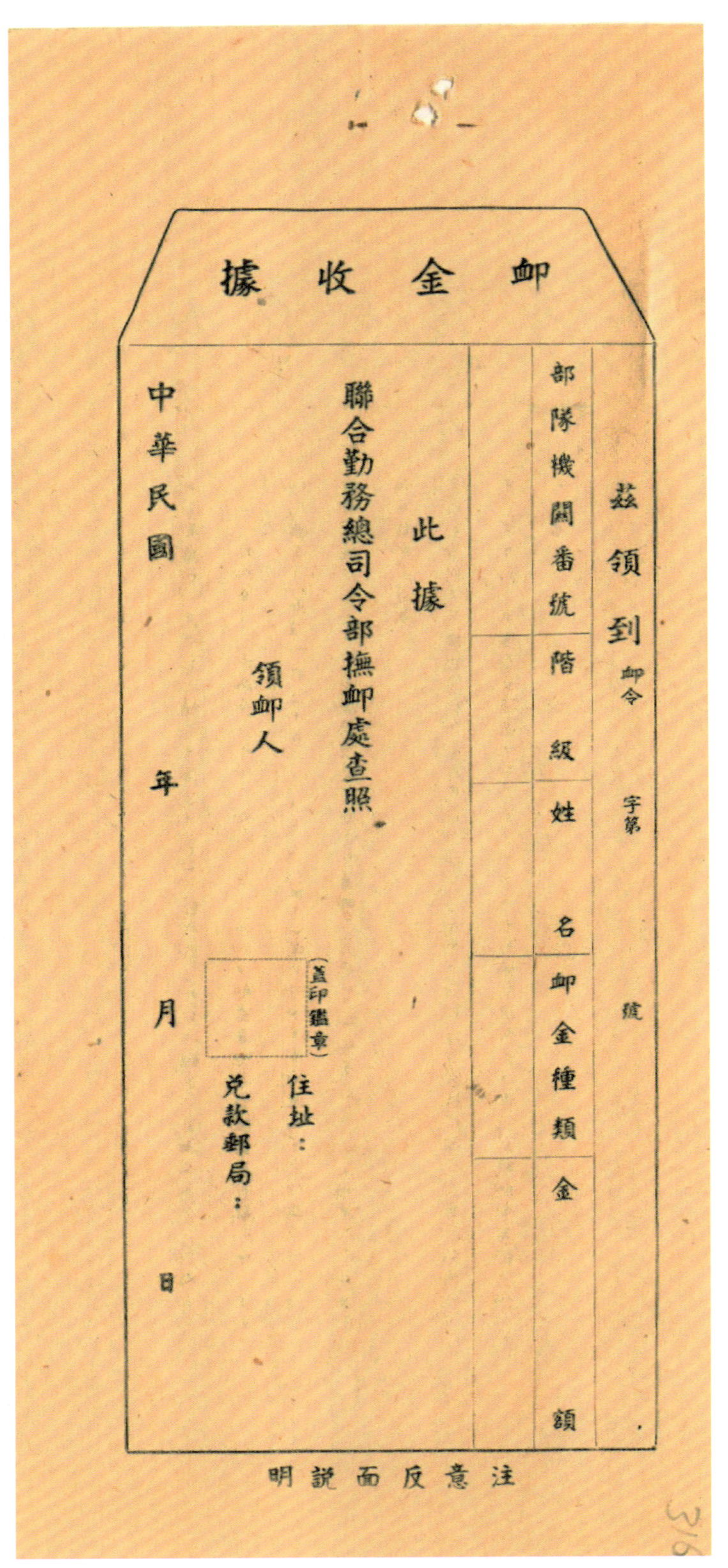

卹金收據

茲領到 卹令 字第 號

部隊機關番號	階級	姓名	卹金種類	金額

此據

聯合勤務總司令部撫卹處查照

領卹人 （蓋印鑑章）

住址：

兌款郵局：

中華民國 年 月 日

注意反面說明

說明

一、卹金有陣亡一次卹金，陣亡年撫金，死亡一種卹金，死亡年撫金，負傷年卹金，公粮代金，一次特卹金，勝利卹金，等種，領卹人每次領卹，都要每種卹金填寫本收據一紙，蓋好印鑑圖章，（即請卹表上，或印鑑紙上蓋的圖章）連同卹令，寄南京小營撫卹處。

二、撫卹處接到之後，只要圖章清楚不錯，就連卹令寄一張「卹金支付書」，交領卹人拿到自已指定的郵局兑款。

三、某樣的階級，某樣的傷亡，每年應領某種卹金若干，各郵局貼有撫卹處的公告，領卹人可先去看明白，再填在收據内，要是看不明白，也可函問撫卹處，惟須寫明卹令字號，領卹人姓名。

領卹人印鑑紙

領卹人			故員兵姓名	卹令字號	領卹人蓋印鑑處
姓名	籍貫	通信處			
	省 縣			第 字 號	

保證人（鄉保長或商保）				蓋鄉保長圖記或商會鈐記處
姓名	籍貫	職業或職務	與被保人之關係	
蓋章	省 縣			

中華民國 年 月 日 領卹人 填具

注意反面說明

填蓋印鑑紙及使用印鑑說明

一、撫卹處為體念領卹人每次領卹找保的困難，定於卅五年十月一日起，領卹不用保證書，改憑印鑑核發卹金。

二、凡在上開日期以前領有卹令者，應將平日領卹金用的圖章，蓋在正面的兩個方格內，並把其餘的各項分別填好蓋好，寄南京小營撫卹處保存，以便每年領卹時好核對。

三、除了這張印鑑紙外，還有一種「卹金收據」，都是撫卹處送存各地郵局，以備領卹人取用的，不需分文。

四、如本年卹金還未領去，可馬上填好「卹金收據」，連同卹令，與蓋寫好了的印鑑紙，共計三樣，一同寄撫卹處，只要「卹金收據」的圖章與印鑑紙的圖章相符，就可核發「卹金支付書」，寄交領卹人持向自己指定的郵局兌款，以後每年只寫「卹金收據」，連同卹令，寄撫卹處就行了。

五、某樣的階級，某樣的傷亡，每年應得某種卹金多少，各郵局都貼有撫卹處的公告，可查明填在「卹金收據」的種類與數目欄內，並要一種卹金填寫一張，如果數目有改動的時候，也是這樣在郵局改貼新公告，領卹人每年填寫「卹金收據」，宜先到郵局去看一看。

六、印鑑紙上蓋的圖章，和每年「卹金收據」蓋的圖章，都要注意蓋清楚，此種圖章，並要注意好好保存。

七、所有郵遞，都要用雙掛號寄發，以防遺誤。

軍官佐屬士兵陣(死)亡請卹表

聯勤總部撫卹處製

姓名	
籍貫及住址	
年齡	
出身	
兵科	
原隸部隊番號或機關名稱	
級職	
死亡情形	
死亡時日	
死亡地點	
已否請卹	

服務證件	死亡證件

死亡者（右圈填官或兵）

家屬狀況

稱謂	祖父	祖母	父	母	妻
名氏					
存歿					

稱謂	子				女		
名號							
年齡							
是否就學							

稱謂	兄	弟	姊	妹
名號				
年齡				
是否就學				

領卹人	
姓名	
住址通訊處	惠州城花園圍四十九号鳥屋
請卹印鑑	青陽縣公署街又号
下面方格内必須蓋印鑑兩個並須注意保存	

反面說明

原隸部隊番號或機關名稱	省縣（市）或設治局之名稱	鄉（區鎮）保甲名稱	審核意見	核呈
長官級職姓名	主管官姓名	鄉（區鎮）保甲長姓名	處長	
			副處長	
			組長	
蓋章	蓋章	蓋章	副組長	填發卹令日期
			科長	年　月　日
住址	住址	住址	科員	填令字號
				字　號

印信

中華民國　年　月　日填報

注意

請卹領卹塡表說明

一、有資格替陣（死）亡官兵請領卹令的人，共有三方面：（一）陣（死）亡官兵的原隸部隊長，或機關主官，）二）遺族住在地的縣（市）長，或設治局長，（三）遺族本人，以上三方面，無論那一方面來請，只要合乎這塡表的規定，均可有效。

二、無論那一方面請卹時，都要先將這表塡好，（此表各地郵局都存得多可以隨時取用並不要錢）再用雙掛號，寄到南京小營，聯合勤務總司令部撫卹處（以下簡稱撫卹處）核辦，這是第一步手續。

三、撫卹處接到請卹表，即按規定，核發卹令，連同空白「卹金收據」，用雙掛號直接郵寄領卹人，經領卹人査明無誤，應在郵局回執上，加蓋原請卹表上的印鑑圖章，以代領結，寄回撫卹處存査，這是第二步手續。

四、領卹人，應將卹令和印鑑圖章，注意保管，隨時將收據塡好，蓋上印鑑圖章，同時還要在卹金收據上，塡明可以通匯的郵局再連同卹令，用雙掛號一併郵寄撫卹處，經撫卹處察核相符後，就立即簽發卹金支付書，連同卹令雙掛號寄還領卹人，持向原指定的郵局兌取卹金，這是第三步手續，所有請卹領卹的手續，也就這樣完成了。

五，再表內「印鑑」欄，是由領卹人（用本說明十二條順序遺族一人的私章）將自備的私章蓋在上面，如果平時沒有私章的，也要刻一個，蓋在上面，切不可用手模代替，這個印鑑所用的私章，是領卹人領受卹令，和年年請領卹金要用的，在撫卹處方面，無論送達卹令，或核發卹金，都是以這個印鑑爲憑，倘若印鑑不符，或是沒有蓋淸楚，就不能發款，所以要好好保管，和使用，萬一失落，就要登報一天，聲明作廢，再請保甲長或鋪家，證明確係遺失，另換新印鑑，在下次請領卹金時，蓋在一張紙上，幷寫領卹人姓名、住址，卹令字號，連同卹令，報紙，和證明文件，等項一併掛號郵寄，或逕送撫卹處，改用印鑑，領卹人變更時，也要憑原印鑑圖章，報請更換新印鑑圖章。

六、凡部隊或機關，代爲塡表請領卹令時，除長官署名蓋章外，幷須加蓋機關印信。

七、表內所列（一）原隸部隊，或機關，（二）縣（市）政府，或設治局，（三）鄉（區鎮）保甲等三欄，不是要同時具備的，例如由原隸部隊，或機關填報的，縣（市）政府，或設治局與鄉（區鎮）保甲兩欄，就不要填。

八、表內「死亡證件」，及「服務證件」兩欄，如由原隸部隊，或機關填報的，無須填註，由地方政府，或遺族本人填報的，必須附繳證件，並於欄內分別填註。

九、遺族本人填報而無明確證件的，必須縣（市）政府，或設治局，及鄉（區鎮）保甲長，在表內簽名蓋章，加蓋印信，共同證明，此種情形，如係士兵，只核發一次普卹金，不再按年給卹，官佐屬另行核辦。

十、部隊，或機關填表請卹時，已將陣（死）亡官兵生前住址，和遺族姓名，查明填報的，撫卹處一面編號登記，一面將原表寄交遺族，補蓋印鑑，填明家屬狀況，并由鄉（鎮區）保甲長，簽名蓋章，證明身份後，寄還撫卹處，以憑核發卹令，若住址不詳者，撫卹處除編號登記外，即將原表寄送該管縣（市）政府，或設治局，詳細調查，轉飭遺族，補蓋印鑑，并填明家屬狀況，及請鄉（鎮區）保甲長，簽名蓋章，證明身份後，寄還撫卹處核卹。

十一、表內死亡情形欄，只填「陣亡」「傷劇殞命」「因公殞命」或「積勞病故」四種之一，如死事慘烈者，并須簡略填明。

十二、應領受卹金之遺族如左：

（一）父母（二）妻及子女（再醮或出嫁者不在內下仿此）以上遺族均存者，依照家族互相扶養義務，所領卹金，應予計口均分，有父母者，卹令由父母保存，無父母者，由妻及子女保存，父母有其他子女，足以扶養者，應將卹令交死者之妻及子女保存，（三）無上列遺族時，給其祖父母及孫，（四）上列遺族俱無者，給其未成年之胞弟妹，（給至成年爲止）

十三、如有濫冒身份者，署名蓋章之鄉（鎮區）保甲長，應共同負責。

十四、領卹人在請卹以後，住址或通信的地方，如有變動，務必馬上用一張信紙，詳細寫明新處所，並簽名蓋印鑑圖章，掛號寄撫卹處以免卹令或卹金，無從送達。

七、还都

總理陵園管理委員會還都臨時費概算表

（三十四年度）歲出臨時門

款	項	目	科目	概算數	說明
1			還都費	四七,二八〇,〇〇〇.〇〇	
	1		搬運費	八,九八五,〇〇〇.〇〇	
		1	包裝費	七,四九五,〇〇〇.〇〇	包裝公物（圖書、儀器、帳冊、紀念物品及必須携帶之檔案等）用木箱五十五只，除原有舊可應用之四十只外，尚須添做十五只，每只工料約計八千元，另油、鉄、藤、繩、標貼等約需三萬元，合計如上數
		2	運費	一,四九〇,〇〇〇.〇〇	公物五十五箱約重五千公斤，由南泉至輪上及抵京後由輪工起運至中山門外本會之運費約百萬元，員役及眷屬行李箱籠等約七千四百五十公斤，約需運費百四十九萬元，合計如上數

3	膳宿費	六、三四五、〇〇〇.〇〇	本會遷都職員二十五人眷屬大口七十五人每人膳宿費五萬元小口十五人每人二萬五千元工友及警衛八人眷屬大口十六人每人三萬元合計如上數
2	開辦費	三、六七六、〇〇〇.〇〇	
1	修繕費	五〇〇、〇〇〇.〇〇	修理被敵傷破壞損毀之陵墓及房屋等約計如上數
3	購置設備費	二、六七六、〇〇〇.〇〇	本會計職員六十七人園工伕役士兵五五九人須購棕床六十七張每張約五千元計三十三萬五千元園工伕役士兵五五九人双層木床二百張約五千元計一百五十萬元九抽桌及三抽辦公桌六十七張每張平均約五千元計三十三萬五千元靠背椅及木椅一百五十張每張平均約一千元計十五萬元宿舍用小辦公桌四十張每張約六千元計八萬元茶几五十張每張約一千元計五萬元飯廳用四方桌六十張每張約三千元計十八萬元飯廳用方櫈八十張每張約

六百元計四萬八千元團丁伕役士兵飯廳用長櫈一百六十張每張約八百元計十二萬八千元交通用汽車一輛約計二百萬元公用包車十六輛約六十萬元送信用自行車六輛約十萬元發給衛隊騎馬二匹約十萬元監察人員用騾子二匹約四萬元又警衛隊官兵六八二人每人冬季棉軍服一套每套約三萬元六八二套計六百二十三萬元每人棉大衣一件每件約三萬元六八二件計四百六十二萬元團丁伕役三五九人每人冬季棉服一套每套約三萬元三五九套計一千零七十七萬元合計如上數

3	其他什支	二〇三五〇五〇〇〇	總一二兩項以百分之五估列
4	預備費	二〇三五〇五〇〇〇	仝上

总理陵园管理委员会复原计划（一九四五年一月）

總理陵園管理委員會復原計劃

一、先派人員二人還都接收本會房屋及其他一切財產物品

二、本會職掌事項為：總理陵寢之護衛陣亡將士公墓中央體育場植物園之管理森林之修整保護園藝之佈置養植陵園區域之清潔衛生及警衛等遷渝後一切業務無法辦理僅留職員四人保管基金及重要公物據此次復員必須從新設施其事務較前更為繁重應先恢復原有組織以赴事功

三、本會遷渝後因係保管時期三十四年度預算即就現有人員編造每月經常費分配數僅有二萬餘元並未列有準備金及臨時事業各費本會復員原與中央各機關復員

情形特殊，所有職掌事務均自復員之日起開始辦理，茲同新設立機構無甚差異。茲參照本會廿六年十月間緊縮後之員役官兵人數標準，並斟酌實際必須各項費用，編造本會復員緊急措施（本年九至十二月份）經常費、臨時費（附園林施業概要）概算各一份（附表），及員役官兵遣散及生活補助費表各一份（附表）。至於還都臨時費概算，另行編送。

四、查中央各機關三十四年度預算均列有準備金及臨時事業各費，其復員所需費用可在原預算範圍內先行墊付，並有原有人員可資派用。本會本年度預算為數極微，人員亦少，且 總理陵寢為中外人士瞻仰所繫，其園林又為首都風景區之一，政府還都之日，中央黨政軍各機關首長及盟國要員前來謁陵遊覽者當屬衆多復員工作亟應積極進行其拆復原有組織勢難稍緩惟拆復原組織所需經常費及臨時費（事業費）未有其他款項可以借墊而員役官兵薪餉津貼及辦公事業各費即應支給如俟復員概算核定撥發緩不濟急本會情形既屬特殊應函請行政院准照本會所編緊急措施經臨概算九至十二月份經常費臨時費（事業費）及生活補助費總額先以緊急命令轉飭財政部一次撥發至于員工官兵公糧每月總額並請行政院迅飭糧食部按月先行墊發以資應用而利復員工作

二

林元坤关于接收总理陵园情况的呈文（一九四五年八月十七日）

關於接收情形

查偽組織時期陵園管理分為三單位：（一）國父陵園管理委員會，（二）陵園警衛大隊，（三）菓園及牲畜場。謹將接收情形臚陳如次：

（一）偽陵園管理委員會直接屬於偽中央黨部執行委員會。職到京之翌日（八月十七日）即往接收，因該會留守辦理移交人員（總務組主任）錢翔蓀所造清冊不全，面囑重行編造，延至八月廿三日始接收竣事。其接收之物件計有檔案及小部份办公椅桌（三抽桌八張、會議桌一張、直背椅十餘張）、農具等（詳細物品詳移交清冊）。

（二）偽陵園警衛大隊計有士兵八十四名，大隊長及職員共十一人，前歸偽警察總監署及偽南京市政府指揮監督，其每月經費由偽警察總監署代向

偽財政部具領轉發該大隊在系統上不屬偽陵園管理委員會管轄
職到京時即面囑該大隊長張大鵬仍舊負責關於接收及改編等事
宜候馬處長來部辦理嗣據該大隊長造送九月份員警薪餉清冊
及請領十月份員警食米清冊前來當經簽奉
常務委員馬批准照發惟首都警察廳亦令飭該大隊具領薪餉該大隊
即將已向本會領去員警薪餉情形呈復該廳並報請本會核辦當
將本會內部組織及常務委員會議決恢復原組織一案函達該廳
查照並請將該大隊歸由本會接收去後旋准函復該大隊已列編
制等由其來文意旨似不免移交本會接收經將復函呈
閱奉批暫緩並奉

諭關於警衛隊接收事宜俟馬處長返京辦理 職以該大隊既未正式接收關係員警薪餉是否照發請 示辦理等 諭照發于十月份終了時即通知該大隊造具員警薪餉清冊以便發給迄本月七日該大隊將前領之九月份薪餉及食米代金全數呈繳來會 查前敘因奉首都警察廳令飭所有經費應向該廳具領云云 謹將陵園警衛大隊之未接收情形報請

鑒核

(三)菓園係由敵寇經營並附設有畜牧場一所當 職來京時因敵軍駐守其間未便前往接收旋由新六軍派兵接收之後本會即去函該軍部轉飭予以接管准復照辦惟駐守菓園軍

队一再调防，并前往洽商接收六次之多，均以未奉命令为词延不交还。嗣本会復备公函由职面谒廖军长，即承批示交还，並嘱与军需处蒋处长面洽办理。遵晤蒋处长时，据称该军部前奉令饬移交者中有本园，该军部误以万寿园为敌人所办，签请总司令部拨交该军作为农场，经职一再声明原委，允饬交还。因此往返交涉，延至十月廿七日始接收。后乃其所谓移交者，即将万寿园军队开驻他处，并未将敌人移交清册交出，又未查造移交清册。职以手续不合，曾面请驻守万寿园军队指派人员会同清查存物，编造移交清册，以明责任，彼竟置不理，在此情形之下，祗得指派本会职员吴敬之负责验

裘及工友二人將菜園所有存物逐一點查造冊呈核，此外並另接收乳
牛二十八頭、馬四匹、驢一匹，此接收菜園之經過。
四、本會所有辦公房屋、職工宿舍及林園被壞情形，前經擬具報告并
交貴主任繼寧轉呈鈞府　荃察。
關於一月餘之工作概況
甲、工程部份
一、修理本會房屋及衛兵室等
二、油漆禮堂休息室並修理後堂大廳及休息室、客
門等
三、搭蓋噴射廁所一坐

四、設計修理委員會辦公室（即園青陳列館原址）及膳堂廚房衛兵室傳達室等圖案及工程説明書均已擬就呈報核示中

乙、園林部份

一、刈除陵墓大路（柏油路）兩旁野草

二、刈除各幹路路面及兩旁野草並掃除障碍土堆破碎瓦片等其工作地點（一）由中山門經明孝陵至竹建亭（二）墓陵前至譚墓

三、修整陵墓前及譚墓等處花草樹木

四、擬定三十四年冬季刈草辦法業已核准施行着手辦理

蓋林地野草叢生有碍森林生長且有火患之虞故必須之

印刈除

五、拟具本年冬季及明春園藝工作計劃（另附計劃書）

丙、總務部份

一、擬定租種田地暫行办法業已呈准施行並開始办理調查番

核登記等工項

二、繪製办公桌椅圖案

三、装修陵堂電灯

四、調查佃農戶口並召集村段長談話說明租種田地暫行办法

刈草办法内容及申請承佃手續並將陵園耕地分作十七

區每區就佃農中指派一人爲服務員負責保護森林及協助催收佃租工作俟照抗戰前成案每服務員月給津貼食米五斗

五、本會在京現有工作人員共有十八人計前疏散人員准予復職者四人新進人員六人另警衛處准予復職者二人

關于應行請示迅速辦理部份

一、修理本委員會辦公室及添建膳堂厨房傳達室衛兵室等圖案及説明書業已呈奉常務委員馬核示中該項修建房屋急待進行以資應用原擬圖案是否可行仰祈核示祗遵

二、本會所接收之办公桌椅及散在鉅文殿之病舍應用之床桌亦應補置現市上缺乏現貨且木料之價日趨上漲可否依照比價方法分期定製以應急用亦祈 核示祗遵

三、陵堂所剏建國大綱文原貼亦全中多剝落擬飭工估價重貼當否祈 核示

四、明孝陵為首都古蹟之一中有月門左邊墻剝將傾倒又甬道圍墻已傾倒一處又掛像亭屋簷損壞地面亦有一部毀傷若不略予修理不但有礙觀瞻且難保持自久擬飭用既有勝境飭工估價修理以保古蹟當否乞 核示

五、本會所轄陵園周圍計四十華里山前山後所有森林

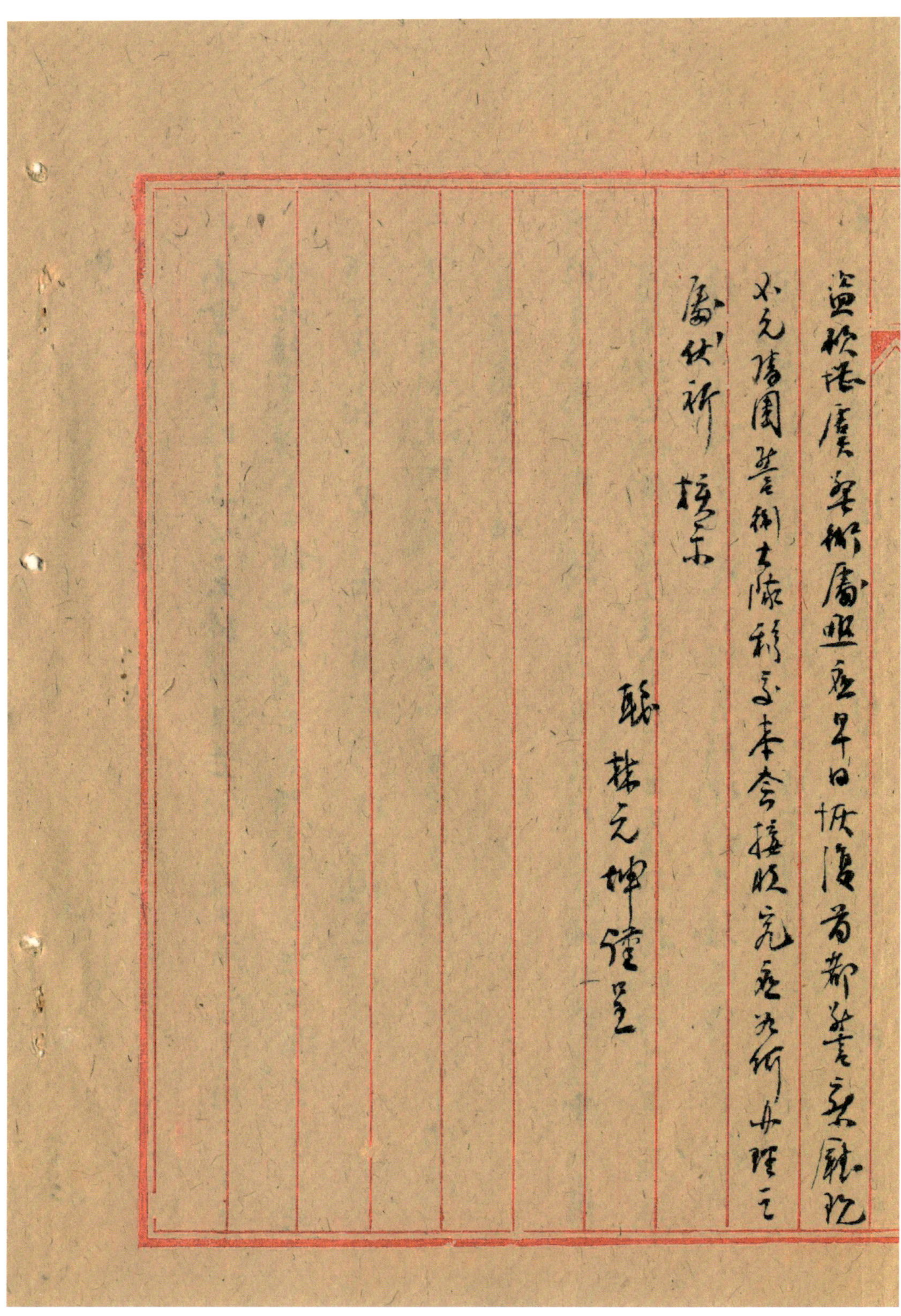

並飭張處長警衛處照應早日恢復首都警察廳派以免陵園警衛大隊移交本會接收完竣後無人管理之虞伏祈核示

職林元坤謹呈

财政专门委员会关于总理陵园管理委员会一九四五年度还都经费追加预算审查报告（一九四六年一月）

轉撥

南京支庫二千萬元正

國庫總庫壹千零九十三萬二千六百元

審查報告

主計處核轉總理陵園管理委員會三十四年度還都經費追加預算案

查總理陵園管理委員會必須提前還都所需經費擬依主計處意見共予核定三千零九十三萬二千六百元（内計還運費八一一二六〇〇元、工警制服費二〇〇〇〇〇〇〇元、預備費二八二〇〇〇〇元）追加三十四年度歲出是否之處敬祈

鑒核

財政專門委員會

八、恢复计划

總理陵園管理委員會園林組工作計劃大綱草案

查陵園森林花木及園景佈置各種建築物設備等經八年來敵偽之摧殘與長時期之荒蕪損失綦重嗣後園林組工作固應積極整理圖復舊觀同時仍須賡續以往未竟計劃双方並進期於最短時期內達成陵園建設目的謹草擬工作計劃大綱如后

一森林 以營造紫金山護墓紀念林綠化首都協助經营中山紀念林及经营經濟林為目的

a.陵墓造林

1.整理現有次生林於三十五三十六兩年內完成初步整理工作嗣後逐年整理疏伐以期成林

2、造林於三十五年度先於陵墓後山及第一峯下造林六千畝植樹十五萬株開闢苗圃三百畝於二年內擴充至一千畝培育造林用苗及各項觀賞風景用樹苗第二年起每年造林一萬畝採分區管理同時並進於五年內將紫金山全部造林完成所用樹種首以綠化為目的選擇適於荒山造林樹種同時間植各種風景樹及經濟樹

3、注意保護逐步整理並修築防火綫築成人馬可以通行之林道以便巡邏及救火設置巡邏工人消防及通訊設備同時以各種方式聯絡鄉民情感促進對於陵墓敬慕之忱激發自動保護觀念

4、注重有關造林資料之紀錄與統計以作將來森林經理之參攷作特種用材林與造林樹種之試驗研究以供全國造林之參攷並以研究所得指導或協助地

丁4（192×272公厘）

方及民營森林

b.營造紀念林　全國各地莫不有中山紀念林之經營而一究其實則成林者絕無僅有類皆虛應故事無裨實際推其失敗原因不外缺少永久整個計劃與實際管理人才陵園既以營造總理紀念林為目的則協助各地營造中山紀念林實為必要事業

1.各省市名山勝跡營造中山紀念林由陵園與各省市協同經營由陵園主持之先從首都附近着手逐漸推廣至各省市

2.應各地營造中山紀念林之要求代為設計及負技術上指導之責於必要時得由陵園供給種苗或代為訓練林業幹部人才及技工

C.經營經濟林　本會經營陵墓紀念森羅致相當林業技術人員於造林完成

丁4（192×272公厘）

之後必有餘力可以從事經濟林之營造以協助國家建設且可作陵園一切事業之基金誠一舉兩得實有積極進行之必要

1.經營電桿枕木造紙油脂等用材經濟林以地區適宜為主（如貴州錦屏湖南江華之杉木經濟林）完全以經濟林之方式經營之獨營或與地方合作

2.全國森林區之調查測勘以供研究與參攷並指導協助民營經濟林之管理與利用

二園藝 以佈置陵墓暨全區風景達成森林公園並推進園藝生產加工事業為目的

a.陵墓園景

1.於三十五年度先將陵墓及附近主要地區園景積極整理完成之嗣後再逐

丁4（192×272公厘）

年擴充以期於五年内造成中國惟一之森林公園以供中外人士之瞻仰與遊覽爲增進遊衆興趣起見規劃佈置遊覽路綫有引人入勝之景而無迂迴之苦

2.重建大温室以供繁殖培育觀賞花卉及熱帶植物之用修築各溪澗水壩以資蓄水藉增風景並利各區苗圃園景及果蔬園之灌溉

3.培育各項花木秧苗尤注重我國特有花卉（如牡丹梅蘭海棠芍藥秋菊等）之培育繁殖與育種改良以期輸出國外

6.生産事業

1.果園竹林茶園等先行整理繼續輸入各國著名果蔬品種作馴化試驗研究育種改良並造成示範果蔬園場兼供各界參觀研究

2.將試驗成功之品種大量繁殖推廣尤注意附近農民予以技術上之指導並將

丁4（192×272公厘）

特别適宜我國之著名果蔬花卉擇其合于國際需要者大規模栽培提倡以期獲取國際市場

3.研究果蔬產品之加工脱水製貯与協助農民對於生産運銷技術之改進

三、研究工作

a.植物研究

1.闢闢苗圃二百畝從事各種植物品種之搜集繁殖与培育

2.佈置植物分類應用植物及松柏竹木药用等各種植物園暨建造温室設立熱帶植物園以供各界及各級學校暨學術團體之參觀与研究

3.採製國内各地植物標夲木材標本種子標本與圖片等分别鑑定陳列及收集生物標本以供繁殖培育之用

丁4（192×272公厘）

b.病蟲害研究

1.陵園界内暨附近民間各種病蟲害之調查記錄及實施防治並製造防治藥品與用具

2.研究各種病蟲害防治之方法及有關益鳥益蟲寄生蜂等之收集飼育試驗

3.研究各種病蟲害之生活史製成標本分類陳列

c.動物研究

1.採製各種動物標本暨養各種動物分別陳列以供各界參觀研究

2.飼養乳用牛羊及雞猪淡水魚等以生産所得補助動物園之建設及日常飼料並從事品種及飼養方法之研究

丁4（192×272公厘）

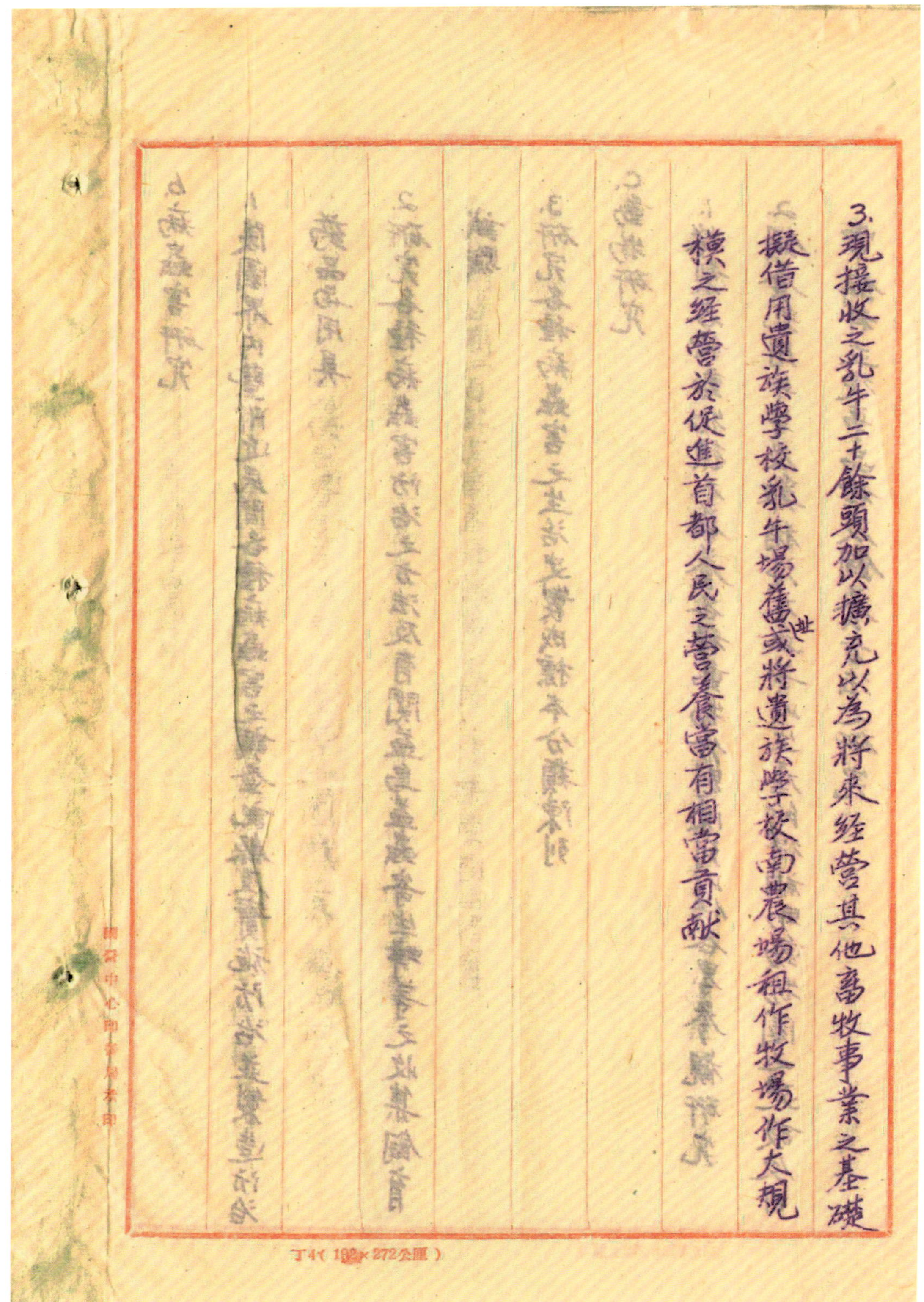

3.現接收之乳牛二十餘頭加以擴充以為將來経營其他畜牧事業之基礎

擬借用遺族學校乳牛場舊址或將遺族學校南農場租作牧場作大規

模之經營於促進首都人民之營養當有相當貢獻

林元坤为陵园新村所有建筑房屋于抗战期间被破坏无遗，原租地应如何使用致孙科的签呈（一九四六年五月）

簽呈

查陵園新村所有建築房屋於抗戰期間被敵寇破壞無遺，其房屋基地即為附近農民開墾耕種，本會於上年復員時為免墾地荒蕪增加生產起見，仍由佃農繼續耕種，照章立約承領，繳納地租在案。茲據佃戶張萬有來會聲稱，近有周委員啟剛公館來人數次謂原領地所種作物一概不准收獲，如敢故違，定予拘辦，並摘去蠶豆拾餘斤等語。伏查陵園新村範圍共劃分為二百三十四號，每號面積約合三畝，規定領地費五百元，年繳地租三十元。現原領地各戶陸續遷都，行使租權，是否將已墾耕種之租地全部收回，仍由領地人使用，依照原規定每年收租三十元，抑或另行統籌辦法，敬祈

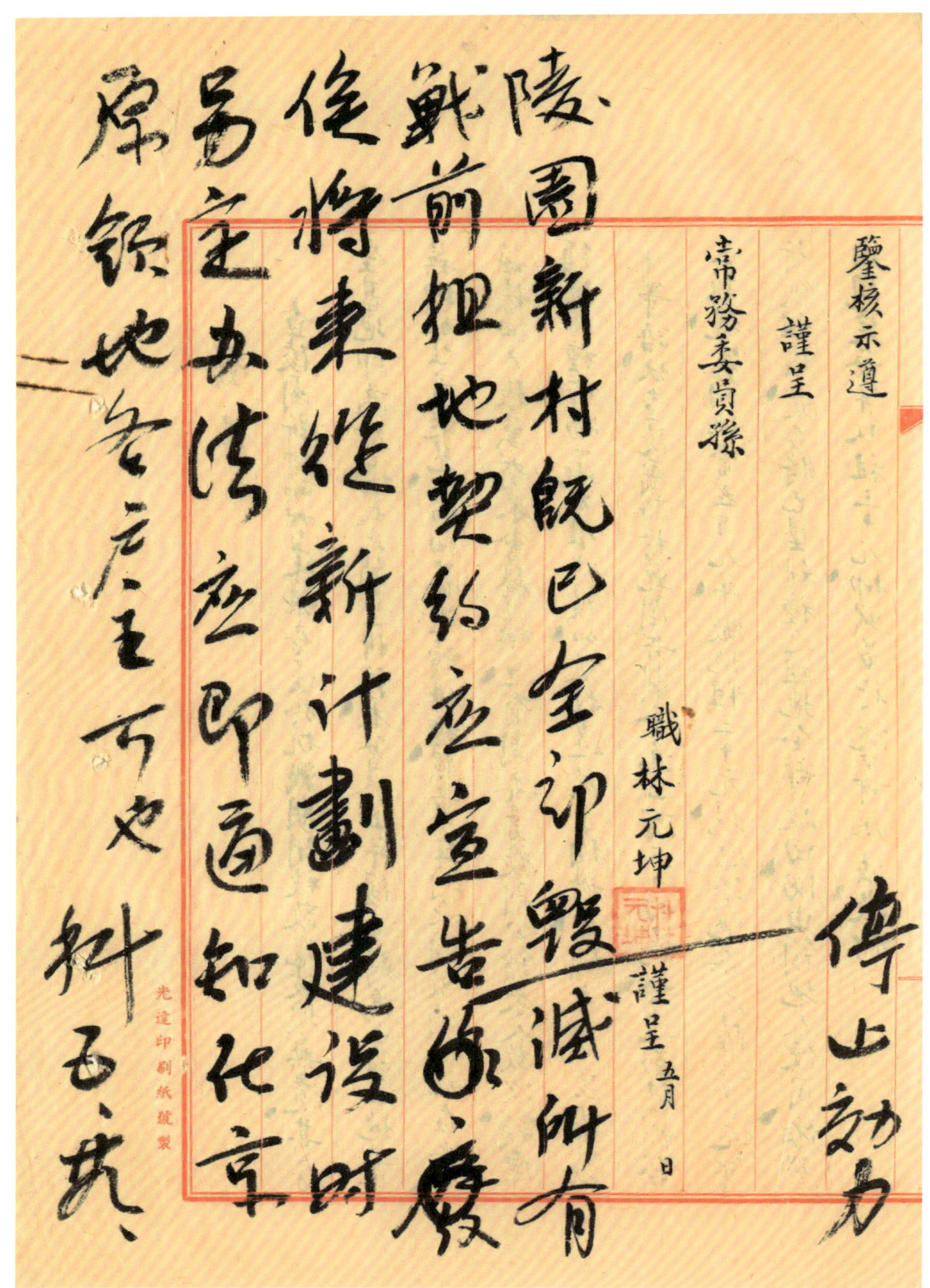

鑒核示遵

謹呈

常務委員孫

職林元坤謹呈 五月 日

停止効力

陵園新村既已全部毀滅所有戰前租地契約應宣告作廢俟將來縱新計劃建設時另定辦法應即通知[illegible]原領地各户主可也

科 五、[illegible]

光遠印刷紙號製

為擬訂恢復陵園舊观三年工作計劃綱要草案提請

公決

查陵園於抗戰期中大部份森林被敵偽砍伐所有園藝設備以及花苗種子亦被破壞無存即紀念建築物等或夷為平地或遭破壞僅留形式至本會所有辦公房屋員工官兵宿舍除菜園部份因駐有日人留守尚有少數房屋外餘皆毀壞無遺按諸目前陵園破壞狀況欲圖恢復舊觀匪獨工作艱巨費用浩大即就造林園藝二項而言亦非短促時間所能舉辦完成茲參酌事業緩急及人力物力所許可擬訂恢復陵園舊观三年工作計劃綱要草案以為確定今後推行工作之方針至於詳細進行辦法俟綱要決定後再行分別

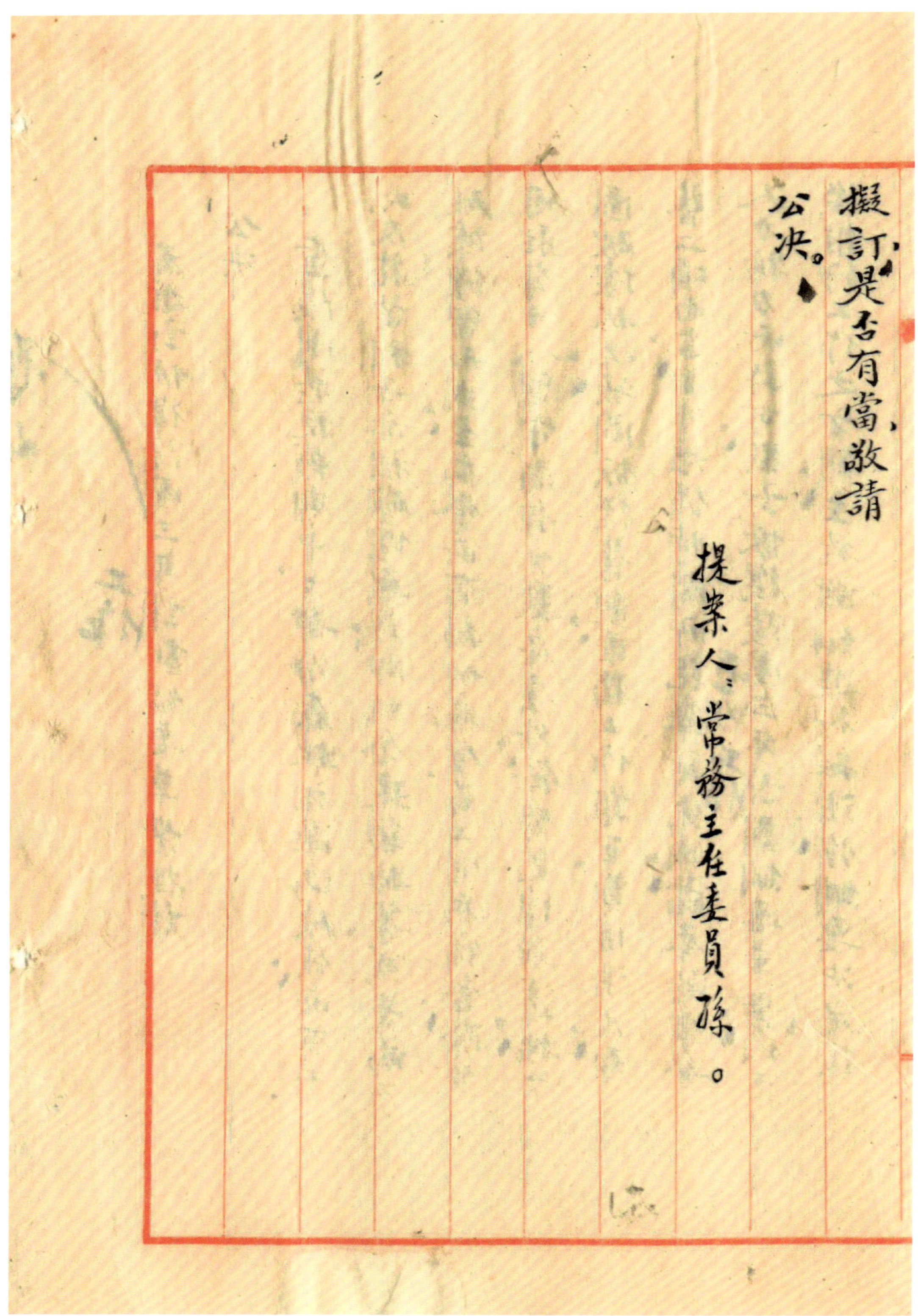
擬訂，是否有當，敬請
公決。

提案人：常務主任委員孫。

關於森林部份

查本會前造林範圍包括紫金山全部，計平面積四萬五千餘畝。其地形土質，上部峻削，多為石礫；下部勢緩，多帶粘性，而少腐植土。主要樹種，針叶樹以馬尾松為大宗，濶叶樹類則有麻櫟、楓香、黃檀、黃連木、山槐、三角楓等。全山造林工作，已於二十六年間完成。又各紀念建築物及原有古蹟勝地，前經利用天然形勢，配合森林，已於戰前佈景就緒者，有陵墓全部、將士墓、譚墓、委員會辦公室、園林組辦公室、明孝陵、中山門、廖墓、運動場、二道溝（包括仰止亭、流徽榭、梅林水壩）、光化亭、行健亭、拱衛處辦公室、藏經樓、紫霞洞、四方城（包括禁城）、小紅山等處。惟在抗戰期間，大部份森林被敵偽砍伐，所餘松林亦多荒蕪，即所存之各處佈景，除陵墓大致完善已於本年度整理就緒，行健亭、光化亭、中山門、二道溝將士墓等亦經部份整理，明孝陵、廖墓已略事清除外，其他各處因年久未經修整，殘破不堪，本會復員後當即着手造林二十餘萬株，並將行道樹予以修補施肥，現估計重行造林面積約達二萬五千畝，而應重行佈景者亦當積極辦理，惟上項工作艱難，非朝夕所能完成，茲將今後三年工作計劃列舉如下：

甲、育苗與造林

三十六年

一、恢復分區管理制度，成立北區、東北區、東區各事務所。

二、植樹造林四八萬株，以馬尾松、黑松、楓香、三角楓、黄連木為主播種造林八百畝，以櫟類為主，並參酌地宜而定樹種。

三、開闢南區苗圃壹百畝，並增設東區、北區、東北區、苗圃各三〇畝，培育造林用苗壹四四萬株，行道樹苗五千株，觀賞用苗二萬株，推廣用苗五萬株。

四、疏伐及伐枝森林面積約一五〇〇畝。

五、保護野生樹木。

六、劃定山前禁地五千畝，禁止樵採，以維地力，保護森林。

七、整理林道一八里，以利通行。

八、設立防火綫三〇里，以預防火災蔓延，充實防火設備，訓練工人，嚴密巡查，以防災害。

九、劃定松林八千畝為防治毛虫區域，從事各項防治設備，並研究防虫方法與籌劃實施。

三十七年

一、植樹造林一二〇萬株，補植二四萬株，播種造林八〇〇畝。

二、南區擴充苗圃五〇畝，共一五〇畝，各分區增設苗圃各一〇畝，各共四〇畝，培育造林用苗一七三萬株，行道用苗二千五百株，觀賞用苗四萬株，推廣用苗十萬株。

三、疏伐及伐枝森林面積二千畝。

四、各區野生樹木注意修枝疏移。

五、增劃山後森林禁綫五千畝，禁止樵採。

六、興築林道二五里。

七、設立防火綫五十里，並充實防火設備與組織防火大隊。

八、栽植體育場路行道樹四市里，計四〇〇株。

九、劃定防治病虫害面積一四〇〇〇畝，研究害虫生活史，有效預防方法及寄生蜂蠅之繁育與保護。

三十八年

一、植樹造林一二〇萬株，補植二四萬株，播種造林八〇〇畝。

二、擴充南區苗圃五〇畝（共二〇〇畝），東區北區東北區各分區各增闢苗圃一〇畝，各共五〇畝，培育造林用苗一七三萬株，行道用苗二五〇〇株，觀賞用苗四萬株，推廣用苗十五萬株。

三、輸入歐美優良林種以供試驗。

四、伐枝及疏伐森林面積二五〇〇畝。

五、增劃山前山後森林禁綫各一〇〇〇畝，禁止樵採，保護森林，維持地力。

六、興築林道二五里。

七、設立防火線八〇里。

八、注重保護森林宣傳，引起人民愛護森林，注意减少災害。

九、劃防治病虫害區森林面積二萬畝，注意預防及培養虫類天然敵害。

十、栽植新村各馬路樹及補植明陵路行道樹二千株。

乙、佈景

三十六年

一、陵園：觀賞花木補植施肥、修剪草地更新施肥、設置花壇。

二、將士墓：整理第一二公墓、修補墓道、補植花木、更新草地。

三、譚墓：補植花木、修理水閘道路、更新草地、鋪設花壇。

四、園林處辦公室：栽植花木草地。

五、明孝陵：整理現有樹木重行佈置並補植花木草地、山上補植楓櫟等樹木。

六、中山門至衛橋：沿陵墓大道兩旁竹林之更新與補植。

七、廖墓：補植花木、松林修補、道路更新草地。

三十七年

一、運動場：補植行道樹及各種花木與常綠樹。

二、二道溝：梅林之整理、修補道路、栽植荷花垂柳、重建小橋、更新草地。

三、韓恢墓：遷移現有花木、重行佈置、整理西面斜坡、補植松樹。

四、光化亭、行健亭之整理。

五、藏經樓之佈置。

六、四方城之佈置。

三十八年

一、小紅山園景之整理與佈置。

二、委員會園景之佈置。

三、永慕廬、中山文化館、紀念館、博物館、桂林石屋等新建築園景之佈置。

四、紫霞洞修理道路並利用山石天然形勢、間植松柏及丹葉樹、重建房屋、恢復古蹟。

關於園藝部份

本會園藝事業肇始於民國七年江蘇省立造林場，惟範圍甚小。迨本會改組成立，工作積極展開，點綴園景之餘，兼事生産。曆年來搜購品種，開闢圃地，建築温室三座，面積七十方丈，花卉二百餘種，品種不下一千七百餘種，盆花二萬餘盆，花圃百餘畝，菓園面積三百餘畝，種植桃、李、蘋果、梨、柿等品種，菜圃面積六十餘畝，茶圃面積亦百餘畝，規模粗具。現所有建築悉遭毀損，花圃、菜圃淪為廢墟，積年收集之品種無或幸存，所得保留者僅果園之一部，且病虫害滋生，故今後着手整理規劃建設，徵集品種，恐亦非數年不能恢復舊觀。茲將今後三年工作計劃列舉如下：

（甲）果園　前因日人經營軍農場，故得保存，所植果木皆達盛年，惟歷年管理欠周，病虫滋生，且紀錄散失，品種混亂，經本年一度調查，其中品質佳良具有擴充價值者甚多，而品質平庸者亦復不少，應行更新掘棄，至一般管理如除草、施肥、防治病虫害等工作，則按實際情形施行，擬將分期進行工作列后。

卅六年

一、現有實生野梅石榴生長不佳，擬即掘去，改植其他果樹。

二、原有梨、蘋果、桃等枯死者，擬量為疏移補植。

三、培育桃、蘋果、梨等砧木用苗七畝，計三萬柒千株，以供嫁接扦插葡萄五千株。

四、現栽果樹品種不明者，擬詳加調查鑑定，已知品種，紀載各株之收量、品質、及生育狀況，以便擇優，尤繁殖推廣。

五、舉行肥料種類與施用數量之比較試驗，以供將来施肥參攷。

六、舉行授粉試驗，其受粉不良者，行人工受粉，以期增産。

七、需要建造果實包裝室二間，貯藏室三間。

卅七年

一、上年掘去之石榴跡地四十畝，改植桃十五畝，蘋果二十畝，葡萄五畝，苗木除自行繁殖者外，再行用國内外優良品種。

二、擇現有生長衰弱病虫侵蝕過甚者及品質平庸者，分別更新整理。

三、培育桃、蘋果、梨、柿等砧木十畝五分，育苗五萬七千株，分别嫁接、扦插葡萄七千株，以供推廣。

四、繼續調查鑑定品種，分别紀録產量，以供參攷。

五、繼續舉行肥料授粉試驗，並行摘果試驗，以研究摘果與收量及品質之關係，並考察結果部位與果實發育之關係等。

六、研究蘋果之貯藏法及採收期與貯藏力之關係。

七、需要建造苗木薰蒸室一間（約二方）。

八、改建籬垣式葡萄架五畝。

卅八年

一、向南擴充果園面積一百畝，栽植桃、李、蘋果、葡萄等。

二、籌設加工部利用廢果及次貨加工製造，如遇生產過剩時，亦不致有所損失。

三、繼續上年來各項試驗，並研究其結果，編成報告，以供各界參考。

四、繼續繁殖果苗，其數量與上年同。

五、需要建造加工室一座，約四十方丈。

六、充實加工設備。

七、將培育之優良果苗一萬五千株，推廣於本會佃農，計一百户，約五百畝，並指導栽植、剪枝，以防除病虫及其他技術事項，並設特約示範區二所。

（乙）花圃　本會花圃損失最重，際此物力財力兩感困難之時，恢復亦最不易，而事關佈景點綴，亦不容緩，擬就目前情况分期進行工作，列后：

卅六年

一、需要建築簡單温室二座，以供養花卉繁殖種苗、修理現有洋灰温床，加配玻璃窗。

二、需要建造簡單之保護室三間，以供花木越冬之用。

三、需要建造面積十方丈之蔭棚一座。

四、徵集花卉品種、栽培十六畝面積。

卅七年

一、需要建造切花用温室一座，約二十方丈；温床十只，約二十方丈。

二、需要建造面積二十六丈之陰棚一座。

三、徵集花卉品種、擴充種植面積至四十二畝。

四、推廣培育繁殖之花卉球根。

五、擇重草花、施行雜交育種試驗、以謀改良品種。

卅八年

一、需要建造陳列用温室一座、面積四十方丈、育種用小温室一座、約二十方丈。

二、徵集花卉品種、擴充栽培面積至七十四畝。

三、推廣花卉球根至國內各地。

四、繼續草花育種並着手菊花、薔薇及牡丹、芍藥之新種育成。

（丙）菜圃　本年蔬菜栽培雖未能達到理想然亦頗有收獲栽培成績以西瓜、蕃茄、為最佳收入亦最多故今後計劃夏作當注意西瓜蕃茄草莓等秋作則為百合、白菜、蘿蔔等擬將分期進行工作列后。

卅六年

一、擴充栽培面積至七十畝以西瓜草莓甘藍白菜蘿蔔百合為主

二、注意早期育苗改良施肥及驅虫除害以改進栽培技術。

三、徵集國外優良品種擇其優良與適合土宜者育成純種以供推廣。

四、設置温床十只約五方丈簡單育苗用温室一座約十方丈以供促

成栽培。

五、建設採種用網室一座、約十方丈。

卅七年

一、擴充栽培面積至一百畝。

二、設置員工福利農場。

三、繼續育成優良純種並推廣之。

四、充實應用器具及設備。

卅八年

一、擴充栽培面積至一百卅五畝。

二、繼續育種並推廣。

三、擴充綱室至二十方丈，另建活動小綱室五座，約五方丈。

四、建築貯藏室三間。

（丁）茶圃　本處茶圃戰前約有百餘畝，抗戰期間，失於管理，荒蕪最甚，損失亦最大，現今保存者僅四十餘畝，較爲完整者，不過二十餘畝，餘則荒草没脛，枝條萎弱，欲言恢復，至爲不易，擬將分期進行工作列后：

卅六年

一、現有茶圃茅草、蔓草徹底翻墾一次，另開荒地四十畝，以備擴充之用。

二、茶圃地力瘠薄，須依標準，春秋各施肥料一次。

三、年老茶樹統予修剪一次，以圖更新。

四、添置製茶工具，訓練製造工人，改進製茶方法。

卅七年

一、上年墾熟荒地，採茶子播種。

二、注意施肥，薰防治病虫害。

三、訓練工人改良製茶。

四、續墾荒地四十畝，以備明年擴充。

卅八年

一、茶樹中衰弱過度、無法恢復其樹勢者，加以芟除，另植新苗。

二、除製綠茶並試製紅茶。

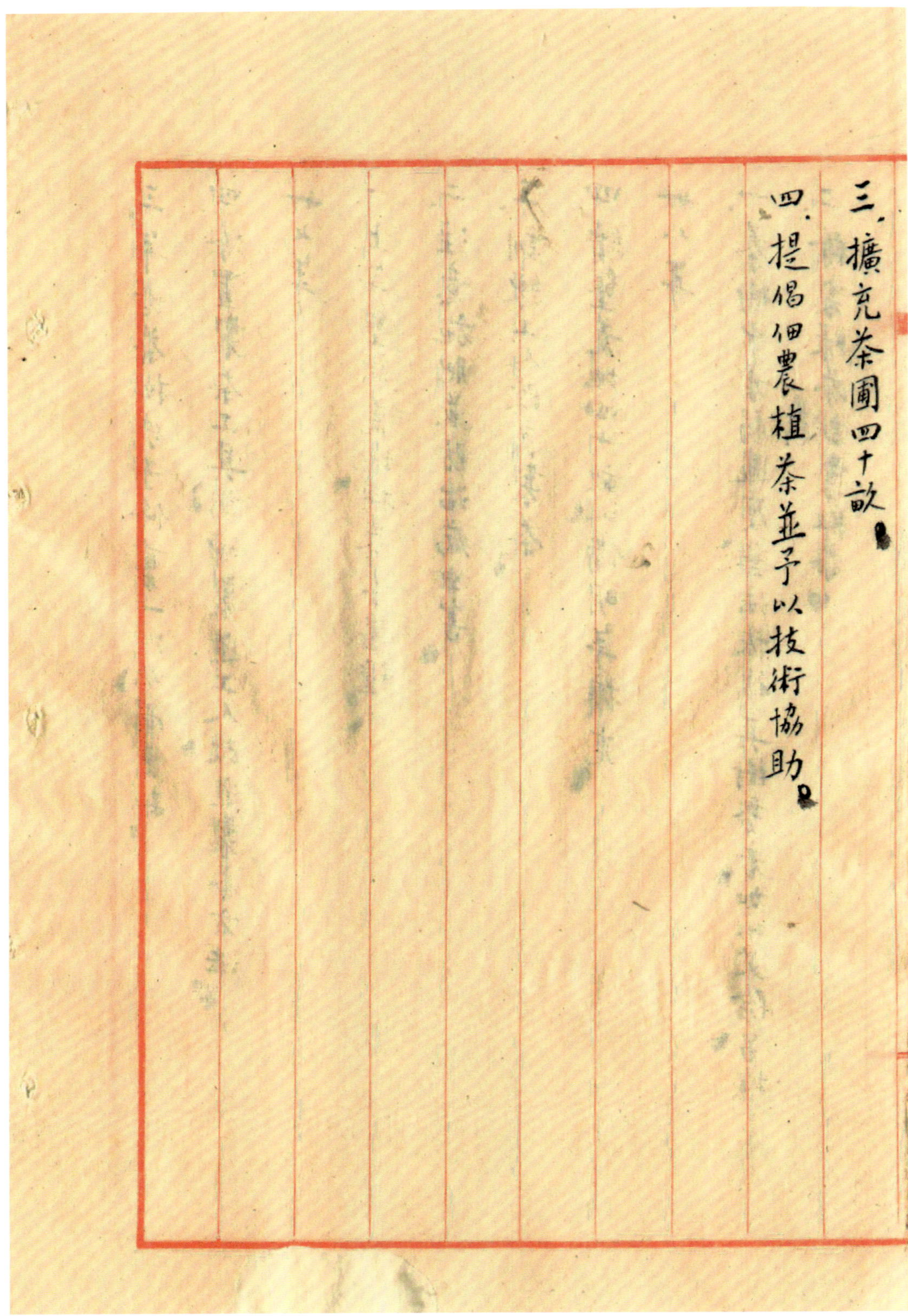
三、擴充茶園四十畝。
四、提倡佃農植茶並予以技術協助。

關於植物園部份

查植物園自民國十八年成立以來、而至抗戰軍興、因限於人力財力、關係開闢園地不過五百餘畝、其研究工作亦未能開展達到預期目的、茲以抗戰完成、建國開始、關於植物研究工作甚爲重要、茲將今後三年工作計劃列舉如下、

三十六年度

(一)需要建造辦公房舍一所。

(二)採辦應用設備及設計分區佈置。

(三)墾闢及整理地畝、以五百畝爲度。

(四)徵集苗種以一千種爲度。

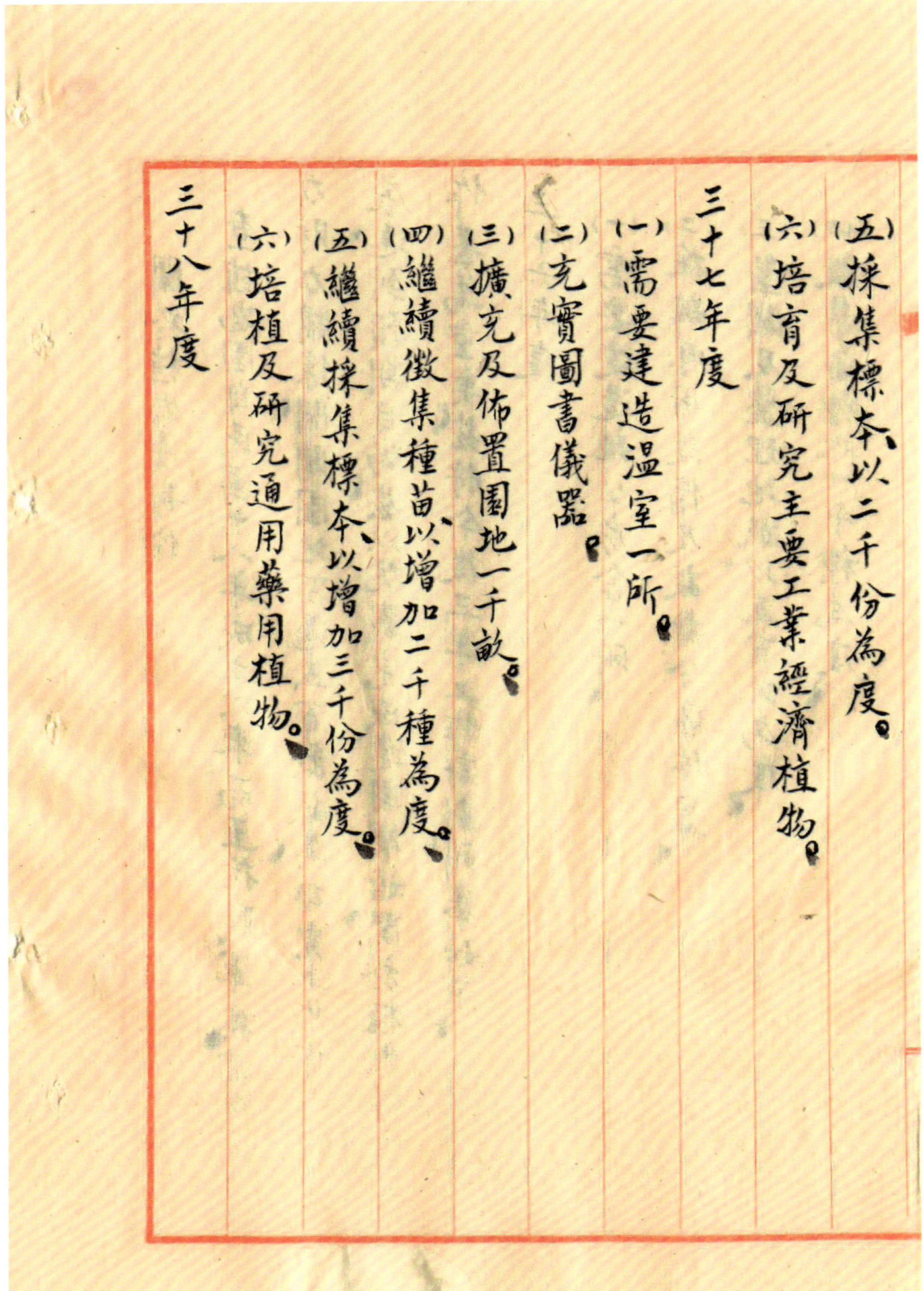

（五）採集標本，以二千份為度。
（六）培育及研究主要工業經濟植物。
三十七年度
（一）需要建造溫室一所。
（二）充實圖書儀器。
（三）擴充及佈置園地一千畝。
（四）繼續徵集種苗，以增加二千種為度。
（五）繼續採集標本，以增加三千份為度。
（六）培植及研究通用藥用植物。
三十八年度

（一）繼續擴充完成園地一千五百畝。
（二）繼續徵集種苗，以增加三千種為度。
（三）繼續採集標本，以增加五千份為度。
（四）培育及研究中國名種觀賞植物，並兼世界主要品種。
（五）各種研究之編訂。
（六）各種報告之刊印與交換。

關於工程修建部份

查陵園紀念建築物及辦公房屋、職工宿舍等在抗戰期間被毁者十之七八，現尚存者亦破壞不堪，亟應分期修理，冀復舊觀，並按各部門實際需要情况，酌予添建房屋，以資應用。茲擬定今後三年工作計劃，列舉如次：

三十六年

甲、修理工程

一、修理西區及陵墓大道馬路。

二、修理水井。

三、修理蓄水池。

四、修理機房並裝置抽水機器。

五、修理排水溝。

六、修理二道溝及説法洞水壩。

七、修理譚墓。

八、修理明孝陵。

乙、建築工程

一、建造各區辦公處。

二、建造各處派出所及公共厠所。

三、建造農具室五間。

四、建造植物園辦公室。

五、建造職員宿舍一部。
六、建造永豐社。
七、建造遊客休息所。
八、建造果實包裝室二間、貯藏室二間。
九、建造菓園温室二座。
十、建造菓園花木保護室三間。
十一、建造面積十方丈蔭棚一座。
十二、建造菓園菜圃育苗用温室一座。
十三、建造菓園採種用網室一座。
十四、建造畜牧場病牛隔離室一所。

十五、建造畜牧場永久式牛舍一座。

十六、建造畜牧場草料貯藏塔一座，貯藏室四間，飼料調製室二間。

十七、添建管理森林工人宿舍十四間，膳廳八間，廚房三間。

三十七年

甲、修理工程

一、修理山后及東區馬路暨排水溝。

二、修理藏經閣樓。

十八、修理跑馬場。

十九、修理運動場。

二十、修理游泳池。

改下

改列三十六年度建造工

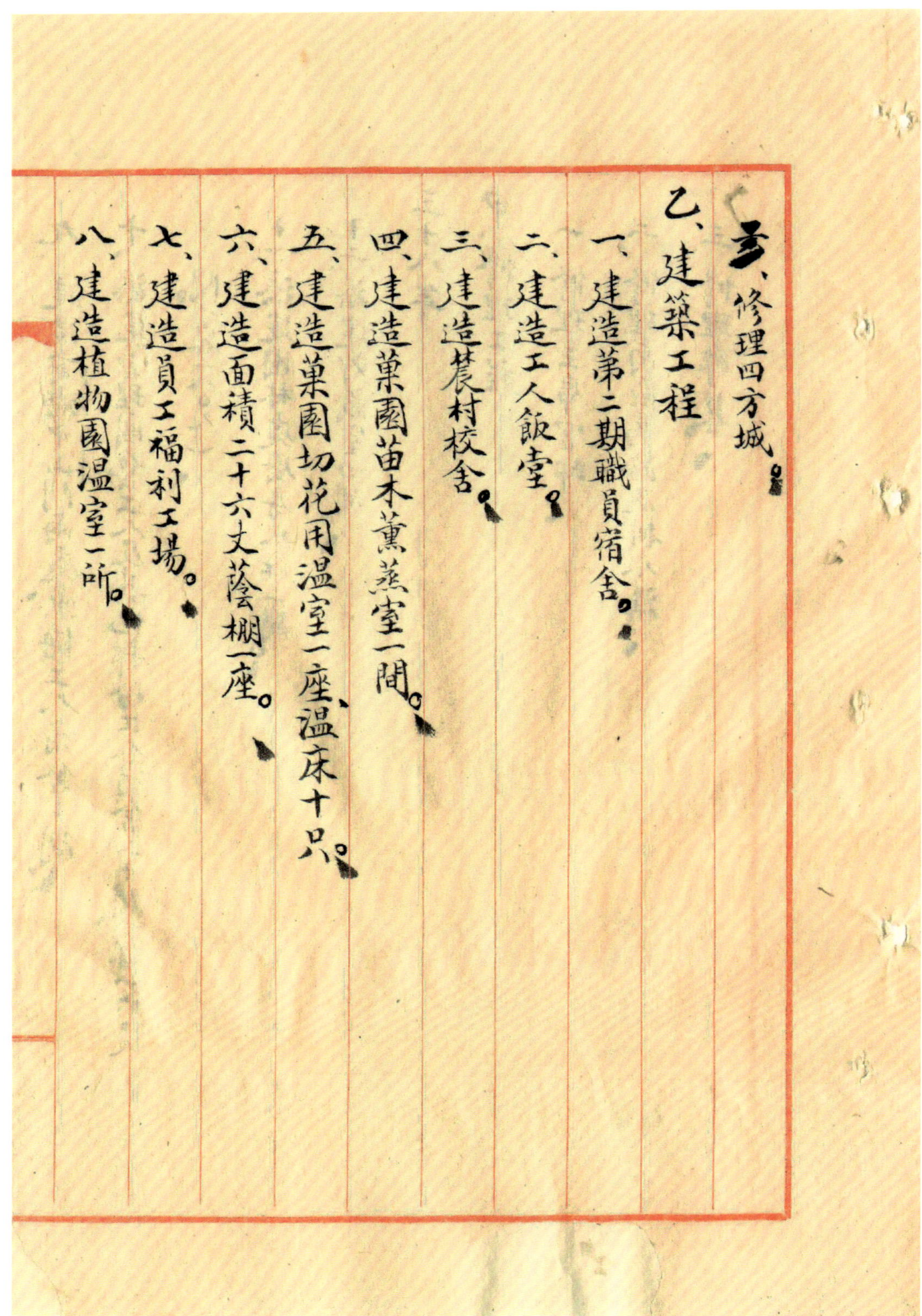
叁、修理四方城。

乙、建築工程

一、建造第二期職員宿舍。

二、建造工人飯堂。

三、建造農村校舍。

四、建造菓園苗木薫蒸室一間。

五、建造菓園切花用温室一座、温床十只。

六、建造面積二十六丈蔭棚一座。

七、建造員工福利工場。

八、建造植物園温室一所。

九、建造前湖中山門兩處魚塘工人宿舍二間。

十、添建管理園藝工人及其他部份工人宿舍二十間、（容一六〇人）膳廳陸間。（容一八〇人）

十一、添建園林處廚房水灶二間。

十二、添建貯藏室四間。

三十八年

甲、修理工程

一、修理主席官邸。

二、修理南區馬路及排水溝。

三、修理廖墓。

乙、建築工程

一、建造永墓廬。

二、建造中山文化館。

三、建造紀念館。

四、建造博物館。

五、建造桂林石屋。

六、建造委員會辦公室。

七、建造菓園加工室一座，約四十方丈。

八、建造菓園陳列用温室一座、育苗用小温室一座。

九、建造菓園貯藏室三間，活動小網室五室。

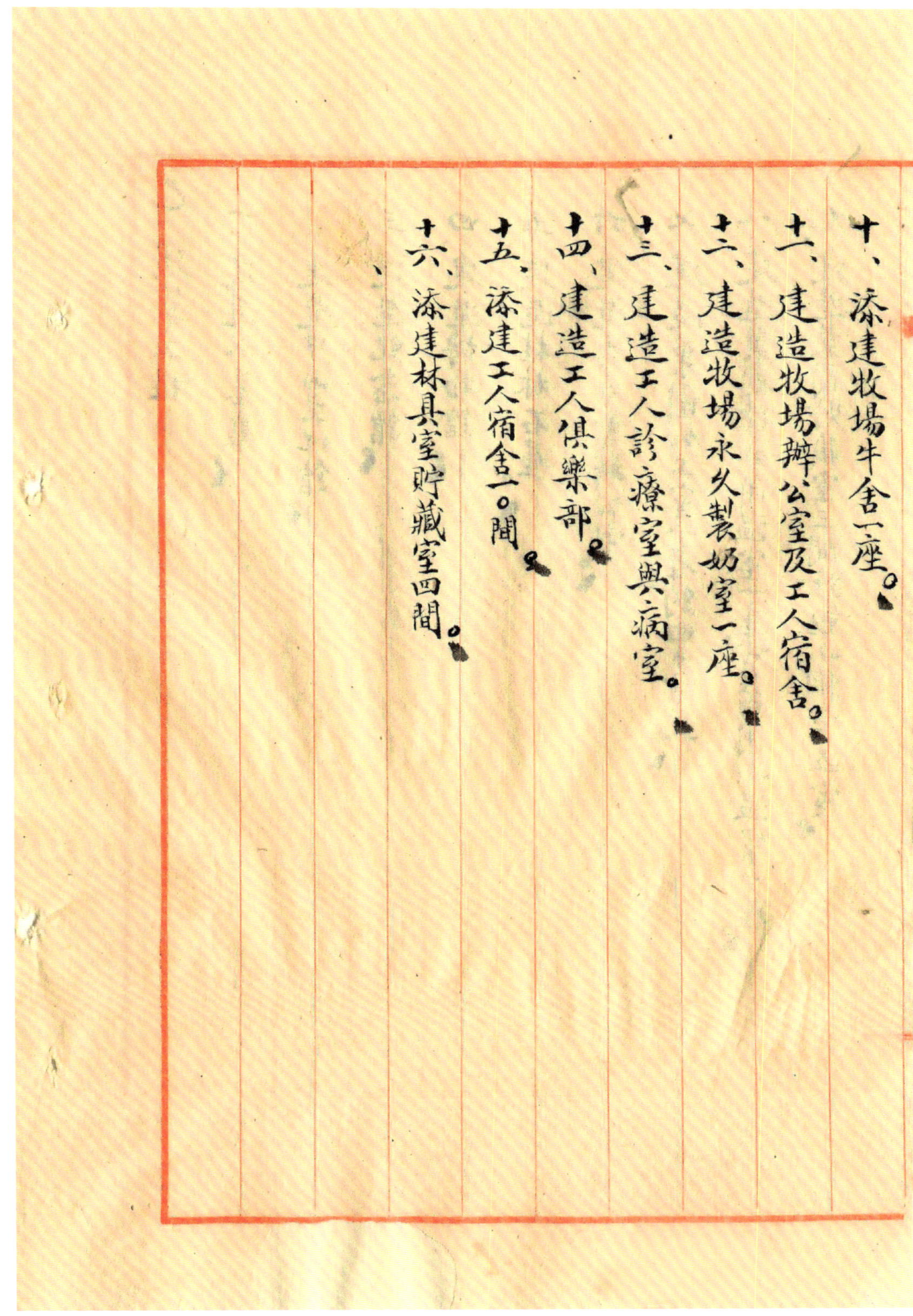

十、添建牧場牛舍一座。

十一、建造牧場辦公室及工人宿舍。

十二、建造牧場永久製奶室一座。

十三、建造工人診療室與病室。

十四、建造工人俱樂部。

十五、添建工人宿舍一〇間。

十六、添建林具室貯藏室四間。

閞于其他部份

甲、擴充漁牧：

A：魚塘：本會現有魚塘兩所，一在明孝陵西南，即為前湖，一在中山門外，即為荷花塘。前湖魚塘已於本年春間放養白鰱鯤子等魚苗各四千條，中山門外魚塘，因芦葦野草叢生，經格工清理，終以水大無法工作，故尚未放養魚秧，將来擬於游淺之處種植藕蓮，茲將三年工作計劃分述如次：

三十六年

一、前湖魚塘繼續放養魚秧，

二、浚渫前湖魚塘並修理沿淺堤岸。

三、清刈中山門魚塘芦葦野草並於深處放養魚秧。

三十七年

一、前湖中山門兩處魚塘、繼續放養魚秧。

二、前湖中山門兩處魚塘擬各建工人宿舍二間，以便管理而防偷竊。

三、試驗繁殖魚苗及食料研究。

三十八年

一、前湖中山門兩處魚塘、繼續放養魚秧。

二、繼續試驗繁殖魚苗。

B：牧場：本會接收日軍遺留之乳用小母牛十八頭、小公牛九頭、大部份於本年秋冬間陸續產犢出乳、惜所有牛種多非純系、至牛舍因歷時已久、破損殊甚、一切設備尚付闕如、現各項必須設備、略已購置、並添建擠乳間二間、規模粗具、若再加以整理擴充、不難成爲一優良之乳牛場、茲擬訂三年計劃如次：

三十六年

一、紀錄乳量以確定牛種優良。

二、舉行飼料種類暨配合率之比較、以定飼育方針。

三、修理牛舍。

四、修建畜牧運動場。

五、充實牛乳消毒製造等設備，並擬先購五百磅消毒機一具。

六、開闢牧場五十畝，試種牧草。

七、需要建築臨時病牛隔離室，預防病牛傳染。

八、淘汰公牛，添購浦東乳牛五頭至十頭。

三十七年

一、選購優良純系公牛一頭，以期改良現有牛種。

二、需要建造能容納四十頭永久牛舍一座。

三、需要建造草料貯藏塔一座，貯藏室四間，飼料調製室二間。

四、增闢牧場壹佰畝。

五、擴充消毒冷藏設備（將五百磅機售出改裝一千磅機以備永久之用）

三十八年

一、選購優良純系毋牛四頭以期育成純良牛種。

二、需要添建能容納四十頭牛舍一座。

三、需要建造辦公室一𨵦、及工人宿舍六間。

四、需要建造永久式製奶室一座。

乙、改良農村協助生產：

查陵園內計有農村四十處、農户一千二百七十餘家、承租本會耕種田地、按去年陳報畝數共六千餘畝、爲謀陵園界內地盡其利、民安其業、以爲全國改進農村示範計、自應予以指導改良、茲將三年工作計劃、列舉如下：

三十六年

一、調查田場大小、農作種類、施工狀況、經濟情形、以爲改良耕作之張本。

二、調查當地土質與農產種類、並搜集著有成效之品種、加以別種試驗、再擇優推廣。

三、與研究水利機構合作、測勘應興水利地點、並計劃實施方針、

四、調查農民所用肥料種類、施用方法及供應狀況、以爲改進準備、並搜集適當肥料、以資分配。

五、調查各病虫害之種類與其爲害程度，以期着手防治、籍謀增産。

六、扶植農民組織，如教育、衛生、合作等，並從事農村社會經濟之調查，以謀農民福利之增進。

三十七年

一、設立新式農具供應站，引用結構簡單之新式農具，租與農民使用，逐漸推廣。

二、根據工年測勘結果，興修小型水利工程，以資示範。

三、根據第一年調查試驗結果，選擇優良品種繁植推廣，並特約農家擴大繁植數量。

四、試行採取國內外原料配製數種肥料，以資分區試驗應用。

五、試行藥劑選種及輪栽等方法，研究本土病蟲害之有效防治法。

六、繼續農村社會經濟調查，並籌劃其耕地之整理與產銷合作事業之推進。

三十八年

一、繼續推廣小型農具，提倡合作使用機械，擴大田土面積。

二、繼續推廣良種，剔除混合品種。

三、完成水利工程，籌劃供給農村清潔飲料，協助農民辦理灌溉排水。

四、籌配廉價肥料之供應普及農民。
五、提倡種植除虫菊及試辦病虫害檢查，協助農民防治虫害。
六、引進農村手工業，協助增加農民副業，獲取貸款。
丙、整理地籍。
查本會耕種土地計有八千餘畝，係爲陵園佃農承租耕作，惟界址混亂，人事變更，原有地籍不能適用，現據陳報繳租之地畝祇有六千餘畝，相差頗多，亟宜重行調查測量立界，茲擬定三年計劃如次：
三十六年
一、清理界綫樹立標誌。

二、調查地畝情形、訂立等則。

三、籌劃測繪地形詳圖之準備工作及整理地藉圖册。

四、擬訂農舍建築規例、房舍式樣及申請格式。

三十七年

一、整理地藉表册。

二、開始測繪全園熟地詳細分區地形圖。

三、管理園内一切建築物之添建、配合佈置園景之設施。

三十八年

一、完成測繪全園熟地、詳細分區地形圖。

二、發給佃農承租執照。

三、完成地籍清册。

丁、園工訓練與福利。

本會園工計有三百餘人，多自蘇北各縣流落来此，文盲甚多，智識淺薄，對于工作技術，亟應施以訓練，並謀團体福利之合作與環境衛生之改進。茲擬定三年計劃如次：

三十六年

一、籌劃設立工人識字班。

二、籌劃設立工人合作社。

三、改進工人宿舍環境衛生。

三十七年

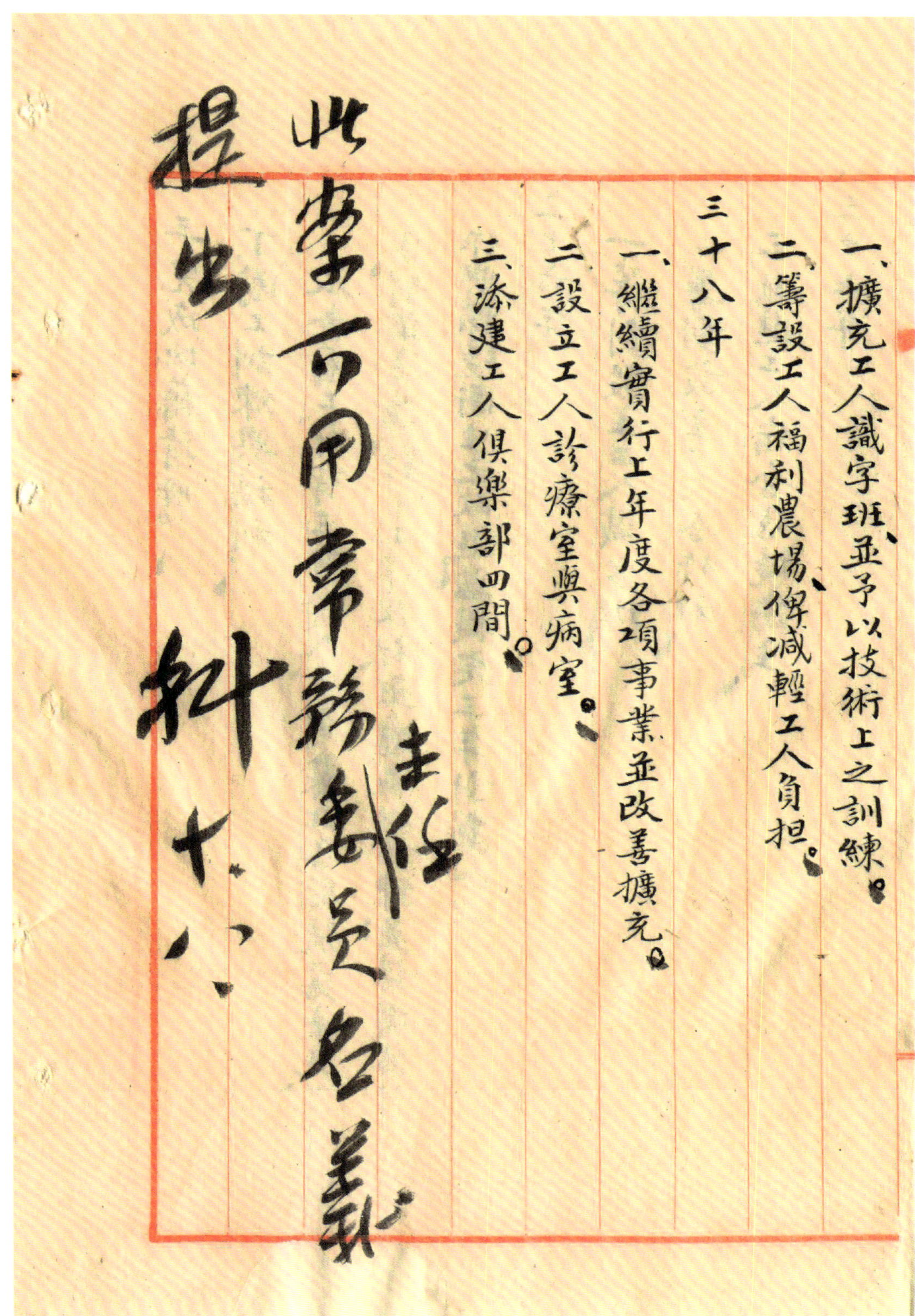

一、擴充工人識字班，並予以技術上之訓練。
二、籌設工人福利農場，俾減輕工人負担。
三十八年
一、繼續實行上年度各項事業並改善擴充。
二、設立工人診療室與病室。
三、添建工人俱樂部四間。

此案可用常務委員名義提出
主任
紉 十、八

关于复兴陵园新村的一组文件

国父陵园管理委员会的通告（一九四六年十二月二十三日）

附：复兴陵园新村办法

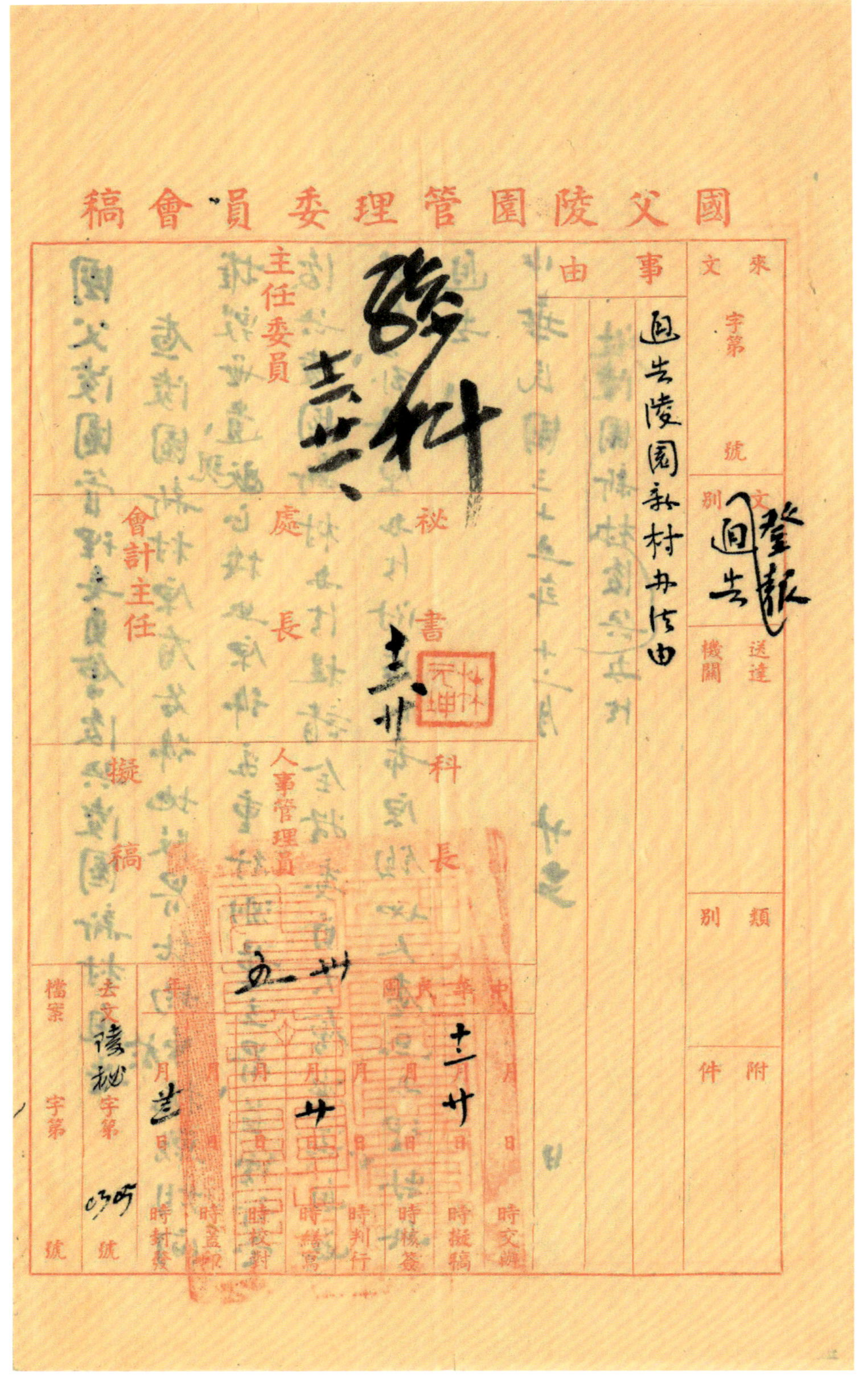

國父陵園管理委員會復興陵園新村通告

查陵園新村原有各號地段界址均於抗戰期間摧毀無遺，現已按照原號分重行測量立界，並修訂定復興陵園新村辦法，提請全體委員大會決議通過施行，茲將原辦法附后，即希原領地人查照辦理，特此通告。

中華民國三十五年十二月廿三日

附陵園新村復興辦法

~~陵園新村復興計劃 三十三年十一月十四日全體委員大會決議通過~~

一、陵園新村所有租地界址，如經毀滅者，由本會查出原圖，重新劃定，准原領地人持原租地憑證，向本會依照原號申請登記繼續租用。如有憑證遺失者，應有其鄰居之證明。但原領地人之參加偽組織者，不准登記，由本會將其地收回另行支配使用。

二、申請登記租用原領地期限，自本會公告之日起，以六個月為限，逾期不登記者，視為放棄論，本會得將該地另租給他人或作其他用途。

三、凡申請登記租用原領地段者，應照以前規定辦法，納所欠之租金，但同時並應照新規定租額繳納租金一年。

四、凡已登記續租之地，限一年內建築房屋，但如能利用該地作生產者，准延長至三年，但僱工耕作，須得本會核准其工人房屋式樣亦應照本會規定建造。

五、申請登記承租原領地段號數暫時未即使用者仍照繳地租，本會並得將該地使用。承租人如需使用該地時應於一個月前通知本會。倘該地種有農作物未到收成時，其農作物之損失由承租人負担之。

六、凡登記完畢後如欲調换地段者，可於登記期滿兩個月內，到會申請，得就其他收回地段中予以調换。

七、陵園新村地租徵收標準，依照土地法規定以地價百分之五為準。但地價之估計，得因陵園非屬城區暫得酌量減低之。現定每方地價為法幣壹萬五千元。（即每畝為九十萬元，每段三畝為二百七十萬元，年租百分之五為一十三萬五千元。）

八、本會為謀陵園新村早日恢復繁榮起見，所有戰前新村之水電交通郵局小學校等設置，由會分别函知各主管機關從速

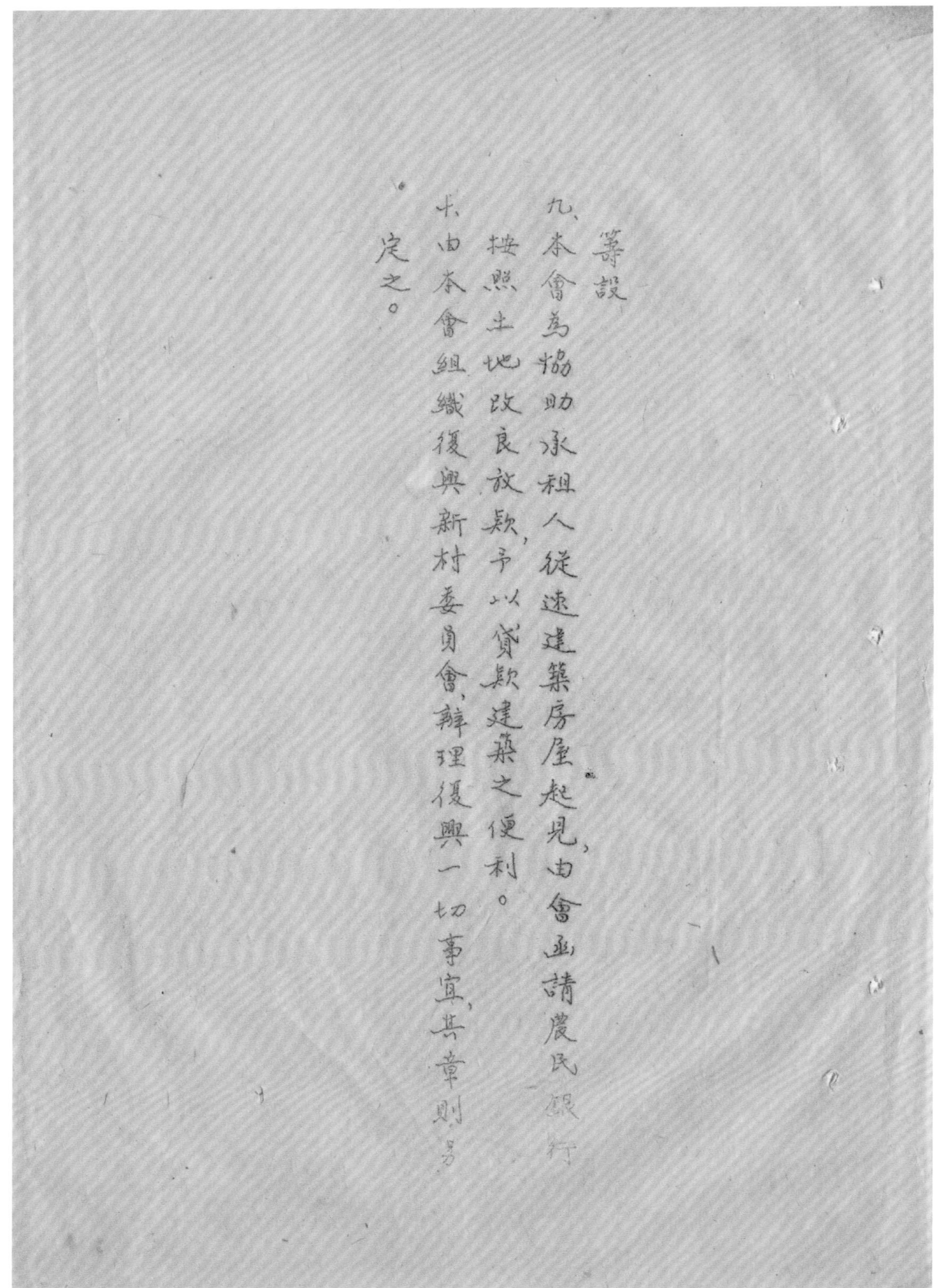

籌設

九、本會為協助承租人從速建築房屋起見，由會函請農民銀行按照土地改良放款，予以貸款建築之便利。

十、由本會組織復興新村委員會，辦理復興一切事宜，其章則另定之。

国父陵园管理委员会给各租户的笺函（一九四六年十二月二十四日）

附：陵园新村各租户名单

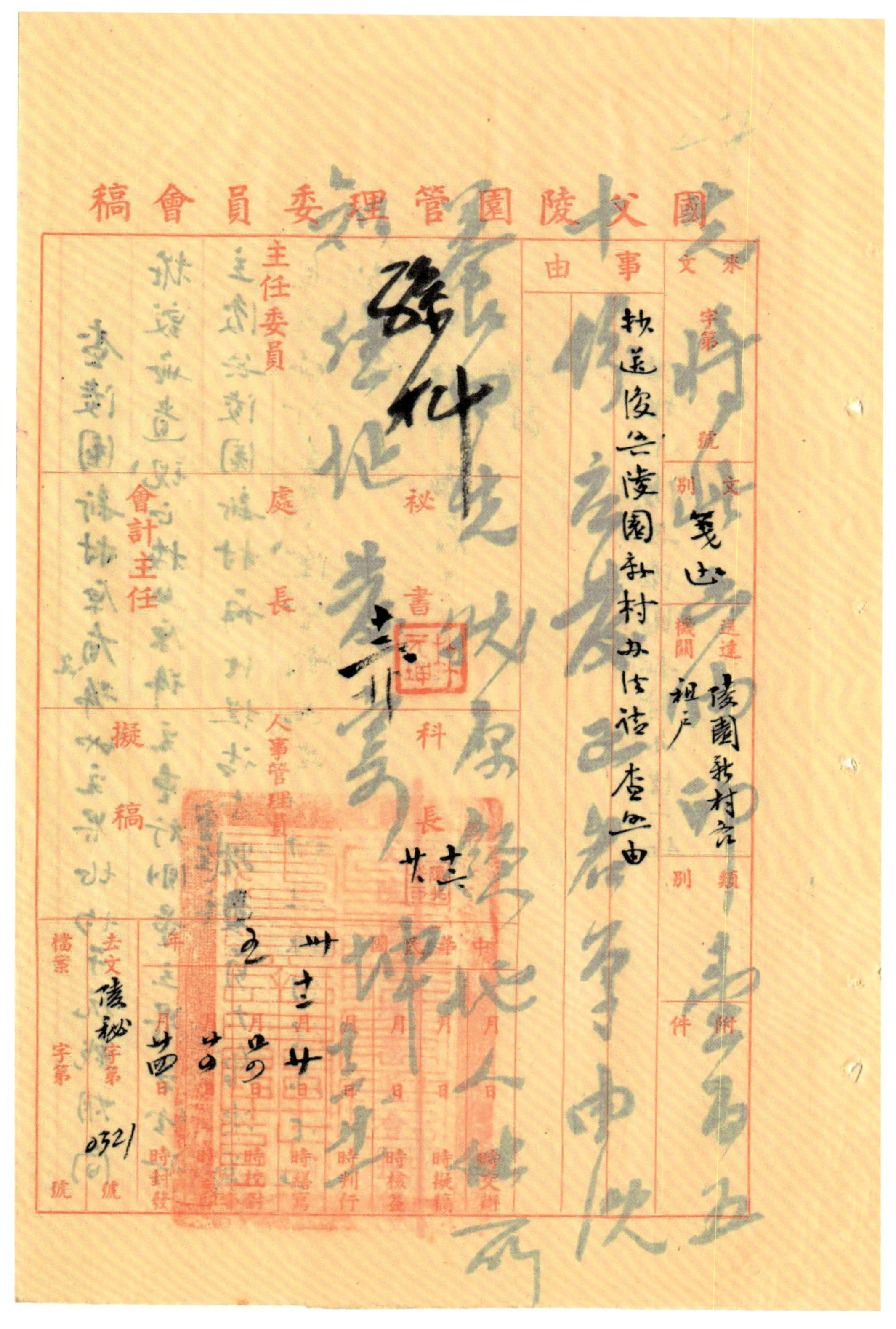
國父陵園管理委員會稿

來文	字第 號	文別	箋函
送達機關	陵園新村全體租户		
事由	抄送陵園新村居住證查照由		

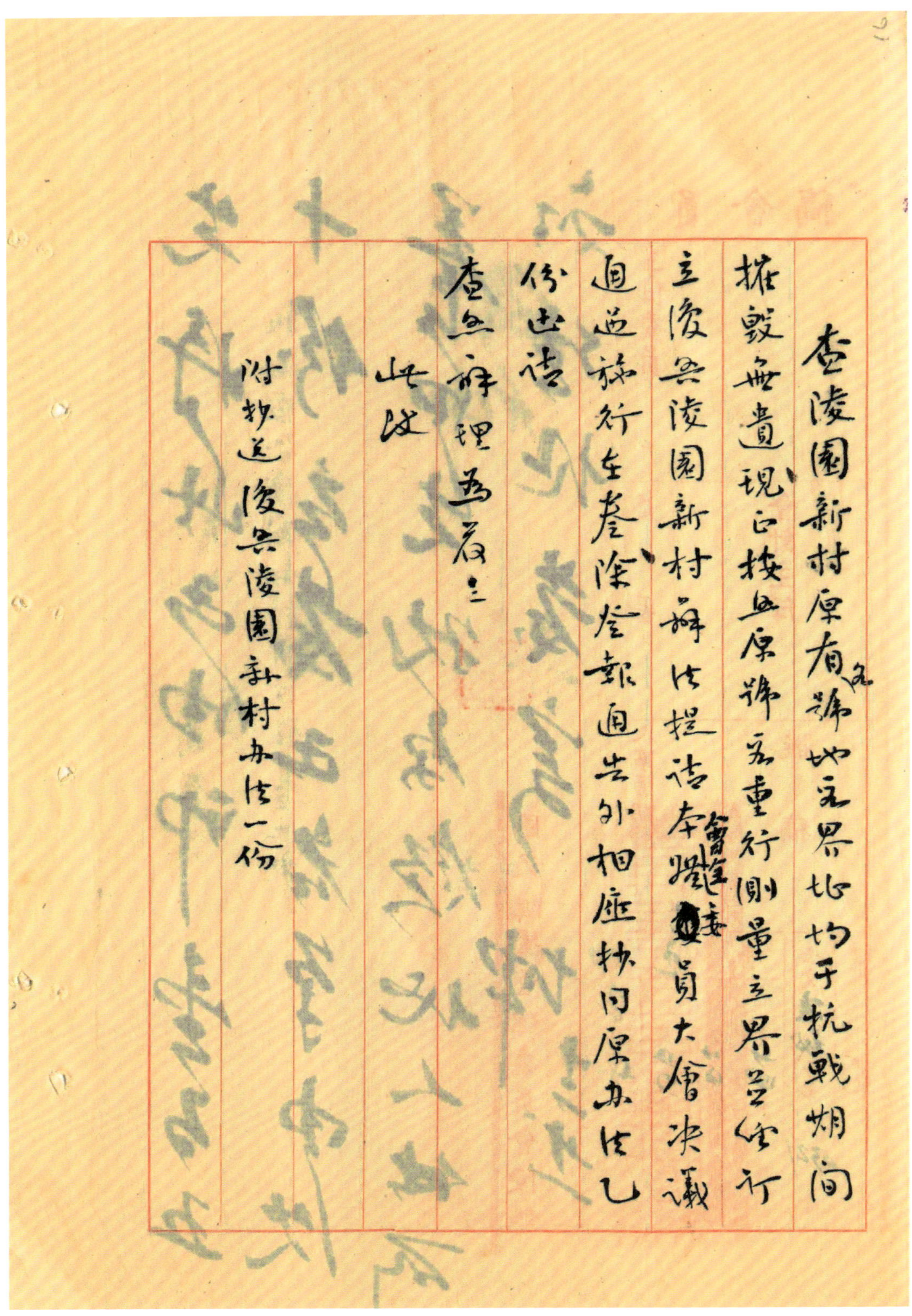

查陵園新村原有鄰地之界址均于抗戰期間摧毀無遺現已按照原鄰另重行測量立界並分行立修正陵園新村辦法提請本會管理委員大會決議通過飭行在卷除令飭遵外相應抄同原辦法乙份函請

查照辦理為荷

此致

附抄送修正陵園新村辦法一份

陳辭修　參謀本部

吳鐵城　中央黨部

居正　司法院

孔庸之　南京中國銀行轉

林雲陔　審計部

顧祝同　陸軍總司令部

錢大鈞

邵力子　中央黨部

戴季陶　考試院

馬超俊　馬沈慧蓮　農工部

馬吉書　南京拱衛處

陳立夫　中央黨部

陳果夫　仝上

朱家驊　教育部

朱世明　南京瑯琊路十一號楊方飛先生轉

何鍵　軍事委員會撫卹委員會

劉峙　上海警備司令部

盧漢　雲南省政府

何應欽　陳其采　南京頤和路15号

魏道明　司法院

劉紀文　審計部

孫哲生　立法院

張繼　清涼中學

程頌雲

程天放　中央政治學校

蕭錚　地政部

曾養甫

周啓剛　僑務委員會

陳樹人　仝上

張治中　新疆省政府

楊[illegible]　南京市琅琊路十一号

九、恢复工程

会计室关于修复陵园所有纪念建筑物向国内外各界募捐事致园林处笺函（一九四六年十一月二十八日）

十一月廿八日

箋函

関于修復陵園所有紀念建築物向國內外各界募捐一案，茲以國大舉行代表某聚首都，擬定日期招待，同時提請各代表負責代募捐款，俾資答謝。

主任委員好核示，抄付日期奉

批：一、抄付日期又定于於十二月一日中午在本會舉行餐叙。二、應將待修建之紀念建築物名稱、地點、原日圖案、修建費估計（以美金伸算）等列表提供參考。致（並届時請全體委員出席招待。）等因。除第一、三兩項業已由本室照外，向于第二項即希

貴處查照從速辦理為荷。

此致

園林處

陵發 十一、廿八

国父陵园管理委员会兴复国父陵园内之藏经楼、中山文化教育馆等六项工程募捐启及办法（一九四六年十二月十九日）

為興復 國父陵園內之藏經樓中山文化教育館等六項工程募捐啟

前者首都失陷，陵寢震驚，雖以
國父威靈未能感格頑寇！所有陵園附屬建築物，昔之璀璨滿目者，今則除亭池臺榭之外，其大者如藏經樓，（曾集度海內名家書刻國父遺教）次如中山文化教育館，（廣羅文獻宏事譯述所藏亦極豐夥）又次如高度溫室暨花房，（保護熱帶花卉）自經播遷，悉化烏有，至其基礎已立規模未備者，則有植物園；計劃已定正待建立者，則有動物園，與博物館。凡此諸端，均有待於恢復与完成，以壯觀瞻而資紀念！

其具有之意義，可得而述者：

一、引發信仰心與前進心，

二、引發高尚優美之思想，

三、引發博大精深之思想，

四、引發美化之思想，

五、引發大同之思想，

凡人於精神振發或優遊怡豫之時，則心靈活潑而感應強大。吾人奉行　國父遺教，尤應接受　國父之精神。而上述建置，在涵濡國父全部之精神，使之深入人心，以收潛移默化之效也。今陵園管理委員會場所，與大點綴游觀之臺榭等，政府已允於短期內補修完成。至藏經樓、中山文化教育館、温室、花房、植物園、動物園、博物館等，或須恢復舊觀，或待重新建築，仍予海内外同胞以貢獻之機會，俾得達其敬愛之誠。於茲六項工程或認定部份建築，或捐獻各種物資，或集體募集巨款，或個人單獨興修，各竭其力，早觀厥成，庶幾羣策羣力，知謳歌歷

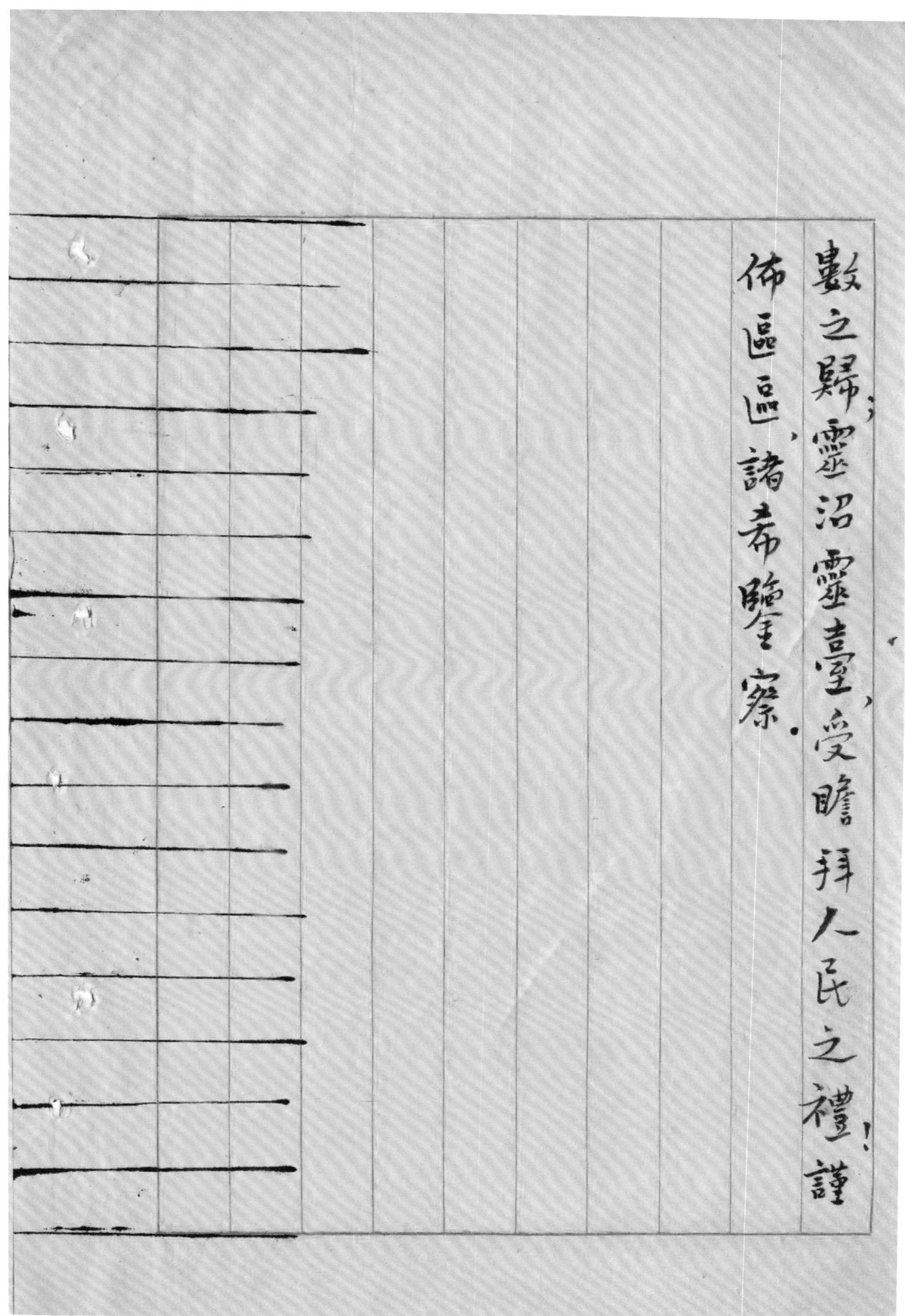

數之歸；靈沼靈臺，受瞻拜人民之禮！謹
佈區區，諸希睑察。

以騰錄于募捐啟之后 [illegible]

稿 十二月九日 陳北峯印

興復 國父陵園内之藏經樓中山文化教育館等六項工程募捐辦法

一、國父陵園管理委員會、僑務委員會、全体委員、海外部首長、國大華僑代表等，為興復 國父陵園内之藏經樓、中山文化教育館、温室、植物園、動物園、博物館、統等六項工程訂定本办法募捐

二、募捐事宜由國父陵園管理委員會負責辦理、

三、募捐金額暫定為美金壹百五十萬美元，各項工程費約計如后：

(1) 藏經樓 二五〇·〇〇〇美元

(2)中山文化教育館　三五〇，〇〇〇美元
(3)溫室花房　一五〇，〇〇〇美元
(4)植物園　二五〇，〇〇〇美元
(5)動物園　二五〇，〇〇〇美元
(6)博物館　二五〇，〇〇〇美元
四、募捐期限定自三十六年一月起至八月底止
五、捐册收據一律編定號數分別送請外交部轉交國外各使領館及國大華僑代表代行勸募
六、凡由使領館代募捐款暫由各地使領館保管隨收隨存當地國家銀行並將募捐情形及已收金額

隨時函知國父陵園管理委員會備查，但由國大華僑代表募集之捐款應匯交國父陵園管理委員會核收，該會存儲國家銀行另立專戶保管。

七、捐款人得按左列規定捐獻：

（一）個別認捐。

（二）集体認捐。

（三）個人或集体認捐各種物資。

（四）個人或集体認捐部份建築。

（五）個人單獨興修某項全部建築。

八、捐款人認捐前條三至五各款之一者，當于建築

物之中留一紀念、永久

九、本辦法規定興復各項工程開始辦理時，由國父陵園管理委員會通知使領館將募捐之款電匯指定銀行經收備用。

十、募捐期限終了時，各募捐人應將捐冊收據一併繳交國父陵園管理委員會，以便核計募捐數總額編造報告。

园林处为陵墓前碑亭栏杆及垫石损坏交由马新记石作修复检送估价单请查照给会计室、秘书室的信函（一九四六年十二月二十四日）

附：总理（国父）陵墓加做苏石栏杆修理工账单（一九四六年十二月二十三日）

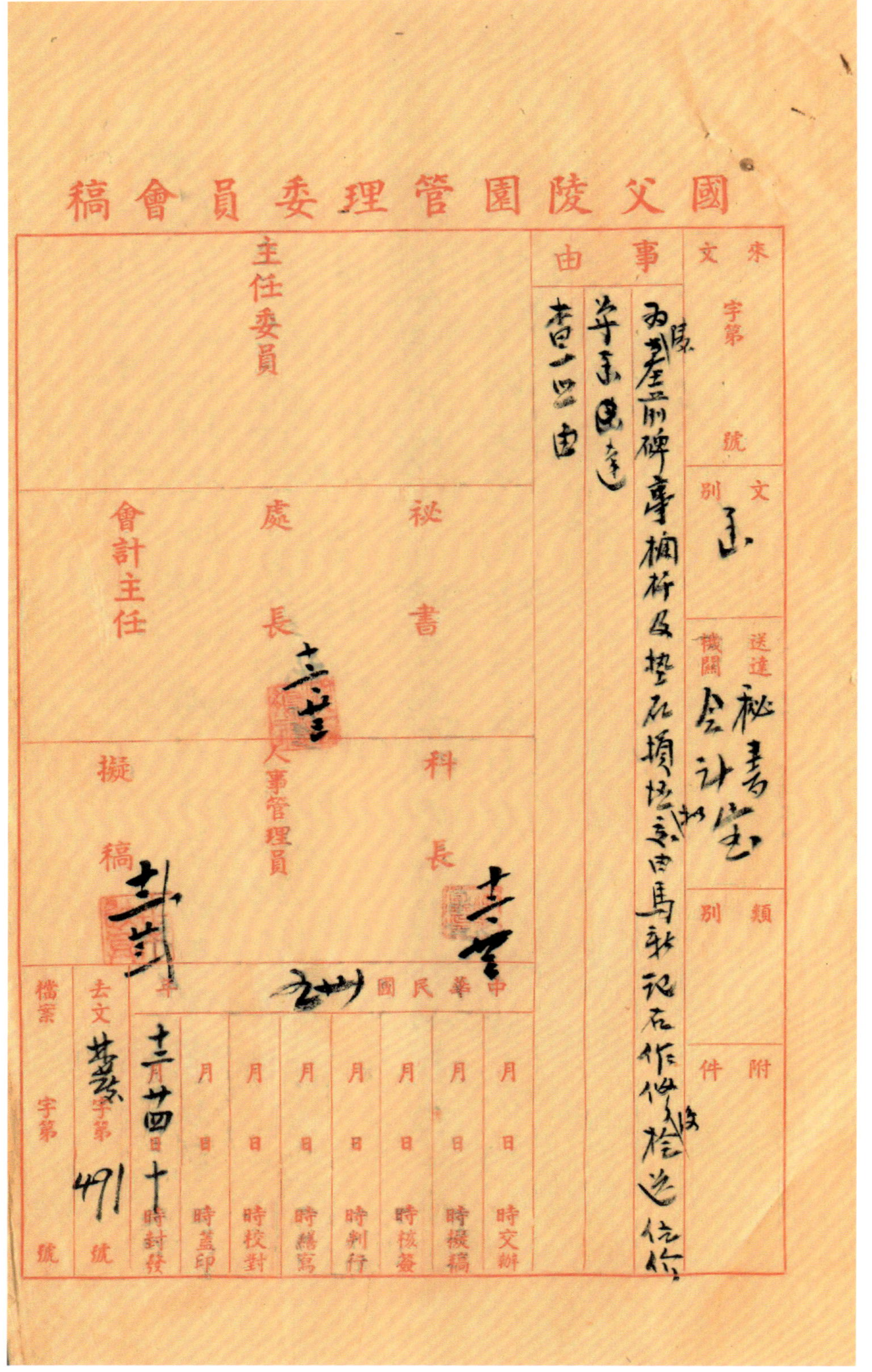

國父陵園管理委員會稿

來文	字第 號
文別	函
送達機關	秘書室、會計室
類別	
附件	
事由	為陵墓前碑亭欄杆及墊石損壞交由馬新記石作修復檢送估價單請查照由
主任委員	
秘書	
處長	十二/廿三
會計主任	
科長	十二/廿三
人事管理員	
擬稿	十二/廿三
中華民國 年	三十五年
去文	陵總字第491號
檔案	字第 號
封發	十二月廿四日十時

奉

諭以陵墓前碑亭西首石欄杆損一部份，攔坦墊石亦閃

傾塌，飭即修復，由伯應邑丹估，是項工程甚微，且既（年深歲久）擬窩

承（以便未免稽延時日）擬由本處工程科照理仍交由曲馬新記石作

承包，向由估價，等（一併呈送）前來，計款洋貳百叁拾叁元伍仟元（依實際需工程）核減

為一百八十八元，允其承修，除批飭同估價單附本送秘書會計室查照

外，理合檢同估價單附本呈送

查照備印，希按付乞付不成，以便出工

秘書

會計室

檢送估價單附本一份

重[illegible]

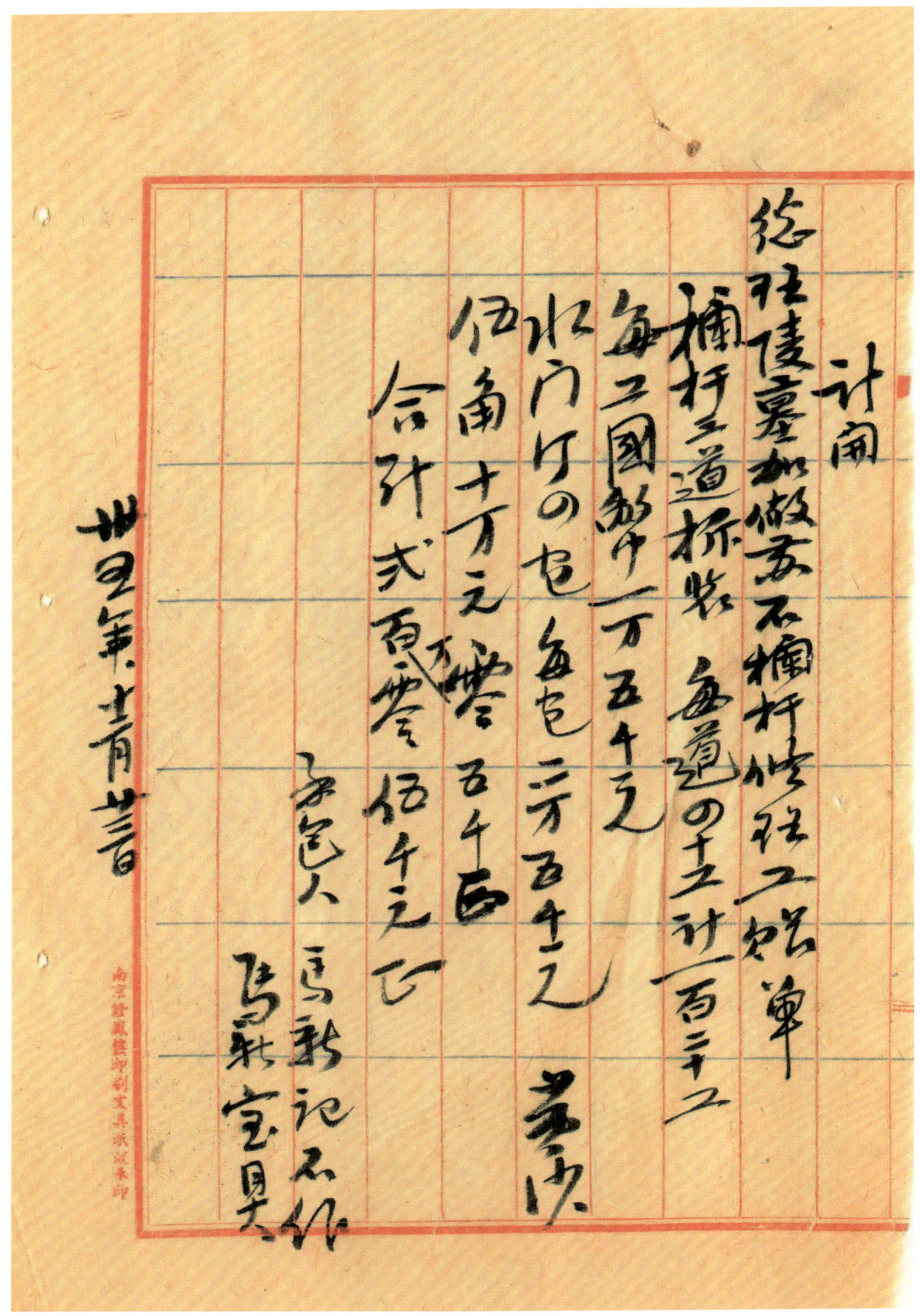

计开

修理陵墓加做云石栏杆修理工料单

栏杆三道拆装 每道四十工 计一百二十工

每工国币一万五千元

水门汀四包 每包二万五千元

黄沙伍角 十万元零五千正

合计贰百万零零伍千元正

承包人 马新记石作

马宝昊

卅五年十一月廿三日

国父陵园管理委员会为陵园纪念建筑物于抗战期间损毁现向国外华侨募捐兴复函送募捐启及办法各一份致行政院的公函（一九四七年二月十八日）

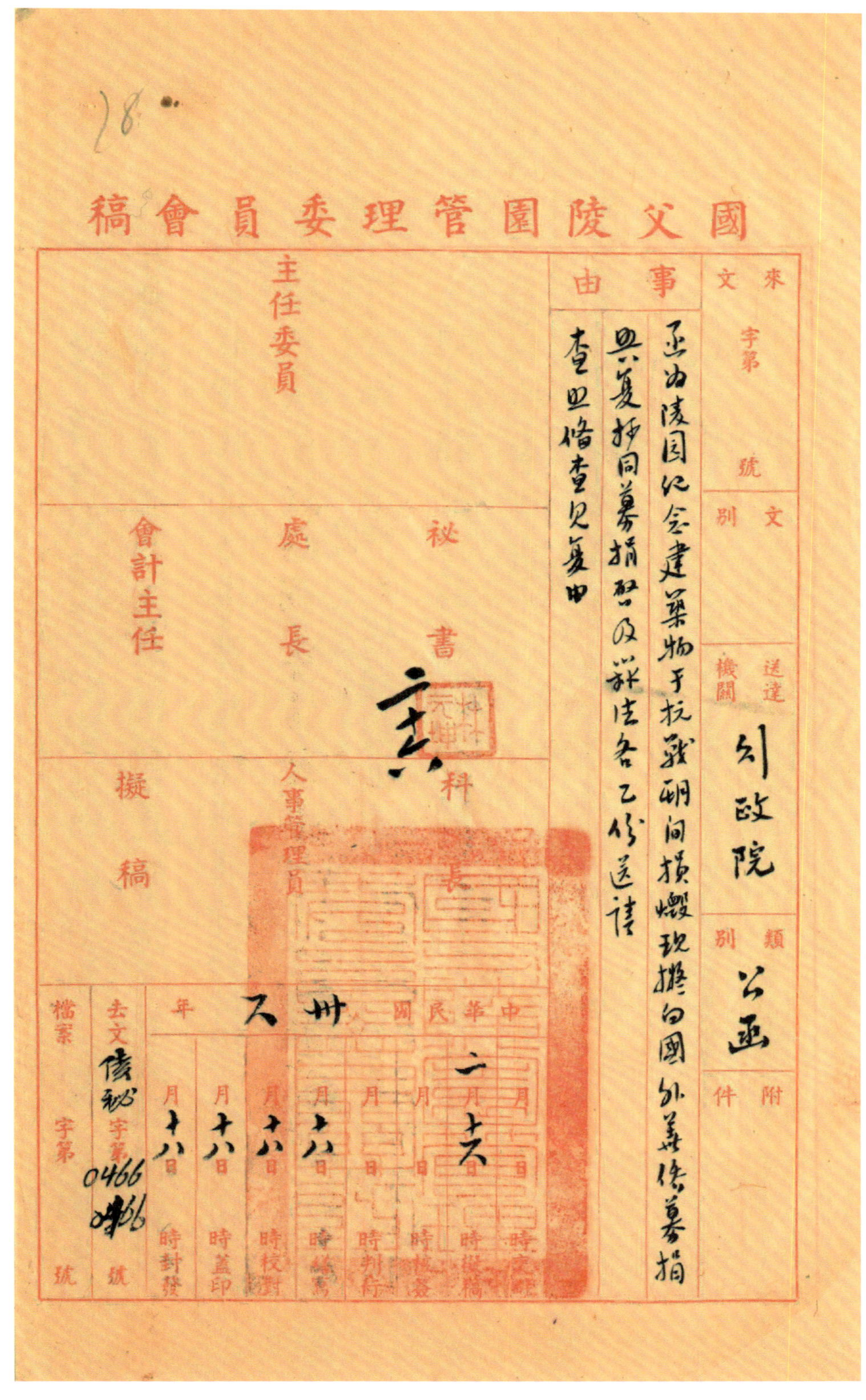

國父陵園管理委員會稿

來文	字第　號
文別	
送達機關	行政院
類別	公函
附件	

事由：函為陵園紀念建築物于抗戰期間損毀現擬向國外華僑募捐興復抄同募捐啓及辦法各乙份送請查照備查見復由

主任委員

秘書　處長　科長

會計主任

人事管理員

擬稿

中華民國卅六年二月十八日

去文 陵秘字第0466號

檔案 字第　號

本會全体委員僑務委員会海外部首長國大華僑代表等以陵园紀念建築物于抗戰期间均被敵偽損燬業由華僑捐資興建者仍向國外華僑募捐興復曾經撰就募捐啓並訂定募捐辦法不日即可印就分發國外使領館及華僑分配代募相应抄同上項募捐啓及辦法各乙份送請

查照備查並希

見復為荷此致

行政院

国民政府为紫金山全部造林事业费暨恢复陵园旧观经费给国父陵园管理委员会的训令及附件（一九四七年四月）

285

抄　國民政府訓令　處字359　陵收0811

令國父陵園管理委員會

主計處函國防最高委員會秘書廳，為國父陵園管理委員會紫金山全部造林事業費暨恢復陵園舊觀經費六億九千餘萬元，係卅六年度用款，前政院曾准三十五年度第二預備金項下動支，似有未便，擬改在卅六年度第二預備金項下動支，請查照轉陳備案一案，業經國防最高委員會批准備案，除分別外，合行令仰該會知照。此令

附（一）国父陵园管理委员会致财政部公函（一九四七年二月十五日）

抄函稿

六十五 陵秘 0457

查本会卅六年度临时费预算业奉核定为国币伍亿伍仟六百叁拾万元，该项费用除第二次装设电话费及第五次警卫服装费外，所有第一项设备修缮费柒仟柒佰捌拾叁万元，第三项整理地亩临时费叁仟叁佰伍拾万元及第四项续工程国卅六年业费四亿元，共计伍亿零壹佰卅叁万元，因有季节及时间性关系，亟应积极办理，特此函请贵部惠予查照，特殊即日先拨半数，以利工作，毋任感荷。

此致

财政部国库署

拟笺稿　四、十八、

查本会卅六年度临时费核定为伍亿伍仟六百卅万元，前以选举工作必需及时办理，曾经于本年一月十五日以陵秘字第0451号笺请将第一、三、四项各款先拨半数，计贰亿伍仟〇六十六万元在案。亦以前拨款项业已用罄，所有业务亟需继续进行，尤其原预算所列之第二项装设电话费及第五项紧要修缮服装费、购置、印刷等项，特此函请查照，惠将上项尚未拨发之款计国币叁亿〇伍佰六十四万元一次拨下，以利工作，毋任感荷。此致

财政部

国府

国父陵园管理委员会为请将捐册转寄张紫常总领事致外交部总务司的笺函（一九四七年八月十六日）

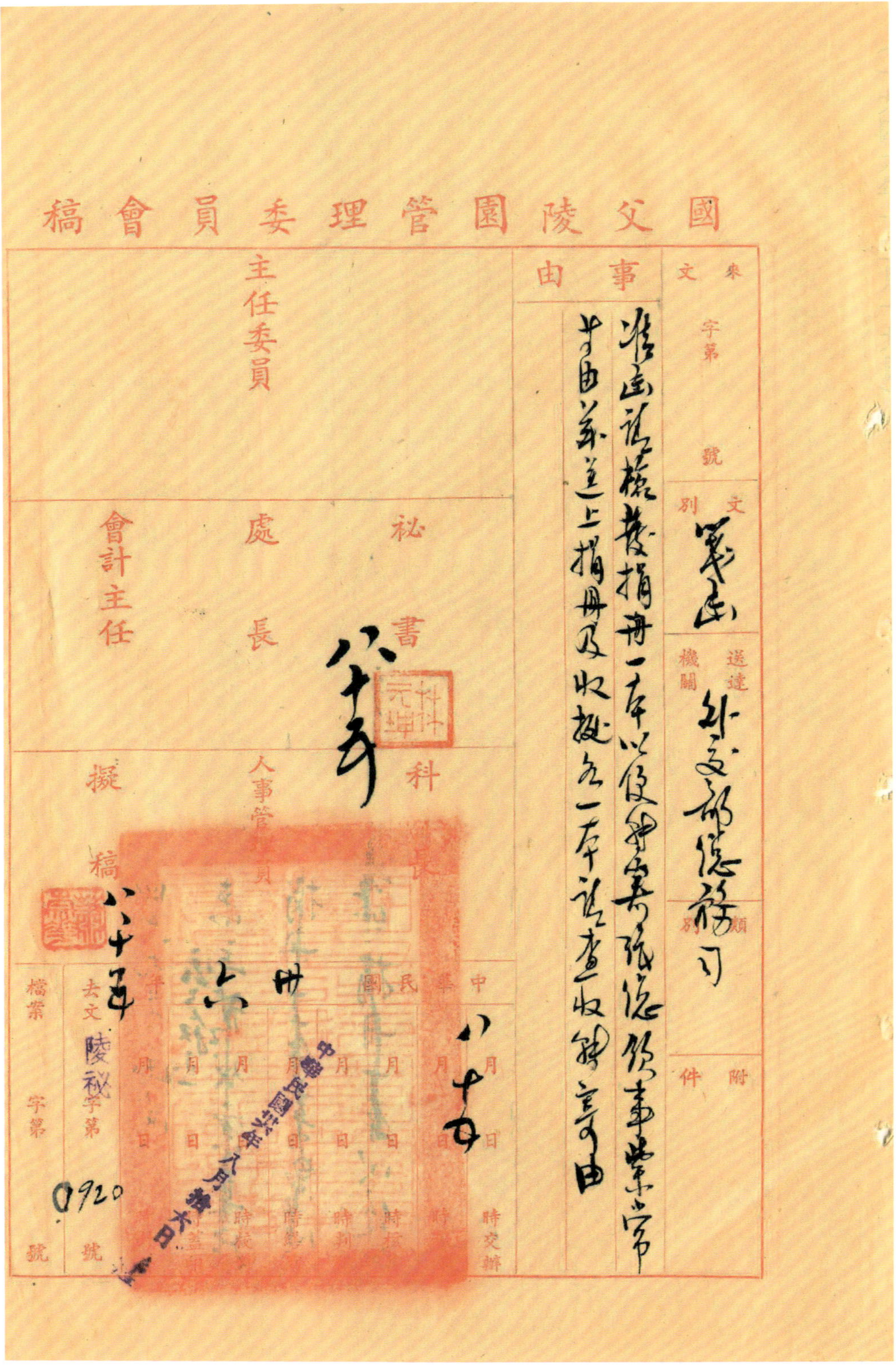

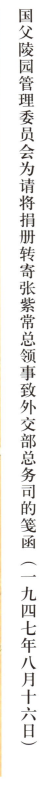

國父陵園管理委員會稿

來文 字第 號

文別 箋函

送達機關 外交部總務司

附件

事由 准函請檢發捐冊一本以便郵寄張總領事紫常并由茲送上捐冊及收據各一本請查收轉寄由

主任委員

秘書處長 八、十五

會計主任

科長

人事管理員

擬稿 八、十五

去文 陵秘字第0920號

中華民國卅六年八月十六日

頃准

貴司本年八月十六日總字第四六九号函開：

「准駐金山總領事張紫常來函，寄到該館代電募捐

~~僑建中山陵紀念建築工程捐冊十本等由，以~~

~~便由駐地由本部捐出該項捐冊十本，以便推~~

交張總領事辦理」

等由，准此，當經將該捐冊檢送捐冊及收據各一本隨函

附上，即請

查收轉交為荷，此致

外交部總務司

附捐冊一本第8801号至第8900号收據一本

关于修理音乐台工程招标、开标的一组文件

国父陵园管理委员会园林处致会计室函（一九四七年九月十三日）

附：招标通知

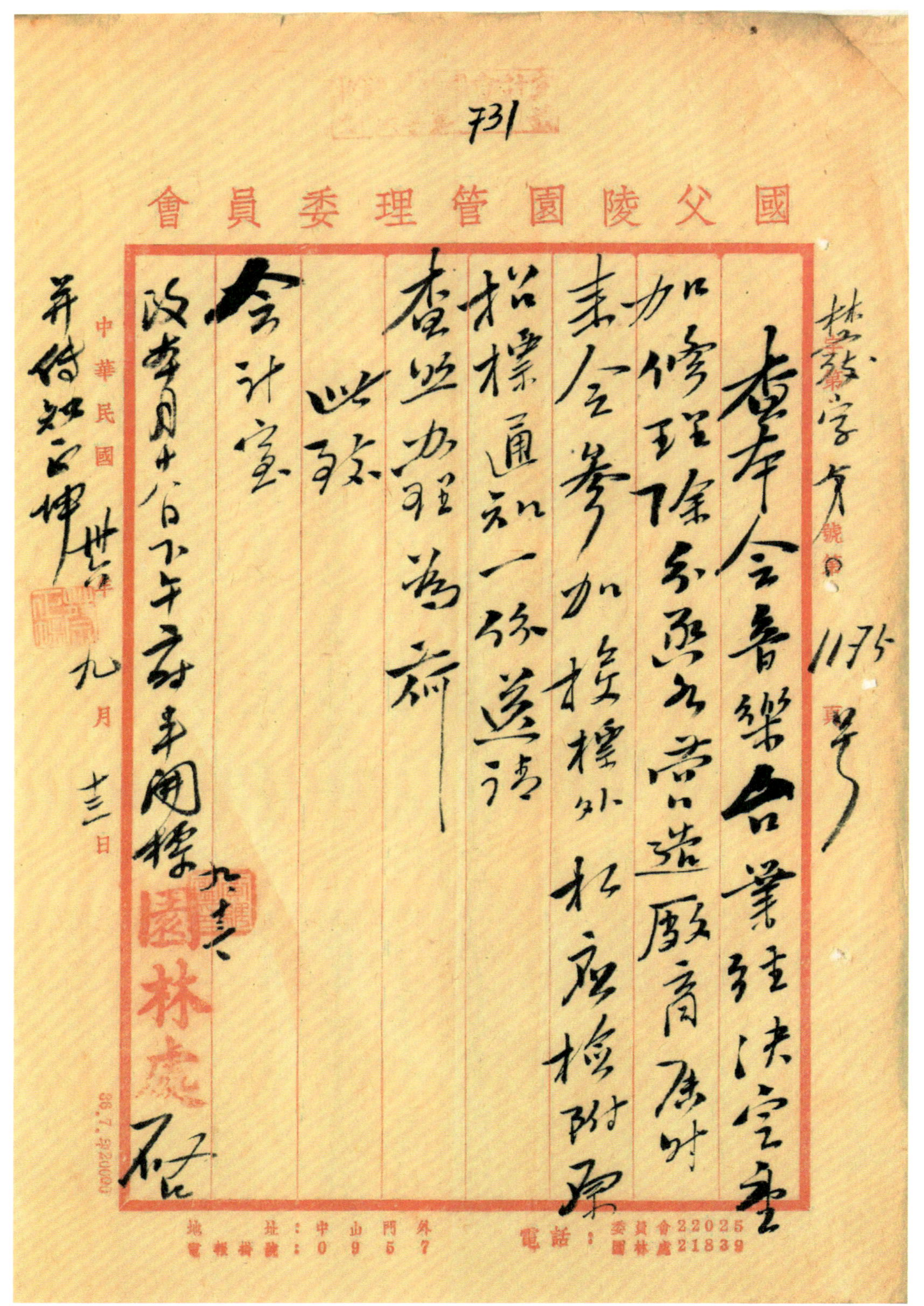

731

國父陵園管理委員會

林總字第1135號

查本會音樂台業經決定重加修理，除分函各營造廠商屆時來會參加投標外，相應檢附招標通知一份，送請查照辦理為荷。此致

會計室

園林處 啓

中華民國卅六年九月十三日

改本月廿六日下午五時開標 九·廿六

並候知照 世坤

招標通知

查本會大音樂台業經決定重加修理，招商投標估價，

貴　如願參加，希逕來通知，隨帶領標費伍仟元（不論得標否，概不發還），押標費二百萬元（未得標者於決標後憑收據領回），均限用本票或現款送交本會會計室領取交款收據，再憑據於九月十五日下午二時至五時向來梅花山本會園林處工程科領取標單及說明書等件。十六日下午三時正同往視察地點（過時不候），訂於九月十九日上午十時半在本会会議室當眾開標，除分行外，相應函請

查照為荷。

特別聲明：（一）標單內有　舒辦之工程，本会得從緩修理。

此致

廠

公司

國父陵園管理委員會園林處　啓

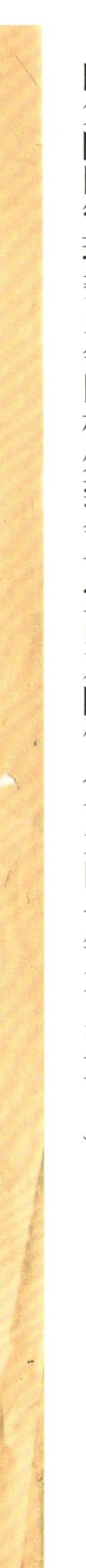

国父陵园管理委员会园林处致会计室函及附件（一九四七年九月二十日）

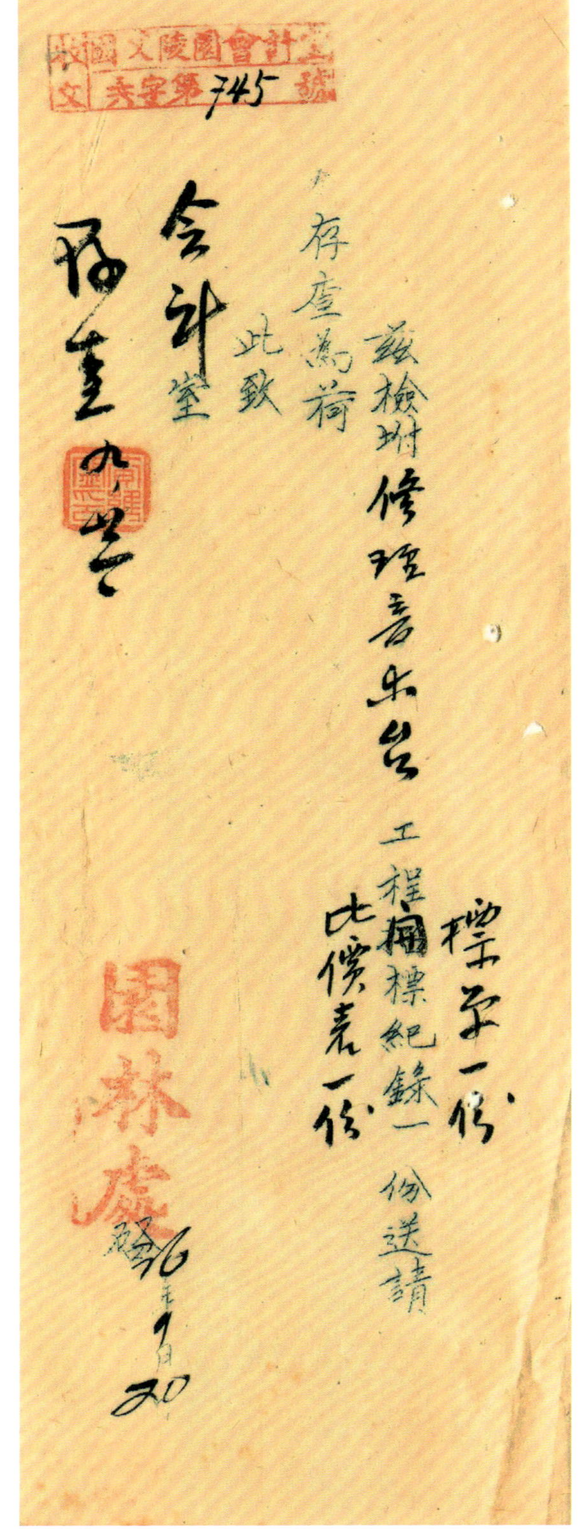

國父陵園會計室收文 第745號

茲檢附修理音樂台工程開標紀錄一份送請

存查爲荷

此致

會計室

標單一份

比價表一份

園林處 36年9月20

國父陵園管理委員會修理音樂台工程開標紀錄

（監標人簽章原件呈主任委員核備）

時間：卅六年九月十八日下午三時

地點：本會大禮堂

出席：林元坤　黃維寧　沈鵬飛　顧梭書　袁鳳雛

審計部監標人　王彥亭

參加營造廠商及其代表人

聶德記營造廠　聶漢波

新星記營造廠　周鍾炅

大誠營造廠　彭永昇

義華營造廠　梁佛秋

儀華營造廠　胡培儀

神州營造廠　范維鈞

建新營造廠　孫福田

開標結果：（各營造廠所開總價詳比價表）以義華營造廠所開九九、四一二、〇〇〇元為最低標，儀華營造廠所開一〇七、五九二、〇〇〇元為第二標，建新營造廠一一〇、二六七、〇〇〇元為第三標。經將前列三家營造廠所開標單分別審核後，發現儀華計算錯誤應行剔除者二、四一七、〇〇〇元，實計總價為九六、二七五、〇〇〇元，較諸義華尤低，應以儀華為最低標，但本會預估底價六八、二二三、六〇〇元，仍超過甚鉅。

決標：經分別與最低標三家商減後，義華願減為九一、四一二、〇〇〇元，建新願就原標價九二折算，實價為一〇一、四四五、六四〇元，儀華願減為九〇、〇〇〇、〇〇〇元，仍以儀華為最低，因本會預算限制，決議將標單內所列22、23兩項

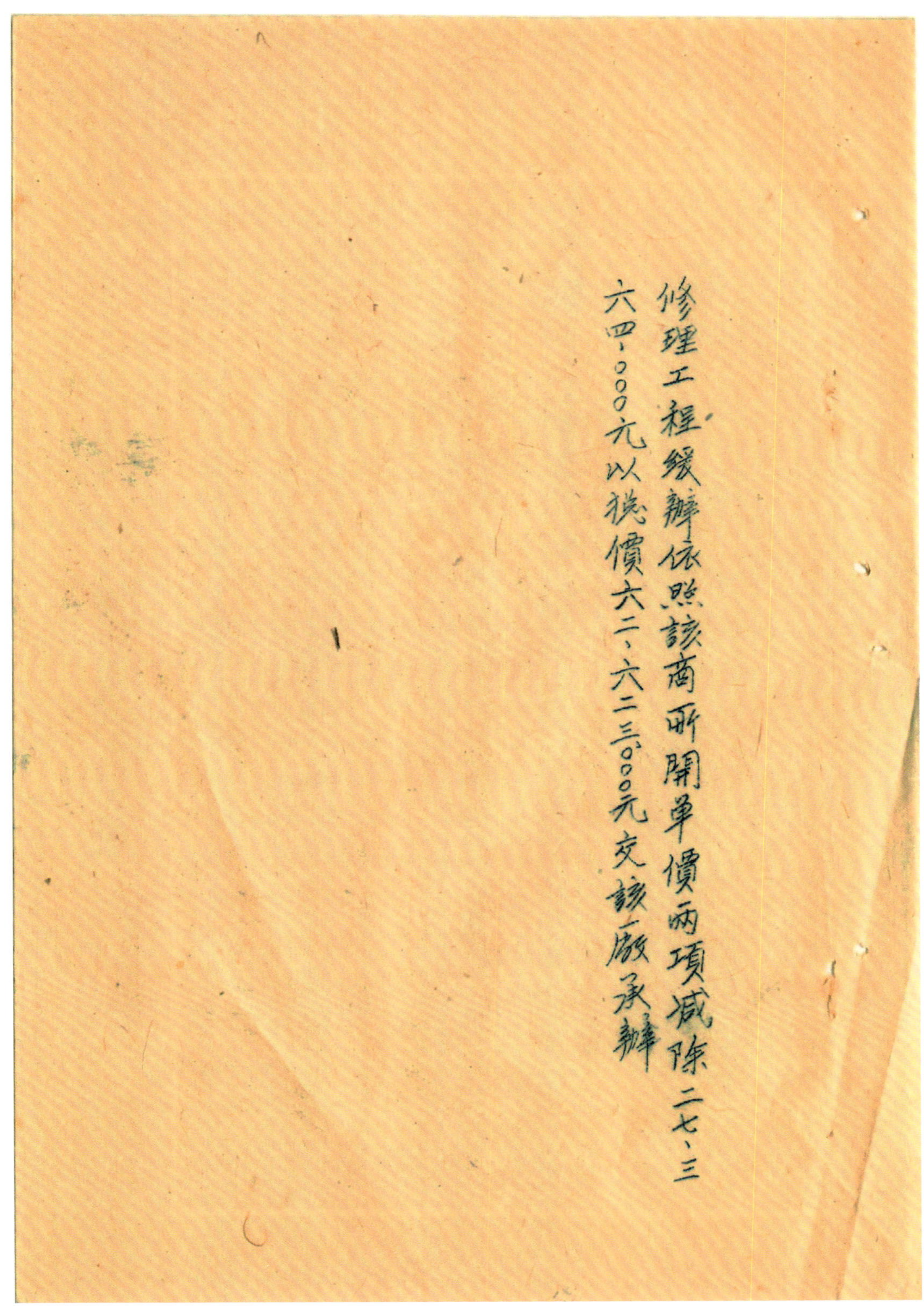

修理工程緩辦依照該商所開單價兩項減除二七、三六四、〇〇〇元以撙價六二、六二三、〇〇〇元交該廠承辦

附（二）国父陵园管理委员会修理音乐台工程开标纪录比价表（一九四七年九月十八日）

國父陵園管理委員會修理音樂台工程開標紀錄比價表

日期：三十六年九月十八日

地點：本會

出席：林元坤 沈鵬飛 黃維甯 顧竣書 麥鳳維

審計部監標人 王彥亭

投標商號	工程總價	完工日期	次要部份總價	備註
大誠營造廠	139,81,000元	45天		六
神州營造廠	124,969,000元	35天		五
義華營造廠	99,412,000元	35天		原第一標，儀華改正數量後第二標
建新營造廠	110,267,000元	30天		三
鼎德記營造廠	111,101,400元	40		四
新昌記營造廠	161,397,000	50天		七
儀華營造廠	107,592,000元	30天		原第二標，數量改正後應為第一標
本會底價	68,223,600.00			

開標人 　　　　監標人

說明：儀華估單數量錯誤應剔多開11,417,000元 實計總價 96,175,000整元

顧竣書印

园林处处长沈鹏飞为送园艺科及植物园两温室开标纪录及比价表、估价单致孙科的呈文及附件（一九四七年十月十三日）

簽呈

中華民國卅六年十月十三日發 林務字第1270號

事由：為賫呈園藝科及植物園兩溫室開標紀錄及比價表估價單計四份仰祈核備由

查本處園藝科及植物園兩溫室因氣候漸涼勢需恢復一部份以資應用經飭工程科按核准預算擬訂園藝科花房先復建甲丙兩部植物園先復建原花房四分之一備具圖說招約營造廠商新星記建新聶德記談海上海建業義華嘉林大誠儀華久業興華及神州等十二家來會領取標單等件于九月二十六日下午三時半在本會會議室當眾開標並經審計部派梁錦揚先生監標結果園藝科花房甲部以儀華之一億二千二百二十一萬三千五百元為最低建新之一億三千五百六十二萬五千五百元次之惟儀華之價低于本會底價一億五千

九百九十三萬一千三百元之百分之八十合一億二千七百九十四萬五千零四十元按照規章不能得標決定改交建新營造廠承办園藝科花房丙部因總預算不敷暫行緩办植物園花房以神州之一億零一百五十三萬五千元為最低且未低過本會底價一億零八百五十萬元之百分之八十應交該商承办謹將開標紀錄一份及比價表連同各廠商之估價單一併賫

呈仰祈

鑒賜核備

謹呈

主任委員孫

附呈開標紀錄及比價单各一份估價單十二份

職沈鵬飛謹簽

准照办並報常會

科 十、九

附（一）国父陵园管理委员会建造温室招标纪录（一九四七年九月二十六日）

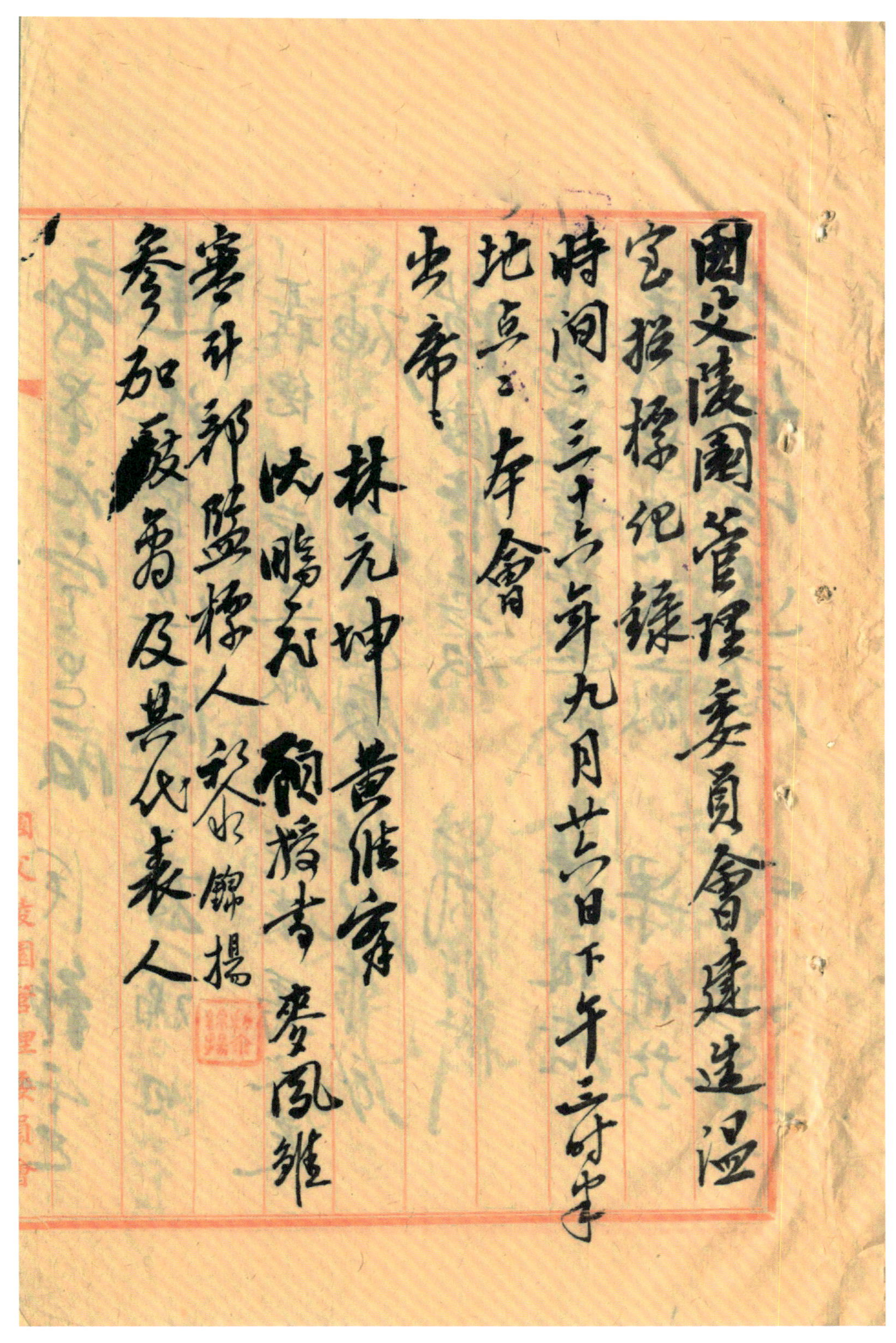

國父陵園管理委員會建造温室招標紀錄

時間：三十六年九月廿六日下午三時半

地点：本會

出席：

林元坤　黃維寧

沈鵬飛　顧[illegible]青　麥鳳雛

審計部監標人黎錦揚

參加廠商及其代表人

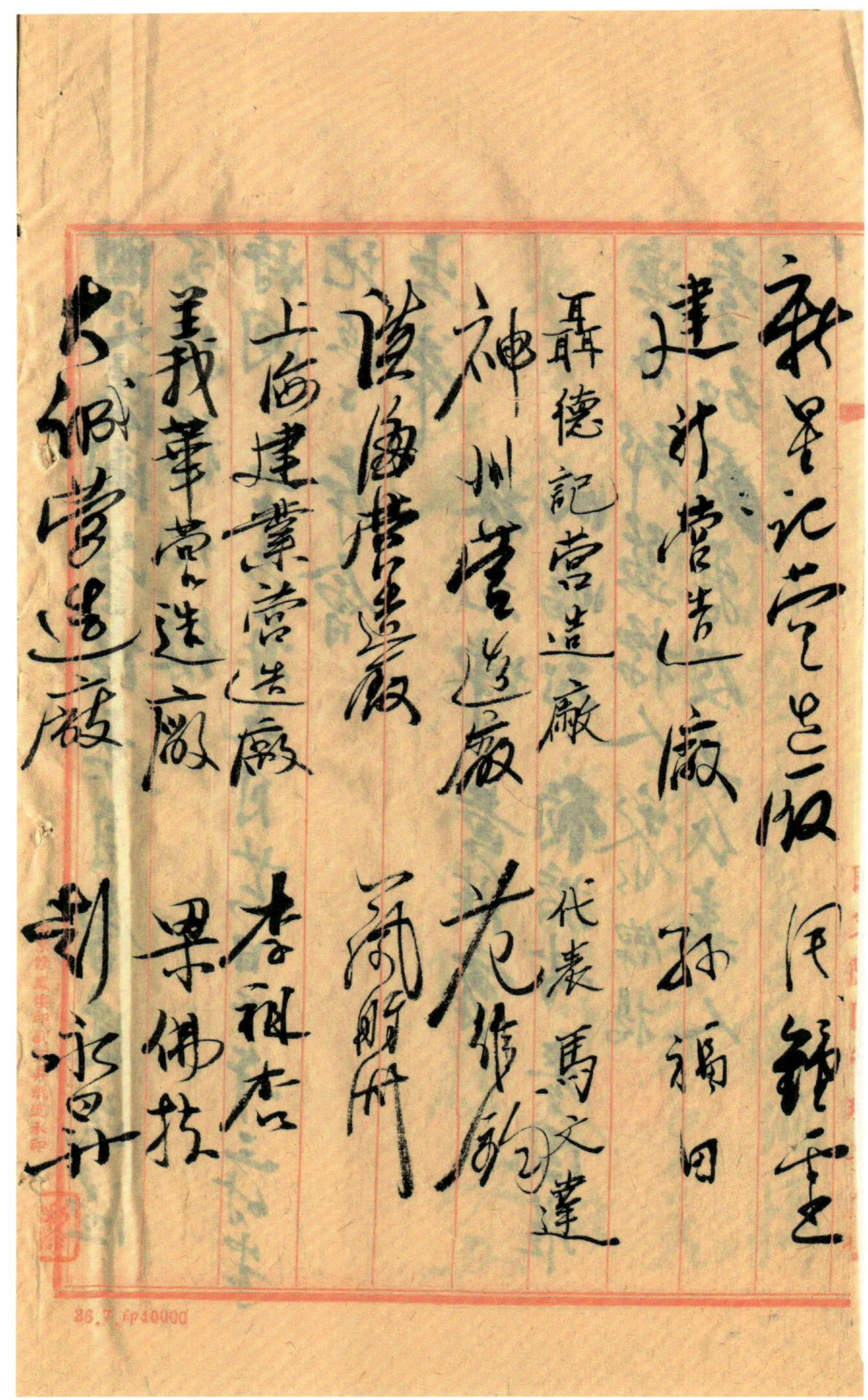

新星記營造廠 周鍾堂
建新營造廠 孫福田
聶德記營造廠 代表 馬文達
神州營造廠 范維敏
復海營造廠 闞[illegible]
上海建業營造廠 李祖杏
義華營造廠 果佛技
大成營造廠 劉永昌

36.7.印40000

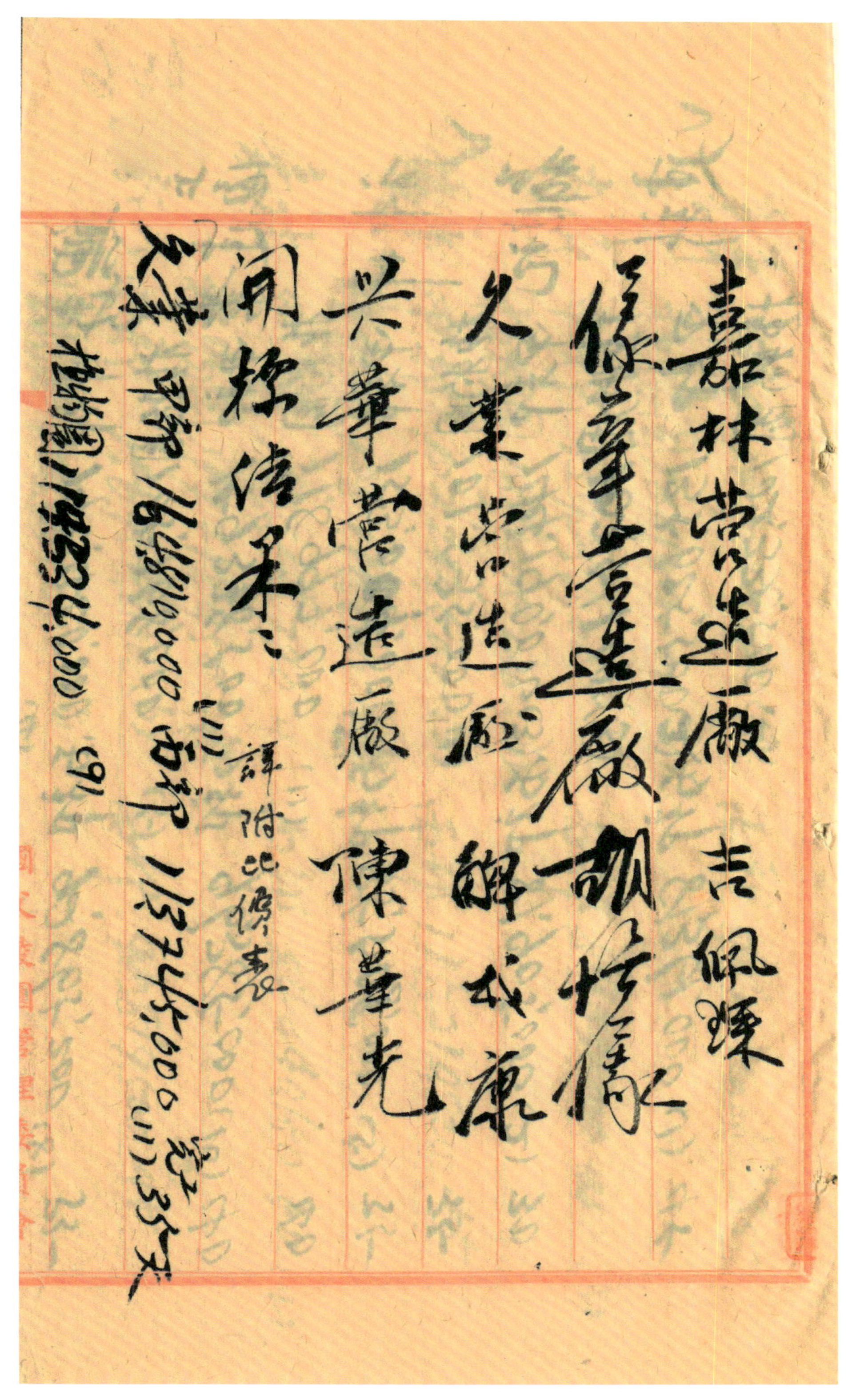
嘉林營造廠　吉佩璜
復華營造廠　胡恃衡
久業營造廠　解成康
興華營造廠　陳華光
開標結果（詳附比價表）
久業　甲部 164,890,000　乙部 113,745,000　共計 313,350,000
（三）
惟協興 195,234,000　91

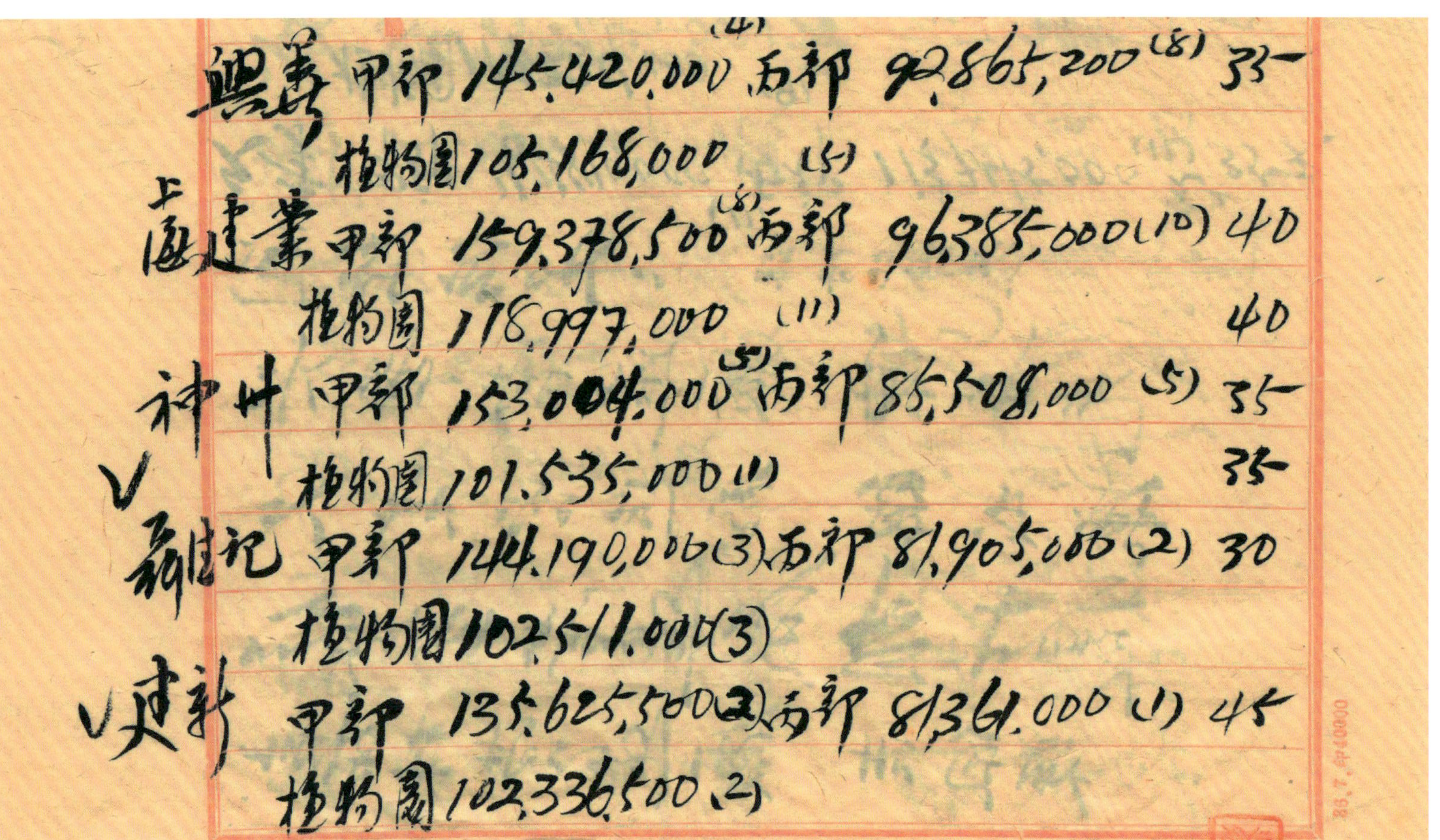

興華	甲部	145,420,000 (4)	丙部	92,865,200 (8)	35
	植物園	105,168,000 (5)			
上海建業	甲部	159,378,500 (8)	丙部	96,385,000 (10)	40
	植物園	118,997,000 (11)			40
神州	甲部	153,004,000 (5)	丙部	85,508,000 (5)	35
✓	植物園	101,535,000 (1)			35
蔚記	甲部	144,190,000 (3)	丙部	81,905,000 (2)	30
	植物園	102,511,000 (3)			
✓建新	甲部	135,625,500 (2)	丙部	81,361,000 (1)	45
	植物園	102,336,500 (2)			

36.7.印40000

義華 甲部 167,020,000 (12) 丙部 95,125,000 (9) 35
植物園 109,159,000 (8)

大成 甲部 159,250,000 (7) 丙部 84,430,000 40 (3)
植物園 103,495,000 (4)

儀華 甲部 122,213,500 (1) 丙部 115,710,820 45
植物園 128,116,800 (12)

嘉林 甲部 160,356,720 9 丙部 84,440,650 50 (4)
植物園 117,718,950 (10)

新野 甲部 156,756,000 (6) 丙部 92,819,500 (3) 45
植物園 106,741,000 (6)

祖陵甲部 161,457,000（四） 乙部 86,861,000（五） 次

植物園 108,861,000（三）

陵園甲部 155,931,300 丙 105,681,000

植物園 108,850,000

查合中山園藝科花房甲部

最低標價為一三三、二一三、五〇〇元次

標建新一三五、六二五、五〇〇元推最低

標據低價於本會估計底價

一五九，九三一，三〇〇元，其原因係此次兩
玻璃廠面均係鈍化尺，每尺
價一五，〇〇〇元，計算應和一三，四五
五，〇〇〇元，合計標價為一三五，六六
八，五〇〇元。迴第二標為高溫殿
自發承攬該殿工程招受
由建築部承辦，以圖藝科組部

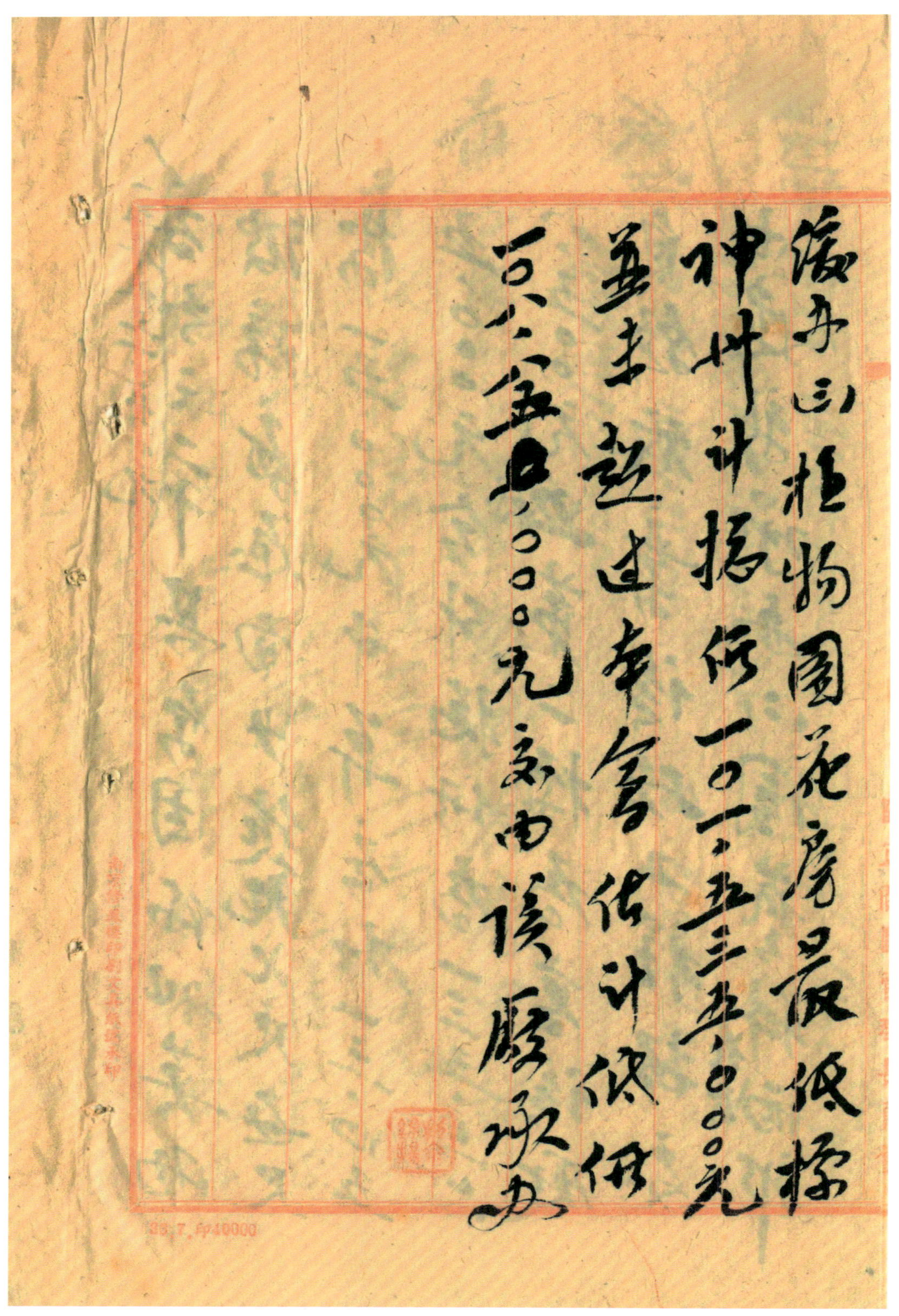
謹再呈，植物園花房最低標
神州計標價一〇一，五三五，〇〇〇元
並未超過本會估計價
百八十五萬，〇〇〇元，亦由議廳承辦

附（二）国父陵园重建园艺科及植物园花房工程开标比价表（一九四七年九月二十六日）

國父陵園重建園藝科及植物園花房工程開標比價表

開標日期：卅六年九月廿六日下午二時半

開標地點：本会会議室.

出席：沈鵬飛 林允坤 黃維寧 顧授青 李鳳雛.

投標廠商	園藝科花房（甲）			園藝科花房（丙）			植物園花房			附註
	總價	期限	標序	總價	期限	標序	總價	期限	標序	
神州營造廠	153,004,000	35	5	85,508,000	35	5	101,535,000	35	1	
滬海營造廠	161,457,000	55	10	86,861,000	55	6	108,861,000	55	7	
偉華營造廠	122,213,500	45	1	115,710,000	45	12	128,116,800	45	12	
聯茂記營造廠	144,190,000	30	3	81,905,000	30	2	102,511,000	30	3	
建新營造廠	135,625,500	45	2	81,361,000	45	1	102,336,500	45	2	
大新營造廠	159,254,000	40	7	84,430,000	40	3	103,495,000	40	4	
先業營造廠	164,810,000	35	11	113,745,000	35	11	114,334,000	35	9	
上海建業營造廠	159,378,500	40	8	96,385,000	40	10	118,097,000	40	11	
新星記營造廠	156,756,000	45	6	92,819,500	45	7	106,741,000	45	6	
興華營造廠	145,42,000	35	4	92,865,200	35	8	105,168,000	35	5	
嘉林營造廠	160,356,720	50	9	84,440,650	50	4	117,718,950	50	10	
美華營造廠	167,020,000	35	12	95,125,000	35	9	109,159,000	35	8	
本会底價	159,931,300			105,681,000			108,850,000			

開標人

監標人 審計部 黎錦揚

園林處工程科

园林处处长沈鹏飞为拟具修理流徽榭及灵响亭办法列表致孙科的呈文（一九四七年十月二十一日）

附：修理流徽榭及灵响亭工程概算表

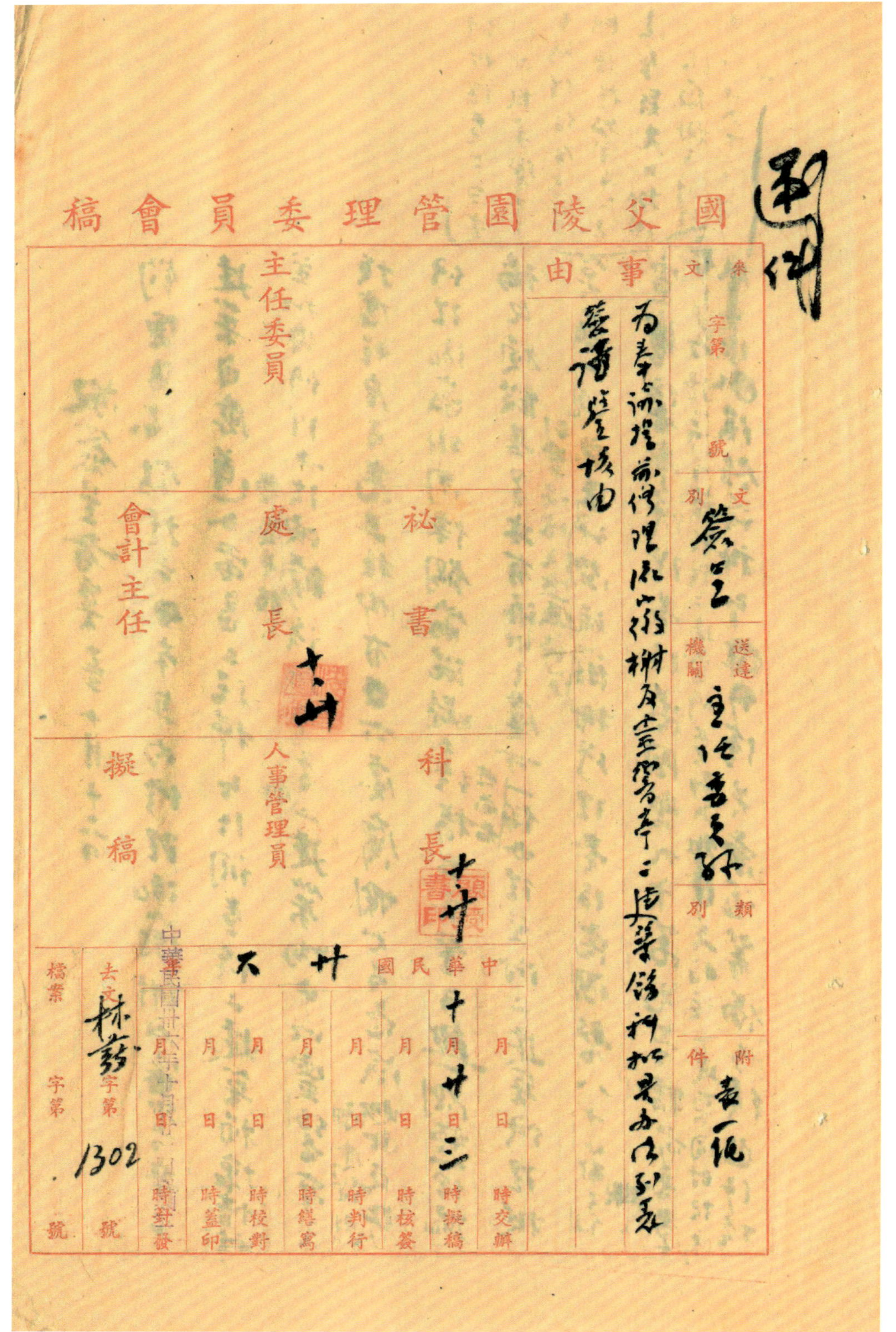
國父陵園管理委員會稿

事由：為奉諭擬修理流徽榭及靈響亭之建築詳細辦法列表簽請鑒核由

文別：簽呈

送達機關：主任委員孫

附件：表一紙

中華民國卅六年十月廿一日

去文林藝字第1302號

修理經費已告有限，靈鷲亭之修理係屬急需，擬將擬〔按〕照圖樣先行擇用，流徽榭之修理暫列入下年度預算

敬簽呈者：案奉十月十二日

鈞府諭飭擬於本年內修理流徽榭及靈鷲亭二建築，自應遵辦。當飭工程科前往調查該二建築損壞情形，並擬具修理辦法。據該科呈復稱：二建築物中以靈鷲亭之損壞程度爲高，且柱脚有五六處腐爛，尤爲危險，亟應從速修理。流徽榭因係鋼筋混凝土構造，安全可無問題，但琉璃瓦損毀甚多，亦有漏水之虞，可一併辦理，並附二建築修理概算表一紙。計流徽榭修理費約需國幣八千萬元，靈鷲亭修理費約需國幣九十萬元等情前來。查

[illegible]

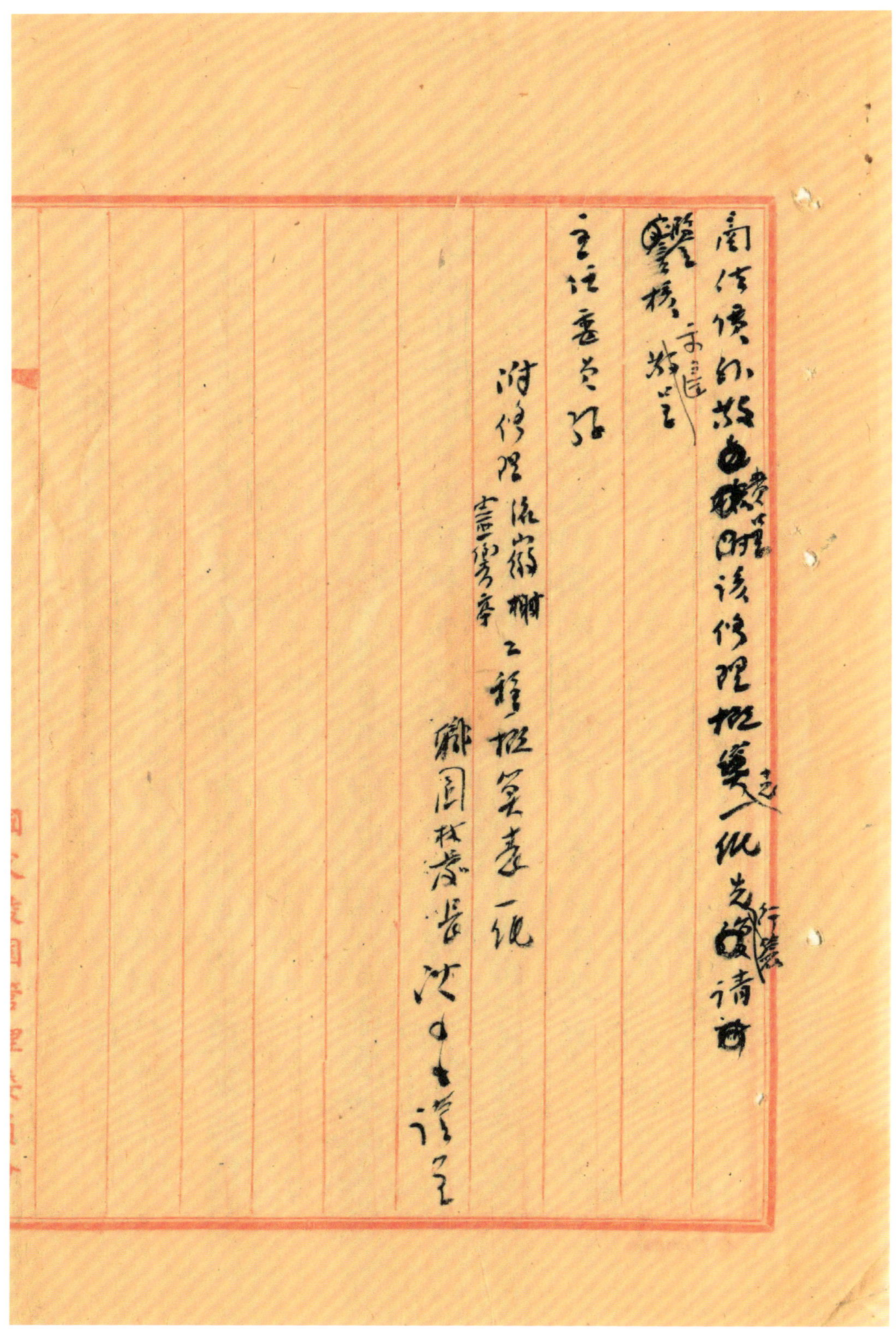

函陈修理外檐由棟需费若干，附该修理概算之一纸，先行核发，请

鉴核示遵，特呈

主任委员孙

附修理流徽榭（紫霞亭）工程概算表一纸

兼园林处长沈鹏飞谨呈

修理流徽榭及靈響亭工程概算表　36年10月

甲：流徽榭　(一)琉璃瓦　損壞約百分之三十強

(二)欄杆頂八角球及墊　遺失六處

(三)欄杆鐵花　完全遺失

(四)陰井生鐵蓋　遺失八個

(五)油漆　全部

上五項修理費估計約需國幣捌仟萬元($80,000,000.00)

(乙)靈響亭

(一)筒瓦屋面及屋面板　損壞百分之五十

(二)層枋連墊板及牛腿等　六面全失

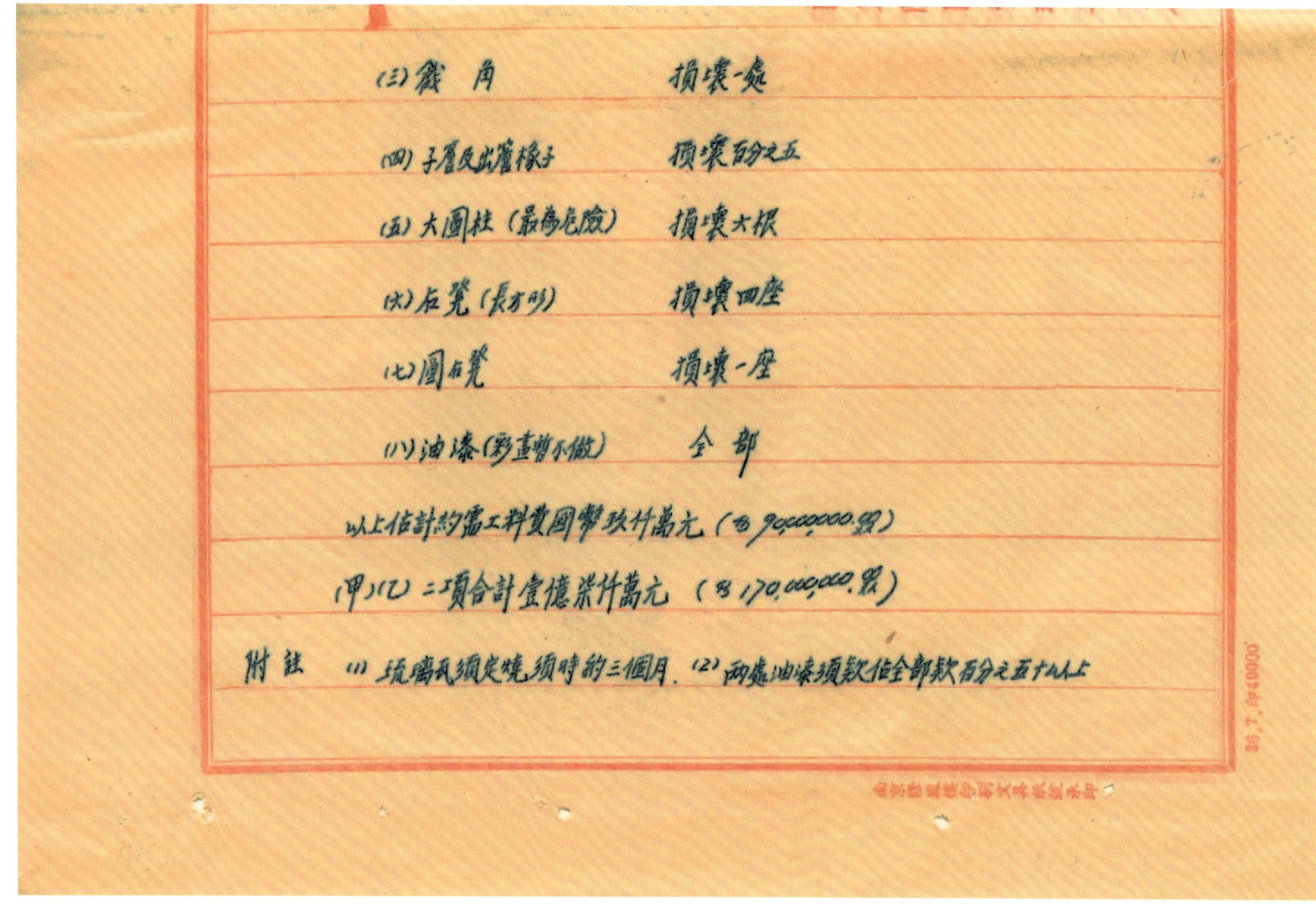

(三)戧角	損壞一處
(四)子層及出簷椽子	損壞百分之五
(五)大圓柱（最為危險）	損壞六根
(六)石凳（長方形）	損壞四座
(七)圓石凳	損壞一座
(八)油漆（彩畫暫不做）	全部

以上估計約需工料費國幣玖仟萬元（＄90,000,000.00）

(甲)(乙)二項合計壹億柒仟萬元（＄170,000,000.00）

附註 (1)琉璃瓦須定燒須時約三個月。(2)兩處油漆須款佔全部款百分之五十以上

36.7.印40000

园林处处长沈鹏飞为前湖桥亭草图及估需价款经核属实呈原图请核示致孙科的呈文（一九四七年十二月二十二日）

附：草图一份

簽呈

事由：為奉 諭設計修理前湖橋亭等因經飭據工程科設繪草圖及估需價款經核屬實理合賫呈原圖簽請核示由

中華民國卅六年十二月廿三日收到

中華民國卅六年十二月廿三日發出

林發字第1479號

奉

諭以前湖橋亭應速設計修理簽核等因自應遵辦當經飭據工程科簽覆以前湖木橋原始構造係用洋松材料中有石墩二座現在恢復原狀（如附圖）包括鐵件油漆等項估計約需材料費八千五百萬元如改用圓木杉板建築約需價款四千五百萬元但不能如前者經用耐久復查前湖亭原有灰色方亭瓦頂多已損壞如須大修重加油漆粉刷約需材料費二千五百萬元如僅換瓦頂小修約需價款壹千萬元此係預計三十七年一二月間之物價逾期當視市價之情形加以調整請予核辦等情并附呈草圖一份據此查該科所稱各情核

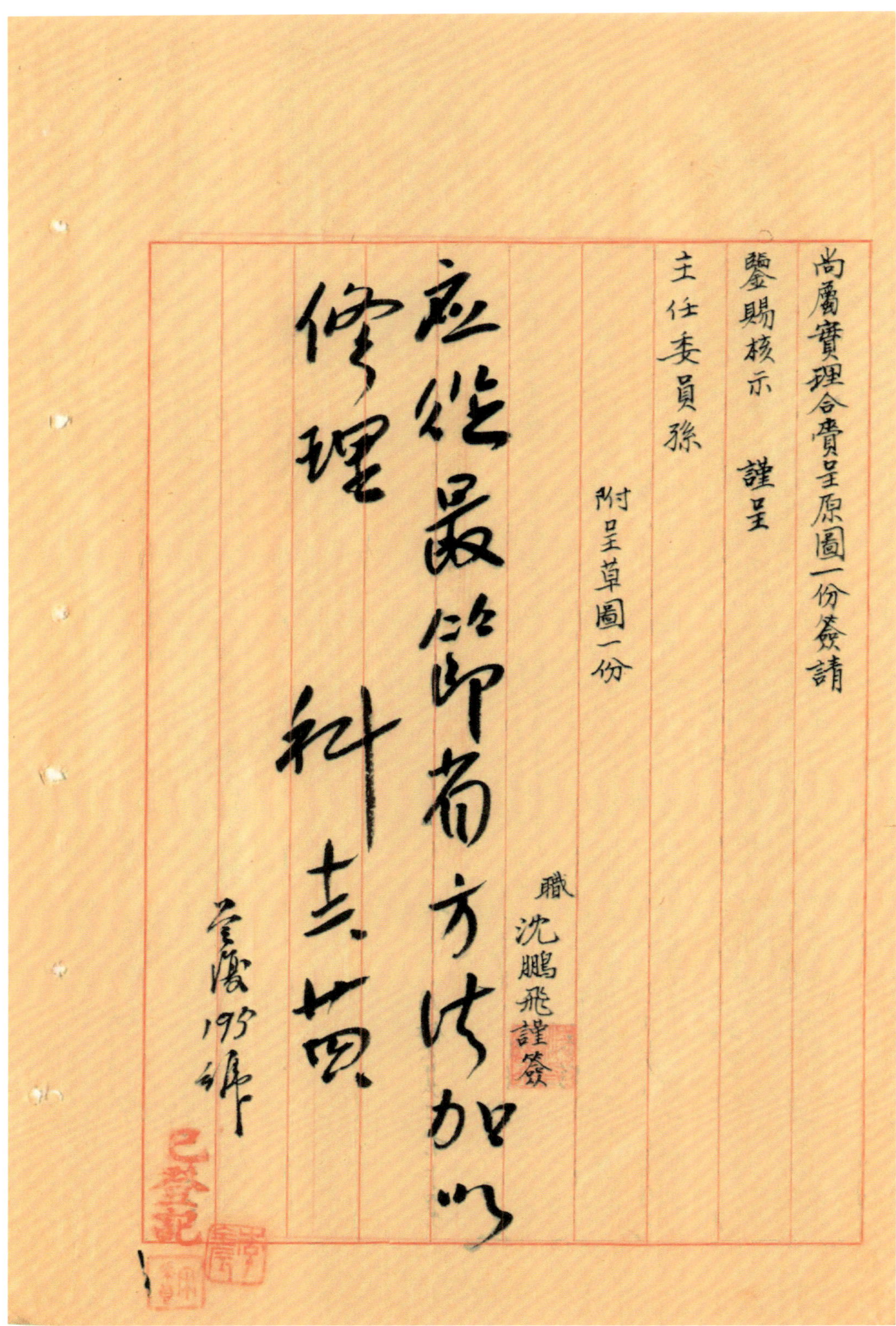

尚屬實理合賚呈原圖一份簽請

鑒賜核示　謹呈

主任委員孫

附呈草圖一份

職沈鵬飛謹簽

應從最節省方法加以修理　科　喜　黄

金潔195編

已登記

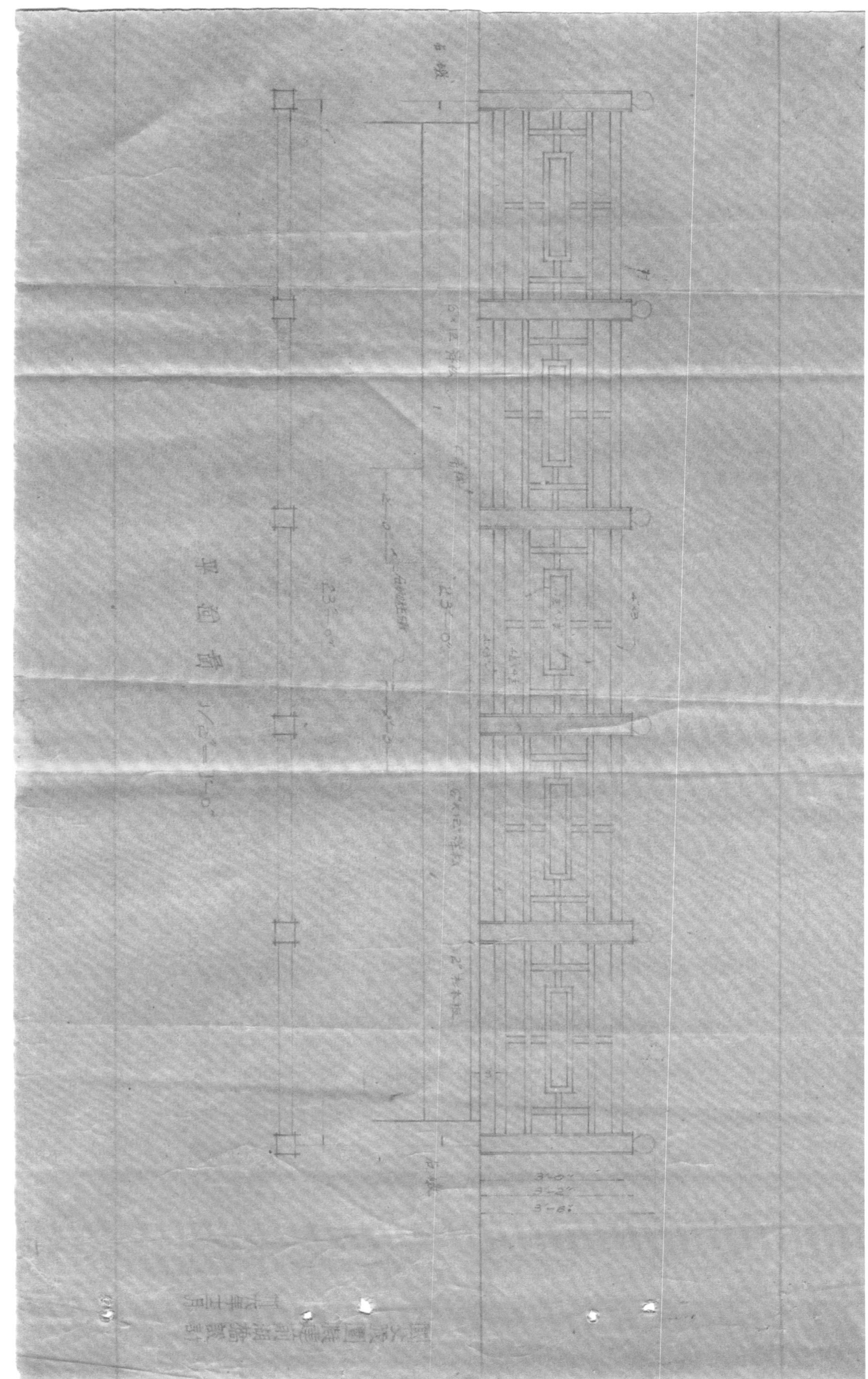
平面圖 1/2"=1'-0"
23'-0"

园林处处长沈鹏飞为恢复建造前湖滨鱼乐亭，着工程科进行招商估价并呈送图样请鉴核备案事致孙科的呈文（一九四八年三月九日）

附：国父陵园鱼乐亭重建图

簽呈

事由：為前湖濱魚樂亭擬恢復建造經着工程科進行招商估價敬賫呈圖樣一份請 賜鑒核備案由

查前湖路邊近城墻處原有茅亭一座名魚樂亭，戰時被毁，但舊基猶存。兹因前湖堤木橋已定招標重建，該亭擬亦予以恢復，不僅可增加園景，且於酷日急雨之下得給與行人遊客以休憩趨避之便利。該亭造價據工程科估計約叁千捌百萬元，擬在修理閘填項下開支。至現存湖邊另一水泥方亭，該科意見目前尚可維持，擬俟下半年再行修繕。除着該科進行招商估價重建魚樂亭外，敬賫呈該亭圖樣一紙，請 賜鑒核備案。謹呈

主任委員孫

營收字第0482號

林工（37）字第005號

中華民國卅七年三月九日

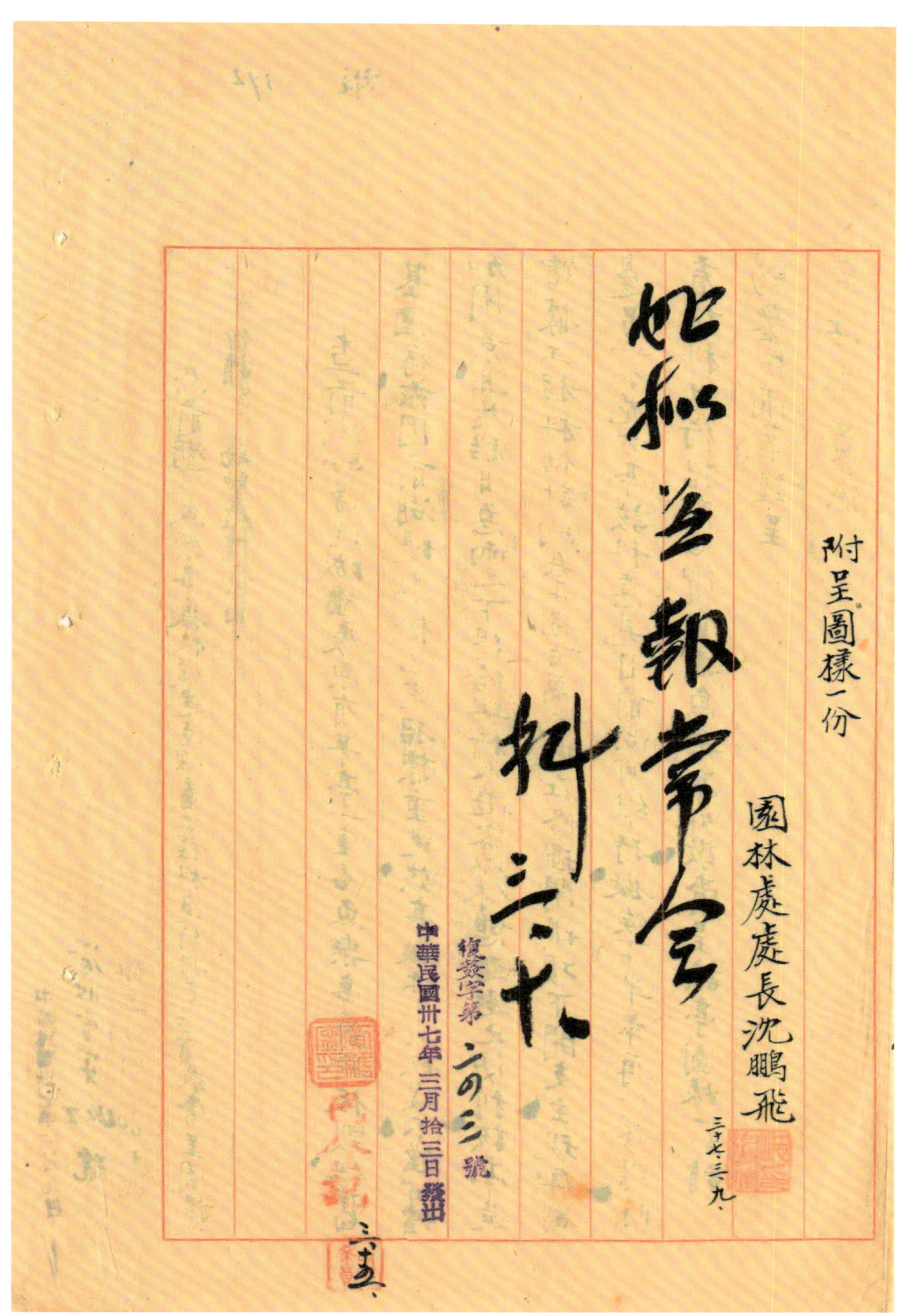
附呈圖樣一份
園林處處長沈鵬飛
三十七、三、九、
如擬並報常會
軒 三、十
復發字第一〇三號
中華民國卅七年三月拾三日發出
三、十五、

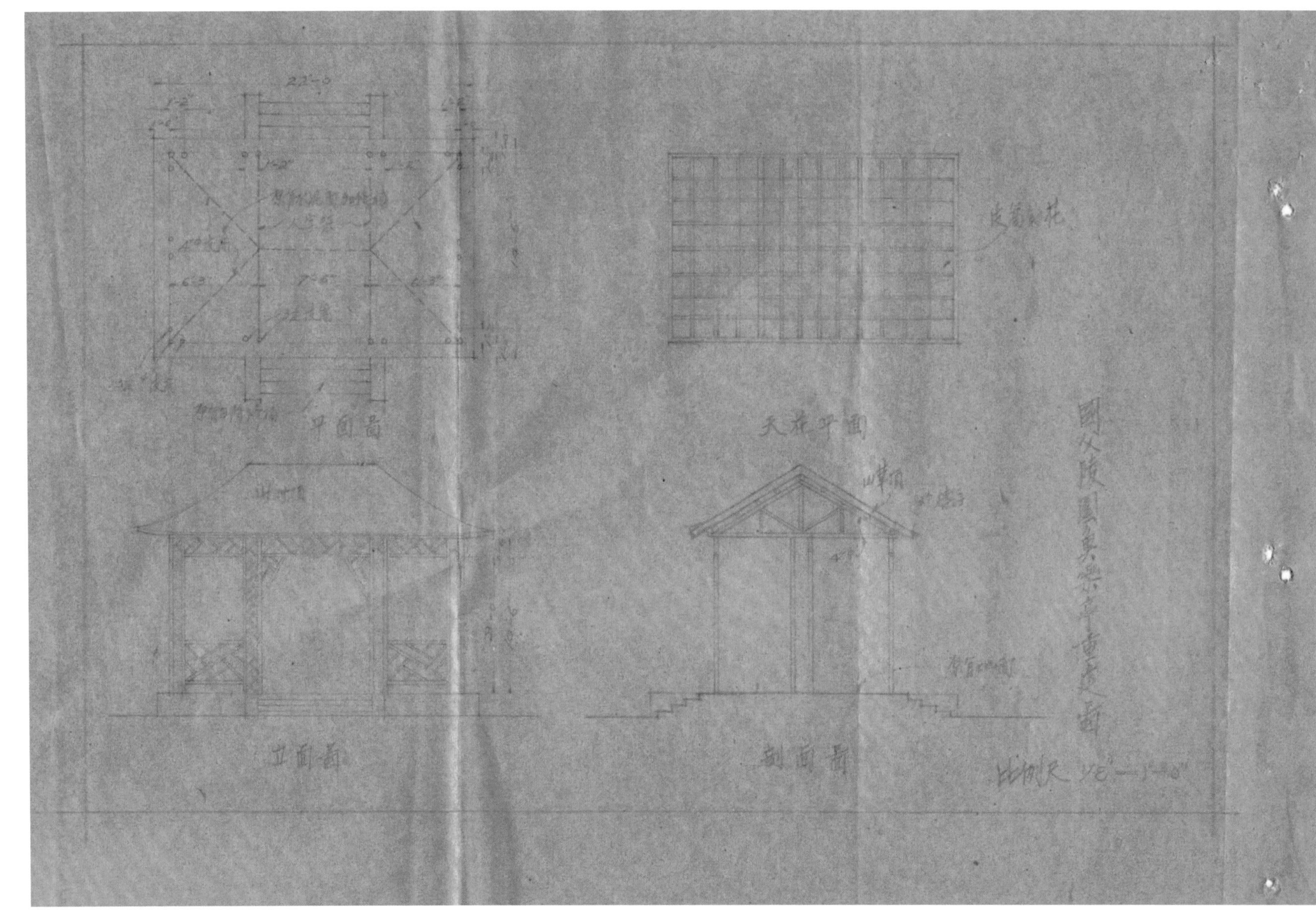
平面图
天花平面
立面图
剖面图

为承建前湖木桥工程因物价猛涨请体恤商艰事的往来文件

聂德记营造厂致国父陵园管理委员会的呈文（一九四八年三月十七日）

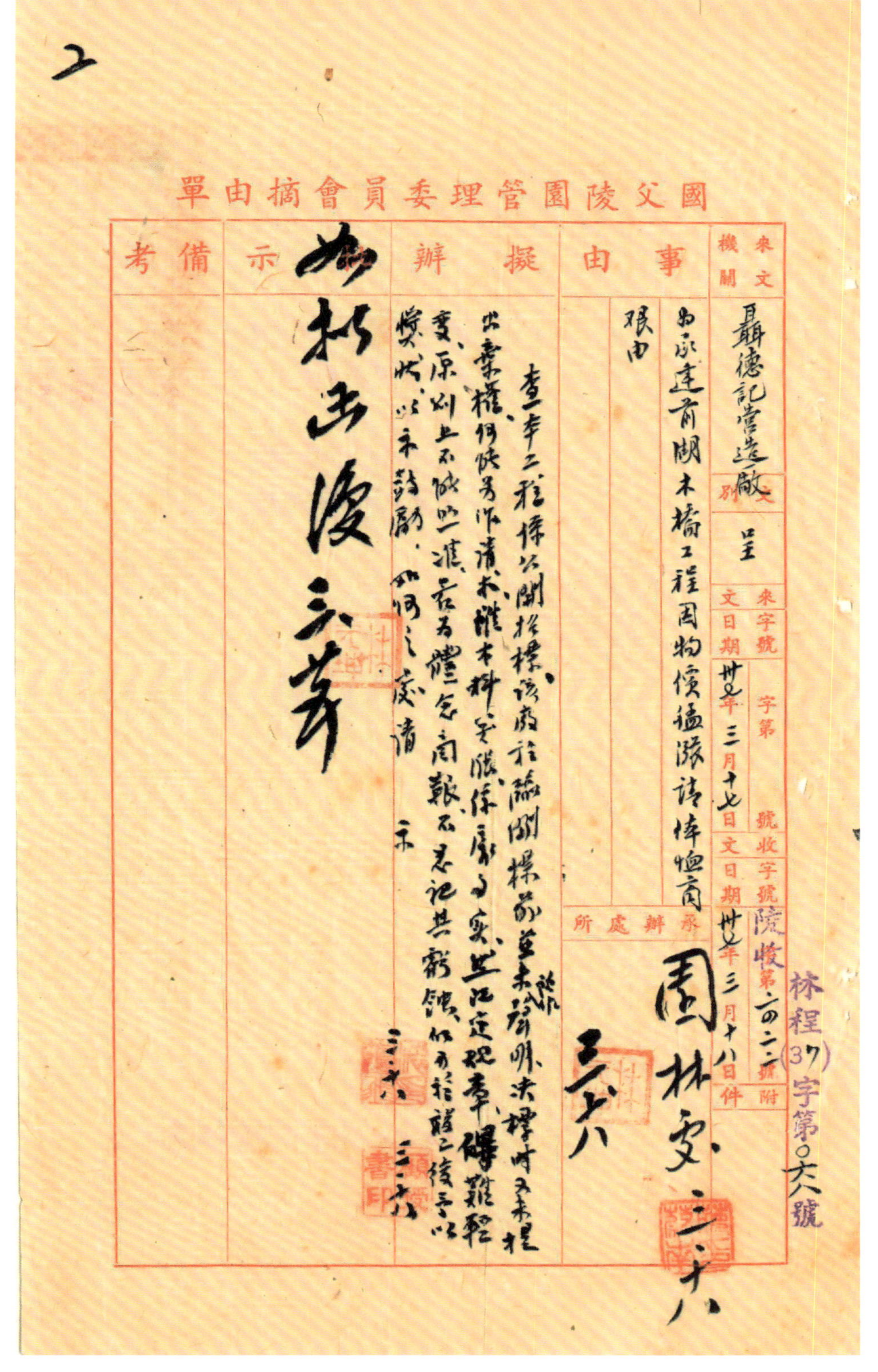

國父陵園管理委員會摘由單

來文機關	聶德記營造廠
文別	呈
來文字號	字第　號
來文日期	卅七年三月十七日
收文字號	陵收第一〇二二號
收文日期	卅七年三月十八日
附件	
事由	為承建前湖木橋工程因物價猛漲請體恤商艱由
承辦處所	園林處 三、二八
擬辦	查本工程係公開招標，該廠於議開標前並未聲明，決標時又未提出異議，何能另作請求。惟木料突漲，係屬事實，然照定規章，碍難稍變，原則上不能照准。若為體念商艱，不無起其虧蝕，似可於竣工後予以獎狀，以示鼓勵。如何之處，請 示 三、二八 三、二八
示	如擬函復 三、卅
備考	

林程(37)字第〇六八號

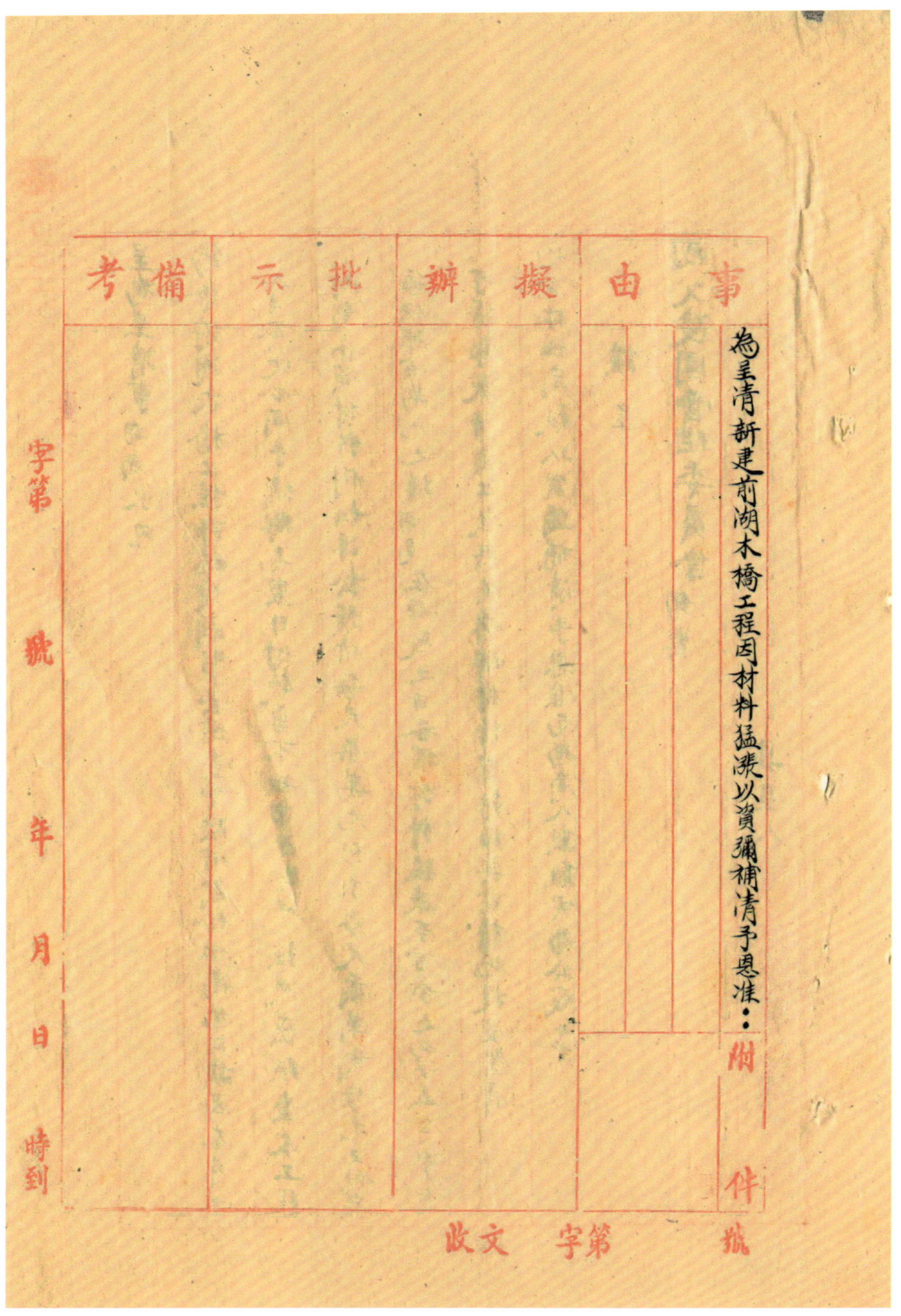

事由 拟办 批示 备考

为呈请新建前湖木桥工程因材料猛涨以资弥补请予恩准

附件

第 字 号 年 月 日 时到

第 字 文收 号

呈為呈請事 竊商承包

鈞會前湖木橋工程計總價國幣壹億壹仟陸佰貳拾伍萬元正 茲因本月十二日簽定合同手續辦妥翌日付款 当不知市面物價猛漲盛鉅 查本工程所需各項材料例如洋松預估每尺柒萬元 杉木每尺貳萬貳仟元 又鉄器每担肆佰萬元之譜 竊商在領款之日各項材料猛漲至百分之四十五 有事実可稽 鄙廠所領工款無法購辦材料 因虧蝕甚重 特此投呈墾清

鈞會体恤商艱 以資彌補 清予恩准 而為商人艱難 实為公感 ○//

謹 呈

國父陵園管理委員會 鈞鑒

具呈人 龔德記營造廠

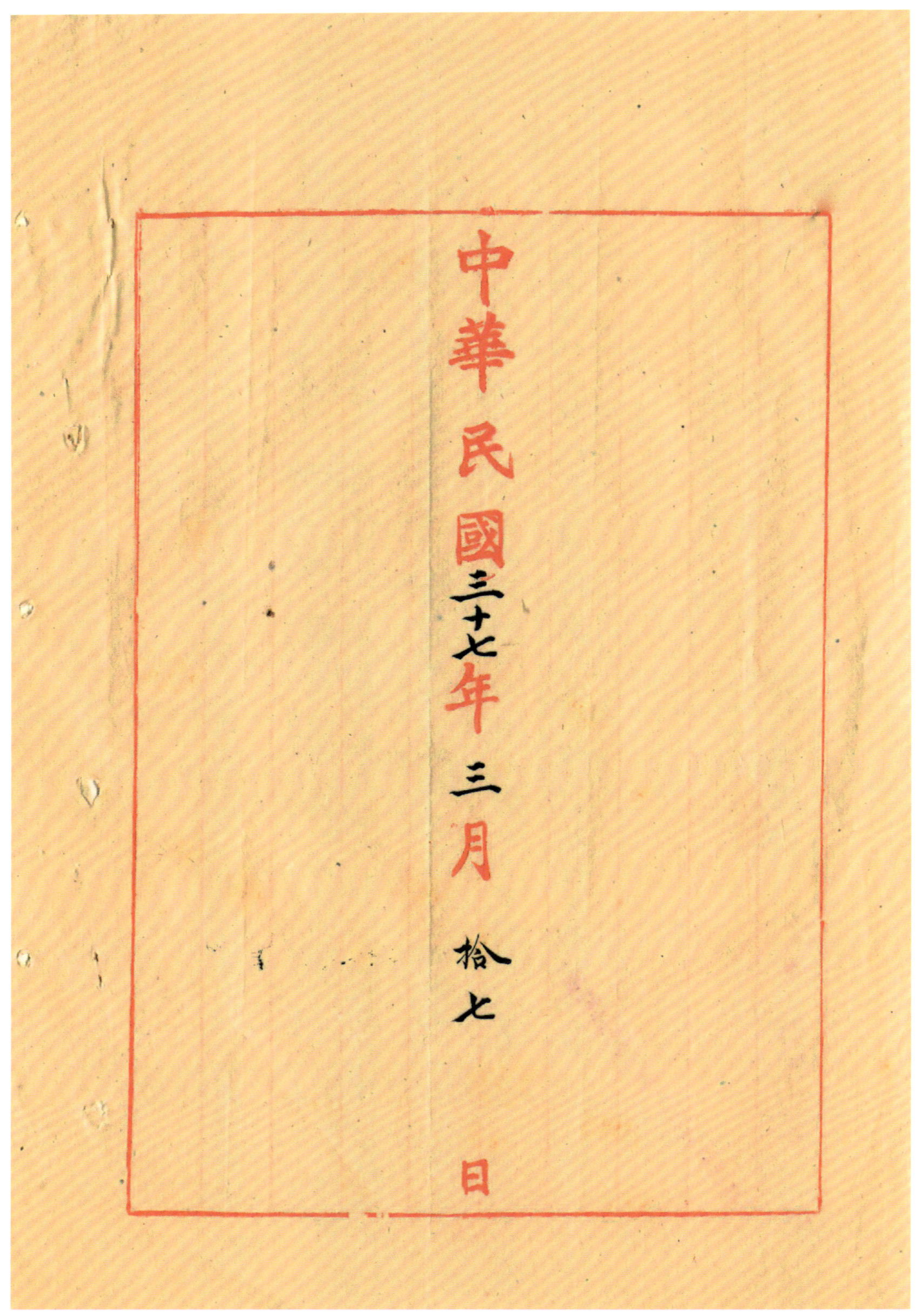
中華民國三十七年三月拾七日

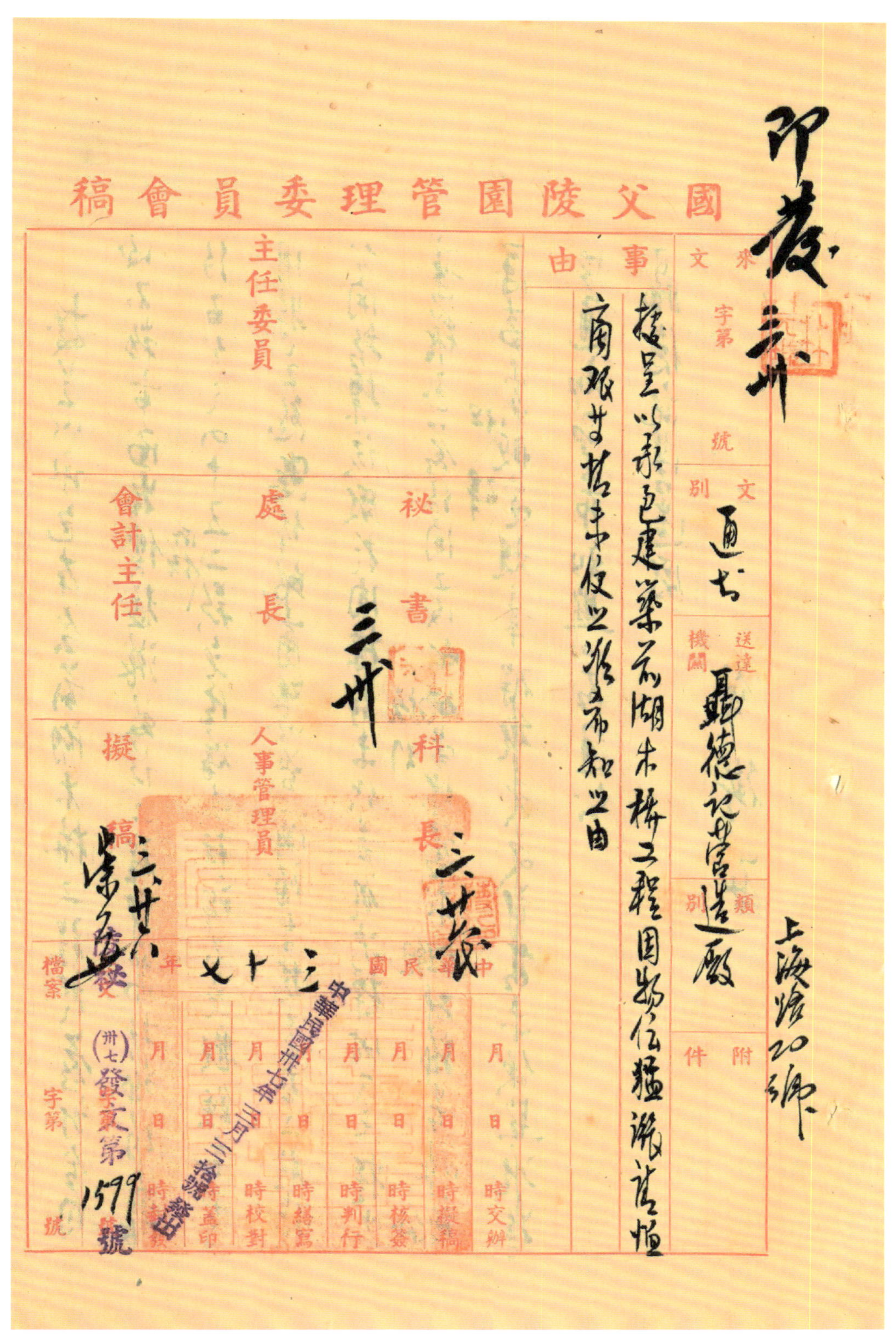
國父陵園管理委員會稿

文別：通知

送達機關：聶德記營造廠

上海路20號

事由：據呈以承包建築前湖木橋工程因物價猛漲請[illegible]知照由

中華民國三十七年三月 日

（卅七）發文第1579號

中華民國卅七年三月三十日發出

国父陵园管理委员会给聂德记营造厂的通知（一九四八年三月三十日）

據呈以承包本會前湖木橋工程於簽訂合同後，不料市面物價猛漲，致該工程所需材料均上漲約百分之四十五，工款所領除購存材料不免虧蝕甚多，用特呈懇俯體商艱，以資彌補等情。查本工程係公開招標，該廠於開標前未作聲明，決標時又未提出棄權，迨該廠簽約開工後始藉詞請求增加材料告漲，殊屬事實，但礙定規章，礙難變更，未便照准。特此通知，即希知照。右通知

聶德記營造廠

會銜

园林处工程科为国父陵墓亟待修理惟超过预算花费事致孙科的呈文及附件（一九四八年三月十九日）

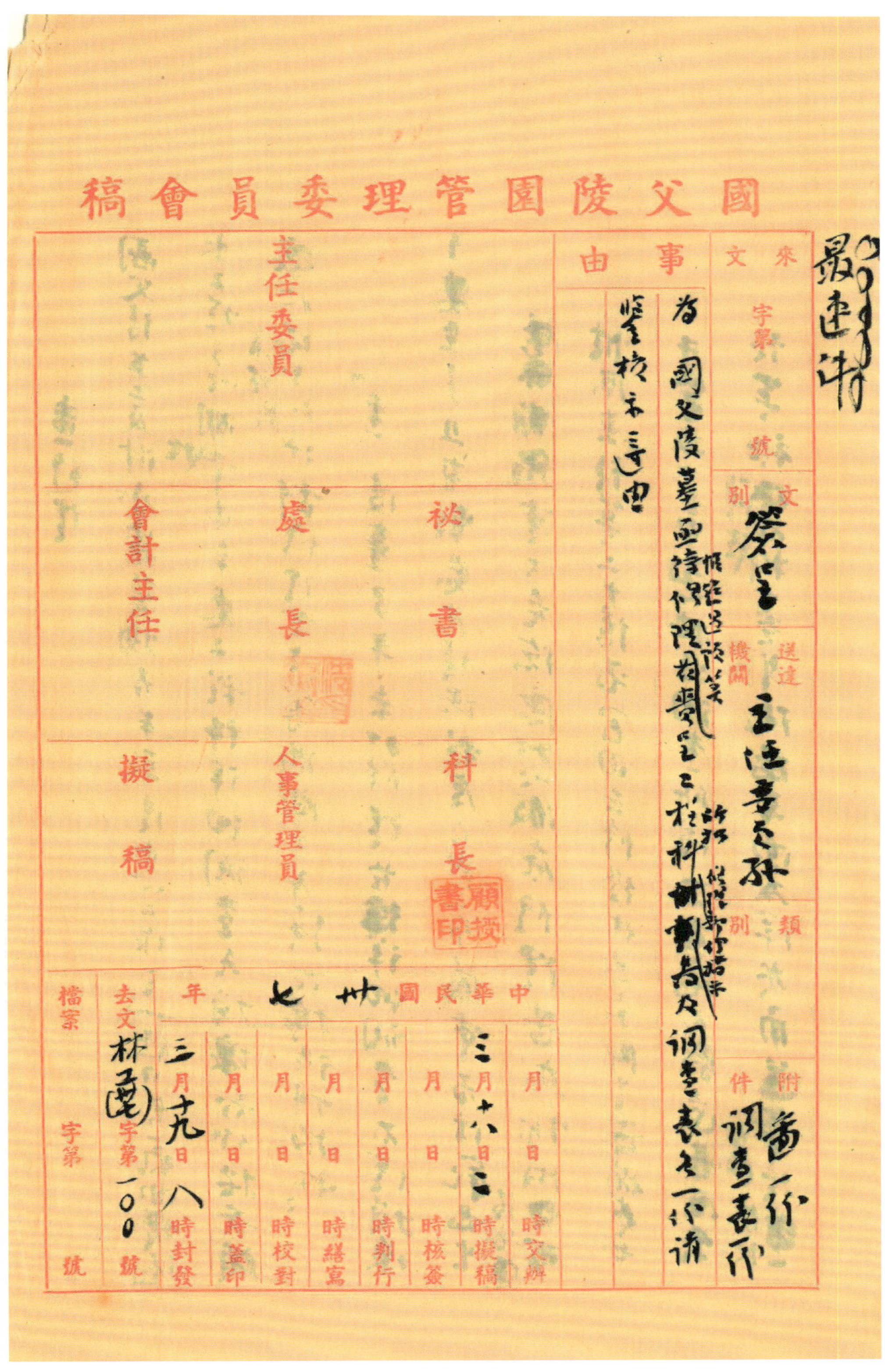

最速件

國父陵園管理委員會稿

來文：字第 號

文別：簽呈

送達機關：主任委員孫

類別：

附件：[illegible]函一件、[illegible]表一份

事由：為國父陵墓亟待修理[illegible]呈請鑒核示遵由

主任委員

秘書

處長

會計主任

科長 顧授書印

人事管理員

擬稿

中華民國卅七年

三月十六日二時擬稿

三月十九日八時封發

去文：林工字第一〇〇號

檔案：字第 號

壹、修理

國父陵墓及附屬建築物為本年度中心工作之一，近日天氣回暖，泥水工程可以開始，業由本處工程科詳細調查各損壞部份，按其損壞狀況程度分別計劃修理方法，籌備開工。茲據該科擬稱：

「查陵墓多年未加修理，茲經詳細調查，不僅損壞之處甚多，且有數處其損壞程度已異常嚴重，為防範發生崩塌重大危險，應加以徹底修理，甚或拆做，方可為安全。

惟原來預算二十億元（已用去修築休息亭、衛生設備共七千五百五十萬元），按照調查所得，一一實施，不敷甚巨。原來預算祇以修理陵墓及琉璃瓦面及洋灰甬道等為限，前院

塋後圍牆及東西北滿牆土牆均破裂下陷非急修不可而鋼
椽腐爛油漆剝落石階斷裂石縫脫離以及其他普通損
裂為防程度加深仍分難易須記別備酌稽陸或更換
為保存禮制計於輕重分為緊急重要及普通三類但只
從計緊急類約需款十六億六千萬元重要類約需款十億九千萬元一千七百九十五萬元
元普通類約需款廿三億六千萬元七百九十五萬元合共需款四十七億陵床
於緊要類需款十九億二千一百五十萬元不敷甚鉅是否可
請政府另行專案撥助或俟估此款擇急要中之急要者
先行辦理餘俟下屆設案再爲謹擬共清善待轉部俯核示
園及調查表各一份請轉呈　主任委員鑒核飭示俾遵

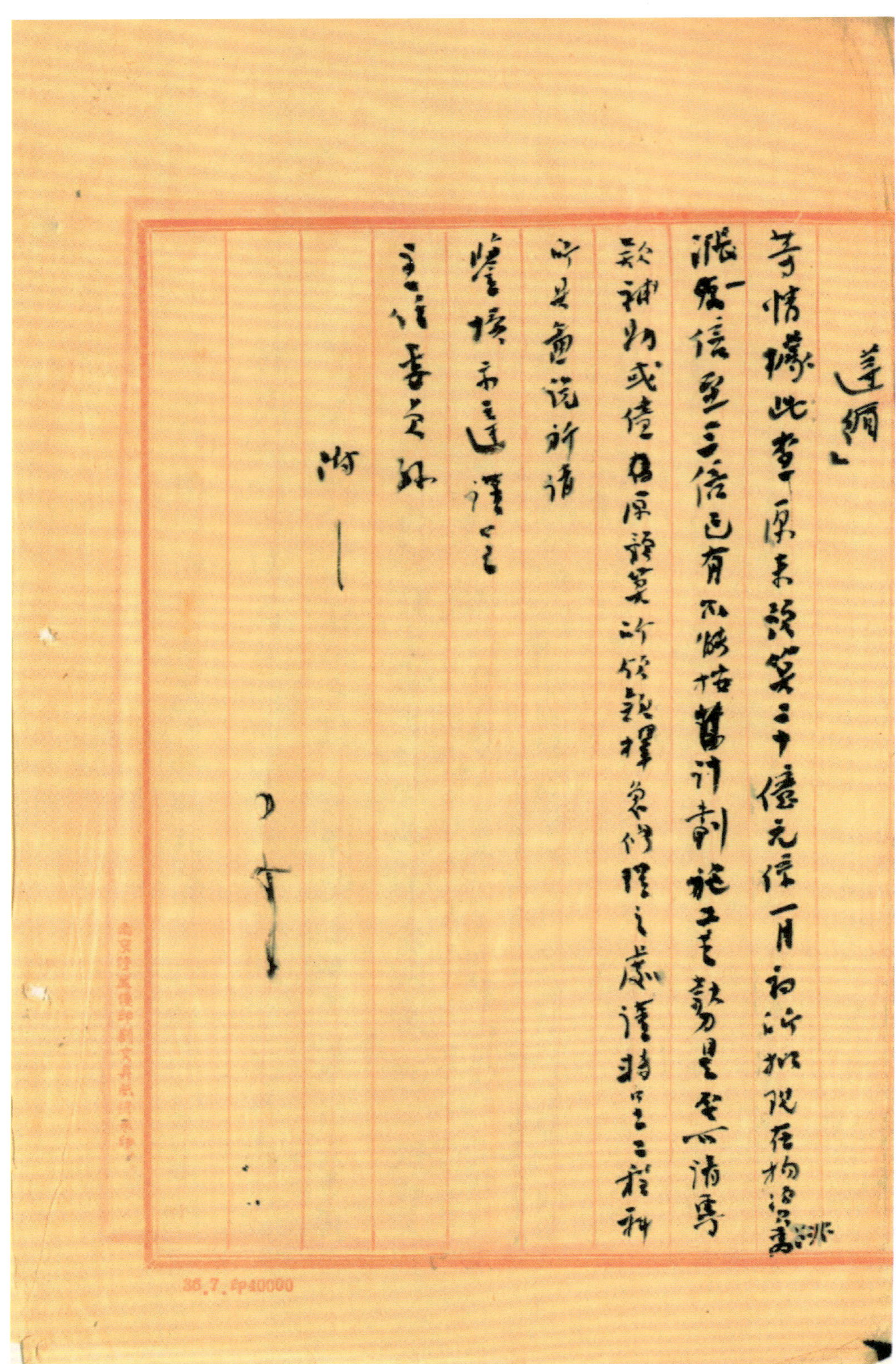

達綱

等情。據此，查原來該款二十億元係一月前所擬，現在物價高漲一倍至二倍，已有不敷估計，副工程師姜丕請專款補助或借撥原請款所餘款撥充修理之需，謹將呈工程科所呈意見祈請

鑒核示遵。謹呈

主任委員孫

附（一）

[illegible]

附（一）中山陵平面图

附（二）国父陵墓应加修理各部详细调查表

存檔

國父陵墓應加修理各部詳細調查表

	名稱	數量	單價	總價	備考
(1)	墓圍玻璃磚六寸徑碎破換新	四五塊	二〇〇.〇〇元	九、〇〇〇.〇〇元	△
(1)	墓圍厚玻璃六寸徑黃油灰	二七塊	二〇〇.〇〇元	五四〇〇.〇〇元	△
(2)	靈堂琉璃瓦屋面修理	一間	三五〇、〇〇〇.〇〇元	三五〇、〇〇〇.〇〇元	○
(3)	靈堂琉璃瓦正脊修理	一個		二五、〇〇〇.〇〇元	○
(4)	灵堂四角屋面修補	四間	五、〇〇〇.〇〇元	二〇、〇〇〇.〇〇元	△
(5)	靈堂屋面包銅椽子缺修理			五、〇〇〇.〇〇元	
(6)	靈堂石踏步換新	一根		二、〇〇〇.〇〇元	
(7)	靈堂石踏步換新	七根	二、〇〇〇.〇〇元	一四、〇〇〇.〇〇元	

編號	項目	數量	單價	總價	備註
(8)	墓園後兩旁水泥明溝修理	124'0	六〇〇〇〇元	七四四〇〇〇〇元	○
(9)	墓園後圍牆兩面水泥粉刷斬粉	29.16 呎	五四〇〇〇元	一五七四六四〇元	△
(10)	墓園後做六廿廿方水泥溝盖	六塊	三〇〇〇〇元	一八〇〇〇〇元	○
(11)	靈堂東首石板圍牆嵌縫	12'0		五〇〇〇〇元	
(12)	靈堂西首石板圍牆拚砌	2,03 呎	四二〇〇〇元	八五二六〇〇〇元	△
(13)	靈堂東西及前石板地嵌水泥縫 靈堂東西及前石明溝嵌水泥縫	254.2 呎	五五〇〇〇元	一三九八一〇〇〇元	
(14) (13)	靈堂兩旁陰井修理	二三只	八〇〇〇元	一七六〇〇〇元	
△	靈堂平頂做粉畫間	一間 40.32 呎	五〇〇〇〇〇元	五〇〇〇〇〇元	
(15)	靈墓生鐵風筒嵌出油灰油漆	八塊	六〇〇〇〇元	四八〇〇〇〇元	△

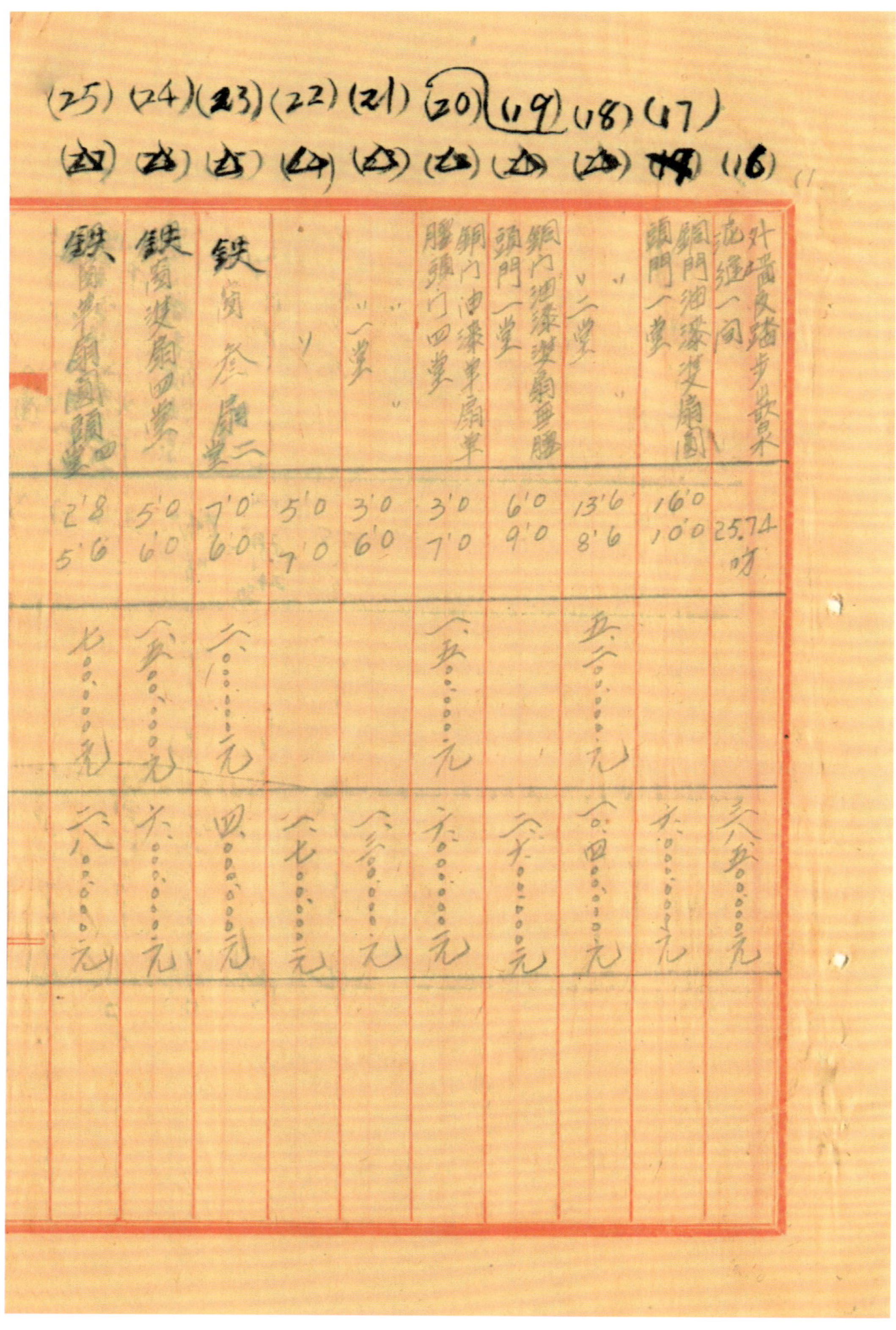

(25)	(24)	(23)	(22)	(21)	(20)	(19)	(18)	(17)	(16)
鉄窗单扇圓頭四堂	鉄窗雙扇四堂	鉄窗叁扇二堂	〃	〃〃一堂	銅门油漆单扇单腰頭门四堂	銅门油漆雙扇無腰頭門一堂	〃二堂	銅門油漆雙扇圓頭門一堂	外墙皮踏步漏水流缝一间
2'8 5'6	5'0 6'0	7'0 6'0	5'0 7'0	3'0 6'0	3'0 7'0	6'0 9'0	13'6 8'6	16'0 10'0	25.74 吋
七〇〇、〇〇〇元	一、五〇〇、〇〇〇元	二、〇〇〇、〇〇〇元			一、五〇〇、〇〇〇元		五、〇〇〇、〇〇〇元		
二、八〇〇、〇〇〇元	六、〇〇〇、〇〇〇元	四、〇〇〇、〇〇〇元	一、七〇〇、〇〇〇元	一、三〇〇、〇〇〇元	六、〇〇〇、〇〇〇元	二、六〇〇、〇〇〇元	一〇、四〇〇、〇〇〇元	六、〇〇〇、〇〇〇元	三八、五〇〇、〇〇〇元

(29)　(28)　(27)　(26)

（四）　（四）　（四）　（四）

				行脚手	四角小間油墻□重做	四角小間平頂油漆四間	桶干二條做新	靈巫吕内边做□□	养毛内圆不復下油漆
				175方	四間24方	7.47方 2	3.16		方
				〔其○○○○〕元	八○○○○○元	八○○○○○元			
				一六六五○○○元	一元六六○○○○元	五九六八○○○元	五五○○○元		四○○○○○○五元
				○	○	○			

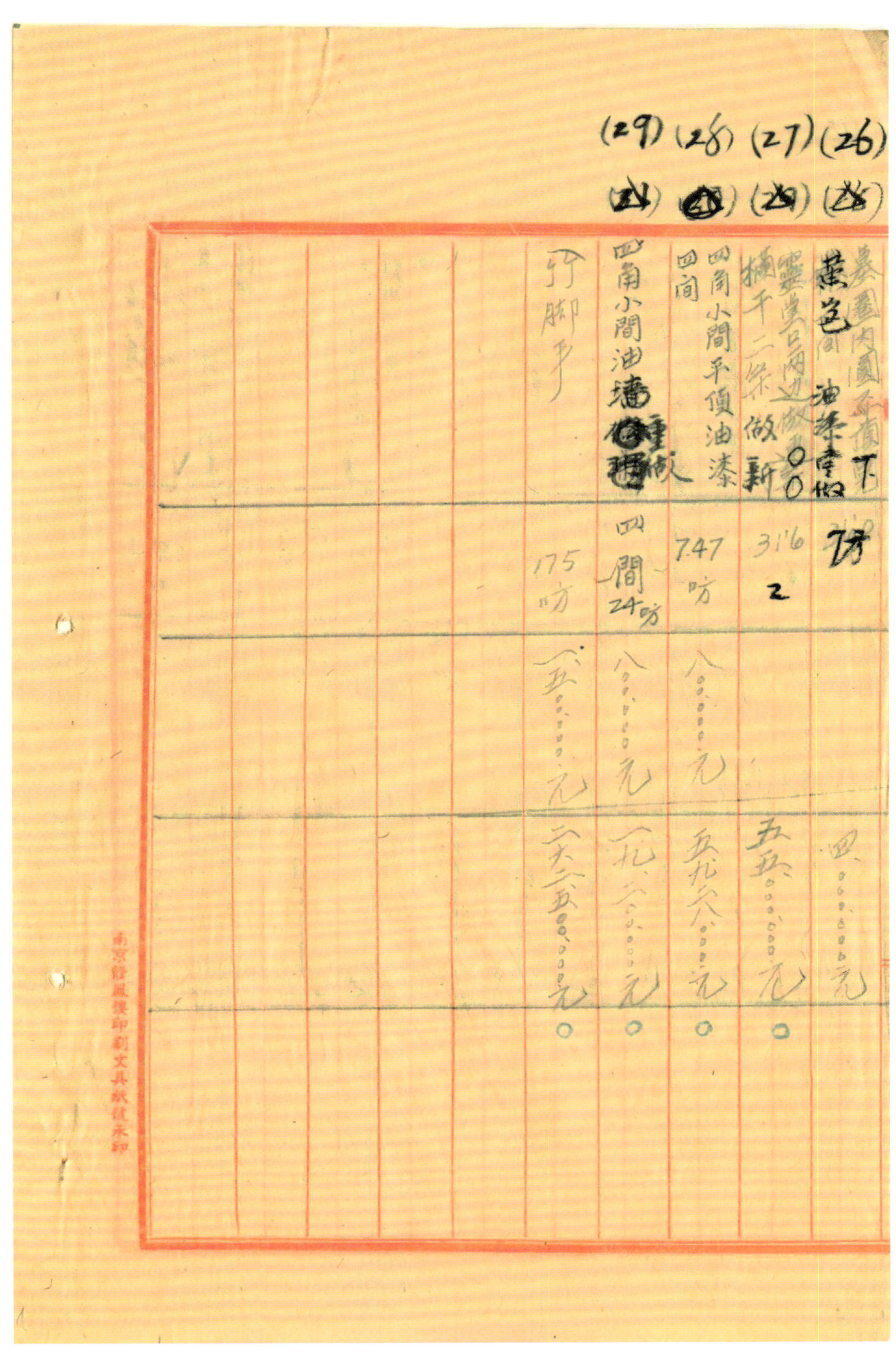

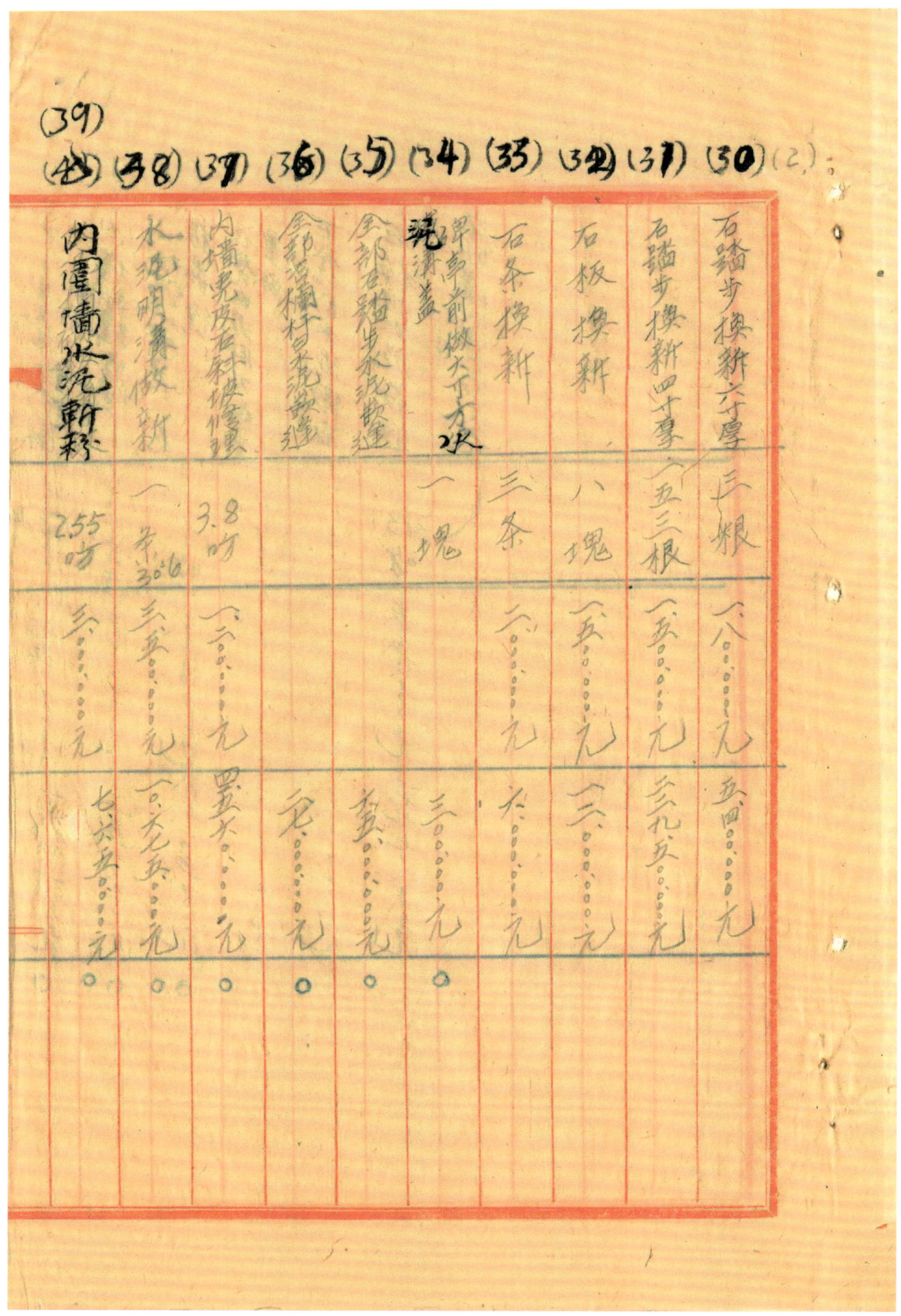

编号	项目	数量	单价	总价
(30)	石踏步换新六寸厚	三根	一、八〇〇、〇〇〇元	五、四〇〇、〇〇〇元
(31)	石踏步换新四寸厚	一五三根	一、五〇〇、〇〇〇元	二二九、五〇〇、〇〇〇元
(32)	石板换新	八块	一、五〇〇、〇〇〇元	一二、〇〇〇、〇〇〇元
(33)	石条换新	三条	二、〇〇〇、〇〇〇元	六、〇〇〇、〇〇〇元
(34)	碑亭前做六寸方2尺浇沟盖	一块		三、〇〇〇、〇〇〇元
(35)	全部石踏步水泥嵌缝			二五、〇〇〇、〇〇〇元
(36)	全部花墙柱用水泥嵌缝			一〇〇、〇〇〇、〇〇〇元
(37)	内墙兜皮石斜坡修理	3.8方	一、二〇〇、〇〇〇元	四五、六〇〇、〇〇〇元
(38)	水泥明沟做新	一条 30.6	三五〇、〇〇〇元	一〇、六九五、〇〇〇元
(39)	内圍墙水泥斬粉	2.55方	三〇〇、〇〇〇元	七六五、〇〇〇元

石明潢□□	石板批水泥嵌縫	石凳橋木泥假石	剷補牆面□水泥 板嵌縫	內牆閉縫修理	內牆鬼壁若大水磨
假縫 ○ 枚	323.1 呎	一条	九条	151.1 呎 十条5%%	01763'2
	五五○.○○○元	二六○○.○○○元	六六○.○○○元	五五○.○○○元 五五○.○○○元	七五四.○○○元 黃六四三○.○○○元
	一七七○.○○○元	五○○○.○○○元	六○.八○○○元	八五○.一五五○○○元 二五○○.○○○元	
			○	○ ○	○

南京修盪樓印刷文具紙號承印

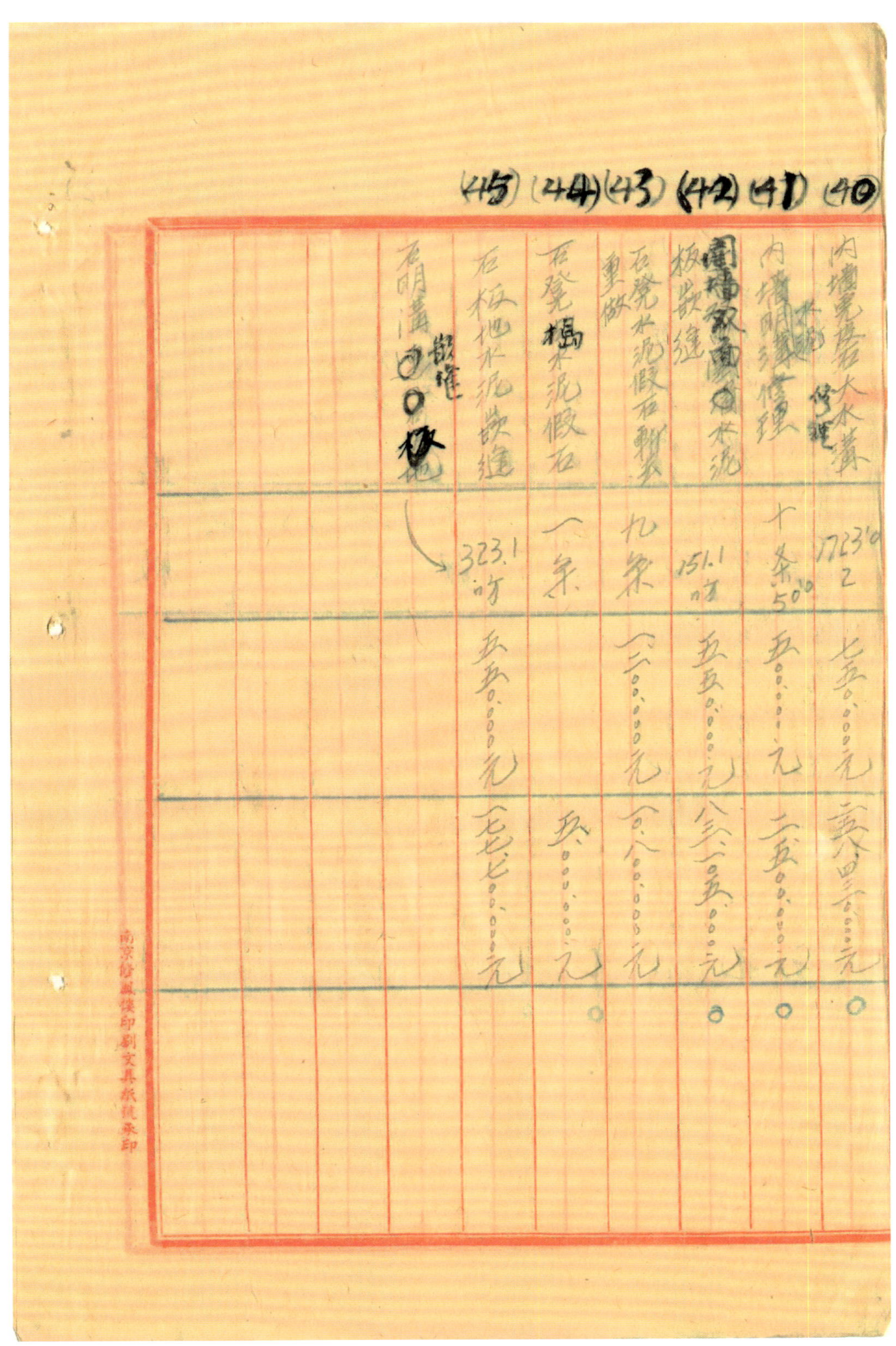

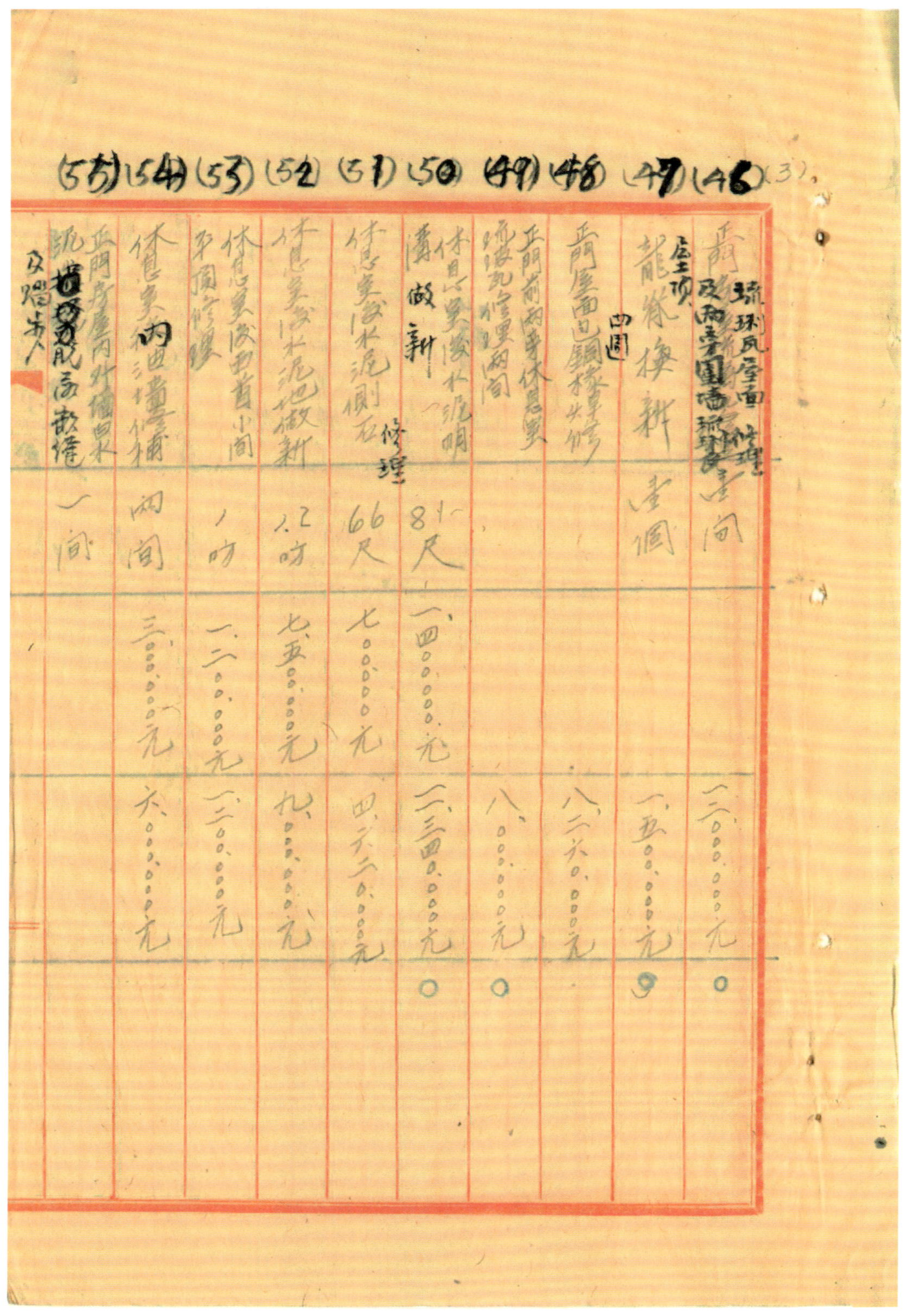

(3)

(46)	正門琉璃瓦屋面及兩旁圍墻琉璃瓦修理	壹間		二〇〇,〇〇〇元	○
(47)	屋頂、龍脊換新	壹個		一,五〇〇,〇〇〇元	9
(48)	正門屋面四周鋼條失修			八,二六〇,〇〇〇元	
(49)	正門前兩旁休息室玻璃窗修理兩間			八,〇〇〇,〇〇〇元	○
(50)	休息室後水泥明溝做新（修理）	81尺	一,四〇〇,〇〇〇元	一,三四〇,〇〇〇元	○
(51)	休息室後水泥側石	66尺	七〇,〇〇〇元	四,六二〇,〇〇〇元	
(52)	休息室後水泥地做新	1.2方	七,五〇〇,〇〇〇元	九,〇〇〇,〇〇〇元	
(53)	休息室後面首小間平頂修理	1方	一,二〇〇,〇〇〇元	一,二〇〇,〇〇〇元	
(54)	休息室內粉墻壁修補	兩間	三,〇〇〇,〇〇〇元	六,〇〇〇,〇〇〇元	
(55)	正門旁屋內外墻身水泥道路破碎處修補及踏步	一間			

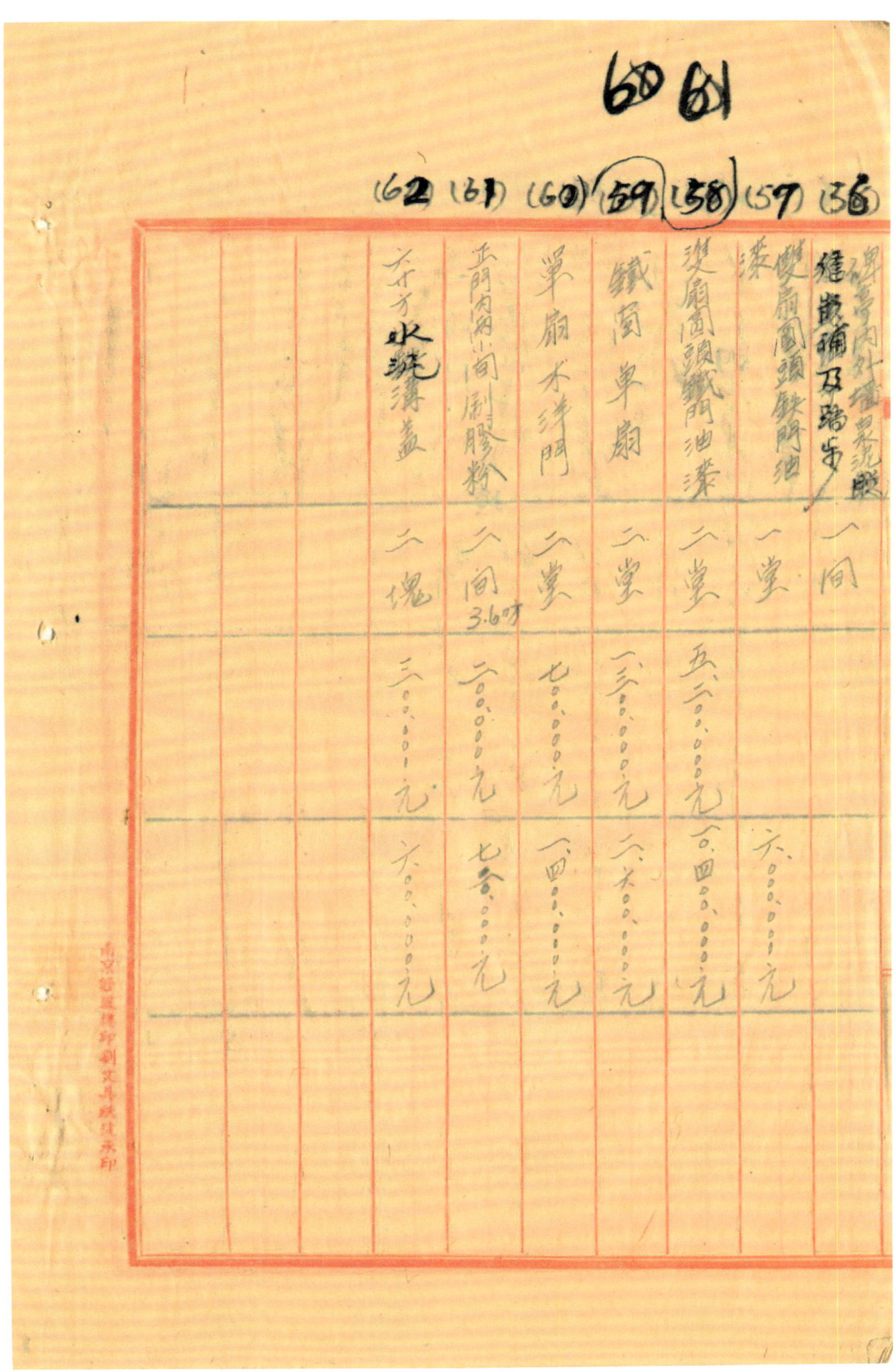

68 69

(62) (61) (60) (59) (58) (57) (56)

項目	數量	單價	總價
禮堂内外墻壁洗脸	一間		
維繫補及踏步/雙扇圓頭鉄門油漆	一堂		六、〇〇〇、〇〇〇元
雙扇圓頭鐵門油漆	二堂	五、二〇〇、〇〇〇元	一〇、四〇〇、〇〇〇元
鐵窗單扇	二堂	一、三〇〇、〇〇〇元	二、六〇〇、〇〇〇元
單扇木洋門	二堂	七〇〇、〇〇〇元	一、四〇〇、〇〇〇元
正門内兩小間刷膠粉	二間 3.6吋	二〇〇、〇〇〇元	七〇〇、〇〇〇元
六寸方水泥溝蓋	二塊	三〇〇、〇〇〇元	六〇〇、〇〇〇元

(70)(69)(68)
(七)(八)(四)(九)(67)(66)(65)　　(64)(63)

全部水泥地

水泥地嵌缝

两旁石侧石后边

尖蚀漏盖做新

踏步口水泥斩粉

捣做水泥铁筋

沟盖

生铁沟盖

修筑水泥明沟两边水泥

修筑水泥明沟

要盖桐杆斩粉假石

新粉
2'0×3'6 123块
2'0×1'9 419块
计100.7方

25"×14" 241块
10"×14" 4块

0.35吋

五八块

二一〇根

132'0

53'0

1820

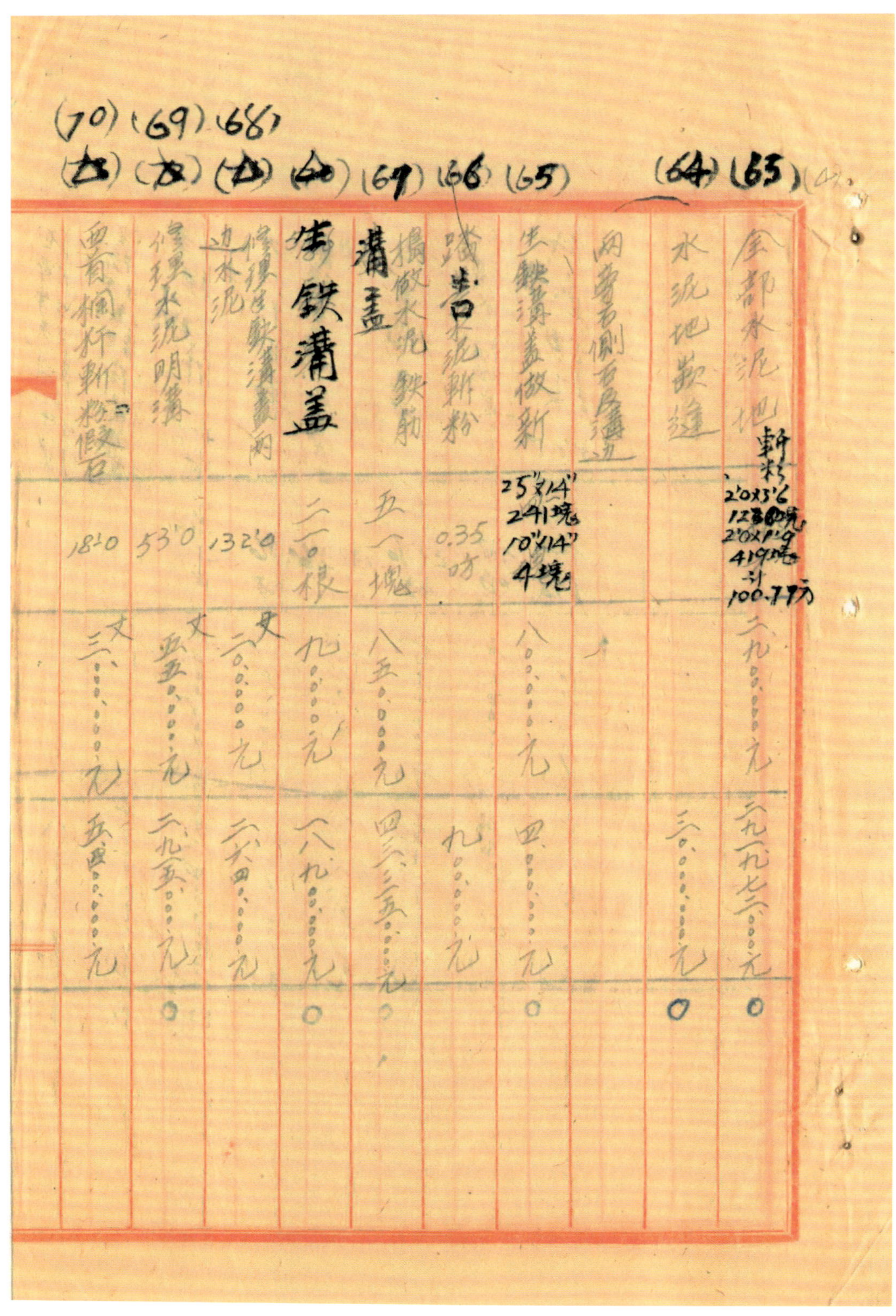

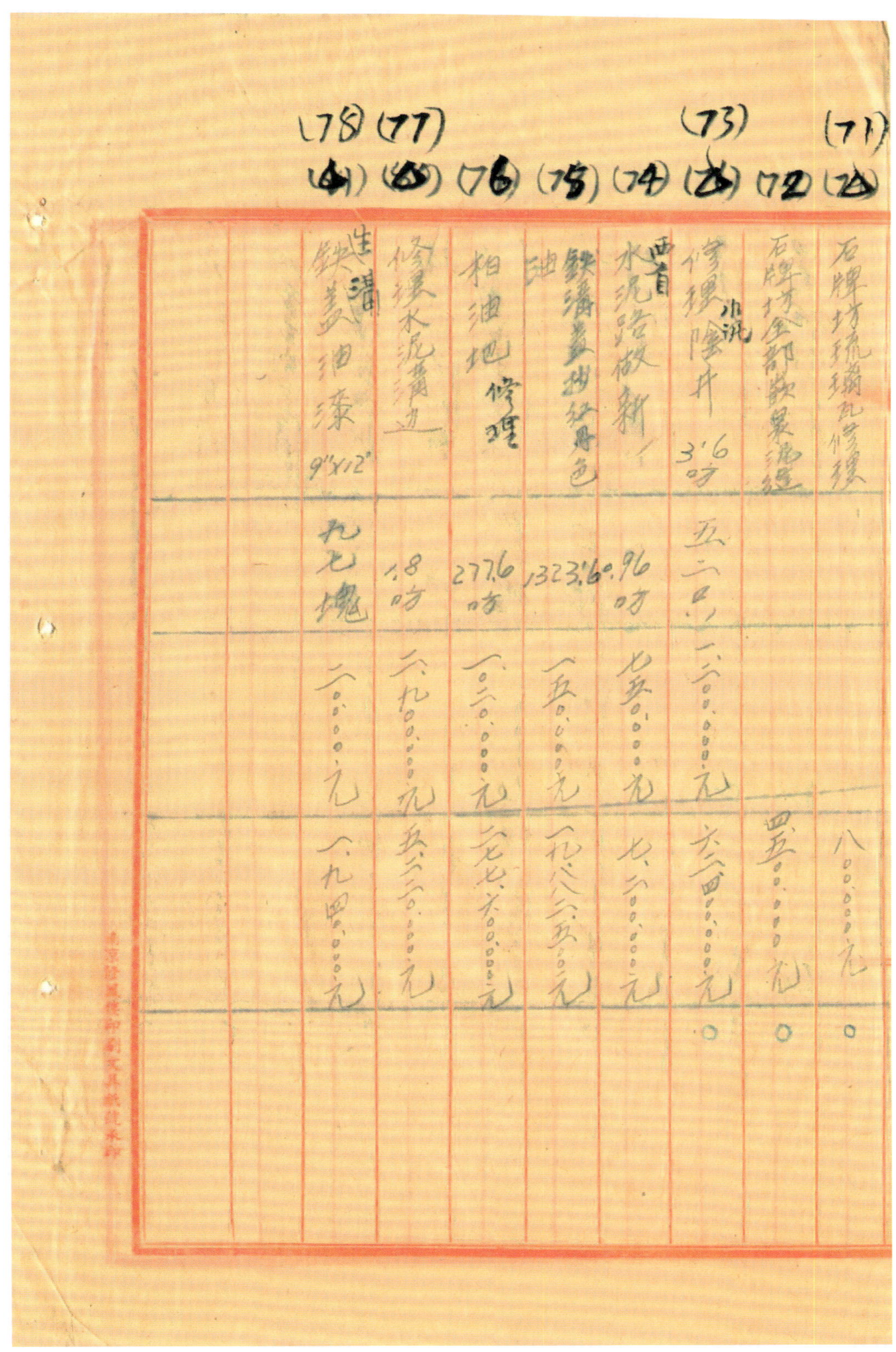

編號	工程項目	數量	單價	總價	
(71)	石牌坊琉璃瓦修理			八〇〇,〇〇〇元	〇
(72)	石牌坊全部鉄架油漆			四五〇,〇〇〇元	〇
(73)	修理水泥陰井 3'6吋	五二〇	一,二〇〇,〇〇〇元	六二四〇〇,〇〇〇元	〇
(74)	西首水泥路做新	0.96吋	七五〇,〇〇〇元	七,二〇〇,〇〇〇元	
(75)	鉄攔蓋油紅丹色油	1323.6	一五〇,〇〇〇元	一九八,五〇〇,〇〇〇元	
(76)	柏油地修理	277.6吋	一,〇〇〇,〇〇〇元	二七七,六〇〇,〇〇〇元	
(77)	修理水泥溝边	1.8吋	二,九〇〇,〇〇〇元	五,二二〇,〇〇〇元	
(78)	生鐵蓋油漆 9"x12"	九七塊	二〇,〇〇〇元	一,九四〇,〇〇〇元	

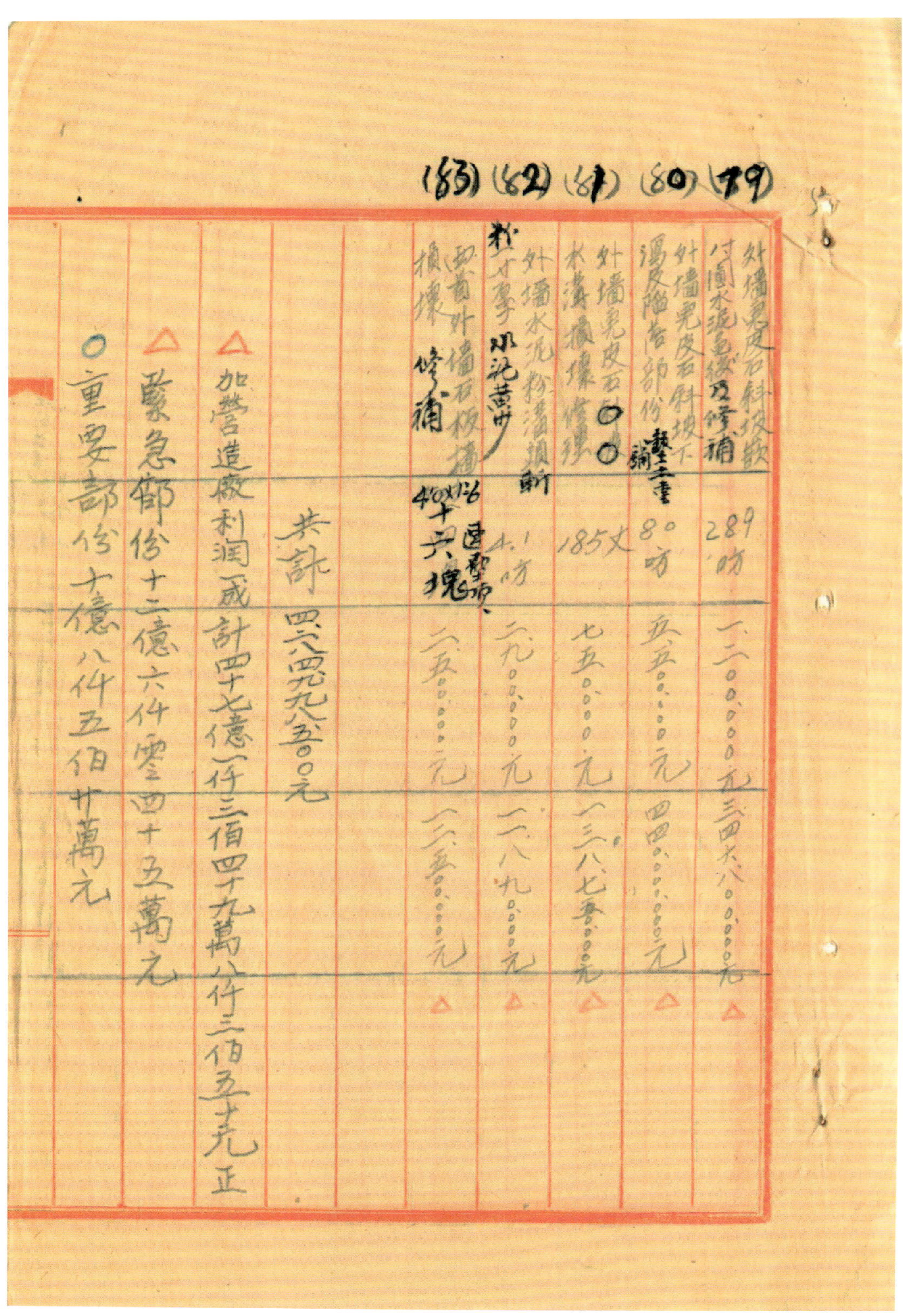

(83) (82) (81) (80) (79)

编号	工程项目	数量	单价	金额	
(79)	外墙晃皮石斜坡嵌吋圆水泥龟缝及修补	289方	一、二〇〇、〇〇〇元	三、四六八、〇〇〇、〇〇〇元	△
(80)	外墙晃皮石斜坡下沿及隘沟部份 整理翻铺	80方	五五〇、〇〇〇元	四四、〇〇〇、〇〇〇元	△
(81)	外墙晃皮石〇〇水沟损坏修理	185丈	七五〇、〇〇〇元	一三八、七五〇、〇〇〇元	△
(82)	外墙水泥粉盪损断 补水泥黄沙	4.1方	二九〇、〇〇〇元	一、一八九、〇〇〇元	△
(83)	东首外墙石板墙损坏 修补	40×126 四十六块	二五〇、〇〇〇元	一二、五〇〇、〇〇〇元	△

共计 四、二八四、九九八、五〇〇元

△加营造厂利润一成 计四十七亿一仟三佰四十九万八仟三佰五十元正

△紧急部份十二亿六仟零四十五万元

〇重要部份十亿八仟五佰卅万元

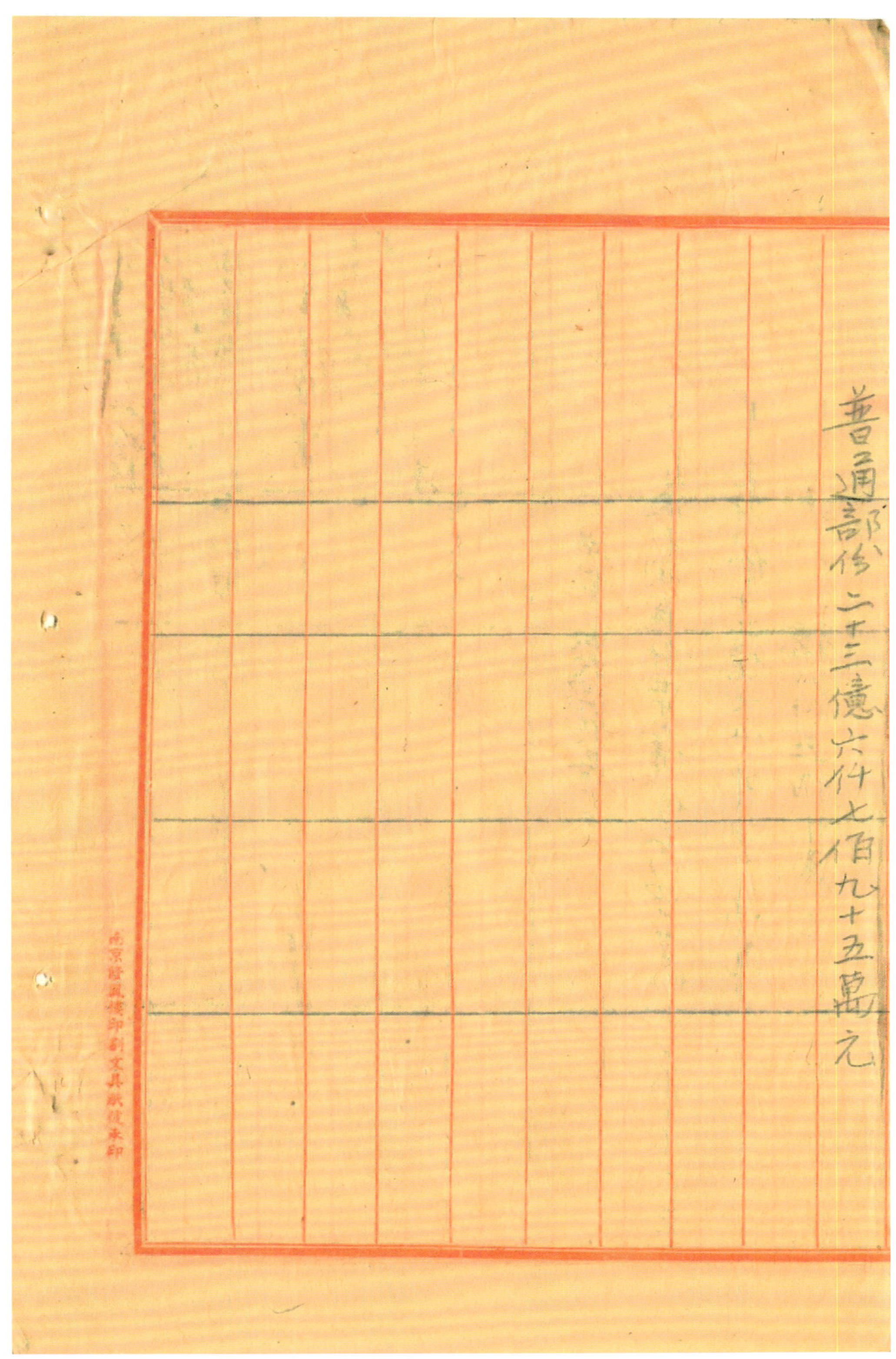
普通部份 二十三億六仟七佰九十五萬元

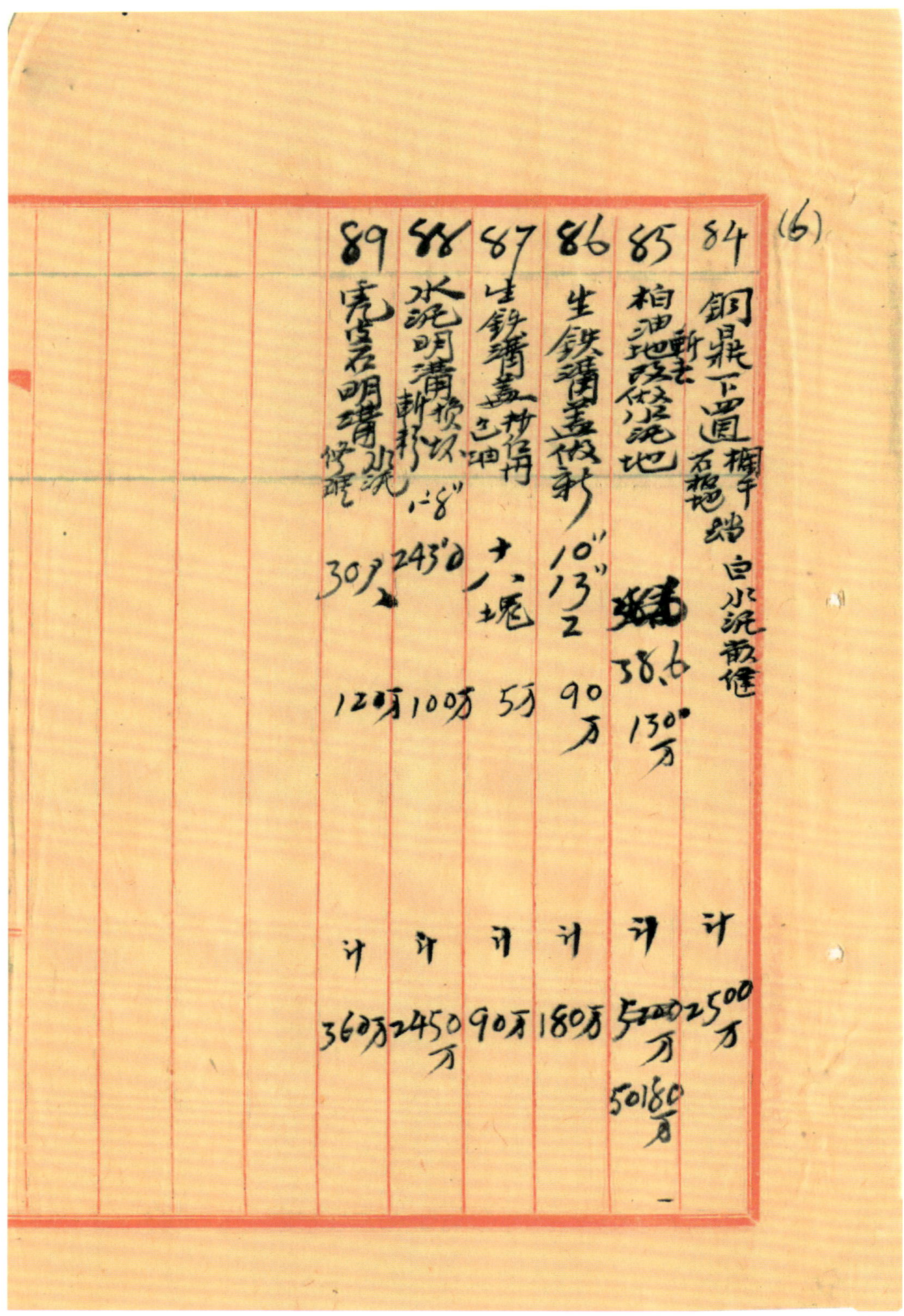

(6)

84 铜鼎下置石枱地栏杆踏 白水泥敷佳 计 2500万

85 柏油地改做水泥地 斩去 38.6 130万 计 5200万 50180万

86 生铁沟盖做新 10" 13" 2 90万 计 180万

87 生铁沟盖拆旧再上油 十六块 5万 计 90万

88 水泥明沟损坏 斩移 1'-8" 245'0 100万 计 2450万

89 虎皮石明沟 水泥修理 30丈 12万 计 360万

为修理国父陵墓原核定预算不敷请在国家总预算第二预备金项下特准拨付以资修理事的往来文件

孙科致蒋介石的呈文（一九四八年四月十四日）

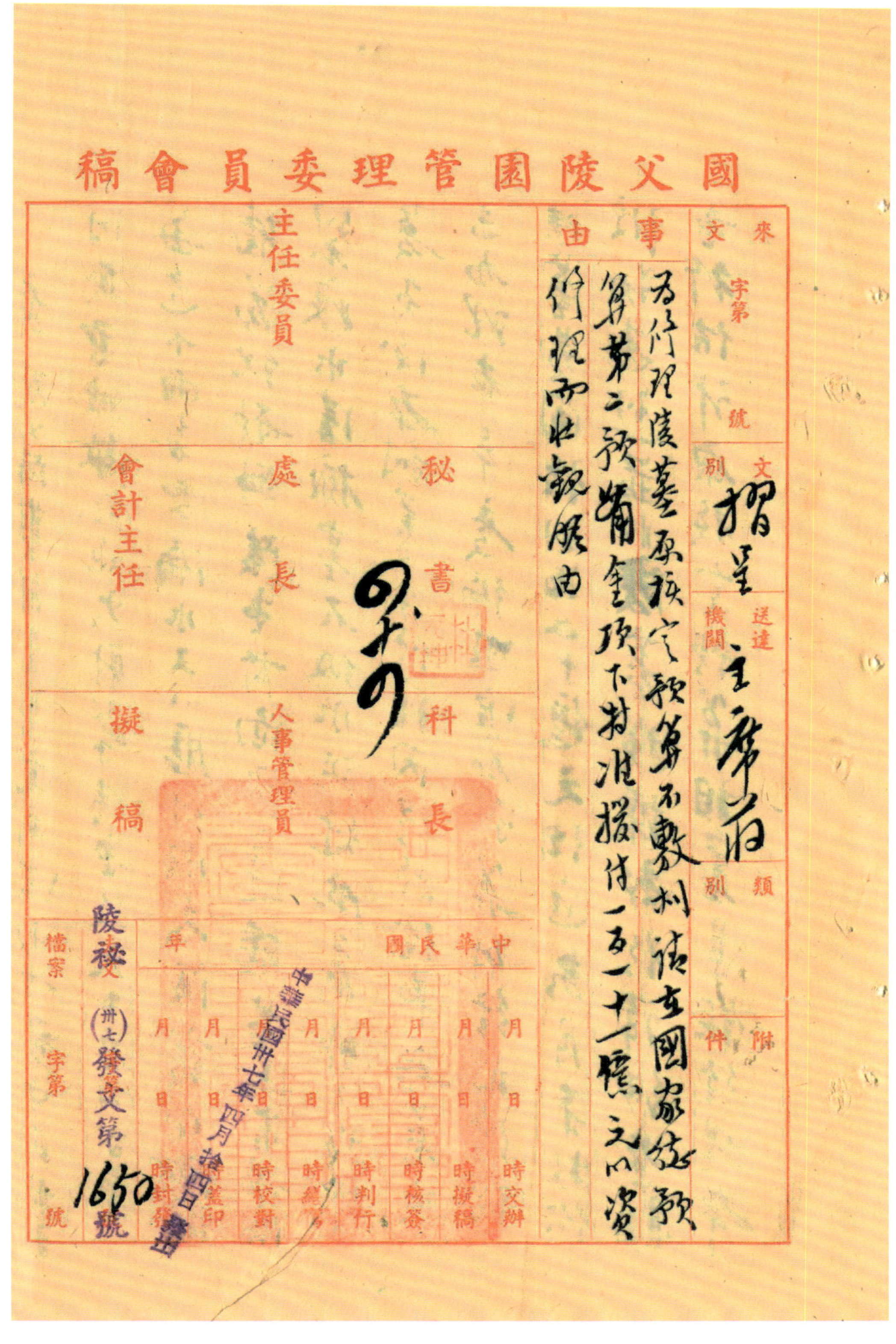

國父陵園管理委員會稿

來文字第　號

文別：摺呈

送達機關：主席府

類別

附件

事由：為修理陵墓原核定預算不敷擬請在國家總預算第二預備金項下特准撥付一萬一十一億元以資修理而壯觀瞻由

主任委員

秘書長

處長

人事管理員

科長

會計主任

擬稿

中華民國　年　月　日　時交辦　月　日　時擬稿　月　日　時核簽　月　日　時判行　月　日　時繕寫　月　日　時校對　月　日　時蓋印　月　日　時封發

檔案字第　號

陵秘（卅七）發文第1650號

中華民國卅七年四月拾四日發出

查国父陵墓自建筑完成迄今廿载，中因抗战时期曾被敌炮火射击，陵墓及天下为公坊受每逢下雨多处漏水，又以历时颇久，陵寝四周墙均现欹斜，陵墓前面左右边墙基亦有塌陷裂痕，水沟拥塞，石级水泥缝成层，种种损坏，亟须从事修理，因限于经费无着，迄未办理。本年度编造追加预算时，经将修理陵墓费用估列为二十亿元，但近数月来物价波动甚剧，并以陵墓损坏部份详细查勘，重行估计，原核定预算相差甚钜，经提本

令第十四次常會務委員會議討論決議從
速招標修理不敷之數著請追加廿餘萬經
招商開標結果最低價為鑫記營造公司
計工料總價國幣一百三十一億元該項修理
修工程此時若不從速辦理勢必損壞日深將
來修理費用更鉅且陵墓為中外觀瞻所
繫未可再緩謹將陵墓損壞大概及擬行
修繕緣由摺呈
睿鑒祈請在國家總預算第二預備金
項下特准撥付一百一十一億元以資修理而壯觀

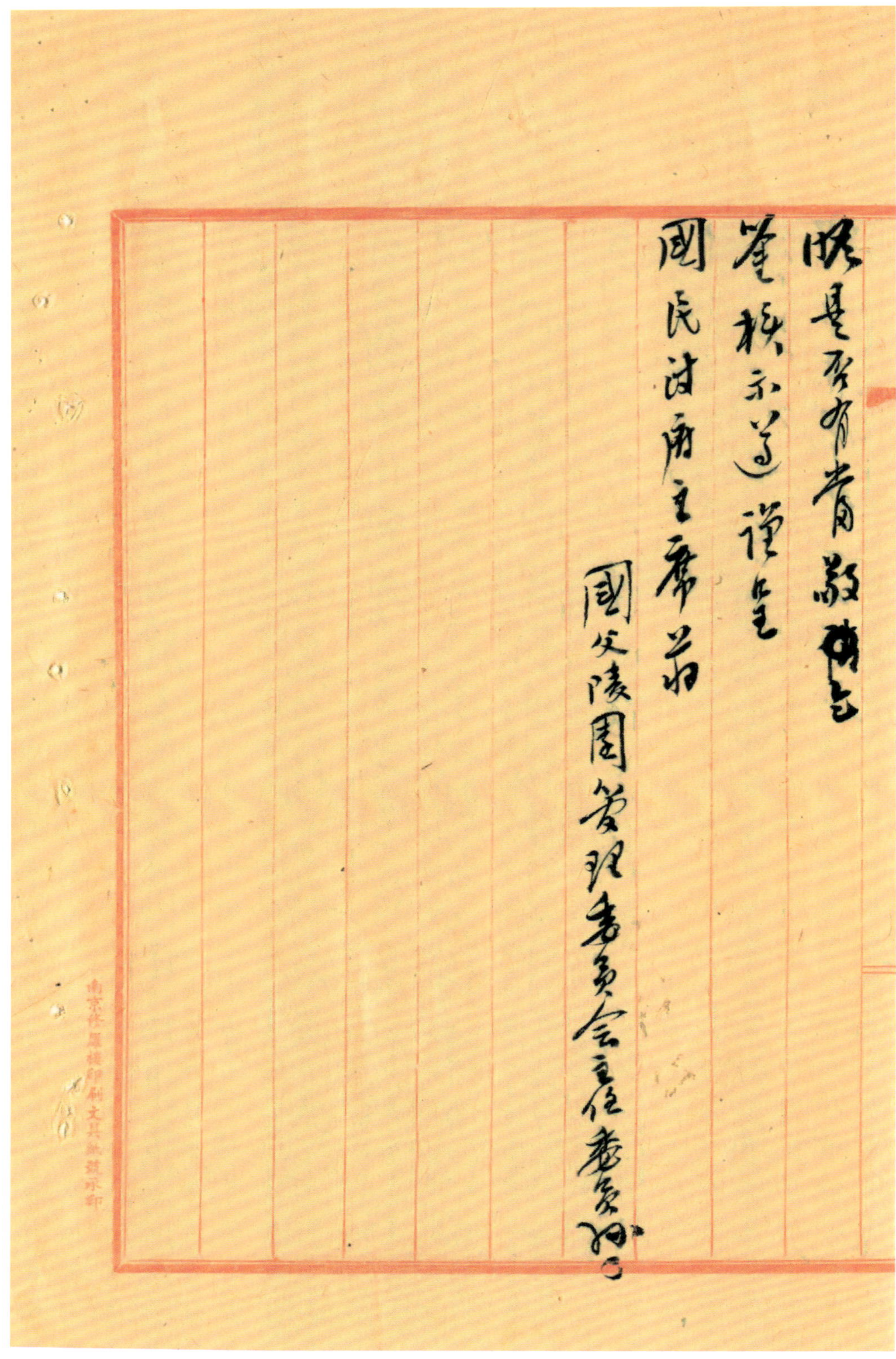

職是否有當？敬請

鑒核示遵。謹呈

國民政府主席蔣

國父陵園管理委員會主任委員孫科

孙科致国民政府主计处徐堪的笺函（一九四八年四月十四日）

國父陵園管理委員會稿

來文 字第 號

文別 箋出

送達機關 徐主計長

類別

附件

事由

主任委員

秘書 科

秘書長

處長

會計主任

科長

人事管理員

擬稿

中華民國 年 月 日 時交辦 月 日 時擬稿 月 日 時核簽 月 日 時判行 月 日 時繕寫 月 日 時校對 月 日 時蓋印 月 日 時封發

去文 字第 號

檔案 字第 號

可亭主計長吾兄勳鑒：關於修理陵墓全部工程，貴處核定預算二十億元，茲經登報招商開標，結果由馥記營造公司最低價得標，計工料總價國幣一百五十三億六千萬元，尚不敷一百三十三億六千萬元。該項修理工程亟應即速辦理，免受物價波動影響，茲兄業經正式簽約，第一期工料款須於本月二十日續付，除請由會另編追加概算送請貴處辦理外，用特函請吾兄惠迅收發核轉，以便工程之進行為感。手此即頌

公綏

徐堪的复函（一九四八年五月十九日）

哲公賜鑒：四月十四日
惠書敬悉。承
囑陵園修理工程費追加預算，比因需用迫切，當即簽請
主席飭庫先行撥發，茲奉指示已予照辦，而該項預算亦於
本日提國務會議核定，即請察照為幸。專覆，敬頌
勛祺
徐堪拜啟
五月十九日

國民政府主計處用箋

孙科为送修理国父陵墓修理费追加概算书请查照迅核办致国民政府主计处的公函及附件

（一九四八年四月十四日）

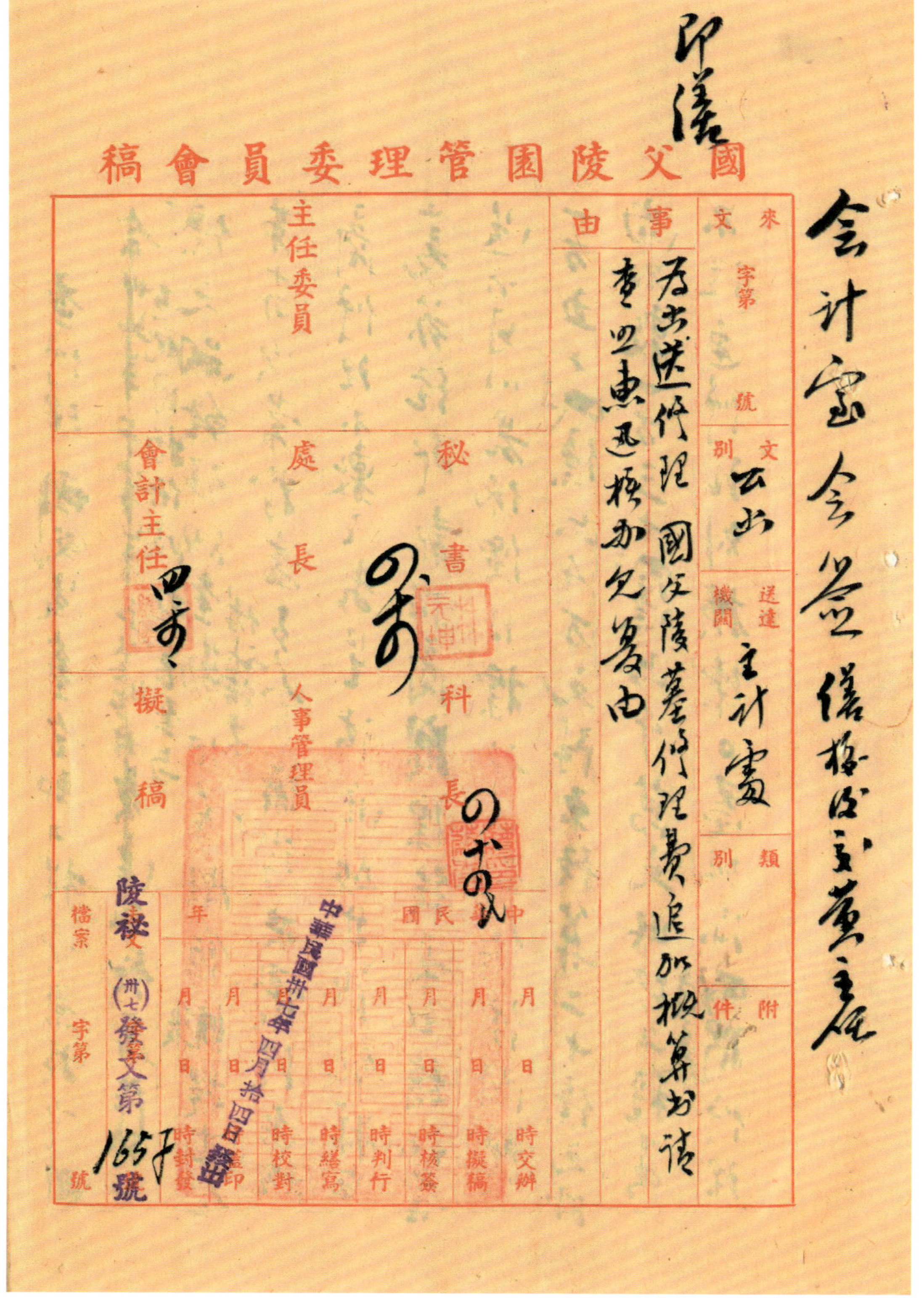

國父陵園管理委員會稿

会计室会签 信

印

来文字第 號

文别 公函

送達機關 主计处

事由 为函送修理国父陵墓修理费追加概算书请查照迅核办见覆由

主任委員

秘書處長

會計主任 四月

人事管理員

秘書科長

擬稿

中華民國卅七年四月拾四日發出

檔案 陵秘（卅七）發字文第1657號

查修理國父陵墓全部工程費原核定之數，近因物價波動甚巨，與二十億之數，經詳細查勘估計結果，相差頗鉅，後提奉會第十四次常務委員會議討論，決議從速招商修理，不敷之數呈請追加，並經紀錄在卷。茲經本部招商開標，結果由馥記營造公司以最低價得標，計工料總價國幣一百五十三億六千万元，除原預算二十億元外，尚不敷一百三十三億六千萬元。此項工程若不從速修理，則損壞日益加深，將來[illegible]修理

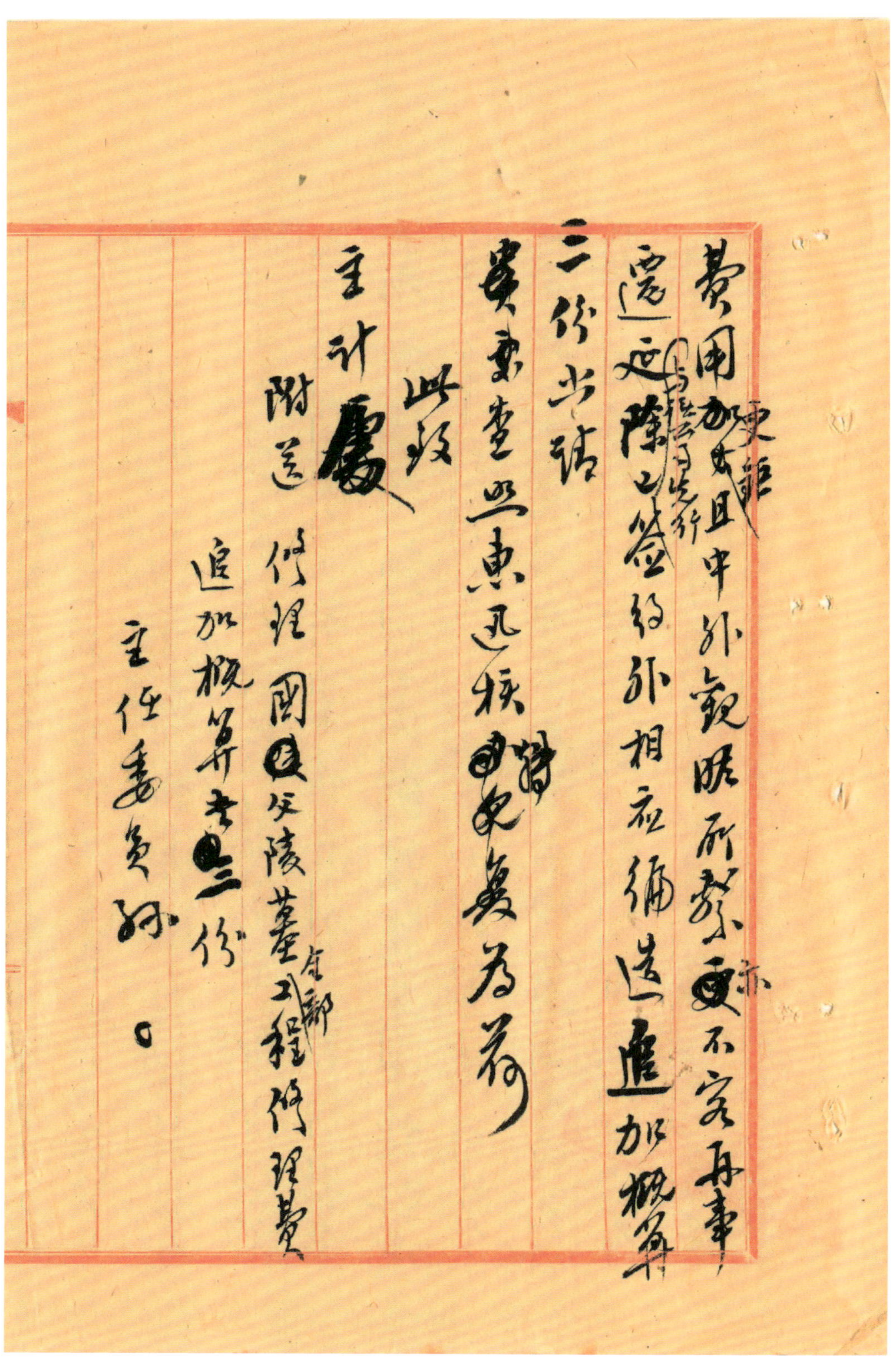

费用更钜，且中外观瞻所系，亦不容再事迁延，除已签约外，相应编造追加概算二份，函请

贵处查照，迅赐核转为荷。

此致

主计处

附送修理国父陵墓全部工程修理费追加概算书二份

主任委员 孙

國父陵園管理委員會三十七年上半年度追加臨時費概算書

款	項	目	科目	追加概算數	說明
1			國父陵園管理委員會臨時費	叁、六八〇、〇〇〇、〇〇〇	
	3		工程及園林事業費	叁貳〇、〇〇〇、〇〇〇	
		9	陵墓全部修理費	叁、叁六〇、〇〇〇、〇〇〇	詳見工程說明及附詳表

附註：

（一）本工程業經於四月八日開標由啟記營造公司南京分公司以最低價國幣壹佰貳拾捌億元（尾款叁仟叁佰零貳萬捌仟元不計）得標惟本工程內容所需人工較材料為多且在工程進行中工資一項如有調整須按規定照加為免再影響預算擬經雙方議定按本工程總額酌定補貼漲工工資（百分之六十

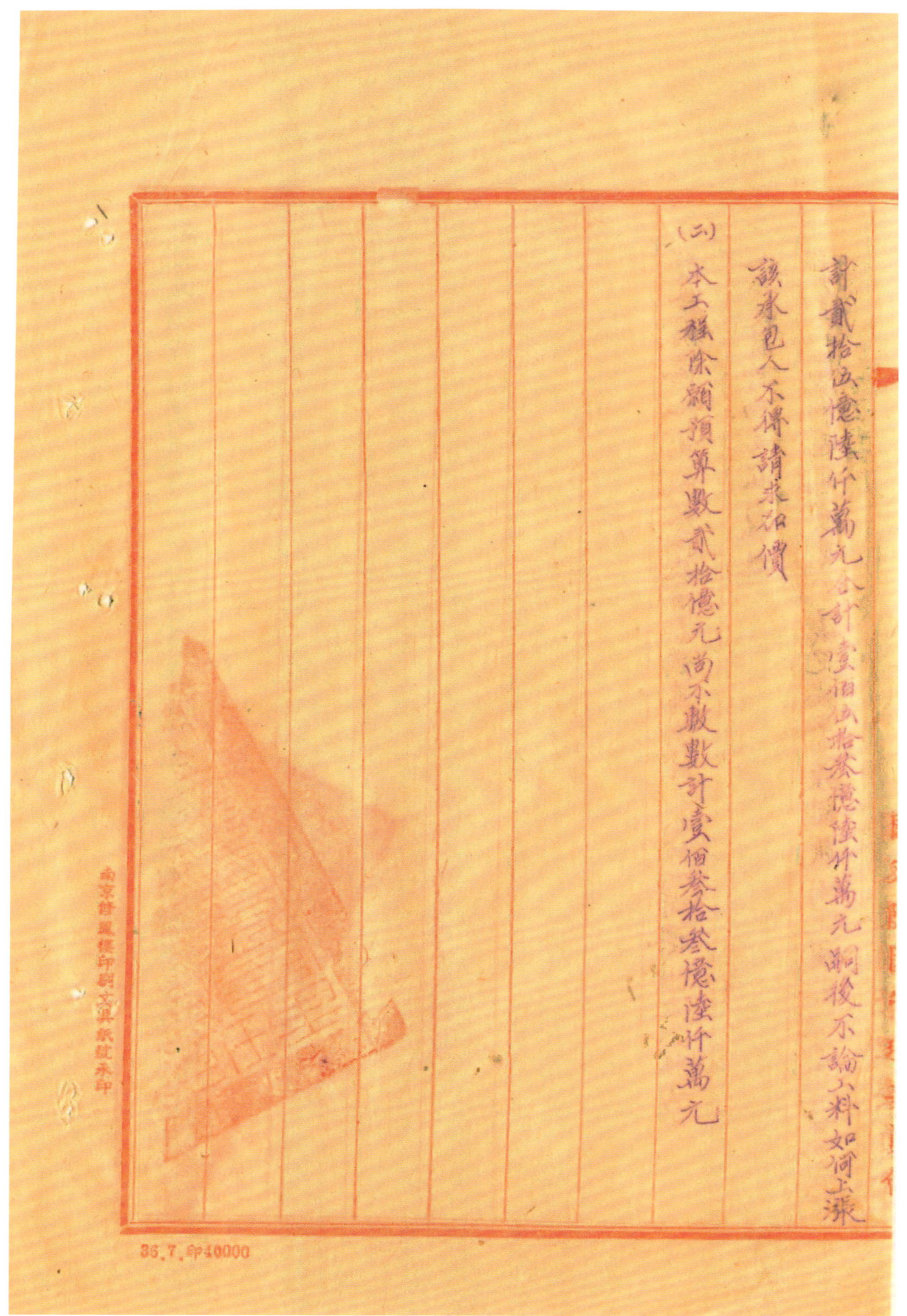
計貳拾伍億陸仟萬元合計壹佰伍拾叁億陸仟萬元嗣後不論工料如何上漲

該承包人不得請求加價

(二)本工程除額預算數貳拾億元尚不敷數計壹佰叁拾叁億陸仟萬元

南京普益樣印刷文具紙號承印

36.7.印40000

附（二）国父陵园管理委员会修理陵墓及其他附属建筑物工程图样及说明书等详细估计开列价（一九四八年四月八日）

投標人　　　　　　　　　　　　　　廠謹依照

國父陵園管理委員會修理陵墓及其他附屬建築物工程圖樣及說明書等詳細估計開列價目如次：

全部工程總價計國幣　　　　　　　　　　元整

工程期限自簽訂合同日起算定　　　　天完成（雨天扣除）

項目	工程名稱	單位	數量	單價	總價	備註
1	墓圍玻璃磚六吋徑破換新	塊	45			連軟木墊
	墓圍玻璃磚六吋徑嵌油灰	塊	27			〃
2	靈堂琉璃瓦屋面修理		全部			琉璃瓦由本會供給裝運歸承包人
3	靈堂琉璃瓦正脊修理	個	1			
4	靈堂四角石屋面修漏	間	4			
5	靈堂屋面包銅椽子修理		全部			
6	靈堂石踏步換新 5"×6'-4"×3'-1"	根	1			
7	靈堂石踏步換新 5"×1'-2"×16'-0"	根	7			
8	墓圍後兩旁水泥明溝修理	丈	12.4			
9	墓圍後圍墻兩面水泥粉刷斬粉	方	58.32			
10	墓圍後做六吋方水泥溝蓋	塊	1			
11	靈堂東首石板圍墻嵌縫	呎	5.			
12	靈堂西首石板圍墻拆砌	方	2.03			
13	靈堂東西及前石板地、石明溝嵌水泥縫	方	254.2			
14	靈堂兩旁陰井修理	只	23			
15	靈墓生鐵出風筒嵌油灰、油漆	塊	8			
16	外墻及踏步嵌白水泥縫一間	間	1			
17	雙扇圓頭銅門一堂油漆 16'×10'	堂	1			
18	雙扇圓頭銅門油漆 13'-6"×8'-6"	堂	2			
19	單扇銅門油漆 3'-0"×7'-0"	堂	4			
20	雙扇魚腹頭銅門油漆 6'-0"×9'-0"	堂	1			
21	單扇銅門油漆 3'-0"×6'-0"	堂	1			
22	單扇銅門油漆 5'-0"×7'-0"	堂	1			
23	三扇鐵窗油漆	堂	2			連花鐵柵油漆在內
24	雙扇鐵窗油漆	堂	4			〃
25	單扇圓頭鐵窗油漆	堂	4			〃
26	墓圍內圓平頂下黃色油漆重做36幢	間	1			
27	靈堂兩邊擱柵做新 39'-0"	条	2			另見圖樣
28	四角小間平頂油漆 13'-8"方	間	4			

29	四角小間油墻做新	間	4	6,000,000	24,000,000	
30	石踏步換新 6"厚	根	3	15,000,000	45,000,000	
31	石踏步換新 4"厚	根	153	12,000,000	1,836,000,000	
32	石板換新	塊	8	12,000,000	96,000,000	
33	石条換新	条	3	20,000,000	60,000,000	
34	碑亭前做六吋方水泥溝蓋	塊	1	200,000	200,000	
35	全部石踏步水泥嵌縫		全部	980,000,000	980,000,000	
36	全部石欄杆白水泥嵌縫		全部	100,000,000	100,000,000	
37	内墻虎皮石斜坡修理	呏	3.8	4,800,000	18,240,000	
38	水泥明溝做新 1'-8"	呎	30.5	1,800,000	54,900,000	
39	内圍墻水泥斬粉	呏	2.55	5,200,000	13,260,000	
40	内墻虎皮石大明溝修理	呎	344.6	3,600,000	1,240,560	
41	内墻水泥明溝修理	呎	5	1,000,000	5,000,000	共拾塊，無壞的換壞的
42	圍墻双面水泥板嵌縫	呏	151	600,000	90,600,000	
43	石凳水泥假石斬去重做	条	9	4,000,000	36,000,000	
44	石凳搗水泥假石 5"1'-4"×6'-4"	条	1	5,500,000	5,500,000	
45	石板地石明溝水泥嵌縫	呏	323	300,000	96,900,000	
46	正門及两旁圍墻琉璃瓦修理		全部	138,000,000	138,000,000	琉璃瓦由本會供給裝運歸承包人
47	屋頂龍脊換新	個	1	50,000,000	50,000,000	〃
48	正門屋面四週包銅條子焊修		全部	600,000,000	600,000,000	
49	正門前两旁休息間琉璃瓦修理	間	2	6,000,000	12,000,000	琉璃瓦由本會供給裝運歸承包人
50	休息間後水泥明溝做新	呎	8.1	1,000,000	8,100,000	
51	休息間後水泥側石修理	呎	6.6	600,000	3,960,000	
52	休息間後水泥地做新	呏	1.2	4,000,000	4,800,000	
53	休息間後面首小間平頂修理	呏	1	3,000,000	3,000,000	
54	休息間内油墻修補	間	2	15,000,000	30,000,000	
55	正門房屋内外墻及踏步白水泥嵌縫		全部	105,000,000	105,000,000	
56	碑亭内外墻及踏步白水泥嵌縫		全部	35,000,000	35,000,000	
57	雙扇圓頭鉄門油漆 10'-6"×16'-0"	堂	1	8,000,000	8,000,000	
58	雙扇圓頭鉄門油漆 13'-0"×8'-6"	堂	2	5,000,000	10,000,000	
59	單扇鉄窗油漆 3'-0"×5'-0"	堂	2	1,200,000	2,400,000	
60	單扇木洋門油漆 3'-0"×6'-0"	堂	2	1,400,000	2,800,000	
61	正門内两小間刷膠粉	間	2	2,500,000	5,000,000	

62	六時方水泥溝蓋	塊	2	200,000	400,000	
63	全部水泥墁斬粉	方	100.77	5,200,000	524,004,000	2'×3'-6" 1830塊 2'×1'-9" 419塊
64	水泥地、兩旁側石溝邊嵌縫			125,000,000	125,000,000	
65	生鐵溝蓋做新	塊	245	1,700,000	416,500,000	2'-1"×1'-2" 241塊 14"×14" 4塊
66	踏步水泥斬粉 5"×8'5"-6"	方	0.85	2,000,000	1,700,000	
67	搗做水泥鋼筋溝蓋 4"×36"×17"	塊	51	1,100,000	56,100,000	
68	修理生鐵溝蓋兩邊水泥	呎	13.2	500,000	6,600,000	共二十二塊每塊約損壞6呎
69	修理水泥明溝	呎	5.5	1,000,000	5,500,000	
70	西首欄杆斬粉假石	呎	1.8	5,000,000	9,000,000	
71	石牌坊琉璃瓦修理		全部	40,000,000	40,000,000	琉璃瓦由本會供給裝運歸承包人
72	石牌坊全部嵌白水泥縫		全部	15,000,000	15,000,000	
74	西首水泥路做新	方	1	7,000,000	7,000,000	
75	鐵溝蓋抄紅丹色油	呎	133	700,000	93,100,000	
76	柏油地修理	方	277.6	[illegible]	[illegible]	
77	修理水泥溝邊	呎	31	500,000	15,500,000	
78	生鐵溝蓋油漆 9"×12"	塊	97	70,000	6,790,000	
79	外牆虎皮石斜坡嵌1吋圓水泥龜紋及修補		全部	250,000,000	250,000,000	
80	外牆虎皮石斜坡下瀉及陷落部份墊土翻補	方	約80	4,500,000	360,000,000	
81	外牆虎皮石水溝修理	呎	185	3,600,000	666,000,000	
82	外牆水泥溝頭斬粉	方	4.1	4,000,000	16,400,000	
83	西首外牆石板墻修理	塊	18	600,000	10,800,000	
84	銅像下四週欄杆石板地踏步嵌白水泥縫		全部	20,000,000	20,000,000	
85	柏油地斬去改做水泥地	方	38.6	11,000,000	424,600,000	
86	生鐵溝蓋做新 10"×13"	塊	2	1,200,000	2,400,000	
87	生鐵溝蓋抄紅丹色油	塊	18	100,000	1,800,000	
88	水泥明溝損壞斬粉	呎	24.3	800,000	19,440,000	
89	虎皮石明溝水泥修理	呎	3	2,000,000	6,000,000	
73	修理水泥陰井	只	52	2,000,000	104,000,000	
90	正门前兩旁休息室门窗油漆	樘	20	1,800,000	36,000,000	门3'-6"×7'-6" 4樘 8'-6"×7'-6" 2樘 窗5'-6"×3'-6" 14樘

投標廠商　　　　經理　　　　37年4月8日

园林处处长沈鹏飞为流徽榭修缮工程招标纪录及标单请鉴核致孙科的呈文及附件（一九四八年八月二十日）

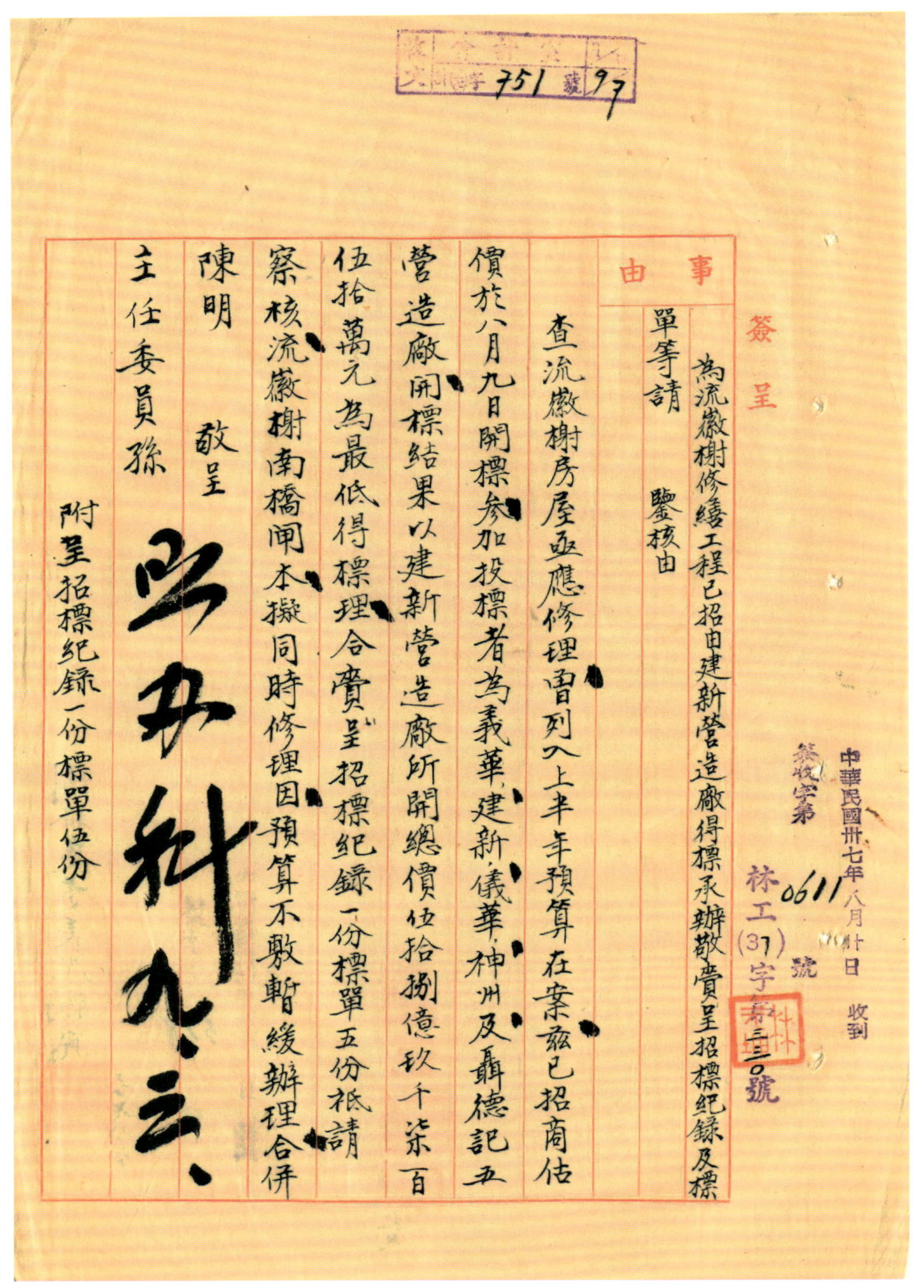

签呈

事由：为流徽榭修缮工程已招由建新营造厂得标承办敬赍呈招标纪录及标单等请鉴核由

中华民国卅七年八月廿日收到 签收字第 0611 号

林工（37）字第三三○号

查流徽榭房屋亟应修理，曾列入上半年预算在案，兹已招商估价，于八月九日开标，参加投标者为义华、建新、仪华、神州及聂德记五营造厂，开标结果以建新营造厂所开总价伍拾捌亿玖千柒百伍拾万元为最低，得标理合赍呈招标纪录一份、标单五份，祇请察核。流徽榭南桥闸本拟同时修理，因预算不敷，暂缓办理，合并陈明。

敬呈

主任委员孙

附呈招标纪录一份、标单伍份

園林處處長沈鵬飛
三十七、八、二十
復發字第358號
中華民國卅七年九月七日發出
已發記
九七

附（一）国父陵园管理委员会流徽榭修缮工程招标纪录（一九四八年八月九日）

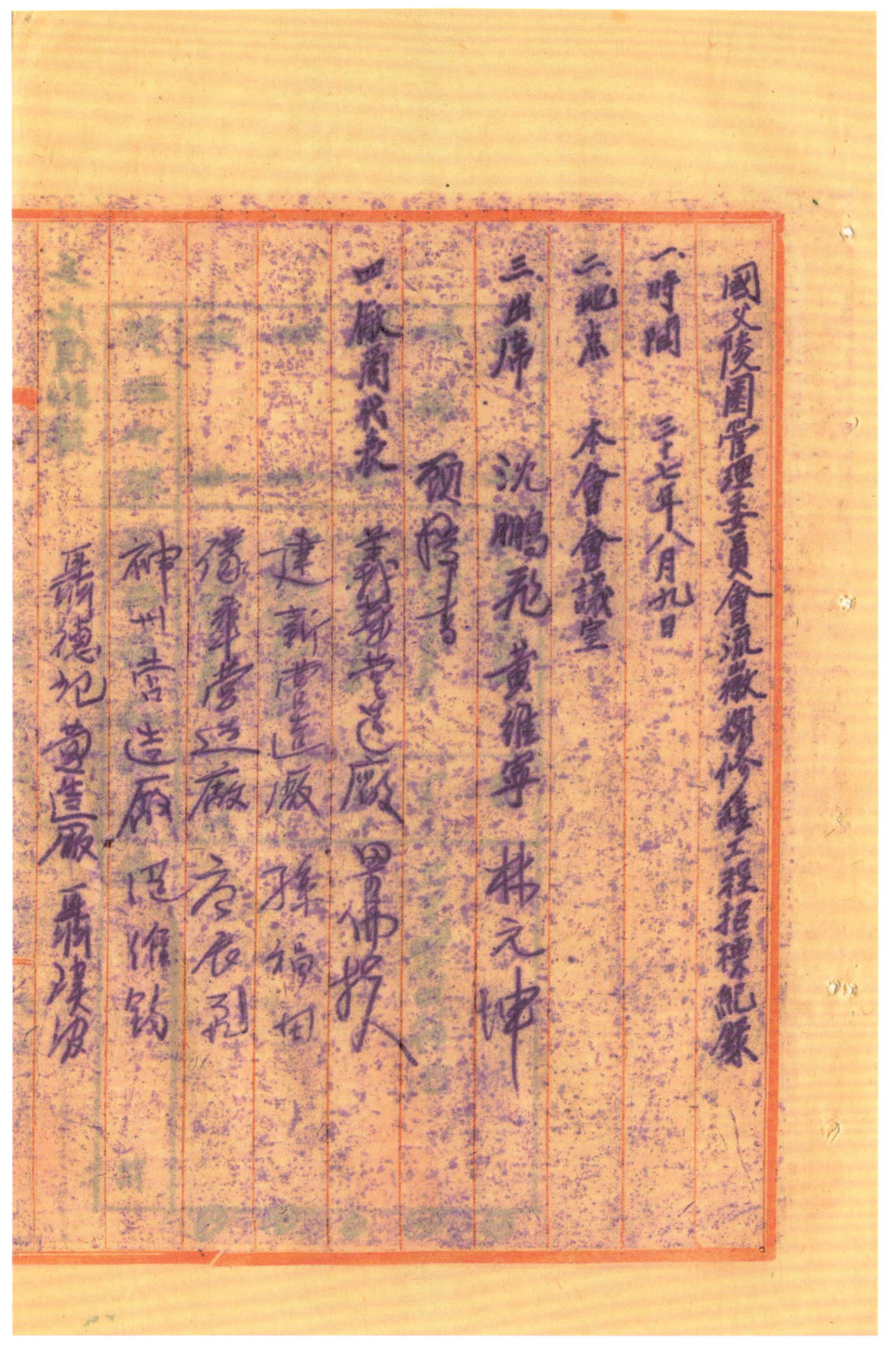

國父陵園管理委員會流徽榭修繕工程招標紀錄

一、時間　三十七年八月九日

二、地點　本會會議室

三、出席　沈鵬飛　黃維寧　林元坤

顧隆吉

四、廠商代表　義發營造廠　曹佛揚

建新營造廠　孫福田

儀華營造廠　廖長現

神州營造廠　汪維錦

聶德記營造廠　聶漢波

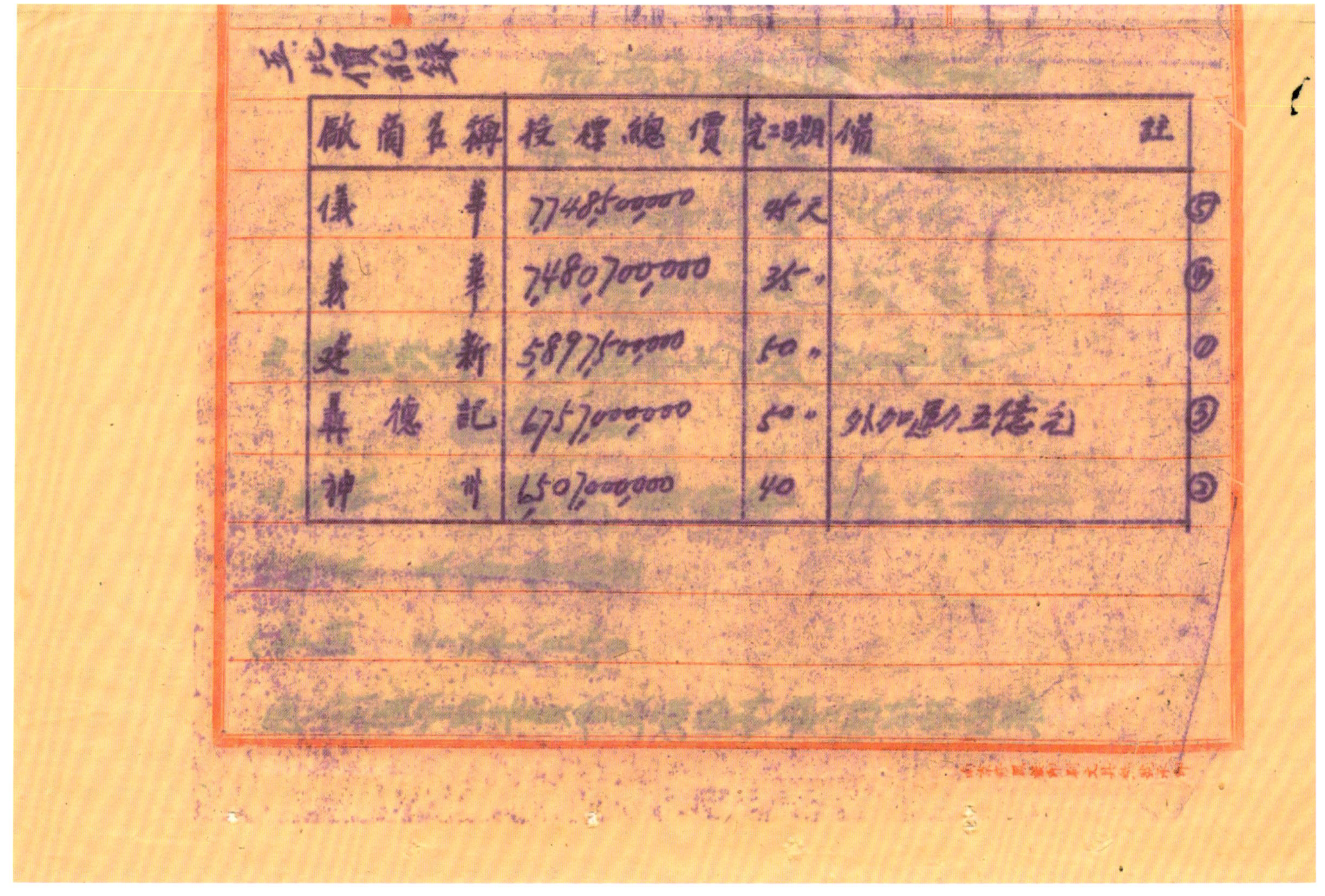

五、比價記錄

廠商名稱	投標總價	完工期	備註	
儀華	7,748,500,000	45天		⑤
義華	7,480,700,000	35〃		④
建新	5,897,500,000	50〃		①
森德記	6,757,000,000	50〃	外加退[illegible]五億元	③
神州	6,507,000,000	40		②

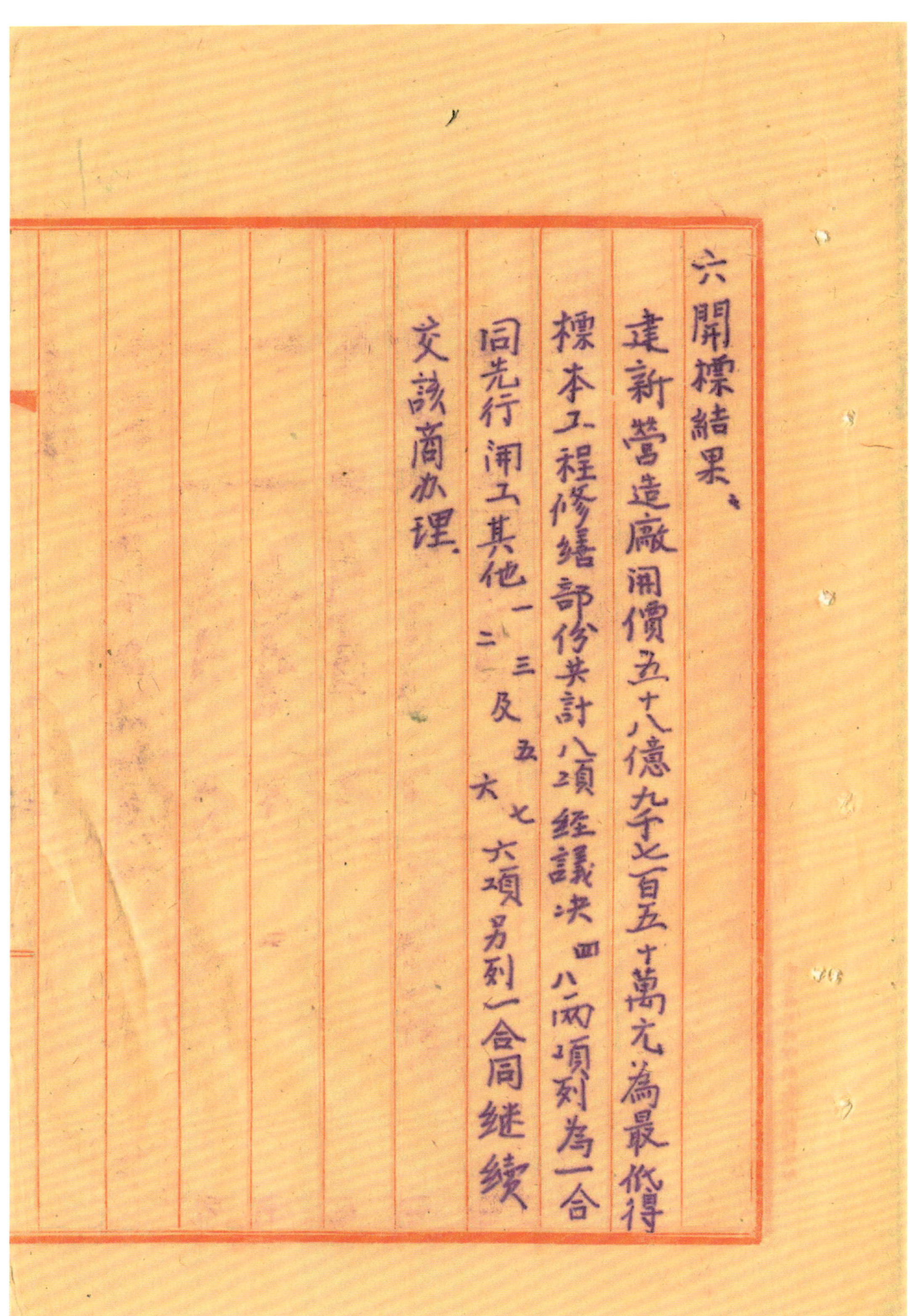

六、開標結果：

建新營造廠開價五十八億九千七百五十萬元為最低得標，本工程修繕部份共計八項，經議決四、八兩項列為一合同先行開工，其他一、二、三及五、六、七六項另列一合同繼續交該商辦理。

附（二）标单五份（一九四八年八月九日）

投標人 建新營造廠 茲依照

國父陵園管理委員會流徽榭及二道溝橋閘修繕工程圖樣說明書等詳細估計。

計開（甲）流徽榭~~及橋閘三項共~~總價國幣 5,897,500,000元正。

完工期限自訂約後畫起 五十天（雨天扣除）

~~（乙）流徽榭及二道溝橋共總價國幣~~ ______ 元正。

（壹）流徽榭　~~完工期限自訂約後畫起~~ 天（雨天扣除）

目	工程名稱	數量	單位	單價	總價	備註
1	琉璃瓦屋面	12.2	方	10,500.萬	128,100.萬	翻蓋添新瓦
2.	水泥牛腿花板	3	只	2,800.	8,400.	做花紋
3.	水泥欄杆柱頭	7	只	500.	3,500.	8"×8" 挖角
4.	熟鐵欄杆 1"×4" 鐵 新	27	塊	4,500.	121,500.	
5.	生鐵溝蓋 6"×6" 鐵 新	5	塊	200.	1,000.	連正面顏色水泥地
6.	原有鋼磚地 改為光水泥地	8.65	方	15,000.	129,750.	
7	7' 水泥踏步	5	步	1,500.	7,500.	
8.	全部油漆				190,000.	
	（貳）二道溝橋			共計	589,750.萬	
1	舊橋磡加高 1'	2	只			原尺寸11"15'-3"13'-0" 連原磡重勾縫
2.	3½"×6'-4"×24'-" 鋼筋混凝土橋面	0.59	立方			1:2:4成份 連4"×8"邊擱石角
3.	陰坯磚欄杆	4.92	方			1:3水泥黃砂砌 連水泥粉及勾縫
	（叁）二道溝水閘			共計		
1	3½"水泥混凝土樁	0.06	立方			3½"×2'×2'×8'-9"
2.	灰砂砌虎皮石	0.81	立方			2'-2"×4'×5"×8'-9"
3	水泥砂砌虎皮石	1.4	立方			2'×4'-3"×8'-9" 連勾縫
4.	小瓦筒	2.6	方			水泥接口
				共計		

廠商 建新營造廠　經理 [印]　37年8月9日

廠址南京荳菜橋二號之一

市營造工業同業公會訂

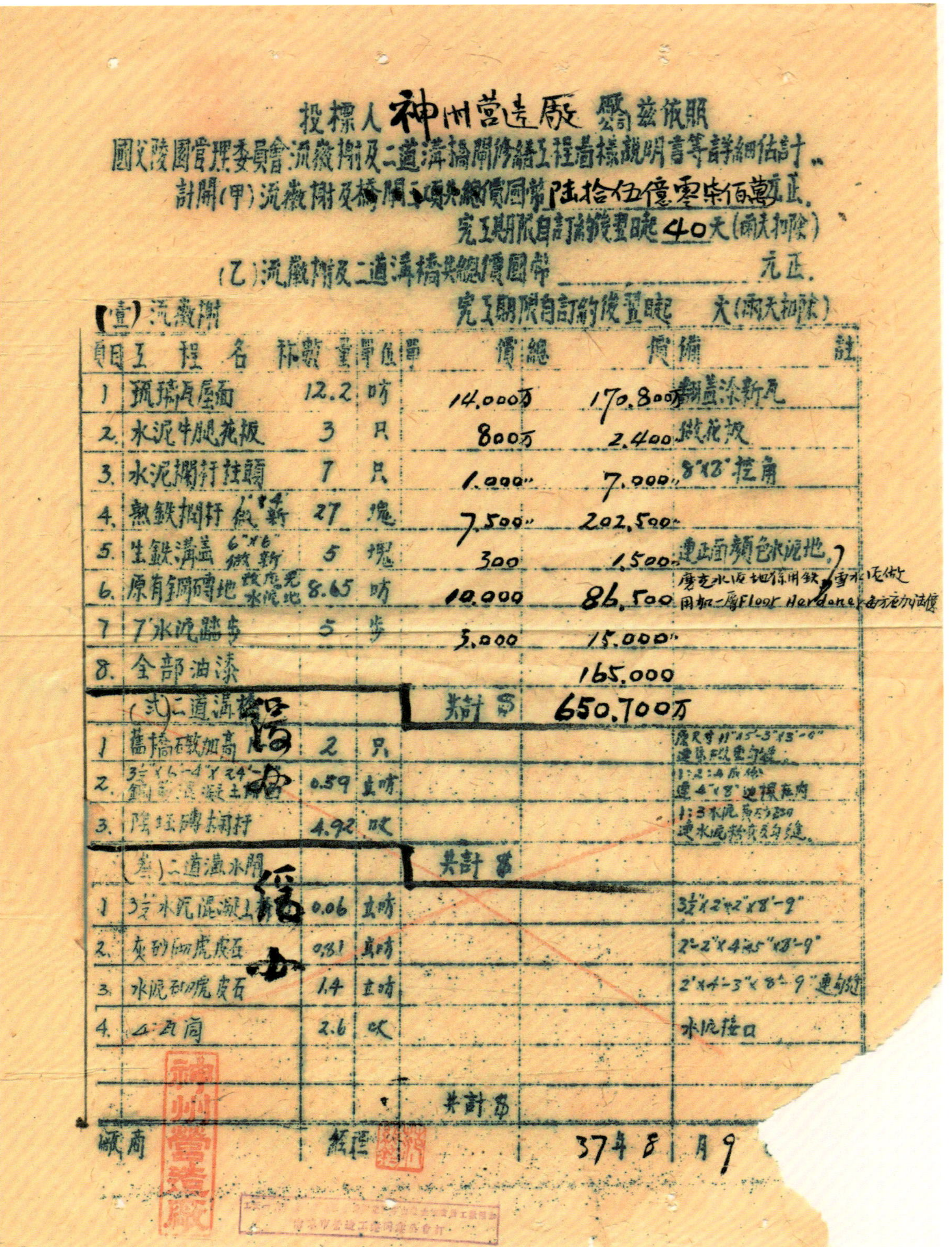

投標人 神州營造廠 廠/公司 茲依照

國父陵園管理委員會流徽榭及二道溝橋閘修繕工程圖樣說明書等詳細估計。

計開(甲)流徽榭及橋閘三項共總價國幣陸拾伍億零柒佰萬元正。

完工期限自訂約後第二日起 40 天(雨天扣除)

(乙)流徽榭及二道溝橋共總價國幣＿＿＿＿＿元正。

完工期限自訂約後第二日起 天(雨天扣除)

(壹)流徽榭

項目	工程名稱	數量	單位	單價	總價	備註
1	琉璃瓦屋面	12.2	方	14.000万	170.800万	翻蓋添新瓦
2.	水泥牛腿花板	3	只	800万	2.400	鐵花板
3.	水泥欄杆柱頭	7	只	1.000"	7.000"	8"×8" 搓角
4.	熟鐵欄杆 1"×4" 做新	27	塊	7.500"	202.500"	
5.	生鐵溝蓋 6"×6" 做新	5	塊	300	1.500"	連正面顏色水泥地，磨光水泥地面係用鉄屑水泥做，用加一層Floor Hardener每方應加造價
6.	原有鋼磚地 改磨光水泥地	8.65	方	10.000	86.500	
7	7'水泥踏步	5	步	3.000	15.000"	
8.	全部油漆				165.000	
				共計 $	650.700万	
	(貳)二道溝橋 緩辦					
1	舊橋石墩加高	2	只			原尺寸11"15-3"13-6" 連原石墩重勾縫
2.	3:6 ×6-4"×24-' 鋼筋混凝土橋面	0.59	立方			1:2:4成份 連4"×8"边樑在內
3.	陰垃磚欄杆	4.92	丈			1:3水泥黃沙粉 連水泥粉灰勾縫
				共計 $		
	(叁)二道溝水閘 緩辦					
1	3:6水泥混凝土橋	0.06	立方			3:6×2"×2"×8'-9"
2.	灰砂砌虎皮石	0.81	立方			2'-2"×4'-5"×8'-9"
3.	水泥砂砌虎皮石	1.4	立方			2'×4'-3"×8'-9" 連勾縫
4.	二五筒	2.6	丈			水泥接口
				共計 $		

廠商 神州營造廠　經理 [印]　37年8月9[日]

南京市營造工業同業公會

投標人 義華營造 廠/公司 茲依照

國父陵園管理委員會流徽榭及二道溝橋閘修繕工程合標說明書等詳細估計。

計開（甲）流徽榭及~~二道溝橋閘~~共總價國幣 叁拾肆億捌仟零柒拾萬 元正。

完工期限自訂約後壹日起 35 天（雨天扣除）

（乙）流徽榭及二道溝橋共總價國幣 ________ 元正。

完工期限自訂約後壹日起　天（雨天扣除）

（壹）流徽榭

項目	工程名稱	數量	單位	單價	總價	備註
1	琉璃瓦屋面	12.2	方	19,600,000	239,120,000	~~翻蓋添新瓦~~ 風化瓦更換修理
2.	水泥牛腿花板	3	只	25,000,000—	75,000,000—	做花紋
3.	水泥欄杆柱頭	7	只	18,000,000—	126,000,000—	8"×8" 搓角
4.	熟鐵欄杆 1"×4" 做新	27	塊	52,000,000	1404,000,000—	
5.	生鐵溝蓋 6"×6" 做新	5	塊	6,000,000	30,000,000—	連正面顏色水泥地
6.	原有鋼磚地 改做光水泥地	8.65	方	13,000,000	112,450,000	
7	7"水泥踏步	5	步	2,600,000	13,000,000—	附註：①本標以上[illegible]
8.	全部油漆				200,000,000—	②工資請按公佈指數調整（照實做工數計算）
				共計 $	~~[illegible]~~ 3,480,700,000	
	（貳）二道溝橋 作廢					
1	舊橋石墩加高 1'-0"	2	只			原尺寸11'×5'-3"×3'-0" 連黃沙水泥勾縫。
2.	3½"×6'-4"×24'-7" 鋼筋混凝土橋面	8.59	立方			1:2:4 成份 連4"×8" 邊擱柵內
3.	陰坯磚欄杆	4.92	方			1:3水泥黃沙砌 連水泥粉交灰縫。
				共計 $		
	（叁）二道溝水閘 作廢					
1	3½"水泥混凝土橋面		立方			3½"×2'×2'×8'-9"
2.	灰砂砌虎皮石	[illegible].81	立方			2'-2"×4'-5"×8'-9"
3.	水泥砌虎皮石	1.4	立方			2'×4'-3"×8'-9" 連勾縫
4.	瓦筒	2.6	方			水泥接口
				共計 $		

廠商　　經理　　37年8月9日

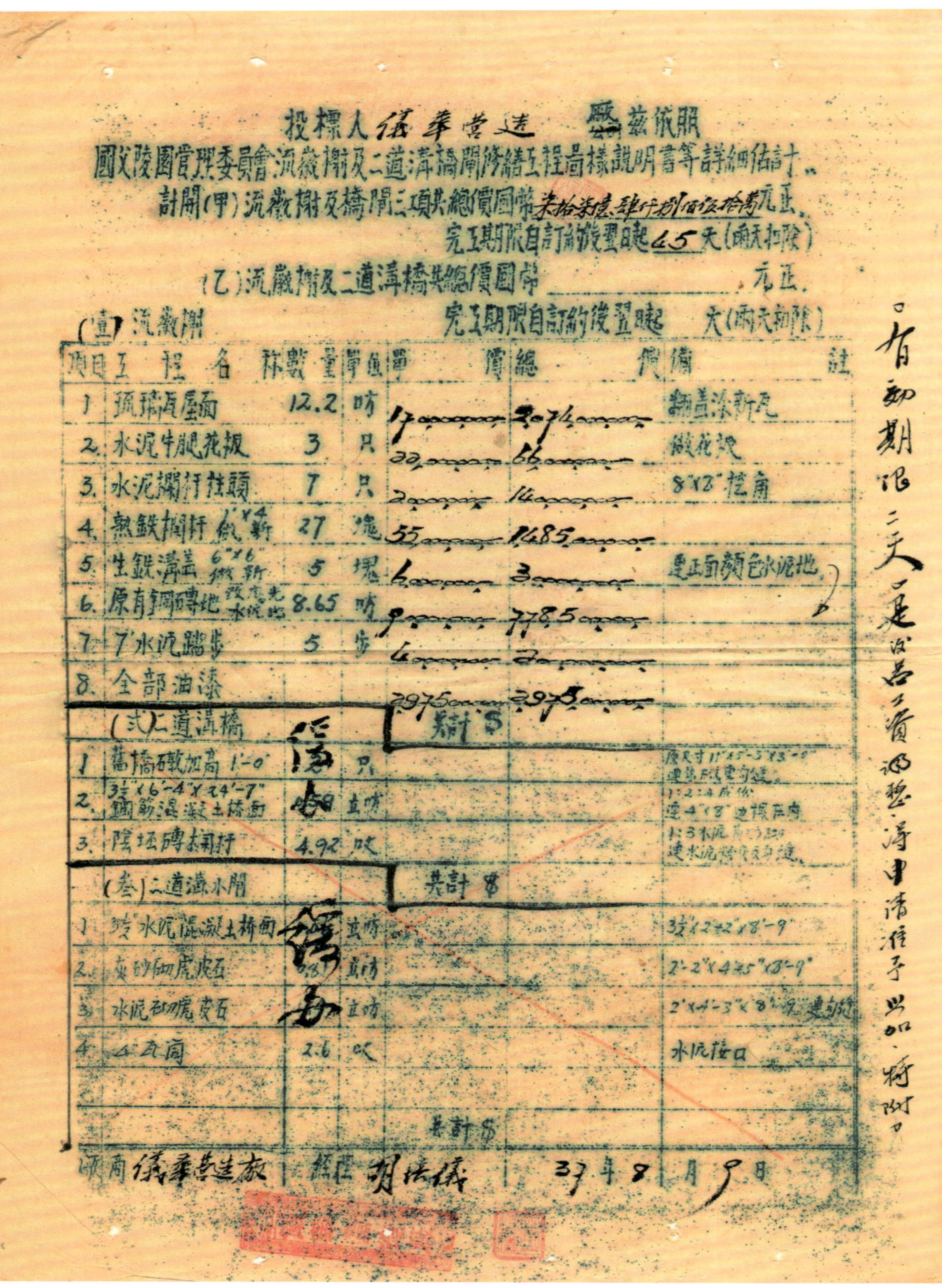

投標人儀華營造廠茲依照

國父陵園管理委員會流徽榭及二道溝橋閘修繕工程圖樣說明書等詳細估計。

計開（甲）流徽榭及橋閘三項共總價國幣柒拾柒億肆仟捌佰伍拾萬元正。

完工期限自訂約後翌日起45天（雨天扣除）

（乙）流徽榭及二道溝橋共總價國幣＿＿＿＿＿元正。

完工期限自訂約後翌日起　天（雨天扣除）

（壹）流徽榭

項目	工程名稱	數量	單位	單價	總價	備註
1	琉璃瓦屋面	12.2	方	17	207.4	翻蓋添新瓦
2.	水泥牛腿花飯	3	只	22	66	做花紋
3.	水泥欄杆柱頭	7	只	2	14	8"×8"控角
4.	熟鐵欄杆 1"×4 舊新	27	塊	55	1485	
5.	生鐵溝蓋 6"×6" 做新	5	塊	6	30	連正面顏色水泥地
6.	原有鋼磚地 改洗光水泥地	8.65	方	9	77.85	
7.	7"水泥踏步	5	步	6	30	
8.	全部油漆			2975	2975	
				共計 $		
	（貳）二道溝橋					
1	舊橋磯加高 1'-0"		只			原尺寸11'×5'-3"×3'-6" 連基礎重新砌造
2.	3½"×6'-4"×24'-7" 鋼筋混凝土橋面		立方			1:2:4成份 連4"×8"邊樑在內
3.	陽坛磚欄杆	4.92	方			1:3水泥[illegible] 連水泥[illegible]砌造
				共計 $		
	（叁）二道濾水閘					
1	3½"水泥混凝土橋面		立方			3½"×2'-2"×8'-9"
2.	灰砂砌虎皮石		立方			2'-2"×4'-5"×8'-9"
3.	水泥砌虎皮石		立方			2'×4'-3"×8' 連勾縫
4.	4"瓦筒	2.6	方			水泥接口
				共計 $		

承商　儀華營造廠　經理　胡振儀　33年8月9日

○有効期限二天○是否工資調整得申請准予照加、特附

投標人聶德記營造廠（公司）茲依照

國父陵園管理委員會流徽榭及二道溝橋閘修繕工程圖樣說明書等詳細估計，

計開（甲）流徽榭及橋閘三項共總價國幣　　元正。

完工期限自訂約後翌日起伍拾天（雨天扣除）

南京市營造工業同業公會訂

（乙）流徽榭及二道溝橋共總價國幣陸拾柒億伍仟柒佰萬元正。

完工期限自訂約後翌日起　　天（雨天扣除）

外加運力國幣伍億元正

（壹）流徽榭

	工程名称	數量	單位	單價	總價	備註
1	琉璃瓦屋面	12.2	方	160,000,000	1952,000,000	翻蓋添新瓦
2.	水泥牛腿花板	3	只	30,000,000	90,000,000	做花紋
3.	水泥欄杆柱頭	7	只	20,000,000	140,000,000	8"×8"接角
4.	熟鐵欄杆 6"×4" 新	27	塊	60,000,000	1620,000,000	
5.	生鐵溝蓋 6"×6" 鐵新	5	塊	15,000,000	75,000,000	連正面顏色水泥地，
6.	原有鋼磚地 改為光水泥地	8.65	方	150,000,000	1297,500,000	倘做花磚每方另加兩億
7	7′水泥踏步	5	步	60,000,000	300,000,000	
8.	全部油漆				1350,000,000	
	（貳）二道溝橋			共計 $	6757,000,000	
1	舊橋礅加高 1′-0″	2	只			原尺寸 11″×5′-3″×3′-6″ 連原磁重勻縫。
2.	3½″×6′-4″×24′-7″ 鋼筋混凝土橋面	0.59	立方			1:2:4 成份 連 4″×8″ 边樑在内
3.	陰坯磚欄杆	4.92	方			1:3 水泥黄沙砌 連水泥粉灰勾縫。
	（叁）二道濾水閘			共計 $		
1	3½″水泥混凝土橋面	[illegible]6	立方			3½″×2′-2″×8′-9″
2.	灰砂砌虎皮石	[illegible]	立方			2′-2″×4′×5″×8′-9″
3	水泥砌虎皮石	[illegible]4	立方			2′×4′-3″×8′-9″ 連勾縫
4.	小瓦筒	2.6	方			水泥接口
				共計 $		

緩辦　緩辦

廠商　　經理　　37年8月9日

后记

本书编纂工作在《抗日战争档案汇编》编纂出版工作领导小组和编纂委员会的具体领导下进行。

本书编者主要来自南京市档案馆、孙中山纪念馆等单位，夏蓓、闻慧斌等同志审阅了书稿，提出了重要修改意见。

本书在编纂、修改过程中，诚邀孙宅巍、张连红等一批专家学者，负责书稿编纂的咨询审议工作。蒋玲、王青等同志参与了编纂服务工作。张鹏斗、王晓燕等同志通过不同方式对本书编纂出版工作给予了支持和帮助，中华书局对本书的编纂出版工作给予了鼎力支持，谨向上述同志和单位致以诚挚的感谢！

编者